Título original:
Mafia Republic

Tradução: Jaime Araújo

Revisão: Cátia Loureiro

Capa de FBA sobre design de capa da edição original da Hodder & Stoughton Ltd.

Depósito Legal n.º 416245/16

Biblioteca Nacional de Portugal — Catalogação na Publicação

DICKIE, John, 1963-

A república da máfia : a maldição do crime na
Itália : a Cosa Nostra, a Camorra e a 'Ndrangheta
entre 1946 e o presente. — (Extra-coleção)
ISBN 978-972-44-1914-5

CDU 94(450)"1946/..."

Paginação:
João Jegundo

Impressão e acabamento:
PAPELMUNDE
para
EDIÇÕES 70
em
outubro de 2016

EDIÇÕES 70, uma chancela de Edições Almedina, S.A.
Avenida Engenheiro Arantes e Oliveira, 11 — 3º C - 1900-221 Lisboa / Portugal
e-mail: geral@edicoes70.pt

www.edicoes70.pt

A REPÚBLICA DA MÁFIA

JONH DICKIE

A MALDIÇÃO DO CRIME EM ITÁLIA: COSA NOSTRA 'NDRANGHETA CAMORRA

DE 1946 AOS NOSSOS DIAS

Dedicado à memória de Gilbert Dickie (1922-2011)

Índice

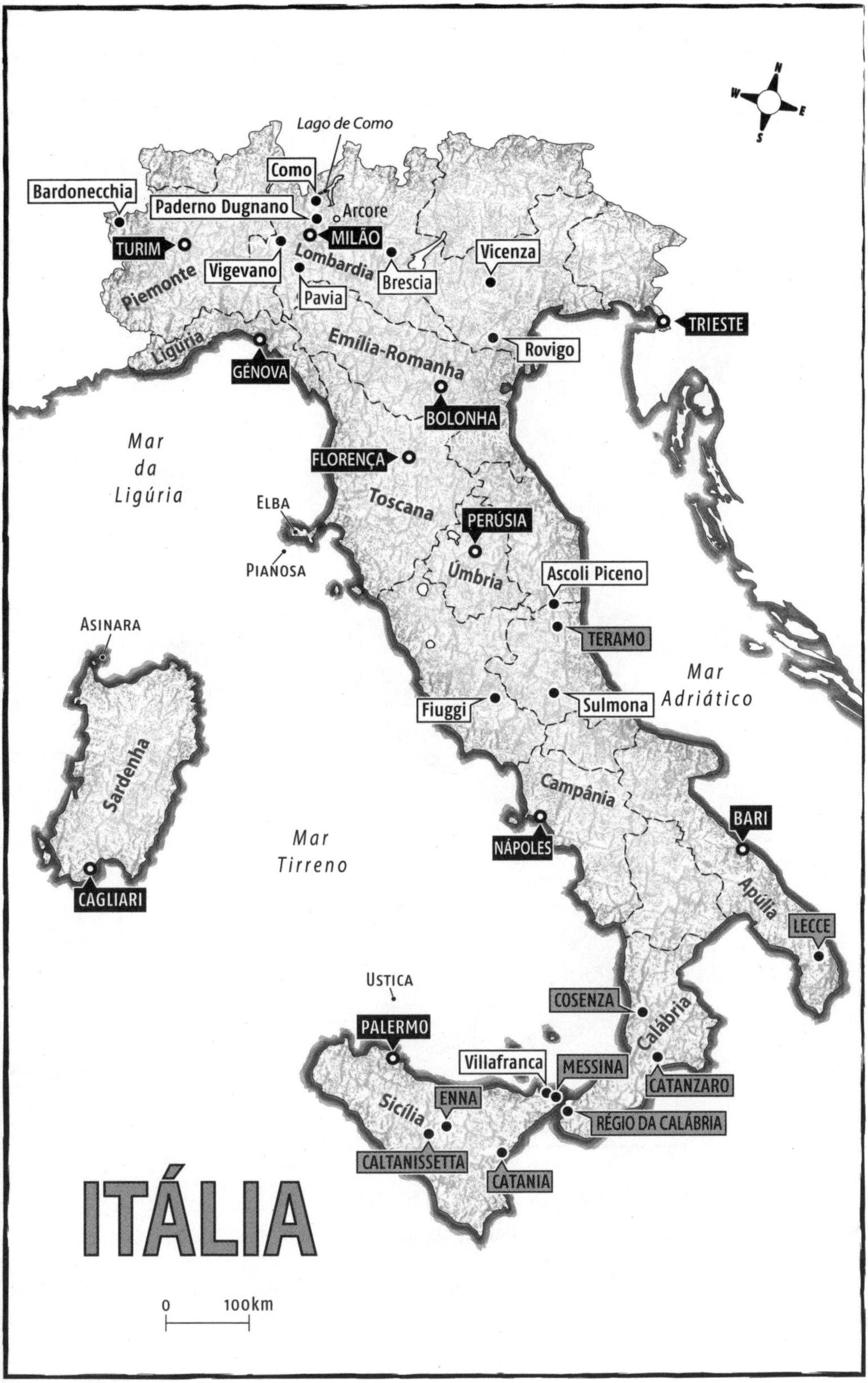
ITÁLIA
Lago de Como
Como
Bardonecchia
Paderno Dugnano
Arcore
MILÃO
TURIM
Vigevano
Lombardia
Piemonte
Brescia
Pavia
Vicenza
TRIESTE
Ligúria
GÉNOVA
Emília-Romanha
Rovigo
BOLONHA
Mar da Ligúria
FLORENÇA
ELBA
Toscana
PERÚSIA
PIANOSA
Úmbria
Ascoli Piceno
ASINARA
TERAMO
Mar Adriático
Fiuggi
Sulmona
Sardenha
Campânia
BARI
NÁPOLES
Mar Tirreno
CAGLIARI
Apúlia
LECCE
USTICA
COSENZA
PALERMO
Calábria
Villafranca
MESSINA
CATANZARO
ENNA
Sicília
RÉGIO DA CALÁBRIA
CALTANISSETTA
CATANIA
0 100km
N
S
E
W

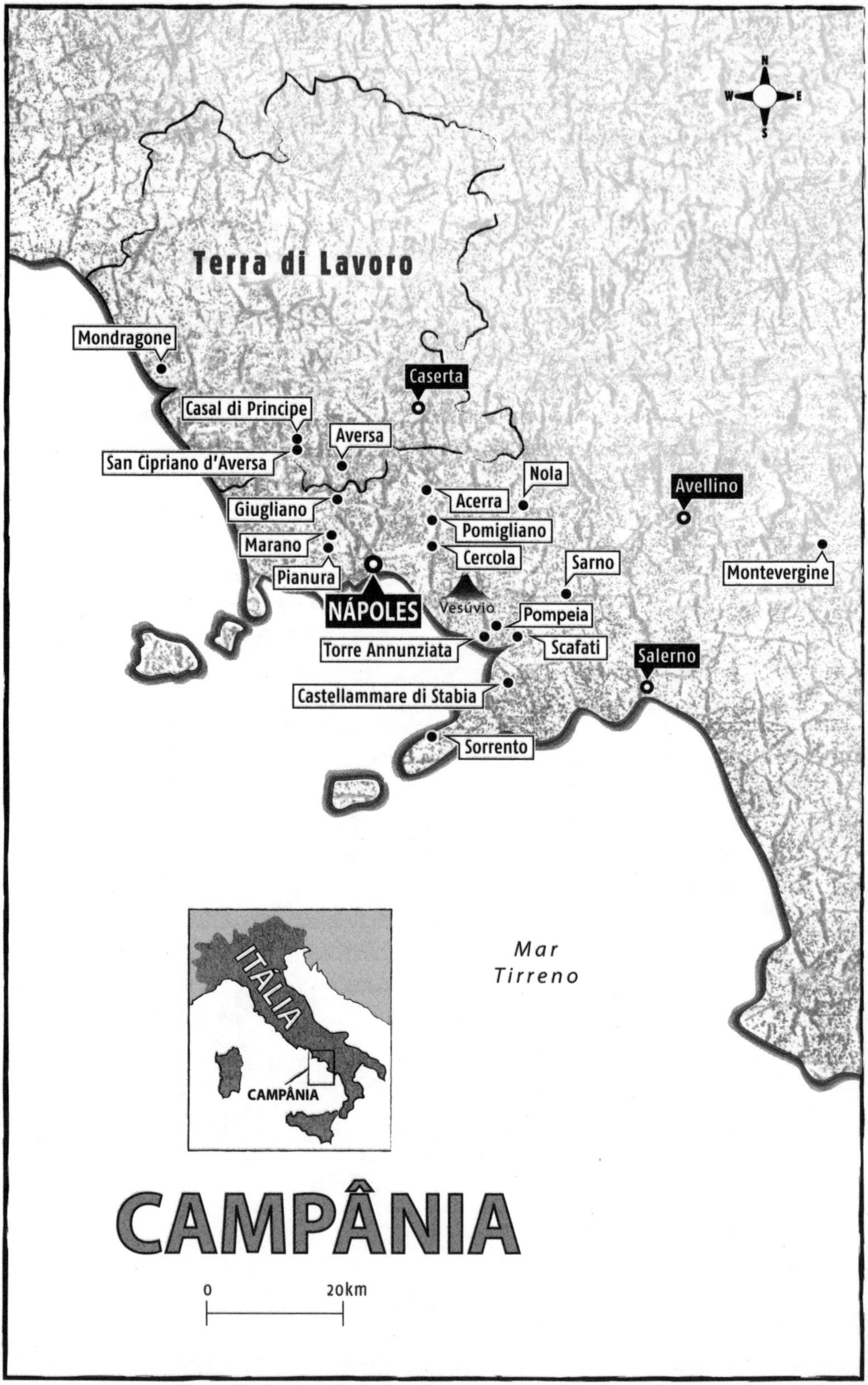

N
W
E
S
Terra di Lavoro
Mondragone
Caserta
Casal di Principe
Aversa
San Cipriano d'Aversa
Nola
Avellino
Acerra
Giugliano
Pomigliano
Marano
Cercola
Sarno
Montevergine
Pianura
NÁPOLES
Vesúvio
Pompeia
Torre Annunziata
Scafati
Salerno
Castellammare di Stabia
Sorrento
Mar
Tirreno
ITÁLIA
CAMPÂNIA
CAMPÂNIA
0
20km

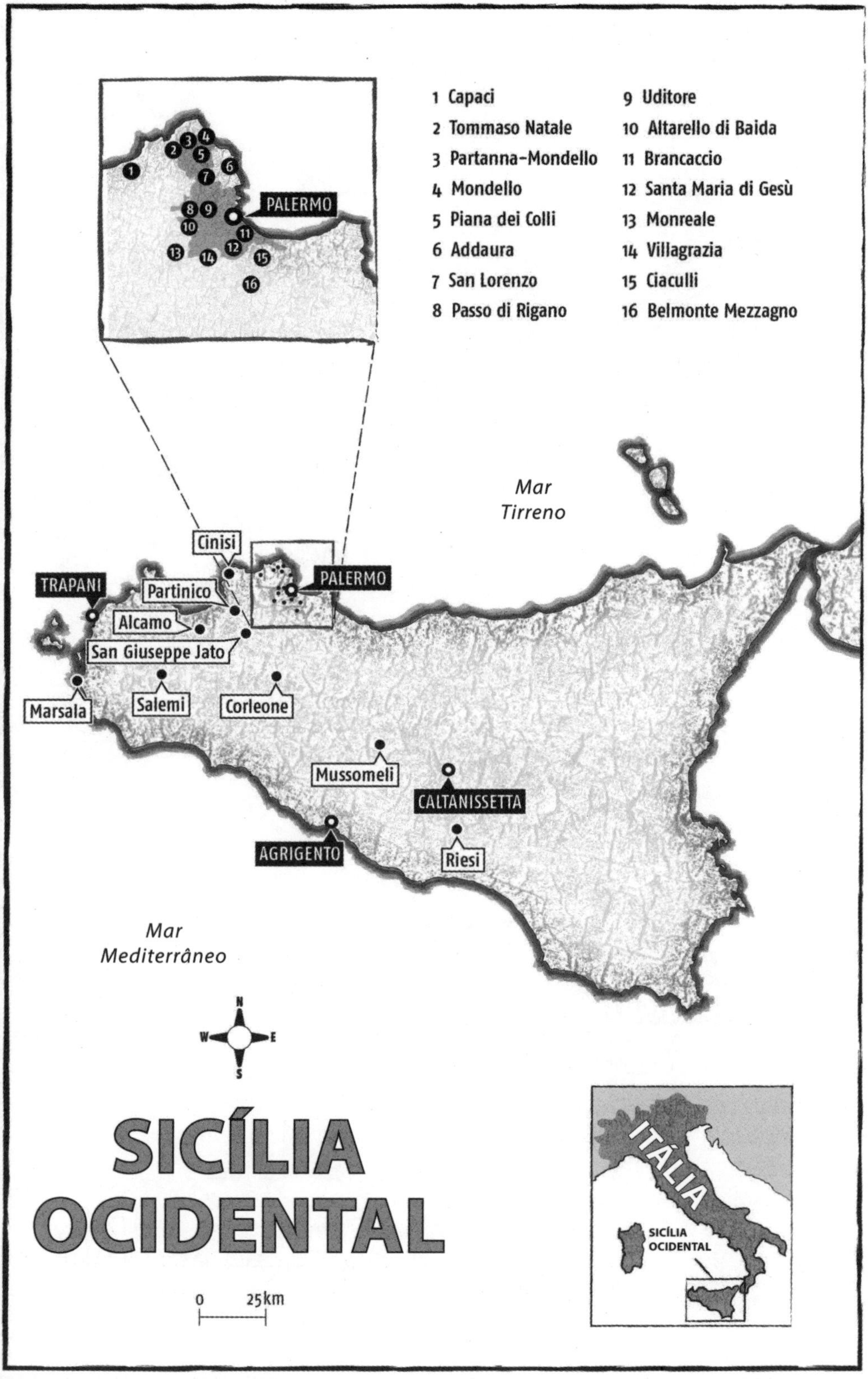
1 Capaci
2 Tommaso Natale
3 Partanna-Mondello
4 Mondello
5 Piana dei Colli
6 Addaura
7 San Lorenzo
8 Passo di Rigano
9 Uditore
10 Altarello di Baida
11 Brancaccio
12 Santa Maria di Gesù
13 Monreale
14 Villagrazia
15 Ciaculli
16 Belmonte Mezzagno
PALERMO
Mar Tirreno
Cinisi
TRAPANI
Partinico
Alcamo
San Giuseppe Jato
Marsala
Salemi
Corleone
Mussomeli
CALTANISSETTA
AGRIGENTO
Riesi
Mar Mediterrâneo
N
W
E
S
SICÍLIA OCIDENTAL
0
25km
ITÁLIA
SICÍLIA OCIDENTAL

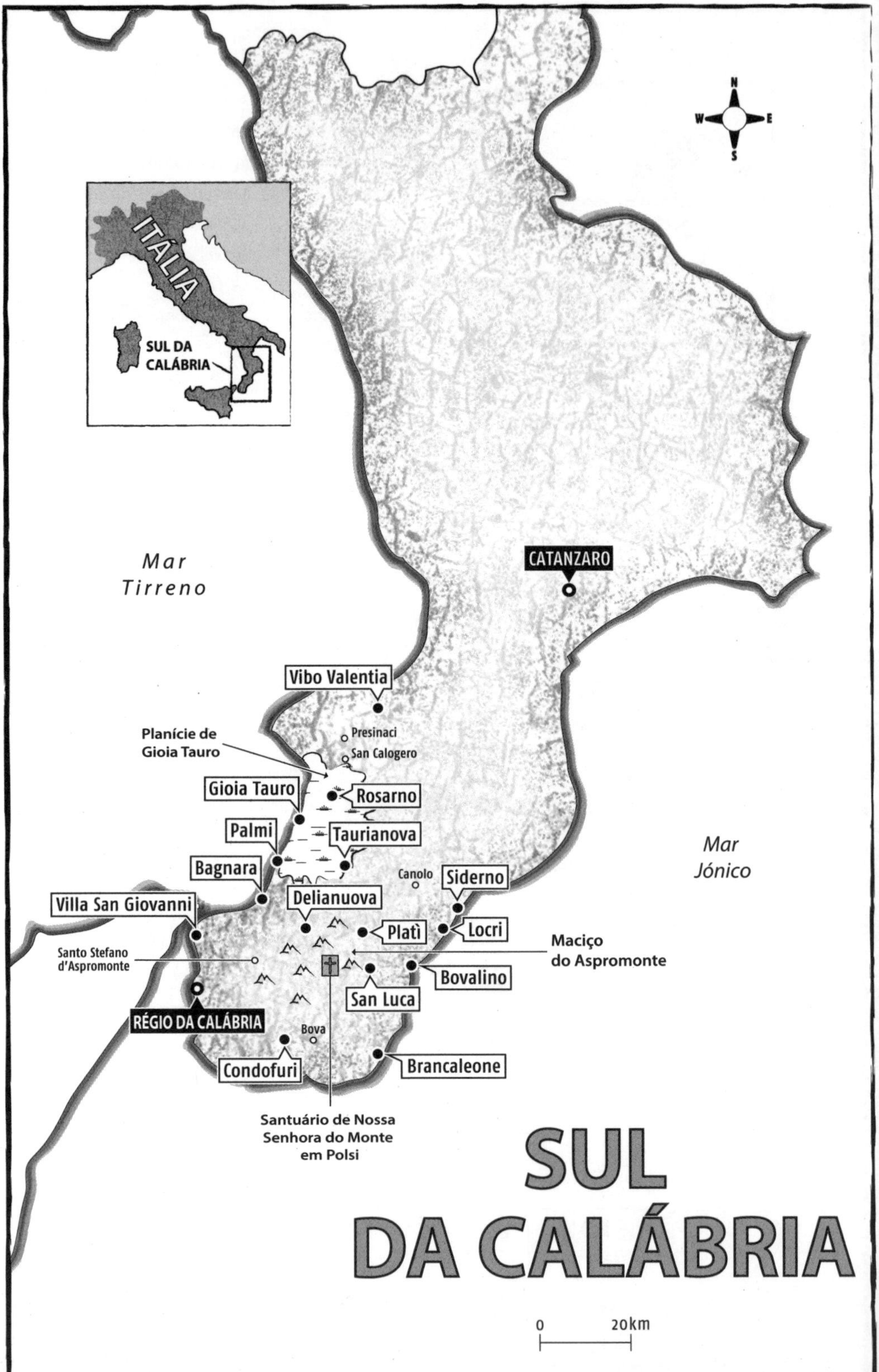

N
W
E
S
ITÁLIA
SUL DA CALÁBRIA
Mar Tirreno
CATANZARO
Vibo Valentia
Presinaci
Planície de Gioia Tauro
San Calogero
Gioia Tauro
Rosarno
Palmi
Taurianova
Mar Jónico
Bagnara
Canolo
Siderno
Villa San Giovanni
Delianuova
Platì
Locri
Maciço do Aspromonte
Santo Stefano d'Aspromonte
Bovalino
San Luca
RÉGIO DA CALÁBRIA
Bova
Condofuri
Brancaleone
Santuário de Nossa Senhora do Monte em Polsi
SUL DA CALÁBRIA
0
20km

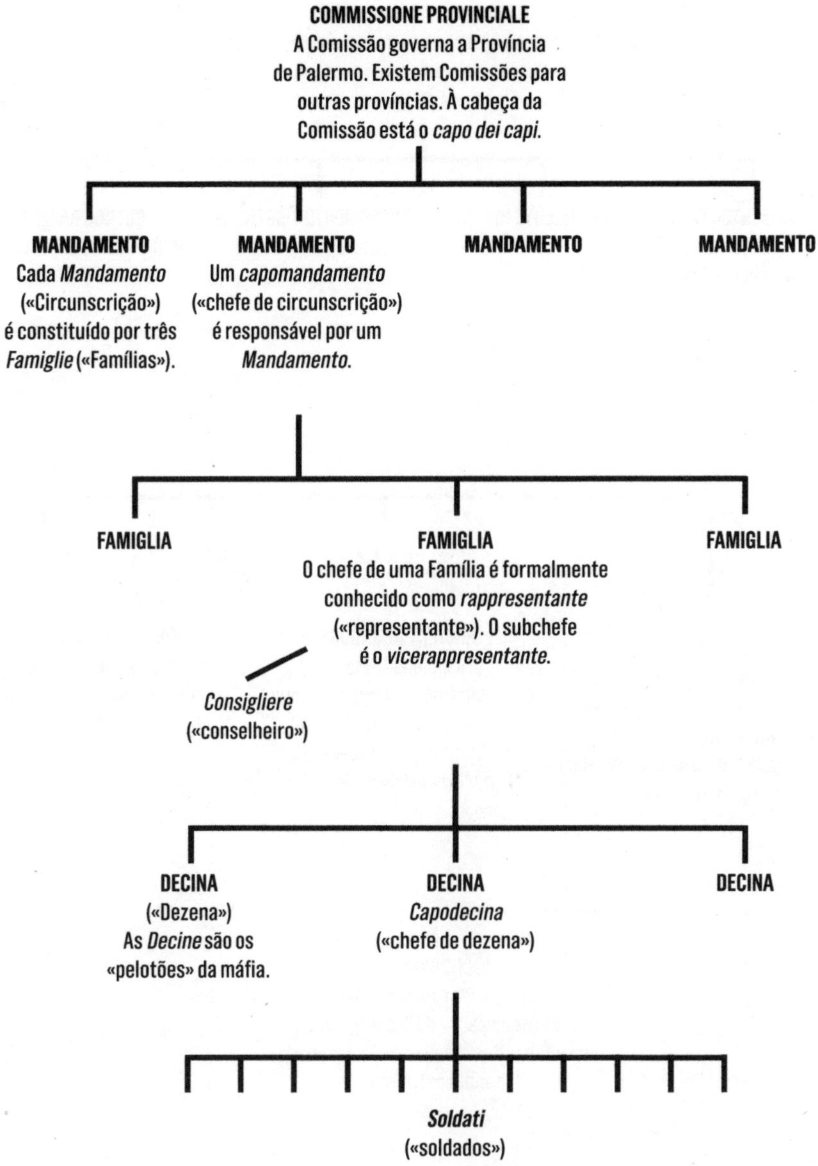

A ESTRUTURA DA COSA NOSTRA

Segundo a descrição inicial de Tommaso Buscetta em 1984

LA PROVINCIA / IL CRIMINE
A Província (vulgo Crime ou Grande Crime) é uma entidade fiscalizadora presidida pelo *capocrimine* (chefe do crime).

MANDAMENTO CITTA'
Os três *Mandamenti* («Circunscrições») dominam zonas na província de Régio da Calábria: a cidade e os litorais Tirreno e Jónico.

MANDAMENTO IONICO

MANDAMENTO TIRRENICO
Centrado na planície de Gioia Tauro.

OUTROS RAMOS NACIONAIS E INTERNACIONAIS DA 'NDRANGHETA

LOCALE **LOCALE** **LOCALE**

LOCALE
Os «Locais» em que cada *Mandamento* se encontra dividido governam território. Por razões de sigilo, cada *Locale* está subdividido em duas secções:

SOCIETA' MAGGIORE
A «Sociedade Maior» é administrada por agentes como:
Capolocale (chefe de local)
Contabile (contabilista)
Capocrimine (chefe do crime)

SOCIETA' MINORE
A «Sociedade Menor», a secção subalterna do *Locale*, também tem os seus agentes.

'NDRINA **'NDRINA**
As *'ndrine* são as células da organização da 'Ndrangheta. Têm por base as famílias e são dominadas por um patriarca.

A ESTRUTURA DA 'NDRANGHETA

(Fonte: «Operazione Crimine», verão de 2010.)

DOTI		
Os «dotes» (i.e. patentes) que indicam a posição hierárquica de um *'ndranghetista*. São também conhecidos como FIORI («flores»).	***Padrino*** («padrinho»)	Os membros da 'Ndrangheta têm de alcançar estas «flores» para poderem candidatar-se às posições superiores.
	Quartino	
	Trequartino	
	Vangelista («evangelista»)	Os *'ndranghetisti* têm de alcançar estes *doti* para pertencerem à Sociedade Maior.
	Santista («santista»)	
	Camorrista di sgarro («camorrista pronto para a luta», ou *sgarrista*)	Os *'ndranghetisti* com estas patentes pertencem à Sociedade Menor.
	Camorrista	
	Picciotto («rapaz»)	
	Giovane d'onore («jovens de honra»)	Os *giovani d'onore* estão a ser preparados para entrar para a organização.

HIERARQUIA NA 'NDRANGHETA

Prefácio

Graziella Campagna era uma rapariga de dezassete anos, baixinha, com cara de bebé e cabelos pretos. O seu passatempo era fazer bordados. Foi vista pela última vez em 12 de dezembro de 1985, à espera do autocarro que apanhava para casa, depois do emprego numa lavandaria. Vestia um casaco vermelho e calças pretas.

Como muitos jovens na Sicília, ela recebia uma ninharia por longas horas de trabalho não qualificado e não declarado. E como muitos jovens na Sicília, não podia casar-se, a menos que a família poupasse durante anos. Portanto, o seu desaparecimento foi provavelmente uma fuitina *(uma fuga): fugira com o namorado para poupar aos pais a despesa de um grande casamento. Pelo menos, foi isso que a polícia contou ao pai desolado.*

O irmão de Graziella, Pietro, era carabiniere *— agente de uma das forças policiais de Itália. Ele não acreditou na história da* fuitina *e, numa motocicleta emprestada, percorreu toda a região à procura da irmã. Dois dias depois, nas montanhas por cima da cidade, parou numa banca de sanduíches para mostrar a fotografia de Graziella. Nesse preciso instante, um homem num* BMW *aproximou-se e, ofegante de emoção, disse que tinha acabado de encontrar o corpo de uma rapariga de casaco vermelho e calças pretas perto de um forte abandonado.*

Pietro correu ao local onde se encontrava a rapariga e a uma visão que ultrapassou os seus piores pesadelos. «Vi o que vi», foi tudo o que conseguiu dizer mais tarde.

Foram necessários muitos anos de luta para que a família de Graziella pudesse apurar a verdade acerca do homicídio.

A lavandaria onde ela trabalhava ficava na pequena povoação de Villafranca, na província siciliana de Messina. Um dos clientes habituais era um engenheiro civil afável, com quarenta e poucos anos e já a ficar careca. Chamava-se Eugenio Cannata, e nas suas visitas à lavandaria vinha sempre acompanhado de um amigo mais jovem e calado. Certo dia, quando separava a roupa suja de Cannata, Graziella encontrou uma carteira de plástico transparente no bolso de uma camisa; lá dentro havia uma imagem do Papa João XXIII e um pequeno diário. O diário deixava bem claro que «Eugenio Cannata» era um pseudónimo. O seu titular era na realidade um mafioso — um Homem de Honra, como ele se teria denominado — foragido da justiça por acusações de tráfico de drogas. O amigo taciturno era o seu guarda-costas.

É muito pouco provável que Graziella tivesse percebido a importância letal do que viu. Mas «Eugenio Cannata» provavelmente descobriu que o irmão dela era um carabiniere *e decidiu não arriscar poupá-la. Ele e o seu guarda-costas raptaram-na na paragem de autocarros, levaram-na para as montanhas, interrogaram-na no forte abandonado e depois mataram-na.*

Graziella foi baleada cinco vezes à queima-roupa com uma caçadeira de canos serrados. O primeiro tiro atingiu-lhe a mão e o braço. Talvez os tivesse levantado instintivamente quando percebeu o que ia acontecer. Os três tiros seguintes atingiram-na no rosto, na barriga e no ombro. Estava no chão quando o assassino disparou pela última vez — para o seu peito.

Graziella Campagna foi vítima da Cosa Nostra, a máfia da Sicília.

Trinta mil pessoas. Nenhuma biblioteca. Nenhum cinema. Nenhum parque. Casal di Principe é uma povoação apinhada, onde os edifícios baixos com licença de construção são a exceção e não a regra. O betão e o asfalto tinham vencido havia muito tempo a guerra por espaço com os pomares de pessegueiros e damasqueiros. As formas duras da igreja de San Nicola di Bari condizem com a cidade. Os seus blocos lisos e pórtico de colunas quadradas são próprios de um parque de estacionamento de vários andares. O crucifixo preso ao telhado confere-lhe apenas um ar acossado de determinação.

Mas don Giuseppe Diana sabia que era preciso algo mais do que determinação para devolver a esperança a Casal di Principe. Don Peppino, como lhe chamavam, era um homem da terra, filho de um agricultor. Padre. Professor de Literatura. Chefe de escoteiros. Amigo. Ele reunia os miúdos para jogos de futebol de salão e ténis de mesa. Levava-os a passeios no campo. Incentivava-os discretamente a trabalharem para a sua comunidade — num lugar onde a palavra «comunidade» pouco tinha que ver com a realidade. Os voluntários de don Peppino estavam até a construir um refúgio para os mais miseráveis daquele lugar miserável, os trabalhadores migrantes ilegais explorados por angariadores locais.

E depois havia a sua posição eloquente contra o crime organizado. Ele e cinco outros padres locais subscreveram um documento simples e datilografado, que intitularam «Por amor ao meu povo, não ficarei calado».

Don Peppino morreu na sacristia no início da manhã de domingo de 19 de março de 1994. Tinha acabado de ouvir as mensagens no telefone do seu pequeno escritório e estava a minutos de iniciar a missa.

A alguns passos de distância, nos bancos da frente, duas freiras carmelitas estavam a rezar o terço quando ouviram tiros. Repararam num homem, pouco mais do que uma sombra, a escapulir-se pela porta principal. Depois, atravessaram o estreito corredor que ligava a nave à sacristia e encontraram don Peppino deitado numa crescente poça de sangue. Tinha sido baleado três vezes no rosto à queima-roupa.

Don Peppino Diana foi vítima da Camorra, a máfia da Campânia.

Giuseppe Grimaldi, com cinquenta e quatro anos de idade, era um salumiere, um talhante especializado nos salames calabreses recheados com malaguetas como em nenhuma outra região de Itália. Numa tarde de maio em 1991, três homens, usando máscaras de esqui e brandindo caçadeiras de canos serrados, irromperam pela mercearia que Giuseppe geria com o irmão em Taurianova. Os três homens mandaram os irmãos Grimaldi e os clientes saírem para a rua. Como diria mais tarde um juiz, os Grimaldis «não tinham cadastro nem qualquer ligação a qualquer tipo de crime». Naqueles primeiros momentos, portanto, não havia nenhum motivo para julgar que a incursão, apesar de aterradora, fosse algo mais do que um assalto.

Mais tarde veio a saber-se que se tratara de uma execução pública, uma «vingança transversal», como lhe chamam os jornais italianos — o assassínio por vingança de parentes inocentes de um mafioso. Uma vez na pequena praça em frente da loja, os irmãos Grimaldi foram baleados várias vezes nas costas à queima-roupa.

Na noite seguinte, a família Grimaldi, dominada pela dor, velava o corpo de Giuseppe quando homens afirmando serem Carabinieri *bateram à porta. A Sra. Grimaldi pediu-lhes que ligassem a sirene como prova da sua identidade. A resposta deles foi disparar desenfreadamente para dentro da casa. Ninguém morreu, mas a filha de doze anos dos Grimaldis ficou gravemente ferida; estava ainda nos cuidados intensivos quando jornalistas de todo o país invadiram a casa, que exibia ainda os buracos das balas na porta da frente.*

A mulher de Giuseppe, Luciana, de cabeça baixa, voz desanimada e quase inaudível, respondeu simplesmente ao interrogatório dos jornalistas. Conseguiria ela perdoar os homens que tinham feito aquilo?

«Às vezes penso que conseguirei. Outras não. Mas penso que, num caso como este, só Deus pode perdoar.»

Só Deus sabe onde ela foi buscar a sua compostura, pois devia ter a imagem atroz do que tinham feito ao marido a atormentar-lhe em silêncio a mente.

O tiro de caçadeira que matou Giuseppe desfez-lhe a maior parte do pescoço. Depois, os assassinos foram buscar a faca do carniceiro e cortaram os restantes fios de músculo e pele para poderem usar a cabeça para praticar tiro ao alvo. Os transeuntes — e havia cerca de vinte no centro de Taurianova — viram a cabeça de Giuseppe saltar repetidamente no ar, fazendo desvios cruéis quando as balas da caçadeira a atingiam, e cair para a estrada.

Giuseppe Grimaldi foi vítima da 'Ndrangheta, a máfia da Calábria.

A Itália atual nasceu em 2 e 3 de junho de 1946, quando um povo martirizado pela guerra votou num referendo para abolir uma monarquia profundamente desacreditada pela sua subserviência à ditadura fascista. Era uma rutura clara com o passado: Itália seria daqui para a frente uma república. Na mesma chamada às urnas, os Italianos elegeram os membros de uma assembleia constituinte que elaboraria uma nova constituição para a república, baseada na democracia, na liberdade e no primado do direito.

As organizações que assassinaram Graziella Campagna, don Giuseppe Diana e Giuseppe Grimaldi representam uma afronta monstruosa aos valores fundadores da República Italiana. A crueldade abominável das máfias é essencial à sua identidade e ao seu funcionamento. Não existem máfias sem violência. Mas a violência é apenas o começo. Através da violência e das muitas estratégias que ela possibilita, as máfias corrompem as instituições democráticas da república, reduzem drasticamente as oportunidades de vida dos seus cidadãos, fogem da justiça e estabelecem a sua própria intervenção egoísta como alternativa aos tribunais. Nas zonas do país onde o poder das máfias é mais forte, este constitui um autêntico regime criminoso. Num despacho confidencial de 2008 que foi parar ao sítio da Wikileaks, o cônsul-geral dos EUA (Estados Unidos da América) em Nápoles faz uma descrição da Calábria, a região na «biqueira» da «bota» italiana e berço da 'Ndrangheta. Podemos duvidar de alguns dos seus dados estatísticos, mas a essência do diagnóstico é tão verdadeira como desanimadora:

> A organização criminosa 'Ndrangheta controla vastos segmentos do território e da economia [da Calábria] e é responsável por, pelo menos, três por cento do PIB italiano (provavelmente muito mais), através do tráfico de drogas, da extorsão e da usura... Grande parte da indústria da região falira havia mais de uma década, deixando uma ruína ambiental e económica. A região encontra-se em último lugar em quase todas as categorias nas avaliações da economia nacional. A maioria dos políticos com quem falámos numa visita recente mostrou-se fatalista, sendo da opinião de que pouco havia a fazer para travar a espiral descendente da economia da região ou o domínio da 'Ndrangheta. Alguns deram a entender, dissimuladamente, que o crime organizado já não constituía um problema... Ninguém acredita que o governo central exerça algum poder sobre a Calábria, e todos os políticos locais são vistos como incompetentes e/ou corruptos. Se a Calábria não fizesse parte de Itália, seria um Estado falhado.

A influência da 'Ndrangheta estende-se muito além das cidades «tristes e caóticas» da Calábria que foram visitadas pelo cônsul-geral. A região mais pobre de Itália gerou uma irmandade criminosa que se revelou mais hábil do que qualquer outra máfia a estabelecer colónias nas zonas mais ricas do país. (Para não falar de uma série de outros países ricos, como a Alemanha, o Canadá e a Austrália.)

As máfias e a república cresceram juntas. Enquanto as fundações da república eram construídas, as máfias instalavam-se no sistema do pós-guerra. Enquanto Itália recuperava da catástrofe da guerra, as máfias fortaleciam-se. Em pouco tempo, Itália transformar-se-ia numa das economias capitalistas mais ricas do mundo. Os artigos italianos eram fabricados com perícia e desenhados com estilo, sendo cobiçados em todo o mundo. As máfias tornaram-se também mais ricas do que alguma vez tinham sido — se bem que através do comércio de uma série de produtos e serviços bem mais nefastos. Ao fazê-lo, tornaram o problema do crime organizado italiano conhecido mundialmente.

Desde os anos 60 do século XX, Itália deixou de poder citar a pobreza como desculpa para albergar as máfias. Na verdade, já não tem nenhuma desculpa. A Itália do pós-guerra tem sido, às vezes, uma sociedade profundamente conturbada. Mas não é uma república das bananas na América do Sul, nem um domínio empobrecido de senhores da guerra na Ásia, nem o resto de um império destroçado na Europa de Leste. A menos que os nossos mapas estejam todos calamitosamente errados, a famosa península em forma de bota não se situa numa região do mundo onde esperaríamos encontrar a autoridade do Estado subvertida por um poder alternativo violento e rapace. Itália é membro pleno da família das nações da Europa Ocidental. No entanto, é a única que alberga várias organizações criminosas que têm usurpado a autoridade do Estado democrático em vastas extensões do seu território.

E é aqui que reside o fascínio e a urgência da história da máfia. O poder das máfias é a antítese dos *valores* da liberdade e da democracia que sustentam a prosperidade da Europa do pós-guerra. Mas em Itália, o poder das máfias tem-se revelado perfeitamente compatível com a *realidade* quotidiana da liberdade, democracia e prosperidade.

Em *A República da Máfia*, conto a história de como a Cosa Nostra, a Camorra e a 'Ndrangheta sobreviveram na época republicana. Não só sobreviveram como também se multiplicaram e espalharam, criando novas máfias e novas infestações em zonas do território nacional que até então pareciam imunes. E não só se multiplicaram e espalharam, efetivamente, mas também se tornaram mais fortes, ricas e violentas do que nunca.

A República da Máfia tem por base dois princípios simples:

Por um lado, existem muito mais diferenças entre as três principais máfias de Itália do que o observador ocasional poderia supor. Algumas dessas diferenças são subtis, outras são flagrantes, mas todas são adaptações que permitem à organização criminosa em questão sobreviver e prosperar no seu ambiente local. O resultado é que cada máfia tem seguido um caminho distinto ao longo da história.

Por outro lado, apesar dessas diferenças intrigantes entre as organizações criminosas, as suas histórias fazem mais sentido quando entrecruzadas numa única narrativa. As máfias partilham muitas coisas, sobretudo a sua relação perversa com o Estado italiano, que têm seduzido e combatido alternadamente, e no qual se têm infiltrado. Itália não tem organismos criminosos solitários e estáticos; tem um ecossistema criminoso rico que continua a gerar novas formas de vida.

«Máfia» é uma palavra siciliana, embora seja usada frequentemente como termo genérico para uma organização criminosa e aplicada, por isso, à Camorra e à 'Ndrangheta, assim como à máfia siciliana. Eu sigo essa convenção neste livro.

No entanto, não queria começar com nomes e com aquilo que eles poderão significar, porque os nomes, na verdade, não são muito importantes para o que as máfias fazem. Contudo, esses nomes, e a confusão e reticências que os têm rodeado, *são* uma parte integrante da história por contar. A Camorra sempre se chamou Camorra mas, até 1955, muitas pessoas em Nápoles mostravam relutância em pronunciar a palavra. A 'Ndrangheta só passou a ser conhecida como 'Ndrangheta desde esse mesmo ano. E só uma década depois é que «Cosa Nostra» se tornou popular entre os mafiosos sicilianos como forma de aludir ao seu grupo. A opinião pública italiana só descobriria o nome «Cosa Nostra» vinte anos depois. Por uma questão de clareza, nestas páginas, empregarei às vezes «'Ndrangheta» para me referir à máfia calabresa e «Cosa Nostra» para me referir à máfia siciliana, nas épocas em que esses nomes ainda não estavam generalizados.

Quaisquer que tenham sido os seus nomes em épocas diferentes, a Cosa Nostra, a Camorra e a 'Ndrangheta têm todas uma história que remonta a um século antes da fundação da república, em 1946. As máfias têm mais ou menos a mesma idade que o Estado italiano, que nasceu oficialmente em 1861. Descrevi as origens e o desenvolvimento inicial das máfias em *Irmandades de Sangue*, publicado em 2011. O meu lado académico gostaria de aproveitar este prefácio para admoestar todos aqueles que pegam num exemplar deste livro sem ter lido primeiro a sua prequela, *Irmandades de Sangue*. Mas, na verdade, não existe absolutamente nenhuma justificação para tal preciosismo profissional. *A República da Máfia* é um livro autónomo, porque, quando a história da máfia começou de novo depois da Segunda Guerra Mundial, o fez com uma página em branco. Ou talvez seja mais correto dizer que começou com uma página da qual os vestígios sangrentos do passado tinham sido cuidadosamente apagados. A República Italiana esqueceu-se por completo de todas as lições que devia ter aprendido com o século anterior.

A República da Máfia começa com uma ronda pelos diferentes redutos das máfias nos anos 40 do século XX — quando as instituições de Itália estavam a ser criadas ou restauradas após a queda do fascismo. As páginas seguintes apresentam cada uma das principais máfias, sucessivamente. Ao mesmo tempo, descrevem a forma engenhosa como um país renascido da catástrofe da guerra decidiu esquecer-se da maior parte do que sabia sobre o flagelo do crime organizado. Na República Italiana, a história das máfias começou com um ato de esquecimento.

1

O ESQUECIMENTO

Sicília: ameaças, terrorismo, homicídios, fogo posto, raptos e caos

Na madrugada de 10 de julho de 1943, os veículos de desembarque americanos e britânicos chegaram às praias sicilianas e despejaram a sua carga de tropa e tanques. Cinco semanas e meia depois, em 17 de agosto, os últimos barcos transportando soldados e equipamento do Eixo, através do estreito para a península italiana, saíram do sinuoso porto de Messina sob fortes bombardeamentos. A Sicília caíra nas mãos dos Aliados.

A Sicília libertada, no entanto, já estava a resvalar para o caos. O Governo Militar Aliado nos Territórios Ocupados (ou AMGOT*) viu-se obrigado a alimentar a população faminta da ilha, ao mesmo tempo que tentava travar uma vaga de operações de mercado negro, bandidismo, fugas de prisões, ajustes de contas e extorsão. Já em setembro de 1943, o *New York Times* informava de que a máfia siciliana estava profundamente envolvida nesta vaga de crimes pós--libertação.

No início da década de 30, o fascismo proclamara com grande alarido que as suas rusgas e julgamentos em massa tinham derrotado a máfia. A opinião pública em grande parte do mundo concordava. Em 1938, o autor siciliano-americano de um guia de viagens explicava que a máfia estava «oficialmente extinta»: «a eliminação deste

---

* Allied Military Government of Occupied Territories.

cancro é de longe o acontecimento mais importante da recente história da ilha».

Pela sua parte, as autoridades militares americanas e britânicas sabiam, antes de invadir a Sicília, que o alarde da propaganda fascista sobre a derrota da máfia era um exagero. No entanto, tinham alguma dificuldade em perceber exatamente qual era a situação da máfia — sobretudo porque Mussolini sustentara a sua gabarolice da única forma que sabia: proibindo qualquer história sobre o crime organizado nos *media* italianos. A verdade por trás do *blackout* informativo, que só recentemente surgiu dos arquivos, era que a máfia siciliana nos anos 30 continuava a ser uma força poderosa. Era uma irmandade secreta de criminosos, que prestavam um juramento, à semelhança dos maçons, e se autodenominavam Homens de Honra. Tinha filiais, chamadas «Famílias», na maior parte das vilas e aldeias do ocidente da ilha. Na província de Palermo, onde se concentrava cerca de metade da força da máfia siciliana, os seus chefes, conhecidos formalmente como «representantes», respondiam perante uma «Comissão» dirigente presidida por um «general presidente» ou «chefe de todos os chefes». O fascismo combatera a máfia siciliana com duas grandes vagas de repressão, mas, no fim, o regime do Duce, como todos os governos italianos anteriores, aprendera a conviver com ela.

No caos que se seguiu à Libertação, a temida silhueta da máfia siciliana tornou-se novamente visível. O AMGOT precisava de saber com urgência aquilo com que estava a lidar. Em outubro de 1943, encomendou um relatório sobre a máfia ao serviço de informações militares — um relatório tão secreto, que foi levado através do Mediterrâneo para o quartel-general das Forças Aliadas em Argel por um mensageiro pessoal. O seu autor, o capitão William Everett Scotten, era um diplomata de carreira com trinta e nove anos de idade que tinha sido também agente do Serviço de Informações do Exército dos EUA em Pasadena, na Califórnia. O relatório concluía que a máfia era um «sistema criminoso» que tinha como objetivo «praticar a extorsão e o roubo com impunidade», usando métodos «que variam entre a ameaça e o terrorismo e, sem qualquer reserva, o homicídio, o fogo posto, o rapto e o caos».

Scotten explicava também como, nas semanas seguintes à invasão de julho de 1943, o sistema criminoso dera aos Aliados uma lição sobre como se infiltrar na máquina do Estado. Depois da queda do regime fascista na Sicília, o AMGOT precisava de sicilianos de confiança para ajudarem a manter uma aparência de ordem. O capitão Scotten revelou que muitos dos sicilianos — autoproclamadas vítimas do fascismo — que tinham sido nomeados presidentes de câmara pelo AMGOT eram, na verdade, mafiosos ou seus testas de ferro. Alguns mafiosos sicilianos com experiência na América também se haviam oferecido para servir de intérpretes, conquistando posições de influência. O capitão Scotten sabia também de «numerosos casos» de pessoal das Forças Aliadas «cujas ligações ou antecedentes familiares nos EUA os colocara diretamente na esfera da Máfia». Além disso, até mesmo oficiais honestos tinham sido enganados por aristocratas sicilianos com ligações à máfia (o «nível superior» da máfia, nas palavras do capitão Scotten).

O poder económico da máfia também tinha aumentado. Segundo o AMGOT, os cereais deviam ser requisitados e guardados em armazéns para distribuição através de um sistema de racionamento. O capitão Scotten descobriu que a máfia geria o vasto mercado negro de cereais; nalguns lugares, os mafiosos tinham também usado os seus contactos políticos em Palermo para controlar os bancos de cereais do governo. *Tanto* o mercado legal *como* o mercado ilegal de produtos agrícolas estavam nas mãos de criminosos. Em suma, semanas depois da ocupação Aliada, a máfia dominava a Sicília. Os despojos do campo de batalha muniram-na de um arsenal formidável: «metralhadoras, morteiros de trincheira e até peças de artilharia ligeira, minas terrestres, rádios de campanha e grandes reservas de munições», segundo o capitão Scotten. A máfia siciliana estava armada e pronta para aproveitar todas as oportunidades de negócio que o rescaldo da guerra pudesse oferecer.

Entretanto, a invasão Aliada da Sicília iniciara uma reação em cadeia em Roma. O Duce Benito Mussolini caiu do poder e foi preso por ordem do rei. Depois, em 8 de setembro de 1943, Itália rendeu-se aos Aliados. O rei, os seus ministros e alguns dos seus generais mais importantes fugiram. A máquina do Estado dissolveu-se, deixando os soldados e os cidadãos desorientados e condenados a sobreviver sozinhos ao resto da guerra. Na madrugada seguinte, as Forças Aliadas desembarcaram no sul da península italiana, em Salerno, mesmo abaixo de Nápoles. Mais soldados alemães entraram na península para resistir: já não enquanto camaradas do Eixo, mas enquanto ocupantes. Itália ficou dividida ao meio: os Aliados no Sul, os alemães no Norte e Centro. Até ao fim da Segunda Guerra Mundial, o conflito seria travado apenas na península. Entretanto, atrás das linhas da Itália ocupada pelos nazis, uma guerra civil opunha a Resistência aos fascistas mais irredutíveis.

Na Sicília libertada, o AMGOT cessou funções em fevereiro de 1944, e a ilha submeteu-se à autoridade da coligação de forças antifascistas que constituíam o novo governo civil italiano, estabelecido na parte da península ocupada então pelos Aliados.

Nos dois anos seguintes, toda a Itália fez a transição da guerra para a paz e da Libertação para a democracia — uma transição marcada por quatro momentos importantes:

Abril de 1945: termina a guerra em Itália, apenas alguns dias antes do suicídio de Hitler.

Junho de 1946: a monarquia é abolida e nasce a república.

Março de 1947: o presidente Harry S. Truman anuncia que os EUA intervirão para travar a expansão soviética em todo o mundo. Em Itália, o PCI (Partido Comunista Italiano) conquistara grande prestígio com o seu papel na Resistência e prometia instalar uma secção do Partido Comunista em cada capelinha do país. A península deu por si na linha da frente da recém-declarada Guerra Fria.

Abril de 1948: as primeiras eleições legislativas democráticas em Itália são ganhas decisivamente pela DC (Democracia Cristã — os democratas-cristãos), apoiada pelos americanos, e perdidas decisivamente pelos comunistas.

Em nenhum outro lugar de Itália a transição do pós-guerra foi mais turbulenta do que na Sicília. Em nenhum outro lugar o crime organizado esteve tão profundamente envolvido na turbulência. Algumas zonas do Sul eram redutos do crime organizado havia várias gerações. No sul da Calábria e da Campânia, como veremos, os *'ndranghetisti* e *camorristi* criaram o seu próprio nicho no sistema do pós-guerra. Mas na Sicília, a máfia tinha desígnios mais grandiosos. Muitos sicilianos tendem a mostrar alguma dúvida quando o rótulo «crime organizado» é aplicado à máfia. Os mafiosos são todos criminosos, e sempre foram. Mas os criminosos comuns, por mais organizados que sejam, não têm, de longe, os tipos de amizade política que os grandes mafiosos sempre tiveram. Está muito distante do horizonte mental de qualquer criminoso comum tentar moldar o destino institucional da sua terra, como os mafiosos sicilianos tentaram fazer depois de 1943.

O crime mais evidente e sangrento em que a máfia estava envolvida era o bandidismo. No seu auge, em 1945, centenas de bandos de salteadores vagueavam pelo campo siciliano. A maioria estava tão bem armada, que podia levar a melhor sobre a polícia e os *Carabinieri* em qualquer troca de tiros. A extorsão, o roubo, o rapto e o mercado negro proporcionavam a estes fora da lei uma rica fonte de rendimentos. Como era tradição, em vez de se juntarem aos bandidos, os mafiosos preferiam, sempre que podiam, «tributá-los» através da troca de favores. Por exemplo, os bandidos podiam entregar uma percentagem dos seus rendimentos aos mafiosos, que, em troca, forneciam indicações de alvos lucrativos de rapto e roubo ou adiantavam notícias sobre rusgas da polícia e mediadores que podiam negociar os pagamentos dos resgates com a discrição necessária.

Pouco depois da invasão dos Aliados, os mafiosos começaram a restabelecer o seu tradicional domínio sobre a «proteção», arrendamento e gestão das terras agrícolas na Sicília ocidental. Muitos dos maiores latifundiários da Sicília viviam num esplendor decadente em Palermo, deixando a gestão das suas herdades a impiedosos intermediários da máfia. Desta forma, depois da guerra, os proprietários rurais contrataram para administrar as suas terras homens que viriam a ser alguns dos chefes mafiosos mais famosos das décadas de 50 e 60: como Giuseppe Genco Russo, de Mussomeli, e Luciano Liggio, um assassino de vinte anos de idade da vila agrícola de Corleone, na província de Palermo. (Liggio já tinha um mandado de detenção em seu nome quando, depois da misteriosa morte do seu antecessor, se tornou administrador da herdade de Strasatto em 1945.)

O negócio das terras atraiu, inexoravelmente, a máfia para a política. Em todos os momentos de convulsão política na história recente da Sicília, os camponeses tinham reivindicado contratos mais justos ou mesmo uma parte das herdades dos aristocratas sicilianos. Mas, no fim, as caçadeiras da máfia ditavam sempre a resposta definitiva às reivindicações dos camponeses.

Era inevitável que a questão das terras ressurgisse depois da guerra e, quando o fez, os latifundiários e os mafiosos transformaram o terror numa arma política. Com a pistola, a metralhadora e a granada de mão, os mafiosos fizeram tudo para eliminar militantes camponeses e calar os seus apoiantes através da intimidação.

A terrível lista de sindicalistas e ativistas de esquerda assassinados começou no verão de 1944 e ainda não tinha terminado uma década depois. Por exemplo, no outono de 1946, em Belmonte Mezzagno, perto de Palermo, os camponeses formaram uma cooperativa para assumir a gestão das terras de uma herdade próxima. Em 2 de novembro, um esquadrão de treze homens apareceu num campo onde muitos membros da cooperativa estavam a trabalhar. Os irmãos Giovanni, Vincenzo e Giuseppe Santangelo foram levados para outro lugar para serem executados um após outro com um único tiro na nuca.

Tanto os latifundiários como a máfia temiam que um novo governo italiano democrático fosse obrigado a fazer cedências ao Partido Comunista e, consequentemente, aos camponeses de esquerda na Sicília. Deste modo, a partir de 1943, os latifundiários e a máfia apoiaram um movimento para separar a ilha do resto da península. O caminho para a independência da Sicília foi traçado numa série de reuniões organizadas ao longo dos anos seguintes. Os herdeiros de algumas das famílias mais antigas da Sicília recebiam os mafiosos mais importantes da ilha nas suas luxuosas casas de campo. Numa dessas reuniões, em setembro de 1945, os chefes mafiosos negociaram um acordo para integrar alguns bandidos no exército do movimento separatista. Salvatore Giuliano, o líder da mais famosa quadrilha de salteadores, recebeu a promessa de uma grande quantia de dinheiro, a patente de coronel e uma amnistia quando a bandeira de uma Sicília livre fosse hasteada. Seguiu-se uma série de assaltos a quartéis dos *Carabinieri* com o objetivo de preparar o terreno para a insurreição.

No fim, não houve nenhuma insurreição separatista. A precária ala militar do movimento dispersou-se. Além disso, a estratégia da sua liderança política foi superada: em maio de 1946, a Sicília tornou-se numa região autónoma, com o seu próprio parlamento, e permaneceu *dentro* de Itália. Os mafiosos que tinham apoiado o separatismo começaram a procurar novos parceiros políticos.

Se o separatismo entrou em declínio em 1946, a emergência do crime na Sicília tornou-se mais grave do que nunca. As quadrilhas de salteadores, atuando muitas vezes com a proteção da máfia, cometiam livremente vários assaltos e raptos. A polícia e os *Carabinieri* na Sicília enviaram vários relatórios para Roma. A máfia estava no centro do quadro negro que traçavam. Como o capitão Scotten, eles não tinham ilusões sobre a verdadeira natureza da máfia, como deixa claro este relatório de outubro de 1946:

> A máfia é uma organização oculta que atravessa as províncias da Sicília e possui tentáculos secretos que chegam a todas as classes sociais. O seu único objetivo é enriquecer por meios ilegais, à custa de pessoas honestas e vulneráveis. Reconstituiu as suas células ou «Famílias», como se chamam, aqui, na gíria, especialmente nas províncias de Palermo, Trapani, Caltanissetta, Enna e Agrigento.

Estes foram os anos violentos que decidiram o futuro da Sicília. Não por acaso, foram também os anos em que os governantes de Itália decidiram esquecer tudo o que sabiam acerca da mal-afamada «organização oculta» da Sicília. O exemplo mais revelador desse processo de esquecimento não é um massacre da máfia nem um relatório secreto. Para perceber como a máfia siciliana funcionava, de facto, no final dos anos 40, para perceber a sua capacidade única de desaparecer e, ao mesmo tempo, se infiltrar no aparelho do Estado, precisamos de assistir ao primeiro filme sobre mafiosos de Itália.

Sicília: *Em Nome da Lei*

Estamos em setembro de 1948, mas as terras ressequidas do interior siciliano que se estendem diante da câmara parecem intemporais. Um jovem com um jaquetão e o rosto bem esculpido, protegido do sol por um chapéu fedora, *está sentado muito direito na sela. Subitamente, volta-se para olhar para uma paisagem lunar de poeira e pedras. Vê surgir oito figuras a cavalo no cimo de uma colina, perfiladas contra o céu.*

«A máfia». O jovem profere a temida palavra em voz alta, para si mesmo, e levanta o queixo com determinação. Ele chama-se Guido Schiavi e é magistrado, um defensor da lei. Aquele é o confronto de que tem estado à espera.

Os mafiosos, montados em éguas puros-sangues impecavelmente tratadas, descem a colina em direção ao magistrado, a um meio galope grandioso. A banda sonora fornece um acompanhamento de trombetas comoventes e cordas pujantes à sua cavalgada. Quando eles se aproximam, Schiavi percebe que estão todos vestidos de bombazina e fustão, trazem todos uma boina puxada para um rosto rude e impassível e têm todos uma caçadeira pendurada ao ombro.

Os mafiosos param numa ponte baixa. O seu chefe, que dá pelo nome de Turi Passalacqua, é inconfundível na sua escultural égua branca. Ele levanta a boina com cortesia para se dirigir ao magistrado.

> *Bons dias,* voscenza. *Bem-vindo à nossa terra. Concede-nos uma grande honra.*

> *O senhor é muito jovem. E eu e os meus amigos alegramo-nos com isso. Porque sabemos que os jovens são puros de coração. Também é inteligente e tenho a certeza de que já percebeu o costume geral aqui. As coisas têm sido assim há mais de cem anos, e toda a gente está satisfeita.*

O magistrado Schiavi não se mostra impressionado com esta homilia. Alega que há muitas pessoas que não estão «satisfeitas» com esse «costume geral»: as vítimas de homicídio e chantagem e as suas famílias, por exemplo; ou os brutalizados trabalhadores agrícolas e mineiros de enxofre. Mas as suas palavras não provocam nem um resquício de irritação no semblante tranquilo do mafioso:

> *Todas as sociedades têm os seus defeitos. E, além disso, é sempre possível chegar a um acordo entre homens de honra... Tem apenas de exprimir os seus desejos.*

Agora é a vez de o magistrado se mostrar impassível. Em tons de desafio comedido, afirma que tem apenas um desejo, um dever: aplicar a lei.

Manifestamente, não pode haver nenhum compromisso. Dois sistemas de valores antagónicos colocaram as suas forças em campo. Um grande confronto entre o Estado e a máfia é inevitável. Resta apenas ao capomafia *Turi Passalacqua reafirmar o seu credo:*

> *É um homem corajoso, mas aqui somos nós quem faz a lei, segundo as nossas antigas tradições. Estamos numa ilha. O governo está muito longe. E se não estivéssemos aqui, com o nosso tipo de severidade, os criminosos acabariam por estragar tudo, como o azevém estraga o trigo. Ninguém estaria seguro na sua própria casa. Nós não somos criminosos. Somos homens honrados: tão livres e independentes como as aves no céu.*

E com isso, as trombetas e as cordas voltam a soar. O bando de Homens de Honra dá meia-volta e afasta-se a galope.

Na Itália dos anos 40, os filmes significavam muito mais do que apenas entretenimento. Os estúdios americanos tinham boicotado o mercado italiano, em protesto contra as tentativas de Mussolini de controlar as importações. Nos últimos cinco anos do fascismo, os Italianos viram-se privados da sua dose semanal de película californiana. Quando as salas de cinema foram reabertas depois da Libertação e o fornecimento de Hollywood retomado, os Italianos voltaram aos cinemas em números maiores do que nunca — maiores do que em qualquer outro país europeu. O encanto de Rita Hayworth e Glenn Ford enunciava a promessa daquilo que a liberdade e a democracia podiam trazer a um país devastado pela guerra e desmoralizado pelo fracasso do fascismo.

Mas nenhum país que passara por mudanças tão traumáticas podia ficar completamente satisfeito com os produtos dos estúdios americanos. Consequentemente, no cinema, os anos 1945–50 acabariam por ser definidos pela poesia realista e vernácula de filmes como *Roma, Cidade Aberta* de Roberto Rossellini ou *Ladrões de Bicicletas* de Vittorio De Sica. O neorrealismo («novo realismo») foi o *slogan* cultural da época. Os realizadores neorrealistas levaram as suas máquinas de filmar para as ruas atingidas pelas bombas; descobriram dramas comoventes entre os camponeses que labutavam nos socalcos ou nos arrozais. O cinema neorrealista era tão verdadeiro, que parecia a pele da história transformada em filme (para citar a evocação de um crítico da altura). Nunca mais houve outro período em que o ecrã do cinema foi mais importante para o modo como Itália imaginava a luz e a sombra no seu interior.

Lançado nos cinemas italianos em março de 1949, *In nome della legge* (*Em Nome da Lei*) foi o primeiro filme sobre mafiosos de Itália. É um filme algo estranho e confuso: tem muitos dos elementos do cinema neorrealista, nomeadamente o uso da paisagem siciliana queimada pelo sol; mas faz também a ponte entre o neorrealismo e Hollywood. O realizador do filme, Pietro Germi, nunca estivera na Sicília antes do início das filmagens em 1948. Mas a sua ignorância pouco importava. Porque, quando saiu do ferribote e pôs os pés na ilha pela primeira vez, já sabia exatamente o que ia encontrar: o Arizona. *Em Nome da Lei* encena um casamento entre o neorrealismo e o género cinematográfico do *western*. A Sicília de Germi é Tombstone com adornos mediterrânicos: um lugar de justiceiros solitários, olhares demorados e emboscadas em ravinas. Os comboios param em estações desertas, os tiros ecoam pela vastidão do céu e os homens entram nos bares para beber copos de licor de anis siciliano, como se estivessem a deitar abaixo goladas de uísque ilegal.

A justificação de Germi era que o cenário de quase Faroeste dramatizaria o confronto entre o justiceiro solitário e o seu inimigo criminoso. O galã musculado Massimo Girotti, representando o jovem juiz Guido Schiavi, seria a resposta de Itália a John Wayne. Mas a câmara de Germi parece ainda mais obcecada com o chefe mafioso Turi Passalacqua, interpretado pelo veterano francês Charles Vanel: ele é sempre filmado em contrapicado, recortado sobre um céu pálido — como se fosse uma mistura de rancheiro duro e sábio apache.

A fórmula do *capo-cowboy* revelou-se um sucesso. Os jornais deram notícia de «aplausos frenéticos» nas primeiras exibições do filme. *Em Nome da Lei* seria o terceiro filme mais popular da temporada 1948–9 em Itália, conseguindo a quantia impressionante de quatrocentos e um milhões de liras (cerca de sete milhões de euros, em valores de 2011) nas bilheteiras, e colocando-se a par, em termos comerciais, de clássicos de Hollywood como *Forte Apache* e *O Tesouro da Sierra Madre*.

À primeira vista, *Em Nome da Lei* parece não se enquadrar nos géneros de filme sobre mafiosos — agora que os nossos gostos já foram moldados por *Tudo Bons Rapazes* e *Gomorra*. Mas o filme de Germi também é sinistro: tem um argumento cheio de surpresas obscuras e um contexto inédito de violência e arrogância mafiosas. Os clássicos mais recentes do género, como *O Padrinho*, são muitas vezes acusados de glorificar o crime organizado. Mas, nesse aspeto, o filme de Coppola fica muito atrás de *Em Nome da Lei*. O genérico de abertura exibe um aviso familiar: «Qualquer referência a acontecimentos, lugares e pessoas que existam de facto é puramente coincidente.» Mas isso ficava um pouco longe da verdade.

Em Nome da Lei foi baseado num romance e inspirado no exemplo do autor do mesmo. Escrito nos primeiros meses de 1947, *Piccola Pretura* (Tribunal de Primeira Instância) era obra de Giuseppe Guido Lo Schiavo, uma das principais autoridades do país na máfia siciliana. Nascido e criado em Palermo, Lo Schiavo foi um herói da Primeira Guerra Mundial. Depois da guerra, esteve na linha da frente da luta contra o crime organizado na sua ilha natal.

A vida de Lo Schiavo esteve intimamente ligada à história da máfia siciliana no tempo do fascismo. Em 1926, ele próprio era um jovem magistrado, como o herói do seu romance. (A semelhança entre os nomes do autor e do protagonista — Giuseppe Guido

Lo Schiavo e Guido Schiavi — não é coincidência.) Nesse ano, a ditadura de Benito Mussolini lançou finalmente o prometido ataque à máfia. O «cancro da delinquência» seria extirpado da Sicília pelo «bisturi» fascista, alardeou o Duce. A polícia e os *Carabinieri* dirigiram o ataque, enquanto magistrados como Lo Schiavo tinham a tarefa de reunir as provas necessárias para converter milhares de detenções em condenações.

Lo Schiavo foi um dos instrumentos mais entusiásticos da repressão fascista. Em 1930, um dos advogados de defesa dos mafiosos, Giuseppe Mario Puglia, publicou um ensaio afirmando que a máfia *não* era uma organização secreta criminosa. Na verdade, os mafiosos nem sequer eram criminosos. O mafioso era um individualista incorrigível, «um homem que se recusa instintivamente a reconhecer alguém superior ao seu próprio ego». Ademais, o mafioso era um siciliano típico, porque essa independência e orgulho exagerados tinham-se entranhado na alma da ilha como uma forma de resistência a séculos de invasões estrangeiras. Assim sendo, reprimir a máfia era inevitavelmente reprimir o povo siciliano. O ensaio de Puglia, por outras palavras, assemelhava-se ao discurso que Lo Schiavo colocaria mais tarde na boca do chefe mafioso Turi Passalacqua em *Em Nome da Lei*.

Lo Schiavo não quis deixar as afirmações do advogado de defesa passarem sem protesto, respondendo às mesmas num panfleto que é uma pequena obra-prima de ira controlada. A máfia, argumentava Lo Schiavo, era «um sistema criminoso»; não era apenas ilegal, era um «organismo antilegal cujo único objetivo era o enriquecimento por meios ilícitos».

Em seguida, Lo Schiavo dava ao advogado da máfia uma lição de história da máfia. A máfia siciliana nasceu da violência política do *Risorgimento* — o movimento do século XIX que transformou os diferentes estados de Itália numa nação unificada. Todos os revolucionários precisavam de homens fortes para concretizar os seus ideais, explicou Lo Schiavo. Os revolucionários da Sicília da pré-unificação não foram exceção: encontraram a força física de que precisavam entre os temidos capatazes, caseiros e guardas que já dominavam o campo siciliano. Formou-se, assim, um pacto entre os bandidos mais duros e ambiciosos da ilha, por um lado, e os patriotas que conspiravam para tornar Itália numa nação, por outro. O pacto manteve-se quando a Sicília se tornou parte de um Estado italiano unificado em 1860, e os conspiradores patriotas juntaram-se à classe dirigente nacional.

Muitos conspiradores patriotas eram membros da Maçonaria ou de seitas de estilo maçónico, explicou Lo Schiavo. Os menos escrupulosos ensinaram aos seus amigos rufiões as enormes vantagens que poderiam advir de uma rede criminosa capaz de se estruturar segundo as mesmas regras da Maçonaria.

Lo Schiavo também investigara a história económica da máfia. Descobriu que ela começara a enriquecer estabelecendo esquemas de proteção forçada nos preciosos pomares de limoeiros e laranjeiras em redor de Palermo. Na altura, esses pomares representavam algumas das terras agrícolas mais lucrativas da Europa. Os mafiosos exigiam dinheiro para «guardar» os limoeiros em nome do proprietário — na eventualidade de alguém os vandalizar. Alguém como um mafioso, por exemplo. Estes esquemas deram então aos membros da máfia a base de poder de que precisavam para controlar todo o mercado dos citrinos.

O medo da máfia dominava a sociedade na Sicília ocidental e estendia-se até ao parlamento. Qualquer coisa desfavorável dita sobre a máfia chegaria inevitavelmente a ouvidos hostis. E era por isso, afirmava Lo Schiavo, que havia tantos sicilianos a proferir os mesmos disparates, do género: «a máfia não existe; na pior das hipóteses, os mafiosos são solucionadores de problemas locais que personificam o orgulho e truculência tipicamente sicilianos para com a autoridade». Até os proprietários rurais, que eram, em teoria, as vítimas mais importantes da máfia, tinham adotado essa ficção e defendiam a crença de que a máfia era benéfica para a paz social, a lei e a ordem. Pelo contrário, defendia Lo Schiavo, a máfia era «um programa para explorar e perseguir membros honestos da sociedade, escondendo-se por trás de uma reputação de coragem e beneficência que era apenas um monte de balelas».

Portanto, no início da década de 30, o homem que mais tarde inspiraria *Em Nome da Lei* era um cruzado antimáfia com coragem para travar uma batalha pública com os advogados de defesa dos próprios chefes do crime. Em 1948, Lo Schiavo já se havia tornado num dos magistrados mais importantes do país, ocupando um lugar no Supremo Tribunal em Roma. Nesse mesmo ano, publicou o seu romance, que foi imediatamente adaptado ao cinema.

Tanto o romance como o filme contam a história simples de um jovem magistrado, Guido Schiavi, que é colocado numa vila remota nas terras áridas do interior siciliano. Neste lugar sem lei, a máfia domina sem qualquer oposição, impondo um esquema de proteção forçada à herdade do latifundiário local. Quando um bando de salteadores assassina um dos homens do latifundiário, o *capomafia* Turi Passalacqua persegue-os e captura-os: os bandidos são amarrados e atirados para um poço seco ou simplesmente baleados nas costas numa ravina nas montanhas.

O jovem magistrado tenta investigar este rol de matanças, mas é marginalizado pelos aldeãos aterrorizados. Quando enfrenta Turi Passalacqua na sua égua branca, o corajoso Schiavi resiste às tentativas do *capomafia* de o conquistar para a maneira de pensar da máfia (a cena com que iniciei este capítulo).

Por fim, Schiavi escapa por pouco a uma tentativa de assassínio. Resignado, decide abandonar o seu posto e regressar à capital siciliana, Palermo. Mas precisamente quando está prestes a subir para o comboio que o levaria para a segurança da cidade, fica a saber que o seu único amigo na vila, um rapaz honesto de dezassete anos chamado Paolino, tinha sido assassinado por um renegado da máfia. Desolado e indignado, Schiavi volta a passos largos para a vila. Toca os sinos da igreja para chamar a população inteira à praça para um combate de «tudo ou nada». O Estado e a máfia terão o seu confronto decisivo — naquele que será talvez o clímax mais bizarro na longa história de filmes sobre mafiosos.

Os sinos da igreja fazem ressoar uma chamada contínua e urgente através da praça poeirenta, sobre os telhados descorados pelo sol e pelos campos circundantes. Vemos uma fila de mineiros de enxofre desempregados, sentados a dormitar na borda do passeio, que levanta a cabeça para ouvir. A câmara mostra-nos depois as mulheres, novas e velhas, que saem para a rua envoltas nos seus xales negros; e depois o clube elegante onde o presidente da câmara e os seus amigos esquecem o seu jogo de bacará e se voltam para a fonte de alarme.

Sem discussão, toda a gente se levanta e dirige aos sinos. Os muleteiros mal param para amarrar os seus animais. Os trabalhadores largam as suas enxadas nos campos. Logo, torrentes de pessoas convergem para a praça. Encabeçados por Turi Passalacqua na sua égua branca, até os mafiosos — acompanhados como sempre da música de marca das trombetas cadenciadas — entram a galope na vila, para se juntarem à multidão reunida diante dos degraus da igreja.

Ouve-se um burburinho de curiosidade ansiosa no momento em que o jovem magistrado Guido Schiavi sai pelas portas da igreja. Faz-se silêncio quando começa o seu discurso:

> *Agora que estão todos aqui, declaro que isto é um julgamento. Há meia hora, encontrámos o corpo de Paolino, desfeito por uma caçadeira de dois canos. Ele tinha dezassete anos e nunca tinha feito mal a ninguém.*

Schiavi perscruta a multidão ao falar, procurando olhar diretamente para os olhos de todos os presentes. Depois, olhando com ainda maior intensidade, o magistrado dirige-se ao grupo de homens a cavalo e de rosto fechado.

> *Vós aí, homens da máfia. E vós, Turi Passalacqua. O vosso tipo de justiça sangrenta e cruel só castiga os que vos ofendem e só protege os homens que executam as vossas sentenças.*

Perante estas palavras, um dos mafiosos aponta a sua caçadeira ao magistrado. Contudo, com uma mão firme mas delicada, o seu chefe empurra os canos para baixo.

Guido Schiavi não hesita, nem por um instante:

E vós escolhestes colocar o vosso tipo de justiça à frente da verdadeira lei — a única lei que nos permite viver ao lado dos nossos vizinhos sem nos devorarmos como animais selvagens.

Não é verdade, massaro *Passalacqua?*

Toda a gente na praça estica o pescoço para ver como o capomafia *reagirá a este desafio de cortar a respiração. Uma alteração subtil na sua expressão mostra que ficou perturbado: a sua compostura habitual desapareceu, substituída pela solenidade. Perfilado mais uma vez contra o céu, Turi Passalacqua começa a fazer um discurso de importância histórica:*

Foram palavras duras, as suas, magistrado. Até hoje, nunca ninguém nos dirigiu palavras tão duras.

Mas reconheço que as suas palavras também foram justas. Eu e os meus homens não viemos hoje à vila para ouvir o seu discurso... Mas ouvi-lo fez-me pensar no meu filho, e fez-me pensar que teria orgulho em o ouvir falar dessa maneira.

Por isso digo aos meus amigos nesta terra que chegou o momento de mudar de rumo e voltar a respeitar a lei. Talvez toda a gente aqui tenha matado Paolino. Mas só uma pessoa puxou o gatilho. Por essa razão, vou entregá-la para que possa ser julgada segundo a lei do Estado.

Ele volta-se e, com uma pequena inclinação da cabeça, dá a ordem ao seu bando. Entre um estrondo de cascos de cavalos, os Homens de Honra cercam o assassino antes que ele possa fugir: é o renegado da máfia, Francesco Messana.

O magistrado aproxima-se, ladeado por dois Carabinieri*: «Francesco Messana, o senhor está preso, em nome da lei.»*

O assassino é levado para a prisão. O magistrado volta-se e, com uma expressão de gratidão radiante, levanta os olhos para o chefe da máfia e profere as últimas palavras do filme:

Em nome da lei!

E com isso passamos a mais um plano de Turi Passalacqua perfilado contra o céu. Já recuperou a sua serenidade e o indício de um sorriso aflora-lhe aos lábios. A música da cavalgada da máfia aumenta novamente de volume. Quando o genérico começa a passar, o chefe volta a sua égua branca para conduzir os mafiosos na sua cavalgada heroica em direção ao pôr do sol.

Os mafiosos não são criminosos, diz-nos *Em Nome da Lei*. Turi Passalacqua é um homem empenhado em se reger por um código de honra que, à sua maneira primitiva, é uma lei tão admirável como a que o magistrado Guido Schiavi tenta impor. Quando os mafiosos como ele são abordados com o tom de voz devidamente firme, tornam-se defensores da paz e da ordem. A máfia descobre a sua verdadeira vocação no fim do filme, a melhor maneira de viver de acordo com os seus valores tão arreigados: transforma-se numa força policial auxiliar. Se a Sicília fosse mesmo o Arizona, e *Em Nome da Lei* um filme de *cowboys*, então, não saberíamos qual dos dois homens deveria usar o distintivo de xerife.

Em Nome da Lei não é *sobre* a máfia; é propaganda da máfia, uma variante ardilosa e artística do «monte de balelas» que Giuseppe Guido Lo Schiavo criticara de forma tão mordaz nos anos 30. Nos anos 40, cada dia de caos na Sicília fazia aumentar a montanha de provas de que os mafiosos eram tudo menos amigos do Estado de direito. Mas foi precisamente nesta altura que as opiniões de Lo Schiavo sobre a máfia sofreram uma reviravolta espantosa. Lo Schiavo converteu-se às mentiras da máfia.

Qualquer pessoa, ainda assim, disposta a perdoar Giuseppe Guido Lo Schiavo poderá supor que o filme de Pietro Germi perverteu o sentido do romance do magistrado, ao adicionar um final feliz hollywoodesco a uma história siciliana mais sombria. E é verdade que, em 1948, teria sido difícil criar um retrato genuinamente realista da máfia. Durante a produção, correram rumores de que, quando chegou à Sicília, o realizador Pietro Germi foi abordado por vários mafiosos importantes que não o deixaram começar a trabalhar antes de aprovarem o argumento. Depois do lançamento do filme, durante uma conferência de imprensa, um jovem siciliano no público discutiu com Germi sobre a verosimilhança dos Homens de Honra no filme: o realizador não sabia que a verdadeira máfia tinha assassinado dezenas de pessoas? A resposta de Germi foi pouco convincente: «Então esperava que eu tivesse o mesmo fim?»

Mas as dificuldades que Germi encontrou na Sicília em nada desculpam Giuseppe Guido Lo Schiavo. Na verdade, o seu romance é *ainda mais* pró-máfia do que *Em Nome da Lei*. Na narrativa de Lo Schiavo, o chefe mafioso Turi Passalacqua é «a verdadeira personificação da sabedoria, prudência e calma... barrigudo, careca e risonho como um Buda benevolente».

A conclusão é inevitável: um magistrado que foi um flagelo da máfia no início da década de 30 tornou-se, em meados da década de 40, num entusiástico porta-voz das mistificações que poderiam facilmente ter sido expressas pelos defensores mais ardilosos da máfia. Em tempos, Giuseppe Guido Lo Schiavo escarnecera da maneira como «a literatura e o teatro glorificavam a figura do mafioso». Mais tarde, passou a escrever obras de ficção que faziam exatamente o mesmo.

Mas porquê? Que levou Lo Schiavo a inverter as suas opiniões de forma tão descarada?

Lo Schiavo era um conservador cujas simpatias políticas o levaram a apoiar o regime de Mussolini nos anos 20 e 30. Depois da Libertação, o seu conservadorismo transformou-o num amigo dos criminosos mais sanguinários da ilha. A sua estranha reformulação dos registos da máfia em *Piccola Pretura* confirmava uma crença implícita e profundamente cínica: mais vale a máfia do que os comunistas. Este simples axioma bastara para levar Lo Schiavo a esquecer os conhecimentos que adquirira com tanto esforço sobre o «sistema criminoso» da Sicília e a renegar a fé no Estado de direito, que era a base da sua vocação como magistrado.

Turi Passalacqua, o heroico chefe dos mafiosos em *Em Nome da Lei*, era grotescamente irrealista. Mas, num paradoxo peculiarmente siciliano, era também terrivelmente realista. *Em Nome da Lei* podia ser uma fantasia cinematográfica, mas glorificava um entendimento muito real entre a máfia e o Estado nos anos fundadores da República Italiana.

A Sicília é uma terra de estranhas alianças: entre a aristocracia latifundiária e os bandidos no movimento separatista, por exemplo. E quando o separatismo entrou em declínio, as pressões políticas e criminosas de 1946–8 criaram uma convergência de interesses ainda mais estranha: entre conservadores, a máfia e a polícia. Essa aliança é celebrada no filme *Em Nome da Lei*, através da personagem fictícia do chefe mafioso Turi Passalacqua, pregando sermões da sela da sua égua branca puro-sangue.

Em 1946, a polícia e os *Carabinieri* avisaram o governo em Roma de que precisariam de apoio ao mais alto nível para derrotar a máfia, porque a própria máfia tinha muitos amigos entre o escol siciliano — amigos que ajudavam na altura das eleições por meio do aliciamento de eleitores. Mas estes avisos foram ignorados. É possível que os políticos conservadores em Roma tivessem ficado assustados com a possibilidade de afrontar a classe dirigente de uma ilha cuja fidelidade a Itália era duvidosa, mas cujo conservadorismo era indubitável. Ou, numa atitude mais cínica, poderão ter considerado que a campanha de terror da máfia contra o movimento camponês da esquerda local era, na verdade, bastante útil. Portanto, pediram à polícia e aos *Carabinieri* na Sicília que esquecessem a máfia (que esquecessem a verdadeira causa da emergência do crime, por outras palavras) e dessem prioridade à luta contra o bandidismo.

A polícia sabia que para combater o bandidismo precisaria de ajuda — ajuda de mafiosos dispostos a fornecer informações privilegiadas sobre o movimento dos bandos. Pela sua parte, os mafiosos sabiam que «tributar» os bandidos não era um negócio de longo prazo. Assim, quando os salteadores deixavam de ser úteis, os mafiosos denunciavam-nos às autoridades para conquistar amigos nas altas esferas. Os «mafiologistas» italianos têm uma palavra para este acordo tradicional entre a polícia e a máfia: chamam-lhe «cogerir» o crime.

Através de vários canais secretos, a ajuda da máfia de que a polícia precisava acabou por chegar. Nos últimos meses de 1946, os bandidos que haviam transformado a Sicília numa terra sem lei, depois da invasão dos Aliados em 1943, foram rapidamente eliminados. Até então, as patrulhas da polícia tinham percorrido o interior da Sicília ocidental sem nunca capturar um bando de salteadores. De repente, começaram a tropeçar misteriosamente nos seus alvos, matando-os ou capturando-os. Muitas vezes, os chefes dos bandidos eram entregues à polícia já mortos. Como os bandidos de *Em Nome da Lei*, eram amarrados e atirados para um poço seco ou simplesmente baleados nas costas numa ravina nas montanhas.

Por conseguinte, na alvorada da democracia italiana, a máfia era *exatamente* o que sempre tinha sido. Era *exatamente* o que o magistrado antimáfia Giuseppe Guido Lo Schiavo, o capitão William Everett Scotten, do Serviço de Informações do Exército dos EUA, e vários polícias e *Carabinieri* tinham declarado: uma sociedade secreta de criminosos sanguinários decidida a enriquecer por meios ilegais; uma força para o homicídio, fogo posto, rapto e caos.

Mas, ao mesmo tempo, com mais ou menos liberdade poética, a máfia era também *exatamente* o que o romancista Giuseppe Guido Lo Schiavo e o realizador Pietro Germi apresentavam: uma força policial auxiliar e uma defensora do *statu quo* político numa ilha conturbada. Sem deixarem de ser os líderes de um «sistema criminoso», os chefes mafiosos mais inteligentes vestiam o fato que os conservadores queriam que eles vestissem. Subindo para as selas das suas éguas brancas imaginárias, os mafiosos chacinavam bandidos que se haviam tornado politicamente inconvenientes ou eliminavam militantes camponeses que se recusavam a aceitar a maneira como as coisas funcionavam na Sicília. E, claro, a maioria dos assassínios políticos da máfia no pós-guerra ficou por revolver — com a ajuda da lei.

A primeira grande batalha política da Guerra Fria em Itália travou-se nas eleições gerais de 18 de abril de 1948. Um famoso cartaz eleitoral exibia os rostos de Spencer Tracy, Rita Hayworth, Clark Gable, Gary Cooper e Tyrone Power, proclamando que «as estrelas de Hollywood unem esforços contra o comunismo». Mas foi sobretudo o Plano Marshall — o vasto programa de assistência económica dos EUA a Itália — que garantiu a derrota do Partido Comunista Italiano e dos seus aliados. O PCI foi para a oposição no parlamento; na qual permaneceria durante mais meio século. Os vencedores das eleições, os democratas-cristãos da DC, foram para o governo — no qual também permaneceriam durante o meio século seguinte. Como trincheiras escavadas numa tundra, as linhas de batalha da política italiana da Guerra Fria ficaram congeladas.

Algumas semanas após estas históricas eleições gerais, o comandante das forças de segurança na Sicília informava de que «A máfia nunca foi tão poderosa e organizada como é hoje». Ninguém prestou atenção.

O Partido Comunista e os seus aliados eram os únicos que não estavam dispostos a esquecer. Em Roma, fizeram o seu melhor para denunciar a tolerância dos democratas-cristãos para com a máfia na Sicília. Os deputados de esquerda acusaram os políticos da DC de concederem favores a chefes da máfia e de os usarem como agentes eleitorais. Estes protestos continuariam durante os quarenta anos seguintes. Mas o PCI nunca teve apoios para formar um governo; era inelegível e, por consequência, impotente. Em junho de 1949, apenas algumas semanas depois da estreia de *Em Nome da Lei* nas salas de cinema italianas, o ministro do Interior Mario Scelba fez um discurso no Senado. Scelba tinha acesso a tudo o que a polícia sabia acerca da máfia na Sicília. No entanto, escarneceu das preocupações dos comunistas em relação ao crime organizado e ofereceu uma lição caseira sobre o que a máfia realmente significava para sicilianos como ele:

> Se uma rapariga de formas generosas passa na rua, um siciliano dir-vos-á que ela é uma rapariga *mafiosa*. Se um rapaz é avançado para a sua idade, um siciliano dir-vos-á que ele é *mafioso*. As pessoas falam da máfia temperada com todos os molhos possíveis, e parece-me que estão a exagerar.

O que Scelba queria dizer era que a máfia, ou melhor, a qualidade tipicamente siciliana conhecida como «mafiosidade», era um elemento tão típico da vida da ilha como os *cannoli* e a *cassata* — e igualmente inofensiva. O mundo devia esquecer-se da máfia, o que quer que ela fosse, e ocupar-se de problemas mais sérios.

Ao longo de mais de quarenta anos após a instituição da república, o partido de Scelba, a DC, forneceria às máfias os seus amigos políticos mais fiéis. Mas a DC não era uma simples frente da máfia. Na realidade, era uma besta política colossal e híbrida. Entre os seus apoiantes havia pessoas do Norte e do Sul, cardeais e capitalistas, funcionários públicos e comerciantes, banqueiros e famílias camponesas cuja única riqueza era um pequeno terreno. A única coisa comum a este eleitorado heterogéneo era o medo do comunismo.

Na Sicília e no Sul, a DC encontrou uma classe de líderes políticos que dominava a política desde muito antes do fascismo: os «barões». O típico barão do Sul era um latifundiário ou advogado quase sempre abastado, mas invariavelmente ainda mais rico em contactos com a Igreja e o Estado. O método era o nepotismo: converter recursos públicos (salários, contratos, crédito público, licenças... ou apenas ajuda para contornar o denso matagal de regulamentos) em espólio privado para ser distribuído por um séquito de familiares e amigos. Através do nepotismo, os barões digeriam as anónimas estruturas do Estado e teciam-nas numa teia de favores. Os mafiosos eram os aliados naturais dos barões. O melhor que se poderá dizer da relação da DC com as máfias é que o partido era excessivamente dividido e controlado por fações para poder confrontar e isolar os barões.

No tempo do fascismo, como em muitas ocasiões anteriores, a polícia e os magistrados tinham-se esforçado para montar um «retrato-robô» da organização da máfia, o «sistema criminoso». Na época da Guerra Fria e dos democratas-cristãos, esse retrato foi destruído e refeito para compor as feições «búdicas» de Turi Passalacqua. Era preferível a máfia aos comunistas. Era preferível o faroeste imaginário e hollywoodesco de *Em Nome da Lei* a uma tentativa séria de compreender e lidar com o sistema criminoso do qual muitos dos principais apoiantes do partido no governo faziam parte.

Graças ao sucesso de *Em Nome da Lei* e à sua prestigiosa carreira de magistrado, Giuseppe Guido Lo Schiavo viria a tornar-se no principal especialista na máfia italiana nos anos 50. Nunca perdia uma oportunidade para reafirmar as mesmas mentiras convenientes que articulara pela primeira vez no seu romance. Ainda mais preocupante foi o facto de ter sido professor de Direito no centro de formação dos *Carabinieri*, presidente do conselho nacional de censura cinematográfica e juiz do Supremo Tribunal.

Em 1954, Lo Schiavo escreveu mesmo uma calorosa elegia ao venerável *capomafia* don Calogero Vizzini, que acabara de falecer tranquilamente na sua terra natal de Villalba. Vizzini tinha participado em todas as reviravoltas da história da máfia nos anos dramáticos que se seguiram à Libertação. Em 1943, quando foi nomeado presidente da câmara de Villalba pelo AMGOT, Vizzini, então com sessenta e seis anos de idade, já havia tido uma longa carreira como extorsionista, ladrão de gado, contrabandista e empresário do enxofre. Em setembro do ano seguinte, os homens de Vizzini causaram um escândalo nacional quando lançaram granadas de mão a um dirigente comunista que tinha ido a Villalba fazer um discurso. Vizzini tinha sido também líder do movimento separatista. Mas quando a causa separatista entrou em declínio, juntou-se aos democratas-cristãos. O grandioso funeral do *capomafia*, em julho de 1954, reuniu os chefes da máfia de toda a ilha.

Giuseppe Guido Lo Schiavo aproveitou a ocasião da morte de Calogero Vizzini para reiterar as suas habituais fabulações sobre a máfia. Mas, curiosamente, também revelou que o gordo e velho *capo* o tinha visitado na sua casa em Roma, num domingo de 1952. Ele recordava-se nitidamente de abrir a porta à sua visita e de ser surpreendido por um par de olhos «penetrantes e magnéticos». O magistrado deu umas boas-vindas educadas, mas nervosas: «*Commendatore* Vizzini, o meu nome é...»

«Para si, não sou *commendatore*», interrompeu Vizzini, bamboleando-se pelo escritório forrado de livros adentro e sentando o seu pesado volume no sofá. «Chame-me tio Calò.»

O tom de voz do tio Calò era firme, mas a sua atitude magnânima. Ele elogiou Lo Schiavo por ser um homem da lei duro, mas justo. Os dois homens trocaram um aperto de mão em sinal de respeito mútuo. Lo Schiavo conta-nos que, ao olhar para o tio Calò, se lembrou de uma imagem do passado, dos seus primeiros anos como magistrado antimáfia na Sicília, quando conheceu um corpulento e velho chefe da máfia que montava sempre uma égua branca. Concluiu as suas memórias do tio Calò com votos de felicidade ao próximo chefe da máfia: «Que os seus esforços sigam o caminho do respeito pelas leis do Estado e da melhoria social para todos.»

O relato da conversa com don Calogero Vizzini feito por Lo Schiavo é tão fictício como qualquer um dos seus romances. Mas o encontro aconteceu de facto. A razão para a visita do tio Calò era o facto de ele estar envolvido numa série de julgamentos por causa do episódio das granadas de mão em 1944. Apenas três dias antes, o Supremo Tribunal proferira uma sentença condenatória contra ele. Mas o processo devia arrastar-se ainda durante muito tempo, e o tio Calò sabia que, quase de certeza, morreria antes de ver o interior de uma prisão. Na verdade, ele poderá ter visitado Lo Schiavo apenas para lhe agradecer, uma vez que o célebre magistrado-romancista estava envolvido na apresentação das provas da acusação no Supremo Tribunal. Persiste a suspeita de que, nos bastidores, ele terá ajudado o chefe da máfia neste processo.

Na Itália de hoje, se qualquer magistrado recebesse a visita de um chefe do crime seria imediatamente colocado sob investigação. Todavia, no mundo conservador da Itália democrata-cristã, os assuntos entre a máfia siciliana e os magistrados eram tratados de uma maneira mais amigável. O Estado e a máfia formavam uma parceria, em nome da lei.

Calábria: o último salteador romântico

A máfia calabresa, como a siciliana, era uma sociedade secreta cujos membros prestavam juramento, à semelhança dos maçons. Usava alguma da mesma gíria criminosa que a máfia siciliana — *omertà*, honra, etc. — e os seus filiados dedicavam-se às mesmas atividades correntes de extorsão e contrabando. No entanto, as duas máfias não tinham relações diretas nem eram idênticas: tinham uma estrutura diferente, rituais diferentes e uma terminologia diferente. Na Calábria, por exemplo, os chefes eram conhecidos como *capibastone* — «chefes do bastão». A máfia calabresa também nasceu mais tarde do que a máfia siciliana e tinha origens mais humildes: emergiu do sistema prisional nos anos 80 do século XIX para dominar os lupanares e as tabernas. Surgiu primeiro em Régio da Calábria e nas povoações agrícolas da estreita faixa costeira da região. Depois, espalhou-se pelas montanhas que ocupam grande parte do sul da Calábria.

Logo depois de surgir, a máfia calabresa estabeleceu redes de roubo de gado e esquemas de proteção forçada. As fortunas oriundas do crime começaram a acumular-se. Foram conquistadas amizades políticas. E a polícia foi persuadida a deixar os chefes em paz em troca de informações sobre pequenos delinquentes. Os sucessivos governos em Roma pouco fizeram para retificar a situação, porque dependiam do apoio dos deputados calabreses para fazer coligações no parlamento. A máfia tornou-se numa faceta da classe dirigente da Calábria.

Tal como na Sicília, o fascismo lançou uma campanha de repressão contra a máfia na Calábria. Foram feitas centenas de detenções. Num dos muitos grandes julgamentos, realizado em 1932, noventa réus foram acusados de pertencer à «Honrada Família Montalbano» — um dos vários títulos, como «Sociedade Honrada» ou «Sociedade da Fivela», que a máfia calabresa adotou na altura. (O nome voltaria a mudar: só em 1955 é que a máfia calabresa adquiriu o seu nome atual — 'Ndrangheta.)

Os investigadores dos processos de 1932 descobriram que a organização se dividia em células locais ou *'ndrine* (a palavra poderá derivar de *malandrina*, o termo para a secção de uma prisão reservada a mafiosos). Ao contrário das Famílias da máfia siciliana, estas células calabresas tinham uma estrutura dupla: para maior secretismo, os membros mais antigos integravam a chamada «Sociedade Maior», enquanto a «Sociedade Menor» incluía os recrutas de menor confiança, que eram obrigados a prestar «obediência absoluta aos seus superiores hierárquicos». Os documentos do julgamento dão-nos uma ideia alarmante de como a disciplina interna da 'Ndrangheta lhe permitia infiltrar-se em todos os segmentos da vida calabresa.

> Era desse modo que a máfia intervinha em todos os assuntos imagináveis — até, quando um dos filiados decidia que devia participar, nas brigas mais mesquinhas no seio das famílias que nada tinham que ver com a organização. Contratos públicos, projetos de obras públicas, burocracia pública: a organização intrometia-se em tudo. As eleições eram um alvo especial. A arma de campanha mais poderosa e o caminho mais certo para a vitória nas urnas era esta seita de criminosos ameaçadores e rigorosamente disciplinados.

Os investigadores dos processos de 1932 acreditavam que a máfia calabresa até tinha o seu próprio órgão dirigente, conhecido como *Criminale*, que intervinha para resolver disputas no seio das várias *'ndrine* em toda a província de Régio da Calábria. Certa vez, durante a Primeira Guerra Mundial, o *Criminale* interveio nos assuntos da *'ndrina* de Santo Stefano quando dois membros da seita entraram em conflito, porque ambos estavam noivos da mesma mulher. Não se tratava de uma simples novela de criminosos. A disputa nada tinha de mesquinho ou cómico. Nesta altura da sua história, a

Sociedade Honrada da Calábria já tinha percebido como o casamento era politicamente importante. Ao deixar de fazer dinheiro com o proxenetismo e assentar, os mafiosos podiam fundar dinastias criminosas e transmitir aos filhos os bens que tinham adquirido por meios ilegais; podiam fazer alianças dentro da organização ou mediar acordos de paz com rivais difíceis. Estas eram lições que os mafiosos sicilianos já tinham aprendido gerações antes. Nos anos 30, na Calábria, os casamentos entre mafiosos começaram a adquirir a importância que já tinham havia muito tempo na Sicília.

A 'Ndrangheta não era, portanto, uma simples quadrilha: assim como a máfia siciliana, era um governo paralelo, uma trepadeira parasita que se enroscara com tanta força nos ramos do Estado, que se transformara numa estrutura mais sólida do que a árvore de que se alimentava. Tal como na Sicília, o entusiasmo do fascismo pela missão de atacar a máfia na Calábria não podia ser mantido. O partido, como todas as outras autoridades na província de Régio da Calábria, estava minado e corrompido. No fim, revelou-se muito mais simples fingir apenas que o problema tinha sido resolvido e proibir qualquer referência à máfia na imprensa.

A Segunda Guerra Mundial, em grande parte, passou ao lado da Calábria. O Eixo lançou apenas uma resistência simbólica e os Aliados mobilizaram poucos soldados para o território depois da Libertação. A máfia local estava profundamente envolvida no mercado negro. Mas poucos pareciam notar. Os funcionários superiores do AMGOT nem sequer sabiam que a máfia calabresa existia.

No que dizia respeito ao crime organizado, a amnésia da Itália do pós-guerra foi tão profunda e complexa como a geologia do país: as suas camadas eram os depósitos acumulados de incompetência e negligência; as pressões da conivência e cinismo políticos talharam as suas dobras elaboradas. Quando terminou a Segunda Guerra Mundial, esta geologia de esquecimento já tinha criado uma das formações mais impressionantes da Calábria.

Em 1945, o louco criminoso mais amado de Itália regressou à terra onde ganhara a sua reputação. Com setenta anos de idade, e, por isso, considerado inofensivo, Giuseppe Musolino foi transferido de um hospício penal no Norte para um hospital psiquiátrico civil na Calábria.

A nova casa de Musolino era um lugar infernal. Embora fosse um edifício do período fascista, já estava a desmoronar-se quando o cadáver maltratado do ditador fascista foi pendurado pelos pés no pórtico de uma bomba de gasolina em Milão. Despojados, sujos e sobrelotados, os quartos e corredores do hospital psiquiátrico ecoavam a algaraviada e gritos de almas atormentadas. Contudo, no final da década de 40 e início da década de 50, antes da atual incrustação de autoestradas e apartamentos mal construídos cobrir a costa calabresa, o hospital oferecia, pelo menos, um belo panorama: à sua frente, a vista para a cidade de Régio da Calábria em baixo, para o estreito de Messina e para a Sicília mais além; atrás, as encostas arborizadas do Aspromonte — o «monte agreste», que fora, em tempos, o domínio de Musolino.

O recém-chegado atraiu muito mais atenção e simpatia do que os outros pacientes. Afinal, ele era um dos calabreses mais famosos vivos. Os médicos e os enfermeiros chamavam-lhe «don Peppino», juntando um título respeitoso a uma alcunha carinhosa. Apesar da desolação da sua mente, o seu corpo frágil esforçava-se para estar à altura dessa aura persistente. Musolino estava magro, mas não deixara vergar-se por décadas de encarceramento. A brancura da sua barba rala era realçada pela pele morena, dando-lhe um aspeto de fauno e filósofo ateniense ao mesmo tempo, como notou um jornalista. Uma atriz levada a visitar o hospital ficou espantada com a sua parecença com Luigi Pirandello, o grande dramaturgo siciliano, cujas histórias de máscaras e loucura lhe granjearam um prémio Nobel.

A loucura de Musolino carrega os rótulos desajeitados da psiquiatria de meados do século XX: «delírio interpretativo crónico e progressivo» e «paranoia megalómana». Ele julgava ser o Imperador do Universo. Passava a maior parte do dia no exterior, fumando, lendo e contemplando a sombra dos ciprestes no cemitério vizinho. No entanto, quando encontrava alguém com paciência para conversar, aproveitava a oportunidade para explicar a hierarquia a que presidia: dos reis, rainhas e príncipes entronizados a seus pés aos «chuis» e «bufos» que se prostravam bastante mais abaixo.

Don Peppino tinha uma aversão obsessiva a polícias e delatores. E, de certo modo, quando falava com visitantes, essa mesma aversão convertia-se, muitas vezes, em caminhos para os recantos da sua mente que ainda estavam lúcidos. «Os bandidos têm de matar», reconhecia, «mas têm de ser honrados». Para Musolino, a honra implicava vingança: todos os crimes que o haviam levado à prisão tinham sido cometidos para vingar os males que sofrera às mãos da polícia e dos seus informadores. Mesmo na sua loucura, ele valorizava a sinceridade acima de tudo, salientando orgulhosamente que nunca negara os seus homicídios. Afinal, as vítimas tinham sido apenas «chuis» e «bufos».

Os jornalistas que faziam a longa viagem até ao hospital psiquiátrico em Régio da Calábria apreciavam a oportunidade de mergulhar no passado e preencher as lacunas na memória fragmentada de don Peppino para os seus leitores. Nascido filho de um lenhador em Santo Stefano d'Aspromonte, em 1876, Musolino foi preso quando tinha vinte e dois anos, por ter tentado matar o seu conterrâneo Vincenzo Zoccali. No banco dos réus, quando ouviu o juiz decretar uma dura pena de vinte e um anos de prisão, Musolino jurou comer o fígado de Zoccali. Em janeiro de 1899, abriu um buraco na parede da sua cela, desceu para o exterior com uma corda feita de lençóis e dirigiu-se ao maciço do Aspromonte. Musolino viveu então dois anos e meio como fugitivo. Matou sete pessoas e tentou matar outras seis, sempre afirmando que tinha sido falsamente incriminado no processo de Vincenzo Zoccali. Quanto mais tempo continuava a monte, mais aumentava a sua fama: passou a ser visto como salteador e justiceiro, um herói dos camponeses oprimidos. Mesmo aqueles que condenavam a sua violência viam nele um símbolo de uma resistência desesperada a um Estado impiedoso. Na imprensa, Musolino foi coroado «Rei do Aspromonte».

E seria esse o papel que Musolino continuaria a desempenhar quando, depois da sua captura no outono de 1901, a imprensa mundial se juntou para o ver enfrentar a justiça. Confessou os crimes que tinha cometido nas montanhas. A sua única preocupação foi provar que não era culpado da tentativa de homicídio pela qual tinha sido preso inicialmente. Como estratégia de defesa, isso seria inútil: ninguém ficou surpreendido quando foi condenado a prisão perpétua. Mas a atuação de Musolino no tribunal contribuiu para abrilhantar ainda mais a lenda do Rei do Aspromonte.

A dada altura, nos terríveis anos de prisão em regime de isolamento que se seguiram, Musolino enlouqueceu. O Estado infligira ainda mais sofrimento ao filho do lenhador pobre; e a sua trágica condição ganhou ainda mais relevo.

Posteriormente, em 1936, um emigrante de origem calabresa nos EUA fez uma confissão no seu leito de morte: foi ele, e não Musolino, quem disparara contra Vincenzo Zoccali em 1898. O Rei do Aspromonte mantivera heroicamente a mesma história desde o início da sua campanha assassina, durante o seu julgamento e mesmo ao longo do seu declínio para a loucura. Provou-se que tinha razão.

Talvez não seja de admirar que um psiquiatra em Régio da Calábria se tivesse mostrado tão indignado. «Musolino era antissocial?», perguntou numa entrevista a um jornal. «Ou foi a sociedade que o forçou a converter-se no que ele se tornou?»

Don Peppino recebia muitos presentes. Os mais generosos — comida, roupas e dólares — eram de calabreses que tinham emigrado para a América e enriquecido. De vez em quando, até era autorizado a sair — como quando um sensível homem de negócios ítalo-americano, de chapéu *fedora* e fato às riscas, apareceu para levar o velho bandido num passeio de automóvel pela montanha.

Olhando agora para trás, podemos suspeitar de que os americanos que iam prestar homenagem a Giuseppe Musolino soubessem da verdade. Ele não era um salteador heroico e solitário: era um membro da máfia calabresa. O núcleo de Santo Stefano d'Aspromonte foi fundado pelo pai e tio de Musolino no início da década de 90 do século XIX. Todos os crimes que ele cometeu estavam ligados à máfia, de uma maneira ou de outra. Até mesmo a tentativa de homicídio de Vincenzo Zoccali, na qual ele certamente esteve envolvido (embora talvez não tivesse puxado o gatilho), foi um ato derivado da violenta política interna da Sociedade Honrada. Musolino foi um assassino da 'Ndrangheta.

Quando Musolino fugiu da prisão em 1899 e iniciou a sua campanha assassina, a fábula do Rei do Aspromonte cresceu com ele, transmitida em folhetos de cordel e livros baratos, perpetuada por poetas populares e pelas crianças que brincavam na rua aos bandidos e *Carabinieri*. Quando foi preso em 1901, já era uma celebridade nacional. O seu julgamento em 1902 constituía uma oportunidade imperdível para as autoridades destruírem o mito do nobre salteador, e para a opinião pública italiana testemunhar o poder crescente do crime organizado calabrês. Mas a oportunidade perdeu-se. A polícia tentou levar a tribunal os cento e sessenta e seis membros da máfia da aldeia de Musolino, mas não conseguiu impedir as testemunhas aterrorizadas de se retratarem dos seus depoimentos. O Rei do Aspromonte pôde, assim, representar livremente o seu papel no seu julgamento e manter a máfia calabresa na sombra.

O irmão de Musolino, Antonio, também era um *'ndranghetista*. Antonio foi iniciado na América pouco depois do julgamento do Rei do Aspromonte, regressando mais tarde à Calábria, onde foi subindo na hierarquia da organização. Depois da Primeira Guerra Mundial, Antonio viu-se arrastado para uma contenda com o seu chefe, que o órgão dirigente da máfia calabresa, o *Criminale*, não conseguiu resolver. Houve duas tentativas para o assassinar. Então, ele quebrou o código de *omertà* e recorreu às autoridades para se vingar. Antonio foi a fonte de todas as informações privilegiadas sobre a máfia calabresa que conduziram ao julgamento de 1932 que descrevi acima.

Antes de Antonio Musolino, dezenas de outros mafiosos calabreses tinham testemunhado para as autoridades. (A *omertà* não era uma lei tão rígida como as máfias gostavam de afirmar, nem na Calábria nem na Sicília.) Milhares de homens foram condenados por pertencerem à Sociedade Honrada ao longo dos anos. Mas foram enviados para cumprir curtas penas precisamente nas mesmas prisões onde muitos deles tinham sido inicialmente recrutados para a seita.

Depois de 1945, com o fim da guerra e a transição para a democracia em marcha, e com o Rei do Aspromonte a residir no hospital psiquiátrico de Régio da Calábria, a 'Ndrangheta continuou a atuar exatamente como sempre atuara quando ele estava no auge da sua carreira assassina. Os *Carabinieri* «cogeriam» o pequeno crime com os chefes do submundo. Os barões usavam a máfia para aliciar eleitores e depois devolviam o favor declarando em tribunal que semelhante organização não existia. Para sucessivos governos, revelou-se mais fácil aceitar apenas os votos dos deputados calabreses apoiados pela máfia e ignorar a Sociedade Honrada. Os magistrados esqueceram-se do *Criminale*, o órgão coordenador da 'Ndrangheta. Entretanto, tal como durante a campanha assassina de Giuseppe Musolino, os jornalistas mais preguiçosos continuaram a reproduzir a fábula do Rei do Aspromonte, mesmo quando a sua principal fonte era um homicida idoso e lunático. Musolino, pela sua parte, vivia como o Imperador do Universo, comandando naves interplanetárias e utilizando dispositivos mais destrutivos do que a bomba atómica. No seu estado psicologicamente afetado, tornou-se numa metáfora da falha cognitiva da própria Itália. As razões para essa falha eram, no fundo, muito simples. No sul da Calábria, o conflito entre a esquerda e a direita não alcançou, de modo algum, a perigosidade que atirou a Sicília para o topo da lista de preocupações políticas e criou intrigas tão diabólicas entre os mafiosos e os homens da lei. A Calábria continuava a ser a região mais pobre e negligenciada de Itália. A 'Ndrangheta podia ser esquecida, porque a região de onde provinha, simplesmente, não tinha nenhuma importância.

No entanto, o cinema foi incapaz de resistir à história do Rei do Aspromonte. Em 1950, duas das maiores estrelas de Itália, Amedeo Nazzari e Silvana Mangano, foram escolhidas para representar os papéis principais em *Il brigante Musolino*. Rodado no Aspromonte, o filme mostrava como Musolino tinha sido preso injustamente por homicídio, com base em testemunhos falsos, e depois fugido para se tornar num herói fora da lei. O filme foi um êxito entre a comunidade italiana nos EUA.

Giuseppe Musolino morreu em janeiro de 1956, aos setenta e nove anos. Por toda a Itália, os jornais contaram, mais uma vez, a sua história e chamaram-lhe «o último bandido romântico».

Nápoles: marionetas e marionetistas

Em 1930, a primeira grande enciclopédia nacional de Itália, a *Enciclopedia Treccani*, incluía o seguinte assento para *Camorra*:

> A camorra era uma associação de homens de classe mais baixa, que usava a extorsão para forçar pessoas dominadas pelo vício e pelo medo a pagarem tributo. As suas ramificações estendiam-se pelo antigo Reino de Nápoles; tinha leis e costumes, uma hierarquia rigidamente organizada, obrigações e deveres específicos e uma gíria e sistema judiciais próprios... A educação moral e as melhorias ambientais conseguiram, no fim, destruir a camorra... Hoje, resta apenas a palavra, indicando abusos ou atos de intimidação.

A Camorra já não existia: por uma vez, esta orgulhosa afirmação baseava-se na verdade e não nas necessidades de propaganda do regime fascista. A Sociedade Honrada de Nápoles, o nome oficial da antiga Camorra, era uma sociedade secreta de assassinos, extorsionistas e contrabandistas, como as máfias siciliana e calabresa. À semelhança destas, tinha como modelo a Maçonaria, usava a linguagem da honra e da *omertà* e nascera no meio da turbulência política e económica de meados do século XIX. Mas a Camorra era na verdade o parente pobre. Enquanto os mafiosos sicilianos se ergueram dos ricos pomares de limoeiros dos arredores de Palermo para depressa encontrar amigos entre a aristocracia e a magistratura, os *camorristi* napolitanos saíram das prisões, prostíbulos e bairros degradados por meio da intimidação. Enquanto os bandidos da Calábria ascenderam na escala social até se fundirem com o Estado, os *camorristi* em Nápoles nunca saíram dos becos. Não podendo recorrer ao tipo de proteção política de que as máfias da Sicília e da Calábria podiam gabar-se, a Camorra era vulnerável. Quando eclodiu a Primeira Guerra Mundial, a Sociedade Honrada de Nápoles já se havia desmoronado.

Na Nápoles dos fins da década de 40, um dos poucos lugares onde se ouvia ainda a palavra «camorra» era um pequeno teatro, o San Carlino. A sua entrada era difícil de encontrar, escondida entre as bancas de livros que atafulhavam a Porta San Gennaro. No seu interior, o auditório mal albergava sete bancos dilapidados. O palco era pouco mais largo do que o piano vertical à sua frente. Este lugar acanhado era o último posto avançado de uma forma de arte ameaçada e consumida sobretudo por iletrados: o último teatro de marionetas na cidade.

O teatro de marionetas tinha sido popular na Sicília e no sul de Itália durante mais de um século. O seu repertório falava de cavalheirismo e traição entre os cavaleiros de Carlos Magno, que combatiam os seus inimigos sarracenos. As marionetas, com armaduras minúsculas e lábios pintados de vermelho-vivo, arengavam incessantemente sobre honra e traição e, depois, lançavam-se numa dança desajeitada que significava um combate mortal.

Em Nápoles, os teatros de fantoches tinham também outra especialidade: histórias de cavalheirismo e traição no mundo da Sociedade Honrada. Na verdade, se o San Carlino continuava a resistir aos cinemas, isso devia-se sobretudo ao encanto duradouro das histórias sobre a Camorra. No exterior, os toscos cartazes anunciavam os prazeres dramáticos que o espaço ainda podia oferecer:

HOJE À NOITE
A MORTE DE PEPPE AVERZANO, O ESPERTALHÃO.
COM SANGUE VERDADEIRO.

Na realidade, o público era parte integrante do espetáculo. Os gritos de «Traidor!» e «Cuidado!» da plateia podiam muito bem ter sido incluídos no argumento original. Os espectadores, bem informados, aplaudiam as habilidades de alguns *camorristi* nas lutas com navalhas e denunciavam iradamente as manobras cobardes de outros: «Devias ter vergonha! Dez contra um!» Os enredos eram repetitivos: *camorristi* prestando juramentos de sangue, travando duelos com punhais ou salvando donzelas do opróbrio. A compensação dramática era sempre a mesma: o bem contra o mal, a onda de indignação justificada contra a excitação da violência. Quando a ação era especialmente comovente, o San Carlino abanava e rangia como a carruagem de um comboio a mudar de agulhas.

Toda a gente conhecia os nomes dos heróis da Camorra: o bandido cavalheiro, don Teofilo Sperino; o poderoso chefe Ciccio Cappuccio (*'o Signorino*); o traiçoeiro Nicola Jossa, desafiando continuamente o maior *camorrista* de todos, Salvatore De Crescenzo. Todos estes heróis e vilões tinham sido, em tempos, verdadeiros mafiosos e não fantoches de cores garridas. Episódios verdadeiros da história da Camorra no século XIX eram reimaginados no palco do San Carlino. O «sangue verdadeiro» que esguichava do peito dos fantoches no final trágico da peça era, na verdade, tintura de anilina contida numa bexiga. E, enquanto o «sangue» dos heróis *camorristi* era vermelho-vivo, o dos vilões era muito mais escuro, quase preto.

Em redor do San Carlino, nas ruas de Nápoles devastadas pelas bombas, a verdadeira Sociedade Honrada não era vista havia mais de trinta anos. Existiam ainda alguns velhos *camorristi*. O mais conhecido era uma figura familiar e miserável, fazendo lembrar não só a antiga Camorra mas também a estranha história do seu desaparecimento.

Gennaro Abbatemaggio era um velhote gordinho, baixo e quase careca. À primeira vista, no seu fato e camisa de colarinho aberto, ou numa camisola escura de gola alta, casaco desportivo e óculos de sol, parecia bem vestido. No entanto, quando visto de perto, o tecido coçado não enganava ninguém, já que don Gennaro, como lhe chamavam os jornalistas, com reverência irónica, era quase indigente. Sobrevivia a custo, de pequenos roubos e burlas. Ninguém se teria importado com a sua sorte — não fosse o facto de ser uma relíquia viva de um poder criminoso em tempos bastante temível.

Em 1911, Gennaro Abbatemaggio era membro iniciado da secção de Stella da Sociedade Honrada. No entanto, traiu os seus camaradas criminosos ao tornar-se na principal testemunha do julgamento antimáfia mais sensacional da época. Os jornais e noticiários cinematográficos deram a conhecer o seu rosto a milhões de pessoas em todo o mundo. Durante dezasseis cansativos meses de interrogatórios, Abbatemaggio explicou os rituais, hierarquia e métodos da Camorra e forneceu dados pormenorizados sobre os crimes sangrentos ordenados pelos seus líderes. O seu testemunho levou a dezenas de condenações. Abbatemaggio desferiu um golpe do qual a Sociedade Honrada nunca recuperou. Na véspera da Primeira Guerra Mundial, surgiram notícias do submundo de que a Camorra napolitana tinha sido formalmente extinta.

Em 1927, Abbatemaggio fez novamente as manchetes dos jornais quando anunciou que tinha inventado todo o seu testemunho por ordem dos *Carabinieri*. Até hoje, não se sabe exatamente quanto do seu depoimento foi, de facto, inventado. No entanto, em consequência desta surpreendente retratação, os *camorristi* condenados no julgamento de 1911 foram libertados. Nessa altura, porém, já era tarde de mais para ressuscitar a Sociedade Honrada de Nápoles.

Depois da Segunda Guerra Mundial, Abbatemaggio fez tudo o que pôde para se manter na ribalta — pelo menos quando não estava na prisão. Em 1949, simulou uma tentativa de suicídio e uma conversão à fé religiosa; depois, deu entrevistas nos degraus da igreja romana onde foi receber a Primeira Comunhão. Quando a religião não resultou, tentou o mundo do espetáculo. Mas os seus repetidos esforços para ver a sua própria história convertida em filme foram infrutíferos. Em 1952, teve de se contentar com ser fotografado ao lado das estrelas na estreia de *Processo Contra a Cidade*, um filme que contava a história do julgamento de 1911 que destruíra a Sociedade Honrada.

Excluído do cinema, e como último recurso, Abbatemaggio tentou repetir o seu momento de glória. Declarou, então, possuir revelações sensacionais sobre um dos maiores mistérios policiais de 1953: a morte de uma rapariga romana, Wilma Montesi. Contudo, depressa se descobriu que o velho delator estava novamente a fazer das suas. Foi preso e julgado por falso testemunho. Depois disso, foi visto a mendigar. A imprensa começou a ignorá-lo.

Assim, se a palavra «camorra» era usada na Nápoles do pós-guerra, era apenas para evocar a sua memória com a mesma mistura de divertimento e pena que revelavam as histórias dos jornais sobre o teatro de marionetas ou Gennaro Abbatemaggio.

Hoje, mais de meio século depois da morte de Abbatemaggio, «camorra» tem um significado diferente. Nas décadas desde o fim da

Segunda Guerra Mundial, a Camorra ressurgiu e adotou uma nova identidade; tornou-se mais forte e insidiosa do que nunca. Já não é uma Sociedade Honrada — uma única seita de criminosos com a sua hierarquia e regras, rituais de iniciação e cerimoniosos duelos com punhais. Hoje, *camorrista* significa membro de uma de muitas quadrilhas organizadas, mas geralmente instáveis. A Camorra, portanto, não é uma sociedade secreta única como as máfias da Sicília e da Calábria. É um mundo de quadrilhas vasto e inconstante que domina diferentes territórios em Nápoles e na região da Campânia. Como a antiga Sociedade Honrada, estas organizações gerem esquemas de proteção forçada e operações de contrabando. No entanto — pelo menos quando as coisas lhes correm bem –, são muito mais eficazes do que a antiga Sociedade Honrada a infiltrar-se nas instituições do Estado, na política e na economia.

Para os espectadores do San Carlino no final dos anos 40, esta futura encarnação da Camorra ter-se-ia afigurado altamente improvável. Os bandidos existiam, de facto, na Nápoles dos anos do pós-guerra. Mas eram muito menos poderosos do que são hoje — ou do que os mafiosos na Sicília e na Calábria na altura. Nápoles nunca conseguiria criar algo parecido com a grande conspiração de silêncio da classe dirigente siciliana em relação à máfia. Não havia nenhum equivalente napolitano de um magistrado superior como Giuseppe Guido Lo Schiavo que estivesse disposto, apesar de tudo o que sabia, a negar a própria existência da máfia. E a grande e conturbada cidade de Nápoles não era politicamente invisível como eram as vilas e aldeias da Calábria.

No entanto, um exame mais cuidadoso revela-nos que os bandidos da Nápoles do pós-guerra foram afinal os progenitores dos *camorristi* de fato e gravata, dos traficantes de cocaína e dos armados de *kalashnikov* dos dias de hoje. As sementes do futuro renascimento da Camorra já tinham sido plantadas. Na verdade, já havia algo ameaçador no submundo da cidade — algo que deixava bem claro que a Camorra não tinha morrido, como afirmavam todas as enciclopédias. O exame mais cuidadoso do submundo napolitano da década de 40 e início da década de 50 mostra também que Itália em geral, e Nápoles em particular, tinha a consciência pesada relativamente ao crime organizado. Nápoles era uma cidade que se recusava a usar a palavra «camorra» (a menos que estivesse a falar sobre o passado, evidentemente — sobre o teatro de San Carlino ou

Gennaro Abbatemaggio). Em suma, Nápoles tinha *não só* os seus próprios mafiosos *mas também* o seu próprio estilo de esquecer que eles existiam.

Os estereótipos eram a maneira mais eficaz de fazer esquecer a Camorra. Nápoles é a cidade italiana mais difícil de decifrar. Inúmeros visitantes têm sido levados a julgá-la pelas aparências, porque essas aparências são tão óbvias e divertidas. Durante centenas de anos, a Europa considerou o espetáculo soalheiro da vida quotidiana das ruas de Nápoles irresistível. A miséria da cidade parecia surgir em cores, e do seu barulho constante irrompia milagrosamente uma música sedutora. Os pobres da cidade tinham a reputação de usar qualquer estratagema desprezível, de simular qualquer ato degradante, para encher a barriga e levar uma vida de *dolce far niente* («doce ócio»). A razão para Gennaro Abbatemaggio aparecer tantas vezes nos jornais no final da década de 40 não foi apenas o facto de ele ter destruído a Sociedade Honrada; foi também o facto de parecer, com as suas artimanhas tragicómicas, uma personificação do napolitano típico. O San Carlino atraía as atenções, porque também parecia peculiar e típico da cidade. Os napolitanos pobres eram vistos como diabinhos a viver no Paraíso: maliciosos, sentimentais, ingénuos e sempre inventivos, a ponto de não terem nenhuma vergonha de representar todos os estereótipos que lhes eram impostos. Antes da guerra, os garotos de rua napolitanos cobravam uma taxa aos estrangeiros que quisessem fotografá-los a comer esparguete com as mãos, como mais de um século de estereótipos ditava que assim fizessem.

A geração do pós-guerra também tinha os seus viajantes interessados em perpetuar estes lugares-comuns. A estratégia era mostrar uma cidade reduzida apenas ao que primeiro saltava à vista nos bairros pobres como Forcella ou Pignasecca. Uma cidade de pedintes e vendedores ambulantes, onde em cada peitoril de janela ou soleira de porta, em caixotes de laranjas ou tabuleiros, alguém tentava vender alguma coisa: castanhas, pedaços de peixe frito, cigarros avulsos, figos-da-índia ou *taralli* (rosquilhas). A Nápoles pobre era um bazar a céu aberto, onde barbeiros e alfaiates exerciam o seu ofício na rua e onde os transeuntes podiam espreitar para as casas unifamiliares, que funcionavam como fábricas clandestinas de sapatos ou luvas.

Os estrangeiros não eram os únicos responsáveis por reforçar os velhos lugares-comuns: havia sempre napolitanos profissionais dispostos a contribuir. Um deles era Giuseppe Marotta. Ele sabia bem como a vida em Nápoles podia ser dura: ele e as suas duas irmãs tinham sido criados por uma costureira num dos mal-afamados *bassi* — os apartamentos de uma assoalhada que davam diretamente para a rua. Em 1926, emigrou para o Norte e tornou-se escritor em Milão, a capital industrial e literária de Itália. No final da década de 40, após anos de trabalho medíocre, conseguiu o que queria: era colunista regular de um jornal e o homem a quem os redatores recorriam quando queriam um artigo pitoresco sobre algum aspeto da vida napolitana.

Na Nápoles estereotipada que Marotta apresentava aos seus leitores, a ilegalidade não era crime, mas parte do espetáculo urbano. Os carteiristas e vigaristas, sempre inventivos, manifestavam uma forma pitoresca de desonestidade — que resultava da pobreza e não da malícia. Havia algo ao mesmo tempo criativo e enternecedor acerca do crime. Os pobres de Nápoles podiam arrebatar-te o coração com a mesma facilidade com que te roubavam a carteira.

Num artigo de 1953, Marotta elogiava a destreza dos *correntisti* — jovens ladrões ágeis e ousados que saltavam para a traseira de um camião em andamento para roubar a sua carga. Este tipo de crime era conhecido nos bairros pobres como *la corrente*, por causa da fluidez de toda a operação. Um bom *correntista*, comentava Marotta, precisava de uma série impressionante de qualidades:

> As pernas de um excelente avançado, os olhos de um marinheiro, o ouvido de um pele-vermelha, o toque de veludo de um bispo e o punho de ferro de um halterofilista — além de pés aduncos, costelas de borracha e o equilíbrio de um jóquei. E para coordenar tudo isso, o cérebro do maestro Arturo Toscanini.

Marotta descrevia também com um gozo complacente as pirâmides titubeantes de latas roubadas que constituíam o fruto da *corrente*.

A verdade que os estereótipos de Marotta escondia era a presença ameaçadora do crime em Nápoles. Os habitantes pobres dos becos, que tanto encantavam os turistas, eram geralmente as suas primeiras vítimas, como nos deixa perceber um episódio revelador da vida quotidiana de Nápoles.

Por volta das seis e meia de uma tarde quente de verão em 1952, Antonio Quindici, conhecido como *'o Grifone* («o Grifo»), decidiu comprar alguns mexilhões. Escolheu uma banca na via Alessandro Poerio, não muito longe da estação, mas encontrou cinco trabalhadores de um estaleiro de obras próximo à sua frente. Exigiu ser atendido primeiro e o vendedor de mexilhões aquiesceu submissamente. Mas os operários, que eram de outra zona da cidade, não sabiam obviamente com quem estavam a lidar, porque protestaram ruidosamente. *'o Grifone* reagiu agarrando na faca do vendedor de mexilhões e esfaqueando o operário mais ruidoso duas vezes no coração. Depois fugiu. Foi perseguido pelos amigos da vítima, mas a perseguição foi bloqueada por um grupo organizado de cúmplices. *'o Grifone* desapareceu nas ruas laterais. A sua vítima morreu onde ele a deixou, esvaindo-se em sangue. Deixou uma mulher e uma filha bebé.

A história de *'o Grifone* é interessante por várias razões. Primeiro, porque o assassino era um dos *correntisti* que Giuseppe Marotta tanto admirava. Homens como *'o Grifone* tinham aprendido as suas habilidades durante a guerra, quando Nápoles era o principal porto de abastecimento para as tropas Aliadas em Itália: cerca de metade desses abastecimentos desaparecia das caixas traseiras dos camiões do exército e ia parar ao mercado negro. A zona superpovoada à volta da via Forcella, de onde vinha *'o Grifone*, era o local onde se concentrava o comércio de artigos militares roubados durante a guerra: não foi por acaso que a zona de Forcella se tornou conhecida como «casbá» de Nápoles. Além disso, Forcella foi também em tempos um reduto da Sociedade Honrada: todos os seus primeiros chefes nasceram na zona. Os *correntisti* como *'o Grifone* viriam a ser os protagonistas do renascimento da Camorra.

Quando terminou a guerra, toda a gente esperava que os *correntisti* desaparecessem. No entanto, ainda se encontravam bastante ativos em 1952, quando um jornal comentou:

> A *corrente* é fluida, como toda a gente sabe, e omnipresente, sobretudo nas ruas onde há mais trânsito. As comunicações entre a cidade e os seus arredores são vigiadas por pelotões de criminosos. Rápidos, bem equipados e destemidos, estes homens retiram todos os tipos de mercadoria de veículos. Pode dizer-se que nenhum comboio rodoviário, camião ou automóvel escapa às garras dos *correntisti*.

Em torno de cada *correntista* havia toda uma organização que incluía equipas de espiões que seguiam o trajeto de carregamentos valiosos, carregadores que pegavam nas mercadorias assim que estas eram lançadas dos camiões e recetadores que colocavam o espólio no mercado. Muito depois de os tempos áureos do contrabando militar terem chegado ao fim, os produtos roubados pelos *correntisti* ainda se vendiam abertamente na via Forcella.

Os *correntisti* eram não só ágeis mas também violentos. Geralmente andavam armados, por razões práticas: para se defenderem de camionistas armados e quadrilhas rivais, e para desencorajar transeuntes de tentarem apanhar fosse o que fosse que pudessem ter visto a cair da traseira de um camião. Mas também andavam armados porque tinham de se impor nas suas comunidades e criar uma reputação de dureza. No tempo da Sociedade Honrada, essa reputação teria sido designada «honra». É um dos ingredientes fundamentais do poder das máfias — do «controlo territorial», como é chamado. A rixa de *'o Grifone* na banca dos mexilhões demonstrava essa «honra» de uma forma individualista e indisciplinada.

Depois do esfaqueamento, *'o Grifone* esteve vários dias em fuga. Por fim, foi tomar um último pequeno-almoço no bar ao lado da esquadra da polícia e entregou-se, inventando primeiro a história de que tinha sido gravemente insultado e provocado pelo homem que matara à facada. Manifestamente, a sua rede de apoio não conseguia aguentar a pressão de uma investigação policial notória e da indignação popular. O controlo territorial de *'o Grifone* e dos seus amigos ainda era limitado.

Surpreendentemente, os jornais de Nápoles referiram-se a *'o Grifone* como um *camorrista*. Pelo menos no início. Esta foi uma das raras ocasiões em que a palavra apareceu na imprensa no final dos anos 40 e início dos anos 50. Curiosamente, nos dias seguintes, à medida que decorria a caça ao homem, as referências iniciais à Camorra desapareceram. *'o Grifone* começou como um *camorrista* e tornou-se depois num simples criminoso.

Na Nápoles dos anos pós-guerra, o emprego da palavra «camorra», assim como o reconhecimento de quão grave era o problema do crime na cidade, causava um evidente mal-estar. Nápoles era um campo de batalha político importante, onde a alma da direita italiana era disputada por máquinas políticas antagónicas. Por um lado, havia o poder crescente dos democratas-cristãos.

Por outro, havia os monárquicos, liderados pelo magnata da navegação e do futebol Achille Lauro, que tinha sido também especulador no tempo da guerra. (Nápoles, como muitas cidades do Sul, tinha votado contra a república no referendo de 1946. Depois disso, a monarquia continuou a ser uma forte causa mobilizadora para a direita da cidade.)

A Nápoles que essas duas máquinas políticas disputavam era marcada pelo desemprego crónico, carência habitacional, más condições de saúde e analfabetismo. A indústria e as infraestruturas não tinham recuperado das devastações da guerra, que tinham sido piores em Nápoles do que em qualquer outra cidade italiana. Mas a política não encontrou quaisquer respostas, porque estava dominada pela instabilidade e corrupção, sobretudo em torno da lucrativa indústria da construção. Estes foram os anos da «política de *maccheroni*». Na altura das eleições, os barões políticos mandavam os seus agentes locais instalar centros de distribuição nos casbás do centro. Aí, pacotes de massas ou bocados de carne ou bacalhau salgado embrulhados eram trocados por votos e pela vaga promessa de um emprego ou de uma pensão. Os agentes eleitorais de Achille Lauro tiveram a ideia de dar pares de sapatos aos seus pretensos apoiantes: o sapato direito antes das eleições e o esquerdo depois, quando o voto já estivesse seguramente registado.

Os pobres que vendiam o seu apoio por tão pouco pareciam quase tão avessos aos benefícios da educação, progresso social e política partidária convencional como tinham sido quando Itália foi unificada em 1860. As suas lealdades políticas eram compreensivelmente voláteis. Uma das poucas maneiras de tentar conquistá-los, além da oferta de macarrão e sapatos, era através do bairrismo sentimental: a alegação de que os problemas da cidade eram todos culpa da negligência do Norte. Achille Lauro, dono do segundo maior jornal de Nápoles, o *Roma*, era perito em incensar o estereótipo de Nápoles como cidade generosa que a história tinha maltratado. Qualquer referência à Camorra ou ao crime organizado era apenas pretensiosismo antiquado do Norte.

Havia outra razão para que os Napolitanos insistissem em confinar a palavra «camorra» ao passado: os criminosos faziam parte das máquinas políticas no poder. Até o velho delator da Camorra Gennaro Abbatemaggio foi agente eleitoral de Achille Lauro. Mas muito mais importantes do que estes agentes de base eram os chamados *guappi*. Uma tradução possível do termo *guappo* é «espertalhão» ou «fanfarrão». Contudo, estas palavras não evocam verdadeiramente o tipo de autoridade que um *guappo* exercia sobre o seu bairro de Nápoles. Os *guappi* eram recetadores de artigos roubados, agiotas e vendedores de lotarias ilegais: eram os marionetistas da animada vida criminosa da cidade. Mas não eram *apenas* figuras do crime: os *guappi* tinham também influência política, resolvendo problemas correntes ao exigir favores aos políticos para quem aliciavam eleitores na altura de votar.

O *guappo* mais famoso de todos foi Giuseppe Navarra, conhecido como Rei de Poggioreale. Foi um fiel agente eleitoral dos monárquicos e de Achille Lauro, recebendo títulos honoríficos dos seus protetores políticos: *Commendatore* e Cavaleiro da Grã-Cruz da Ordem Constantiniana. Durante a guerra, tinha operado no mercado negro, fazendo amigos entre as autoridades Aliadas. Ganhou também muito dinheiro com o ferro-velho e outra sucata, que os seus homens retiravam (quase sempre ilegalmente) de edifícios bombardeados.

Navarra morava entre os fabricantes de caixões na rua principal de Poggioreale, o bairro onde estão situados o cemitério e a prisão. Recebia as visitas em cadeiras de madeira no passeio. Conta-se que, no dia do seu santo, o elétrico parava à porta de sua casa para que todos os passageiros pudessem provar os doces e licores que ele oferecia. Navarra conduzia um enorme *Lancia Dilambda* com longos estribos laterais; um daqueles automóveis que estamos habituados a ver nos filmes de pistoleiros americanos dos anos entre as guerras. Navarra comprou-o num leilão em Roma depois da queda do fascismo; pertencera ao filho mais velho do Duce, Vittorio Mussolini. Em 1947, um jornal do Norte traçou um retrato sarcástico deste rei de bairro:

> Ele é baixo e gorducho, tem cerca de cinquenta anos, uma cara quadrada, espesso cabelo grisalho e um olho preguiçoso. O nariz parte de uma base muito larga no rosto, mas termina rapidamente num ponto agudo — como se tivesse começado por querer ser um grande nariz Bourbon e depois se tivesse arrependido pelo caminho.

Navarra devia a sua fama, e boa parte da sua popularidade, a um episódio extraordinário ocorrido em 1947, quando ele salvou o tesouro do santo padroeiro da cidade, San Gennaro (São Januário). São Januário é o mártir cujo «sangue» é guardado numa caixa de vidro na catedral de Nápoles e que se liquidifica milagrosamente três vezes por ano. Ou não, se os cidadãos, por alguma razão, provocarem o desagrado do Todo-Poderoso. O tesouro do santo é uma coleção de oferendas dos fiéis, que foi levada para o Vaticano por precaução durante a guerra. Existem poucas informações em primeira mão sobre o suposto ato de heroísmo do Rei de Poggioreale, porque quase todos os jornais, estranhamente, só o noticiaram mais tarde. Todavia, conta-se que, quando o presidente da câmara pediu ao comandante da polícia que ajudasse a trazer o tesouro de volta para casa, recebeu uma resposta negativa: a polícia não tinha dinheiro nem recursos para enviar o carro blindado, dez camiões e a escolta armada de vinte homens que seriam necessários para transportar o tesouro pelas estradas perigosas entre a capital e Nápoles. Nesse momento, o *guappo* Navarra ofereceu os seus serviços e executou furtivamente a tarefa de automóvel, com um idoso aristocrata católico no lugar do passageiro a seu lado. Supostamente, terá viajado num *Fiat* 22, que dava menos nas vistas do que o seu *Lancia*. Não se sabe, contudo, como conseguiu meter todo o tesouro no minúsculo porta-bagagem. Ernest Borgnine recriou mais tarde esta estranha aventura, quando interpretou o papel principal no filme de 1961 *O Rei dos Ladrões*.

Navarra era uma figura envolta em camadas de lenda e autopromoção teatral — mais uma atração pitoresca das ruas napolitanas. Assim, o jornalista e «napolitano profissional» Giuseppe Marotta descrevia-o de forma tipicamente condescendente em 1947, afirmando que era «um homem não menos dedicado a obras de caridade do que à mulher e à causa monárquica». Mas Navarra tinha verdadeiro poder, sustentado pela ameaça da violência. As pessoas do bairro lembravam-se dele a pavonear-se na rua de chapéu *fedora* e colete, brandindo uma pistola.

Navarra, como outros *guappi* na cidade, representava uma ponte entre as ruas, incluindo o submundo, e os palácios do poder da cidade. Uma das coisas que distingue as máfias de Itália de bandos de criminosos comuns é precisamente essa ligação à política. Se juntássemos os *correntisti* e os *guappi* num único sistema, teríamos toda a justificação para usar a palavra começada por cê (*c*) que os jornais napolitanos estavam decididos a não usar.

Gangsterismo

A máfia nos EUA foi fundada por emigrantes sicilianos no final do século XIX. Nas grandes cidades, os criminosos da Calábria e de Nápoles foram também recrutados para o que logo se transformaria numa máfia italo-americana. Desde essa altura, os Homens de Honra têm viajado de um lado para outro do Atlântico, traficando, investindo e assassinando — e depois fugindo da lei ou dos seus inimigos na máfia. Não posso contar a história da máfia nos EUA neste livro, mas alguns aspetos dessa história estão relacionados com acontecimentos em Itália.

Para a Itália subdesenvolvida dos anos que se seguiram à Segunda Guerra Mundial, América era sinónimo de modernidade. Conforme as suas lealdades políticas, os Italianos eram ou rancorosos ou entusiásticos na sua admiração do poderio militar espantoso, da riqueza inconcebível e das estrelas de cinema inacessíveis dos EUA. Como escreveu um comentador em 1958:

> As pessoas do mundo inteiro estão a voltar-se para a América, esperando ansiosas por tudo: pelo pão de cada dia ou pela sua lata de carne; por máquinas ou matérias-primas; por defesa militar, por uma palavra de ordem cultural, por um sistema político e social que possa resolver os males do mundo. A América fornece os modelos para jornais, manuais científicos, eletrodomésticos, moda, ficção, cançonetas *pop*, melodias e passos de dança e até poesia... Haverá alguma coisa que não esperemos que a América forneça?

Na verdade, havia uma coisa que Itália se recusava ainda a aceitar do outro lado do Atlântico: uma lição sobre como combater a máfia. Em 1950, precisamente quando Itália já conseguira esquecer-se do seu problema com o crime organizado, a América começou a falar novamente da máfia. Pela primeira vez em muito tempo, o crime italo-americano foi notícia. Mas as circunstâncias perversas da Guerra Fria contribuíram apenas para assegurar que o ruído em torno da máfia na América tornasse o silêncio em Itália ainda mais ensurdecedor.

No dia 6 de abril de 1950, Charles Binaggio, barão do jogo e cacique democrata de Kansas City, juntamente com o seu carrasco Charles «Mad Dog» Gargotta, foram mortos a tiro num clube do Partido Democrata. A imprensa publicou fotografias embaraçosas de Binaggio tombado numa secretária, debaixo de uma grande fotografia do presidente Harry S. Truman. No Capitólio, o episódio de Binaggio provocou tanta indignação, que eliminou as últimas objeções aos esforços do senador conservador Estes Kefauver para instalar uma Comissão Especial do Senado para Investigar o Crime no Comércio Interestadual, sendo a máfia um dos seus principais alvos.

As audiências Kefauver, como se tornaram conhecidas, foram realizadas em catorze cidades dos EUA ao longo do ano seguinte. Todavia, foram os últimos nove dias de depoimentos em Nova Iorque, em março de 1951, que realmente lançaram o assunto da máfia para o domínio público. Potentados do submundo como Meyer Lansky e Frank Costello, mais uma série de amigos duvidosos e até a companheira de um criminoso, foram arrastados para depor ante o senador e o seu mordaz adjunto Charles Tobey. Perante a insistência de Kefauver, os seus depoimentos foram transmitidos por televisão para um público nacional que atingiu o máximo de dezassete milhões de pessoas. As donas de casa organizavam «festas Kefauver» à tarde, os maridos deixavam os bares vazios no fim do dia para não perderem o resumo dos escândalos, as vendas de pipocas caseiras mais do que duplicaram e a Cruz Vermelha de Brooklyn teve de instalar um aparelho de televisão para evitar que as doações de sangue diminuíssem.

O testemunho de Frank Costello (Francesco Castiglia, nascido na Calábria) proporcionou um espetáculo particularmente cativante. Ele não autorizou a filmagem do seu rosto, mas a câmara mostrou grandes planos demorados das suas mãos, torcendo cruelmente pedaços de papel ou mexendo nervosamente num par de óculos. Este «balé de mãos» e uma voz «como o estertor de morte de uma gaivota» contribuíram muito mais para agigantar Costello na imaginação do público do que teria sido o caso se as suas feições bastante triviais tivessem sido visíveis.

Em Itália, a imprensa comunista noticiava, com indisfarçada satisfação, as provas de conivência política com o crime organizado que estavam a ser reveladas por Kefauver. «Os "heróis" da democracia americana em exibição», dizia uma manchete irónica.

> Tudo se confunde inextricavelmente: intrigas políticas e intrigas policiais. Todo o sistema de governo americano, local e central, é vítima das quadrilhas.

Enquanto o inimigo da Guerra Fria lavava a roupa suja em público, em Itália nada se passava. No período entre 1943 e 1950, o país assistira a muito mais casos de violência da máfia e conivência política com o crime organizado do que os EUA. Apesar disso, no parlamento tal como nos tribunais, a esquerda não soubera tirar partido da questão da máfia na sua batalha contra os democratas-cristãos. Kefauver, pelo contrário, expôs as antigas ligações à máfia de William O'Dwyer, ex-presidente da câmara de Nova Iorque e embaixador no México na altura, que viu, assim, terminada a sua carreira política. Frank Costello, que em tempos tinha sido o rosto «respeitável» da máfia americana, fazendo a ligação entre esta e a máquina política do Partido Democrata em Nova Iorque, foi condenado a uma curta pena de prisão por desrespeito ao Congresso, e os seus assuntos fiscais atraíram a atenção indesejável dos Serviços de Finanças. O «balé de mãos» de Costello conferiu-lhe também o tipo de notoriedade que os mafiosos sicilianos tinham repetidamente conseguido evitar. «Kefauver é um mestre da publicidade», comentava *L'Unità*. Assim, embora o PCI recebesse com satisfação o que as audiências Kefauver revelavam, invejava também o seu impacto.

Muitas das figuras do submundo interrogadas por Estes Kefauver recusaram-se a incriminar os seus cúmplices nas audiências — tantas, que a expressão «invocar a Quinta Emenda» entrou na linguagem comum. Para preencher as enormes lacunas nestes depoimentos em primeira mão, o destemido senador recorreu a várias fontes: informações do Departamento Federal de Controlo de

Narcóticos, cujo ambicioso chefe, Harry J. Anslinger, procurava havia anos realçar o problema da máfia; os testemunhos geralmente confusos de um conjunto de informadores da máfia; e muitas suposições. A descrição da máfia publicada nas conclusões de Kefauver era, por isso, alarmante:

> Por trás das quadrilhas locais que compõem o consórcio criminoso nacional está uma obscura organização criminosa internacional conhecida como Máfia, tão fantástica, que a maioria dos americanos tem dificuldade em acreditar que ela exista de facto. A Máfia, que tem as suas origens e a sua sede na Sicília, domina vários campos de atividade ilegal... e aplica o seu código de morte àqueles que lhe resistem ou que a traem... A Máfia não é um conto de fadas. É ameaçadoramente real, e tem dilacerado o rosto da América com quase todos os tipos imagináveis de violência criminosa, incluindo o homicídio, o tráfico de drogas, o contrabando, a extorsão, a escravatura branca, o rapto e a angariação ilegal de trabalhadores... A Máfia hoje é um verdadeiro «governo dentro do governo», secreto e internacional. Tem um chefe internacional em Itália — que as autoridades dos EUA julgam ser Charles (Lucky) Luciano... A Máfia também tem o seu Grande Conselho e as suas chefias nacionais e locais nos países onde opera, incluindo nos EUA.

A América estava a atravessar um período de paranoia anticomunista na altura, e há mais do que uma insinuação naquilo que Kefauver escreveu de uma visão do mundo dominada pelo medo dos «vermelhos». A máfia: uma conspiração criminosa sofisticada contra a América; uma organização internacional e única, cujo «Comandante» ou «Czar do Crime» era Lucky Luciano.

A verdadeira história de Lucky Luciano não corresponde exatamente à imagem que Kefauver tinha dele. Em 1946, tinha sido libertado antes do tempo (o que gerou muitas suspeitas) de uma longa pena de prisão por proxenetismo; foi expulso do país e instalou-se em Nápoles. Aí, dedicou-se ao tráfico de drogas com os seus amigos napolitanos e sicilianos, mas nunca foi o chefe de uma conspiração criminosa e muito menos um superchefe cujas ordens eram todas fielmente executadas em todos os cantos do mundo.

Muitas pessoas nos EUA, compreensivelmente, não se mostraram convencidas pelo relato sensacionalista de Kefauver, e algumas recusavam-se mesmo a acreditar na existência da máfia. Até o homem encarregado de redigir as recomendações da comissão lhe chamou um «mito romântico». O FBI continuaria a duvidar da existência da máfia durante vários anos. Kefauver tinha ido longe de mais.

Giuseppe Prezzolini, professor na Universidade de Colúmbia em Nova Iorque, era o correspondente americano mais conceituado da imprensa italiana. Era também muito mais representativo do que os comunistas das atitudes mais generalizadas para com o crime organizado em Itália. Quando recebeu telefonemas de americanos preocupados querendo saber se a máfia realmente existia em Itália, decidiu escrever uma rejeição mordaz da «lenda grotesca» de Kefauver. A máfia na Sicília, explicou Prezzolini, não era, de facto, uma organização criminosa, mas o fruto de séculos de má governação; era «um estado de espírito que exprimia o ressentimento de um povo que queria fazer justiça pelas próprias mãos, porque acreditava que não recebera justiça dos seus governantes». Só no dinâmico ambiente capitalista dos EUA é que os mafiosos podiam ser considerados criminosos:

> O criminoso moderno na América, mesmo que tenha um nome italiano, já não é um criminoso italiano. É antes um criminoso criado na América e instruído no crime na América; ele licenciou-se na universidade do crime americana. A América transformou o seu caráter.

O famoso bandido da zona portuária de Brooklyn, Albert «the Mad Hatter» Anastasia era um excelente exemplo. O facto de ter nascido na Calábria em 1902, com o nome Umberto Anastasio, nada significava, porque «Nunca ouvi dizer que a máfia se radicou na Calábria».

No início de 1953, as conclusões de Kefauver foram traduzidas para o italiano como *Il gangsterismo in America*, o primeiro livro sobre a máfia a ser publicado em Itália desde a Segunda Guerra Mundial. Muitos comentadores de todos os quadrantes políticos ignoraram a «máfia-como-conspiração-internacional» de Kefauver num silêncio embaraçoso, concentrando-se antes no que o senador tinha para dizer sobre os EUA. Para a maioria dos Italianos, o *gangsterismo*, como sugeria a feia importação linguística, continuava a ser um problema exclusivamente americano.

Seria necessário algo espetacularmente mediático para fazer o que as audiências Kefauver não tinham conseguido, e romper o silêncio de Itália relativamente à máfia siciliana, à 'Ndrangheta e à Camorra. Algo como um louco homicida. Ou uma rainha da beleza do submundo. Ou uma invasão extraterrestre da Calábria. De repente, em 1955, surgiram estas três coisas, mostrando finalmente como o problema das máfias estava profundamente enraizado na nova república.

2

1955

O Monstro de Presinaci

Ao final da manhã de 17 de abril de 1955, um camponês chamado Serafino Castagna, da aldeia calabresa de Presinaci, comeu dois ovos estrelados sem sequer parar para cortar uma fatia de pão. Depois, beijou o crucifixo na parede antes de abraçar a mulher e o filho de nove anos. «As coisas deste mundo já não são para mim», disse-lhes. «Deus dá e Deus tira.»

Momentos depois, armado de uma pistola *beretta*, uma espingarda com baioneta fixa e um saco de munições, saiu para o sol de domingo para procurar a sua primeira vítima.

Num casebre a alguns metros de distância, morava o seu primo afastado Domenicantonio Castagna. Quando lá chegou, Serafino encontrou apenas a mãe de sessenta anos do primo, por isso matou-a com seis tiros.

Posteriormente, viu Francesca Badolato, que em tempos fora noiva do seu irmão. Disparou, não acertou e ela conseguiu fugir, levando um bebé nos braços enquanto corria. Castagna não andava muito depressa, por causa de uma deficiência congénita que lhe deixara a perna direita três centímetros mais curta do que a esquerda. Mas, mesmo assim, perseguiu Francesca e viu-a refugiar-se na casa de um barbeiro idoso. Castagna bateu à porta e partiu uma janela, enquanto o barbeiro e a mulher lhe imploravam que poupasse a rapariga. Por fim, frustrado, deu um passo atrás e matou o casal. Os seus nomes eram Nicola Polito, de setenta e um anos, e Maria, de sessenta. Duas semanas antes, tinham voltado a juntar-se quando Nicola regressara da Argentina, onde trabalhara durante três anos.

Castagna seguiu depois o murmúrio indistinto de um rádio até ao centro do Partido Comunista. Espreitando lá para dentro, não viu ninguém que lhe tivesse feito mal e seguiu caminho. Quando se aproximou da sede dos democratas-cristãos, estes viram a sua pistola e imploraram misericórdia. «Não tenham medo», disse ele. «Só estou à procura de uns amigos meus para os cumprimentar.»

Castagna saiu, então, da aldeia, dirigindo-se ao celeiro onde tinha escondido mais munições. Quando percebeu que o seu trajeto passava pelo terreno do pai, amargas recordações de infância começaram a perpassar-lhe pela mente. O pai tinha abandonado a família por outras mulheres e esbanjara o pouco dinheiro que os Castagnas tinham poupado. Minutos depois, Serafino estava a olhar fixamente para o pai e a pronunciar uma sentença de morte chorosa: «Percebe o estado a que me levou? Não nos deu uma educação apropriada. Olhe para o abismo em que me encontro, aos trinta e quatro anos... Como meu pai, amo-o. Mas como homem, tem de morrer.»

Um único tiro deixou o velhote a contorcer-se no chão. Serafino pôs-lhe fim à agonia com um golpe de baioneta, e depois inclinou-se para dar um beijo de despedida na mão do pai.

A caminho do alvo seguinte, passou por um velho vaqueiro que lhe perguntou: «Que te traz por estas paragens, Serafino?» «Estou a caçar lobos com dois pés», foi a resposta. Pouco depois, Castagna encontrou Pasquale Petrolo, que estava sentado na eira em frente da sua casa de quinta a conversar alegremente com a mulher. Castagna desferiu-lhe cinco tiros.

De seguida, fugiu.

Horas depois, jornalistas de toda a Itália já estavam a atualizar os seus leitores sobre a caça ao homem. Havia bloqueios de estrada em todos os cruzamentos. Patrulhas de *Carabinieri* esquadrinharam as encostas do monte Poro, parando para apontar pistolas-metralhadoras aos pastores de cabras, examinando cada rosto curtido pelo sol para ver se condizia com a descrição: «Estatura média, físico robusto, cabelo louro, olhos azuis. Afetado por problemas cardíacos e uma úlcera duodenal.» A imprensa apelidou Castagna de «o Monstro de Presinaci».

A aldeia natal de Castagna era um lugar de camponeses baixos, porcos pretos e moscas gordas; um povoado de montanha, com menos de cem toscas casas de pedra, perdido num canto esquecido da região mais esquecida de Itália. Os poucos italianos que sabiam alguma coisa sobre a Calábria, conheciam-na como uma região cuja pobreza intemporal gerava explosões de selvajaria periódicas por parte de camponeses embrutecidos. A campanha homicida de Serafino Castagna exibia todos os sinais de ser apenas mais uma tragédia camponesa da Calábria. Com efeito, a lenda local até oferecia um guião para a matança. «Castagna lera certamente a história do salteador Musolino e gostaria de imitar os seus feitos», proclamou o polícia à frente da busca. O «Monstro de Presinaci» tornou-se no «Segundo Musolino», um candidato à sucessão do Rei do Aspromonte. (Na altura, o primeiro Rei do Aspromonte passava os últimos meses da sua vida no hospital psiquiátrico de Régio da Calábria.) Castagna até imitou Musolino no envio de mensagens às autoridades. Antes de iniciar o seu morticínio, rabiscou uma lista com as vinte pessoas que pretendia assassinar e deixou-a para a mulher entregar à polícia. Mais tarde, escreveu ao sargento dos *Carabinieri* locais enunciando o seu plano de vingança: «Matarei até ao meu último cartucho.»

No dia em que as vítimas de Castagna foram enterradas, as únicas pessoas em Presinaci que ousaram juntar-se ao cortejo fúnebre foram os *Carabinieri* nos seus uniformes escuros de parada. Só uma criança foi vista a sair apressadamente de uma porta para atirar um ramo de flores ao último dos cinco caixões. Mas o grito suplicante da sua mãe seguiu-o até à rua, e ele voltou imediatamente para dentro.

À medida que prosseguia a caça ao Monstro, a imprensa começou a fazer perguntas. Havia qualquer coisa na maneira calma como executara a chacina que sugeria que ele não estava completamente louco. Contudo, que lógica poderia ter o assassínio de cinco pessoas aparentemente inocentes, duas delas mulheres, e todas idosas? Quem eram os «amigos» e «lobos com dois pés» que ele disse que procurava? As especulações iniciais concentraram-se no cadastro de Castagna: cumprira três anos de prisão por ter tentado assassinar Domenicantonio Castagna, o primo afastado cuja mãe foi a primeira a morrer naquele terrível domingo. Algumas das outras vítimas pareciam ter uma ligação ao mesmo caso. Estaria o Monstro, como o Rei do Aspromonte no passado, a vingar-se daqueles que tinham testemunhado contra ele? Outra teoria era a de que estava a limpar a honra manchada da família, matando a mulher que rejeitara o irmão.

A imprensa comunista encarava as coisas de outra perspetiva, realçando o contexto social da tragédia. O correspondente de *L'Unità*, o diário do Partido Comunista Italiano, entrevistou um camarada da zona que se queixou de que os jornalistas burgueses do Norte estavam a divertir-se ao retratar os Calabreses como uma «horda de pessoas selvagens». A verdadeira causa da loucura de Serafino Castagna era a pobreza e a exploração. Porque não podiam fazer o esforço para entender isso?

Fragmentos de uma explicação mais rebuscada para a fúria de Castagna surgiram também da fonte de mexericos da aldeia. A primeira pessoa a falar com os jornalistas foi, como Castagna, um criado de lavoura. Escondendo-se junto a um muro e recusando-se a dar o nome, resmungou qualquer coisa sobre uma sociedade secreta em Presinaci. Mas a imprensa mostrou-se cética:

> Têm surgido rumores de que Serafino Castagna é membro da «Sociedade Honrada», uma espécie de máfia calabresa. Mas a existência da sociedade é muito problemática. Supostamente, esta «sociedade» terá dado a Castagna até 20 de abril para eliminar um homem que entrara em conflito com a mesma. Mas parece que estes relatos não têm fundamento.

O Monstro de Presinaci não podia ser um membro da máfia calabresa pela simples razão de que tal coisa não existia. Nesse aspeto, as vozes mais informadas eram unânimes.

Até que, cerca de três semanas depois de fugir, Castagna enviou um memorando de quarenta páginas aos *Carabinieri*, explicando que era membro juramentado do que ele denominava a «Sociedade Honrada da Fivela»; também se referia à mesma como «máfia».

Castagna foi finalmente capturado passados sessenta dias. Uma vez nas mãos da justiça, contou tudo o que sabia acerca da Sociedade Honrada, fornecendo às autoridades vários nomes e provas para os incriminar. Em menos de quarenta e oito horas depois da captura de Castagna, cinquenta membros da irmandade criminosa foram detidos. Seguiram-se mais detenções. Afinal, parecia que a existência da máfia calabresa não era assim tão «problemática».

Na prisão, o Monstro de Presinaci converteria o memorando que enviara aos *Carabinieri* numa autobiografia. Na verdade, ele foi o primeiro membro da máfia calabresa a contar a sua própria história.

Deves Matar, como se intitula a autobiografia de Castagna, resolveu o mistério da razão por que o seu autor empreendera a terrível chacina. Mas é também um documento histórico muito importante: é o guia da Itália do pós-guerra no que diz respeito à cultura organizacional da irmandade criminosa hoje conhecida como 'Ndrangheta.

Serafino Castagna escreveu que nasceu em 1921 e cresceu no seio de uma família oprimida de camponeses. Foi tirado da escola para ir pastar cabras, constantemente gozado por causa da sua deficiência e maltratado por um pai violento. Ouviu falar da Sociedade Honrada, pela primeira vez, quando tinha quinze anos. Já com essa idade, passava os dias a sachar a terra da família. No terreno ao lado trabalhava o primo de Castagna, Latino Purita, que era dez anos mais velho e acabara de ser libertado de uma pena de prisão por ofensas corporais. Certo dia, durante uma pausa no trabalho, Latino começou a falar com Serafino sobre «a honestidade que um homem deve sempre ter» e disse que «para ser honesto, um homem tinha de fazer parte da máfia». Seduzido pelas palavras do primo, Castagna fez uma aprendizagem de cinco anos, roubando galinhas e incendiando medas de feno por ordem de Latino. Afirmou a sua virilidade esfaqueando outro jovem que tinha gozado com o seu modo de andar. Depois, na segunda-feira de Páscoa de 1941, prestou um longo juramento que começava da seguinte maneira:

> «Estão satisfeitos, caros camaradas?», perguntava o chefe.
>
> «Muito satisfeitos», respondia o coro de *picciotti* e outros filiados mais antigos à sua volta.
>
> «Estão satisfeitos?»
>
> «Com quê?»
>
> «Com as regras sociais.»
>
> «Muito satisfeitos.»
>
> «Em nome da organizada e fiel sociedade, batizo este lugar como os nossos antepassados Osso, Mastrosso e Carcagnosso o batizaram, que o batizaram com ferro e grilhões.»

O respeito pelas «regras sociais» em Presinaci exigia pouco esforço. Havia reuniões e comportamentos a ter em conta evidentemente.

Mas os mafiosos de Presinaci passavam também muito tempo na taberna a contar histórias. Castagna gostava, particularmente, de ouvir histórias sobre Osso, Mastrosso e Carcagnosso. Estes três irmãos, contaram-lhe, foram cavaleiros espanhóis medievais. Eram corajosos e invencíveis, mas tinham sido injustamente perseguidos: por se vingarem da violação da sua irmã, foram obrigados a fugir de Espanha e a procurar refúgio na ilha de Favignana, mesmo ao largo da ponta ocidental da Sicília. Aí, Osso, Mastrosso e Carcagnosso passaram anos a elaborar as regras e os ritos da Sociedade Honrada antes de se separarem. Osso estabeleceu-se na Sicília, onde fundou a máfia. Mastrosso («Osso Mestre») viajou até Nápoles para aí estabelecer a Camorra. E Carcagnosso («Osso do Calcanhar») foi para a Calábria, onde o terceiro ramo da Sociedade Honrada encontraria a sua base.

A quadrilha de Presinaci tinha um tribunal, conhecido como «Tribunal da Humildade». (A palavra italiana para humildade, *umiltà*, deu origem a *omertà*.) Entre as penas menores que podiam ser aplicadas pelo tribunal estavam os golpes superficiais de faca ou o castigo degradante conhecido como *tartaro* — «inferno». A chefia infligia o «inferno» a qualquer filiado que mostrasse cobardia ou arrogância para com os seus camaradas. Chamavam-no ao centro de um círculo de filiados e mandavam-no tirar o casaco e a camisa. Um membro mais velho pegava, então, num pincel e cobria-lhe a cabeça e o tronco com uma pasta feita de fezes e urina.

O sexo e o casamento geravam muitos dos conflitos que o Tribunal da Humildade tentava gerir. Um dos irmãos de Castagna foi banido da taberna durante dez dias e obrigado a pagar uma multa de mil liras. A sua ofensa foi ter violado um acordo com outro mafioso para dormir alternadamente com uma rapariga que ambos desejavam.

Em Presinaci, a Sociedade Honrada mostrava sempre a sua presença em espaços públicos, em momentos importantes da vida da comunidade; monopolizava as danças populares, por exemplo. Castagna recordou: «Durante as festas religiosas, nós, os da sociedade, também tentávamos tomar conta da dança, para impedir que os não-membros se divertissem.» O *mastro di giornata* («mestre do dia», o porta-voz do chefe) chamava cada um dos membros da quadrilha para a dança por ordem hierárquica. Numa ocasião lembrada por Castagna, um não-membro que se esforçou demasiado para entrar na dança foi brutalmente agredido à mocada.

Em janeiro de 1942, a guerra interrompeu prematuramente a carreira criminosa de Castagna. Apesar dos seus problemas de saúde, que incluíam malária recorrente, foi recrutado para um regimento de artilharia. Depois da desintegração do exército italiano em setembro de 1943, conseguiu atravessar as linhas alemãs e Aliadas e, esfarrapado e esfomeado, chegou a casa para retomar o seu trajeto em direção ao massacre de 17 de abril de 1955.

Com o fim da Segunda Guerra Mundial, a vida em Presinaci voltou à sua normalidade de pobreza extrema. A Sociedade Honrada começou a aumentar a sua atividade à medida que os seus líderes regressavam dos vários lugares por onde tinham sido dispersos pelo conflito. O número de casos de fogo posto e assaltos aumentou. Os contactos com filiais noutros lugares tornaram-se mais regulares. O Tribunal da Humildade realizava mais sessões. Os crimes tornaram-se mais ambiciosos e a violência mais frequente: Castagna confrontou e esfaqueou um homem por causa de um desentendimento sem nenhuma importância. A prontidão para matar tornou-se, cada vez mais, uma prova quase rotineira a que os líderes da quadrilha submetiam os seus membros. O ambiente ficou ainda mais violento quando Latino Purita, o primo «honesto» de Castagna, foi eleito chefe depois de o seu antecessor ter emigrado.

Castagna meteu-se, pela primeira vez, em graves sarilhos quando recebeu ordens para cobrar uma multa de mil liras a um novo filiado que tinha andado a falar sobre os assuntos da sociedade com um não-mafioso. As ordens de Castagna eram para matar o infrator se não recebesse o dinheiro. O filiado em questão era Domenicantonio Castagna, o primo afastado que Castagna tentaria matar, cinco anos mais tarde, no dia em que cometeu as suas atrocidades. Castagna e Domenicantonio envolveram-se numa rixa por causa de dinheiro, um guarda municipal interveio e Castagna acabou por balear Domenicantonio no peito. Por sorte, Domenicantonio sobreviveu, mas Castagna foi apanhado e preso por ter agredido o primo.

Castagna conta-nos que a Sociedade não o ajudou na prisão, como lhe havia prometido. Além disso, quando foi libertado nos últimos dias de 1953, a Sociedade repreendeu-o imediatamente por não ter matado Domenicantonio. Disseram-lhe que a única maneira de recuperar a sua reputação era matar o guarda municipal que interveio na rixa. Castagna recorreu da decisão, conseguindo algum tempo para respirar: os chefes decretaram que ele tinha de matar o guarda, mas que podia esperar até à primavera de 1955, quando deixaria de ser vigiado pela polícia.

Castagna viu-se num impasse. Se assassinasse um funcionário público, sabia que provavelmente passaria o resto da vida atrás das grades. Mas podia também imaginar a desastrosa perda de prestígio que sofreria se traísse a sua identidade de mafioso e falasse com as autoridades: «Ninguém me respeitaria, nem sequer as pessoas que não pertenciam à Sociedade.» Com o prazo para a vingança a terminar, Castagna começou a ser atormentado por pesadelos com cemitérios, fantasmas e guerras. Por fim, tomou a decisão irrevogável de não obedecer, e de matar aqueles que o tinham mandado matar. Preparou-se para o combate iminente escrevendo tudo o que sabia acerca da Sociedade Honrada, incluindo uma lista com os vinte membros que queria matar. Depois, preparou a sua última refeição de ovos estrelados.

Os planos de Castagna falharam de forma grotesca. Apenas uma das suas vítimas, a última, pertencia à Sociedade Honrada. As outras só estavam indiretamente ligadas aos seus verdadeiros alvos, se é que tinham alguma ligação. O que aconteceu não foi um feito grandioso, mas uma descarga de raiva e desespero acumulados.

Grande parte da subcultura do crime que o Monstro de Presinaci descreveu nas suas memórias continua em vigor na 'Ndrangheta de hoje. A fábula de Osso, Mastrosso e Carcagnosso, por exemplo, continua a ser o mito fundador da 'Ndrangheta. Os rituais e as fábulas ajudam a criar fortes laços fraternais, moldando a identidade de jovens criminosos, dando-lhes a consciência de prerrogativa de que precisam para dominar as suas comunidades. Se os cinco homicídios de Serafino Castagna nos ensinam alguma coisa, é que a subcultura da 'Ndrangheta pode exercer fortíssimas pressões psicológicas.

No entanto, para a polícia e a magistratura da década de 50, grande parte do relato de Castagna parecia um conjunto de disparates. Na verdade, era um retrato da máfia calabresa que reforçava um dos equívocos mais duradouros e enganadores de Itália. Mesmo muitos dos que estavam dispostos a reconhecer que a máfia existia em lugares como a Calábria e a Sicília estavam convencidos de que a mesma era um sintoma do subdesenvolvimento. Na altura, não era o problema do crime organizado que dominava o debate público no sul de Itália, mas o problema da pobreza. No Sul, o rendimento médio ficava a cerca de metade dos níveis do Norte. Em 1951, um inquérito do governo descobriu que oitocentas e sessenta e nove mil famílias italianas tinham tão pouco dinheiro, que *nunca* comiam açúcar nem carne; setecentas e quarenta e quatro mil dessas famílias viviam no Sul. Se alguém pensava em máfias, pensava nelas, sobretudo, como uma consequência da pobreza e de um meio camponês primitivo, caracterizado por superstições e episódios isolados de violência bárbara. No fim, a história do Monstro de Presinaci não causou grande surpresa.

As redes de nepotismo, incluindo o compadrio das máfias, que sustentavam muitos políticos no sul de Itália constituíam uma base de poder inerentemente instável. De vez em quando, a atividade das máfias tornava-se inevitavelmente difícil de controlar, a violência aumentava e os apoiantes honestos da DC começavam a protestar. Nessas alturas, até mesmo os governos constitucionalmente avessos a atrair as atenções para o problema das máfias eram obrigados a reagir. Como se veio a verificar, o caso do Monstro de Presinaci não foi, de todo, um episódio isolado. 1955 foi um ano muito violento na Calábria.

Um ou dois jornalistas detetaram sinais de que nem tudo estava bem. Um correspondente do jornal de Nápoles *Il Matino*, o diário democrata-cristão mais influente no Sul, visitou a Calábria algumas semanas depois de Castagna ter sido capturado. Descobriu que a província de Régio da Calábria estava a sofrer uma alarmante onda de crimes — ou, pelo menos, uma onda de crimes que teria sido alarmante se estivesse a acontecer em qualquer outra região de Itália. Registou vários casos de assaltos a autocarros e automóveis nas zonas rurais, extorsão a lavradores e operários fabris e intimidação de testemunhas. E, depois, havia o caso chocante de Francesco Cricelli, um mafioso de San Calogero, na província de Catanzaro, que foi decapitado por roubar uma navalha de barbear ao seu chefe. *Il Matino* exigia medidas do governo para reafirmar a autoridade da lei.

Quando estas notícias foram publicadas, algures nos pátios, galerias e corredores sinuosos do Ministério do Interior em Roma, a máquina do governo já começara a voltar lentamente a sua atenção para o problema da ordem pública na ponta mais meridional da península italiana.

Giuseppe Aloi era um empresário de Régio da Calábria que empregava cerca de cento e cinquenta pessoas a fabricarem tijolos. No dia antes do morticínio perpetrado por Serafino Castagna, Aloi escreveu uma carta ao ministro do Interior. Estava assustado e indignado: o seu filho escapara recentemente a uma tentativa de rapto no centro de Régio da Calábria. Desde então, a família recebera ameaças e pedidos de dinheiro, e a polícia local não tinha sido capaz de identificar os culpados. A situação era tão má, que estava a pensar encerrar a fábrica. A carta de Aloi chamava a atenção para o aumento de criminalidade na zona e dizia:

> É um facto notório que a organização criminosa ressurgiu em quase todas as povoações da província. Há vários mafiosos que, apesar de não terem qualquer profissão ou ofício útil para a sociedade, ostentam um estilo de vida fácil e luxuoso baseado em riqueza suspeita; oferecem os seus serviços a agricultores ou impõem-lhes tributos extraordinários em troca de garantias de que as suas terras e bens serão respeitados.

Dois dias depois de o fabricante de tijolos escrever a sua carta, polícias à paisana em dois carros sem identificação tentaram apanhar os extorsionistas numa estrada de montanha sinuosa a norte do Aspromonte. Um dos carros foi alvejado por tiros de metralhadora e caçadeira disparados das encostas arborizadas. Milagrosamente, quatro agentes sofreram apenas ferimentos ligeiros. A máfia calabresa estava fortemente armada e preparada para enfrentar diretamente as forças da ordem.

No seguimento de um pedido de mais informações, o prefeito de Régio da Calábria (o representante do ministro do Interior no terreno) respondeu com um relatório que confirmava o quadro traçado por Aloi. A Calábria tinha «uma vasta rede de filiados no submundo» capaz de garantir a sua própria imunidade à lei, através da *omertà* e de «um sistema bem organizado de proteção que se estendia mesmo à política»; «muitas vezes, na altura das eleições, estes indivíduos [i.e. os mafiosos] transformam-se em propagandistas para um partido ou outro e tentam influenciar o resultado das eleições com o peso das suas clientelas». A máfia calabresa começava a constituir um problema de ordem pública que não podia ser ignorado ou encarado como obra de um único camponês psicologicamente afetado.

Pouco depois de assumir o cargo em julho, um novo ministro do Interior democrata-cristão decidiu que eram necessárias medidas urgentes. Seria lançada uma campanha contra a máfia numa escala que Itália nunca vira desde o tempo da repressão fascista do final dos anos 20. Um novo e dinâmico comandante da polícia, Carmelo Marzano, foi nomeado para chefiar aquela que ficaria conhecida como Operação Marzano. Os gracejadores locais, incapazes de resistir a um trocadilho, diziam que os Marcianos (*Marziani*) tinham aterrado. A Calábria estava prestes a receber invasores do planeta da ordem pública.

Marte ataca!

O ministro que ordenou a repressão na Calábria foi Fernando Tambroni, um democrata-cristão da região de Marche. Homem tímido em público, Tambroni atraía pouca atenção da imprensa. As suas declarações políticas eram cautelosas e obscuras, mesmo segundo os padrões democratas-cristãos. As únicas coisas manifestamente distintivas acerca da sua pessoa eram a sua boa aparência e elegância. (Ele era cliente fiel de Del Rosso, o alfaiate da nata romana.) Em privado, Tambroni tinha um sistema de crenças baseado em três pilares: o culto de San Gabriele dell'Addolorata, a influência do seu astrólogo pessoal e uma tendência para compilar ficheiros secretos sobre os seus aliados e inimigos.

Apesar destas excentricidades pessoais, quando Tambroni anunciou o início da Operação Marzano, esta parecia uma medida de ordem pública boa e convencional, semelhante às que eram tomadas noutros países da Europa Ocidental por governos conservadores. A Operação Marzano foi apresentada como um teste à política de ordem pública de Tambroni — uma iniciativa para reforçar a confiança dos cidadãos no Estado (e, consequentemente, nos democratas-cristãos). No início da operação, o ministro Tambroni deu uma entrevista a um jornal em que denunciava o «governo do crime organizado» na Calábria, prometia «apurar a verdade acerca da situação» e «não conceder favores a ninguém».

Os primeiros relatórios provenientes da Calábria que o comandante Carmelo Marzano enviou a Tambroni constituíam o manifesto de um homem ambicioso e pronto para a ação vigorosa. Não era um exagero, escreveu Marzano, dizer que a população se encontrava «literalmente paralisada pelo terror». A taxa de criminalidade era assustadoramente elevada. Mas muito mais delitos não eram denunciados por causa do medo do público. A extorsão era sistemática: silvicultura, tabernas e restaurantes, lotaria do Estado, serviços de transportes públicos — nada podia funcionar se não fossem alcançados «certos compromissos», como os designou Marzano. Centenas de criminosos condenados encontravam-se em liberdade na província, incluindo cinquenta e nove assassinos; estes fugitivos mostravam a incapacidade do Estado de se impor no território. Um deles, o famoso Angelo Macrì, nascido em Brooklyn, tinha abordado um *carabiniere* no centro de Delianova e dera-lhe um tiro na cabeça; o seu prestígio no seio da Sociedade Honrada tinha aumentado incomensuravelmente depois disso. Outro assassino condenado ainda em liberdade era o igualmente famoso chefe de Bova, Vincenzo Romeo. Romeo vivia abertamente no seu território, casou-se na presença dos chefes da Sociedade Honrada, teve filhos, geria os seus negócios e cuidava dos seus dez cães adorados. Certa vez, quando os *Carabinieri* saíram à procura dele, as mulheres de Bova foram simultaneamente para as janelas agitar lençóis avisando-o do perigo.

O novo comandante da polícia considerou o estado do policiamento ainda mais chocante do que o estado da ordem pública. Ficou horrorizado com a sua nova sede, a *Questura*: este edifício acanhado e sujo parecia meio abandonado; não tinha persianas nas janelas para proteger o interior do calor do verão, nem grades nas varandas. Enquanto uma cidade de tamanho comparável no norte ou centro de Itália podia ter cinco ou seis esquadras locais além da *Questura*, em Régio da Calábria, uma cidade que na altura tinha uma das taxas de criminalidade mais altas do país, não existiam outras esquadras de polícia. A *Questura* era, por isso, permanentemente invadida por cidadãos de toda a província barafustando para denunciar um crime, ou requerer uma licença ou certificado. Não existia nenhuma cela, nenhum espaço separado onde uma testemunha ou informador pudesse ser interrogado. As visitas de barões com o objetivo de fazer pedidos especiais para apoiantes detidos eram uma ocorrência habitual. A *Questura* parecia mais um bazar do que um centro de comando.

Muitos dos homens então sob o comando de Marzano tinham adquirido o mesmo ar dilapidado e inerte que os móveis em que se sentavam. Tinham relações próximas na comunidade — amizades, laços de parentesco, interesses comerciais — e por isso preferiam levar uma vida tranquila a dedicarem-se a obrigações mais desgastantes. Um agente suspeito de ser conivente com criminosos continuava a exercer o seu cargo anos depois de uma ordem de transferência ter sido emitida. A Brigada Móvel — a unidade à paisana cujas obrigações deviam incluir a perseguição aos cinquenta e nove assassinos condenados — tinha apenas catorze homens, e menos de metade se apresentava de facto para trabalhar com alguma regularidade. As autoridades policiais na província não tinham sequer os instrumentos mais básicos de policiamento moderno: os indispensáveis cães, bicicletas ou rádios que permitiriam aos agentes rebuscando os bosques do Aspromonte coordenar os seus movimentos.

A festa de Nossa Senhora do Monte em Polsi apresentava-se como a oportunidade mais óbvia de o comandante Marzano mostrar que os invasores extraterrestres do ministro Tambroni não estavam ali para brincar. O Santuário de Nossa Senhora do Monte é um dos lugares mais impressionantes do sul de Itália. Perdido nos altos bosques do Aspromonte, foi construído no lugar onde, em 1144, um pastor teve uma visão milagrosa da Virgem Maria. Todos os anos no início de setembro, peregrinos de todo o sul da Calábria sobem ao local para mostrar a sua devoção. As autoridades sabiam muito bem que a festa era usada pela Sociedade Honrada para esconder uma espécie de assembleia geral anual, embora não soubessem exatamente o que acontecia na reunião nem o motivo da sua realização. Em 1954, como tantas vezes no passado, a peregrinação assistira a um ajuste de contas da máfia: depois de os peregrinos já terem partido, os cadáveres de dois jovens com vários ferimentos de bala foram encontrados perto do santuário. Nesse ano, com Marzano no comando da polícia, havia bloqueios de estrada e patrulhas nos bosques. Catorze homens foram detidos por vários crimes, incluindo porte ilegal de arma, tentativa de homicídio e rapto. O chefe de Marzano, o prefeito de Régio da Calábria, telegrafou ao ministro para anunciar que a peregrinação tinha decorrido sem incidentes.

Nos dias e semanas seguintes, o ministro Tambroni foi bombardeado com telegramas anunciando a recaptura de vários mafiosos calabreses condenados. A polícia prendeu dois dos homens que tinham tentado chantagear Giuseppe Aloi, o fabricante de tijolos, e apreendeu várias armas na mesma operação. Conseguiu até apanhar um funcionário da câmara municipal de Gioia Tauro que andava a roubar bilhetes de identidade em branco para mafiosos que precisavam de mudar de identidade. Vincenzo Romeo — o fugitivo dos dez cães — também foi preso, como seria (mais tarde) Angelo Macrì, que voltara a fugir para a sua América natal. Marzano fez mesmo uma expedição ao Aspromonte, de carro e a pé, sozinho, para capturar um assassino fugitivo de Bova.

Cinco semanas depois de chegar a Régio da Calábria, o hiperativo comandante Marzano sentia-se no direito de ditar um despacho bajulador ao ministro Tambroni:

> O rosto de toda a província foi transformado. Os cidadãos aprovam a operação. Houve uma onda de reabilitação benéfica e a confiança na autoridade do Estado renasceu. Os cidadãos sabem que devem tudo isto *exclusivamente* ao poder de decisão e determinação de Vossa Excelência. Sem qualquer sombra de exagero retórico, posso garantir que se Vossa Excelência viesse visitar Régio da Calábria, seria literalmente transportado em ombros.

O povo parecia gostar do que estava a acontecer; a imprensa adorou. Só os frequentes desastres naturais da região tinham atraído no passado tantos jornalistas à Calábria. Notavelmente, em consequência da Operação Marzano, Itália encetou o seu primeiro debate nacional sobre o crime organizado na Calábria. Como seria de esperar, os jornalistas reproduziram muitas histórias pitorescas sobre a seita secreta criminosa que dava pelo nome de «máfia», «Sociedade Honrada» ou «Fibbia» («Fivela»). Com efeito, um novo nome surgiu das entrevistas com as pessoas da terra: 'Ndrangheta. Pronunciada «en-dran-gue-ta», a palavra significa «masculinidade» ou «coragem» no dialeto de origem grega das encostas sul do Aspromonte. O termo tem uma longa história, mas não existem provas de que alguma vez tivesse sido usado para nomear a Sociedade Honrada da Calábria antes de 1955. Não se sabe quem aplicou primeiro o novo nome à máfia local: os próprios *'ndrangbetisti*, os calabreses que não pertenciam à organização ou até os jornalistas visitantes. Mas «'ndrangheta» acabou por se tornar no epíteto oficial da irmandade, usado tanto por membros como por não-

-membros. Após cerca de três quartos de século de desenvolvimento na sombra, a versão calabresa da máfia atraíra finalmente atenção pública suficiente para merecer um nome próprio.

A Operação Marzano também levou alguns calabreses a recuperarem as suas recordações da máfia. Um exemplo notável foi Corrado Alvaro, o escritor mais famoso da região. Nasceu em San Luca, a aldeia nas encostas do Aspromonte cujos criminosos são os guardiães dos costumes da Sociedade Honrada; San Luca é conhecida como a Belém do crime organizado calabrês. Alvaro não era um simpatizante da 'Ndrangheta, mas aprendeu tudo acerca da sua cruel realidade à medida que foi crescendo. Depois da Segunda Guerra Mundial, quando se mudou para Roma, tornou-se num porta-voz não oficial dos pobres sem voz da sua região natal; transformou os camponeses oprimidos do Aspromonte em arquétipos de resistência humana. Talvez por um desejo equivocado de proteger a Calábria de má publicidade, ou talvez por razões mais escusas e misteriosas, Alvaro guardou um longo silêncio sobre a irmandade criminosa da região. Em 1949, denunciando a miséria feudal a que os pastores e camponeses continuavam sujeitos, escreveu: «Existiram tentativas de fundar sociedades criminosas à imagem da máfia, mas estas nunca se enraizaram. Ainda hoje, a Calábria é um dos lugares mais seguros do país, em qualquer altura e em qualquer recanto isolado.»

Em 1955, Alvaro mudou de opinião. Escreveu sobre a 'Ndrangheta numa crónica do *Corriere della Sera* e recordações da 'Ndrangheta da sua juventude começaram a aparecer nos seus outros escritos. Na verdade, talvez mais do que ninguém, ele contribuiu para popularizar o novo nome.

No fim de contas, a recuperação da memória de Corrado Alvaro e a denominação da 'Ndrangheta foram os únicos resultados de longo prazo da Operação Marzano. O principal entrave a que se conseguisse algo mais duradouro foi a recusa do ministro Tambroni em enfrentar seriamente os amigos da 'Ndrangheta na política.

Os documentos dos arquivos do Ministério do Interior permitem-nos hoje espreitar os bastidores da Operação Marzano. Esses documentos mostram-nos a quantidade de informações que os funcionários de Tambroni reuniram sobre políticos com ligações a mafiosos na Calábria. A invasão marciana de 1955 revelou alguns episódios tristemente cómicos de má-fé e conivência.

Um bom exemplo é o de Antonio Capua, um típico barão do Sul e deputado do Partido Liberal, um dos parceiros de coligação dos democratas-cristãos. Na realidade, o que passava por «Partido Liberal» na Calábria era a clientela pessoal de Capua. Como ministro-adjunto da Agricultura e Florestas, Capua também se sentava à mesma mesa que Fernando Tambroni. Dado que tanto a agricultura como a silvicultura desempenhavam um papel importante na economia da região, o cargo de Capua significava que ele tinha muitos favores «públicos» para distribuir pelos amigos. Tambroni descobriu que Capua pressionava os seus funcionários, longe da vista de todos, a conceder cartas de condução e licenças de porte de arma a conhecidos *'ndranghetisti* e que os seus agentes eleitorais conviviam de perto com rufiões da Sociedade Honrada.

O nome de Capua já tinha aparecido nas manchetes dos jornais calabreses antes do início da Operação Marzano. Num misterioso incidente que parecia ter o cunho da 'Ndrangheta, um grupo de homens disparara contra o carro da sua mulher quando ela viajava no Aspromonte. Capua tentou ocultar toda a história. Quando os jornalistas a descobriram, publicaram uma versão truncada, mas ainda mais alarmante, dizendo que o próprio Capua tinha sido o alvo de uma tentativa de homicídio. Um atentado contra a vida de um ministro não era apenas notícia local, e logo os jornais nacionais se interessaram pelo assunto.

Quando os marcianos de Tambroni aterraram no outono, o novo comandante da polícia resolveu investigar não só o episódio do tiroteio mas também os amigos mafiosos de Capua. Mas, para o ministro-adjunto, o pior ainda estava para vir: muitas pessoas tiraram precipitadamente a conclusão de que Capua tinha chamado os marcianos por causa da tentativa de assassínio. A 'Ndrangheta era da mesma opinião, e começou a interrogar-se por que razão o seu barão predileto lhe trouxera tantos aborrecimentos. O ministro--adjunto viu-se num terrível dilema: parecia um mafioso para a polícia e um traidor para a 'Ndrangheta.

Em 14 de setembro de 1955, o ministro-adjunto Capua fez uma tentativa desesperada de salvar a sua credibilidade *por junto* na 'Ndrangheta e na polícia. Combinou um encontro com o comandante da polícia, porque queria falar do caso de um suspeito que Marzano estava a interrogar na altura. O suspeito, um *'ndranghetista* chamado Pizzi e presidente da câmara de Condofuri, era o agente eleitoral de Capua para toda a costa jónica da província de Régio da Calábria. Capua, aparentemente, esperava que o seu prestígio como ministro-adjunto intimidasse o comandante da polícia. Afinal, inúmeros mafiosos tinham sido protegidos ao longo do século anterior através desse tipo de intimidação. No entanto, o novo comandante da polícia tinha confiança suficiente no seu próprio apoio político para não se deixar intimidar. Em vez disso, mostrou calmamente a Capua as provas condenatórias que já tinha reunido contra o presidente de câmara Pizzi, que estava na sala com eles. O ministro-adjunto reagiu com o tipo de descaramento de que apenas uma certa espécie de político italiano é capaz. Primeiro, fingiu surpresa e deceção. Depois, disse calmamente a Marzano que o seu amigo Pizzi era um homem honesto que, apesar das suas boas intenções, tinha sido corrompido pelo seu ambiente. Por fim, voltou-se para Pizzi e admoestou-o num tom de sinceridade queixosa, pedindo-lhe que mudasse de atitude e colaborasse com a polícia «a partir de agora».

Infelizmente, os registos não nos dizem qual foi a reação de Fernando Tambroni quando leu esta história sobre o seu colega de governo. Não sabemos se ficou chocado ou se se riu até rebentar as costuras do seu fato Del Rosso. Mas podemos tentar adivinhar o seu raciocínio. Tambroni poderá ter pensado que expor Capua perturbaria o delicado equilíbrio do governo de coligação. Ou talvez tenha simplesmente obedecido a uma das regras antigas e implícitas da vida institucional italiana. Todas as fações de governo, todas as conspirações partidárias, tinham, a dada altura, de conviver com os políticos «amigos dos amigos» na Sicília, Campânia e Calábria. Ninguém sabia o que poderia acontecer se um deles fosse alvo de uma investigação séria. E isto apesar de as forças de segurança no terreno no sul de Itália afirmarem que as máfias nunca poderiam ser erradicadas se os seus protetores políticos continuassem a ser poupados. O melhor era deixar as coisas como estavam. As provas contra o ministro-adjunto Capua foram ocultadas.

Capua também conseguiu resolver as coisas com os seus amigos na 'Ndrangheta. Ou, pelo menos, é o que podemos presumir, já que foi reeleito nas eleições seguintes.

Outros políticos cujas relações menos próprias foram reveladas durante a Operação Marzano eram membros do partido do próprio ministro do Interior, a Democracia Cristã. Um relatório confidencial enviado a Tambroni indicava que Domenico Catalano pertencia a um grupo muito unido de três chefes da DC que tinha conseguido introduzir-se em cargos de poder em organizações semipúblicas e católicas locais. Existiam fortes suspeitas de que estes três democratas-cristãos tinham ligações ao crime organizado. Catalano até se gabou publicamente de ter conseguido que um antigo comandante da polícia fosse transferido para fora da Calábria, quando se mostrou demasiado diligente na sua perseguição aos *'ndranghetisti*. Mais preocupante era o facto de Catalano ter assento na «Comissão Provincial de Medidas Policiais». A comissão era um órgão importante que deliberava sobre casos em que a polícia pedia que um suspeito perigoso fosse enviado para exílio interno numa colónia penal sem julgamento. (O exílio interno era aplicado em Itália desde os tempos em que os *Carabinieri* andavam munidos de mosquetes e cavalos em vez de metralhadoras e jipes. Era uma medida não só muito duvidosa do ponto de vista legal mas também totalmente contraproducente, uma vez que as colónias penais eram conhecidos campos de recrutamento para as máfias.)

Durante a Operação Marzano, a polícia apresentou vários pedidos para que suspeitos *'ndranghetisti* fossem enviados para a remota colónia penal de Ustica, ao largo da costa norte da Sicília. Todavia, o homem do ministro Tambroni no terreno, o prefeito de Régio da Calábria, notou que Domenico Catalano mostrava o que ele chamava de uma «certa indulgência» para com homens com cadastros particularmente sanguinários. Alguns párocos também testemunhavam perante a Comissão Provincial de Medidas Policiais do mesmo modo estranhamente indulgente. Mas, em vez de causar problemas, o prefeito decidiu agir à maneira clássica dos democratas-cristãos, dando uma palavrinha ao arcebispo.

Ora, o arcebispo de Régio da Calábria na altura não simpatizava com a 'Ndrangheta. Pouco tempo antes, escrevera uma carta pastoral denunciando as «obscuras sociedades secretas que, sob o pretexto da honra e da força, ensinam e impõem o crime, a vingança e o abuso de poder». Só podemos imaginar como terá ficado perturbado com a notícia de que Domenico Catalano, político e membro importante de organizações locais apoiadas pela Igreja, era conivente com o crime organizado. No entanto, em vez de criar problemas, o arcebispo decidiu agir à maneira tradicional da igreja italiana, dando uma palavrinha ao próprio Catalano. O arcebispo persuadiu delicadamente Catalano a levar mais a sério as suas responsabilidades na Comissão Provincial de Medidas Policiais.

A pequena corrente de «palavrinhas» pareceu funcionar. Durante algum tempo, Catalano votou como todos os outros na comissão, que começou a enviar *'ndranghetisti* para exílio interno.

Mas, depois, a comissão teve de decidir sobre o caso de um criminoso notoriamente poderoso chamado Antonio Macrì, conhecido como don 'Ntoni. Don 'Ntoni era não só o «chefe do bastão» na vila de Siderno mas também um dos chefes mais poderosos de toda a Calábria. No outono de 1953, don 'Ntoni tinha sido visto a presidir a uma reunião plenária da 'Ndrangheta durante a festa de Nossa Senhora de Polsi. Enviar um *'ndranghetista* de categoria inferior para uma colónia penal era uma coisa; encarcerar don 'Ntoni era outra completamente diferente. Em 3 de setembro de 1955, com o «chefe do bastão» aguardando no corredor à porta da sala onde a comissão estava reunida, Domenico Catalano levantou-se. Informou solenemente os outros membros da comissão de que considerava ser seu dever fazer uma declaração que «dizia respeito ao Vaticano». Contou, então, uma história que deixou toda a gente na sala de boca aberta.

A história de Catalano dizia mais ou menos o seguinte. Alguns anos antes, o bispo de Locri descobrira que alguns padres tinham andado a roubar dinheiro de uma instituição de caridade da Igreja. O bispo obrigou os padres a devolverem o dinheiro, explicou Catalano. Então, os padres contrataram um assassino para eliminar o bispo. Por sorte, o bispo soube do plano para o matar e, sensatamente, procurou a proteção do principal *'ndranghetista* da zona, don 'Ntoni Macrì. Don 'Ntoni, revelou Domenico Catalano, usara os seus bons ofícios para salvar a vida do bispo. Ora, um homem capaz de um gesto tão nobre não merecia um tratamento clemente da parte da Comissão Provincial de Medidas Policiais?

Os outros membros da comissão não se deixaram convencer. Don 'Ntoni Macrì foi prontamente enviado para uma colónia penal, o que o obrigou a uma pausa breve na sua impressionante carreira criminosa. Um relatório completo foi enviado ao ministro Tambroni em Roma.

Sem uma declaração documentada do Papado, nunca saberemos se existiu, de facto, alguma verdade na história altamente improvável de Catalano sobre o plano para matar o bispo de Locri. Mas todo este caso é, no entanto, bastante elucidativo. O problema do crime organizado em Itália não residia apenas no facto de a influência das máfias se infiltrar no Estado através de canais privados. Estava também no facto de os prefeitos, políticos e arcebispos preferirem usar os mesmos canais privados. Em vez de respeitar a lei, preferiam «dar uma palavrinha».

Mais uma vez, o ministro do Interior Tambroni leu este relatório e não tomou nenhuma medida. Pouco importava que o caso oferecesse um exemplo flagrante de um político a tentar contornar a lei a favor de um *'ndranghetista*. Domenico Catalano, o inventor da estranha história do bispo que tinha sido salvo pelo chefe mafioso, manteve o seu lugar na Comissão Provincial de Medidas Policiais durante vários anos.

Em 27 de outubro de 1955 — apenas cinquenta e quatro dias depois da aterragem —, o comandante Marzano voltou a entrar no seu disco voador e deixou a Calábria para sempre. Era inútil pensar que menos de dois meses de intensa atividade policial pudessem ter algum impacto a longo prazo. Pouco tempo depois, os *'ndranghetisti* regressariam das suas colónias penais e tudo voltaria ao normal.

O Estado italiano não podia ter fornecido uma demonstração mais clara do seu gravíssimo défice de atenção. O aparelho policial de Tambroni não parecia sequer interessado em reconhecer a 'Ndrangheta como uma organização. Toda a cadeia de comando, do Ministério do Interior em Roma aos oficiais subalternos no terreno na Calábria, tinha à sua disposição grande parte das informações necessárias para compor um retrato convincente da máfia calabresa. Em 28 de maio de 1955, apenas três meses antes do início da Operação Marzano, a polícia e os *Carabinieri* tinham feito uma rusga a uma casa em Rosarno e encontrado um caderno com as regras da 'Ndrangheta. Duas semanas e meia depois, o Monstro de Presinaci foi finalmente capturado, e tornou clara a sua intenção de contar tudo à polícia. As autoridades sabiam já muita coisa:

a estrutura celular e territorial da 'Ndrangheta; os seus esquemas de extorsão e cultura de vingança; a maneira como se apresentava como uma alternativa à lei e a sua capacidade de formar alianças com as súcias e fações rivais da política calabresa. No entanto, não existe nenhum indício de que o comandante Marzano estivesse minimamente interessado em usar estas novas e valiosas fontes de informação para tomar medidas práticas. Nem existe nenhum indício, na pilha de correspondência oficial produzida pela Operação Marzano, de que as autoridades tivessem alguma memória histórica do desenvolvimento da Sociedade Honrada ou das lições aprendidas com as anteriores tentativas de a combater. Em suma, ninguém ligado à «invasão marciana» julgou que para derrotar a 'Ndrangheta talvez fosse boa ideia conhecê-la por dentro.

No parlamento em Roma, os comunistas suspeitavam de que o combate à 'Ndrangheta nunca fora o verdadeiro objetivo da Operação Marzano. Estavam convencidos de que a promessa de Tambroni de «não conceder favores» tinha sido falsa e cínica desde o início. Os casos mais flagrantes de apoio do crime organizado a políticos implicavam os democratas-cristãos. Um deputado socialista disse no parlamento que Vincenzo Romeo, o chefe dos dez cães, andara pelas ruas com uma metralhadora a gritar «Ou votam na Democracia Cristã ou mato-vos». No entanto, Marzano estava a ser ideologicamente seletivo nos mafiosos que prendia, protestaram os comunistas. O presidente de câmara democrata-cristão da capital provincial Régio da Calábria não tinha sido detido, apesar de sérios indícios de ligações ao crime organizado. Em contrapartida, o presidente de câmara comunista da vila de montanha de Canolo, Nicola D'Agostino, tinha sido detido e enviado para exílio interno.

Havia decerto alguma substância nas afirmações dos comunistas de que a invasão marciana de Tambroni era ideologicamente parcial. Porém, a citação do caso de D'Agostino talvez não fosse muito feliz, porque era evidente que este presidente de câmara, além de ser membro do PCI, nunca deixara de ser um chefe da 'Ndrangheta. A polícia asseverou que ele usava o partido para exercer o seu poder pessoal sobre a vila. D'Agostino não era um caso único: a última vítima do Monstro de Presinaci era um *'ndranghetista* comunista, por exemplo. Os comunistas no sul da Calábria tinham menos anticorpos contra a infiltração da máfia do que os seus camaradas na Sicília ocidental, que pôde contar com igual número de mártires na sua luta contra o crime organizado. Na Calábria, a 'Ndrangheta tinha o poder de corromper até a ideologia dos seus inimigos.

Dito isto, parece que Tambroni não tinha nenhum plano político especialmente ardiloso. Ele apenas se lançou à pressa na Operação Marzano, e saiu novamente à pressa quando percebeu como a 'Ndrangheta estava profundamente enraizada. Sensatamente, o ministro do Interior Tambroni decidiu colher os louros das primeiras vitórias fáceis de Marzano, enviar alguns mafiosos para colónias penais durante alguns anos e, depois, voltar a gerir a Calábria do modo habitual. Sintomático desse regresso à normalidade foi o resultado do processo do Monstro de Presinaci. Em setembro de 1957, Serafino Castagna foi condenado a prisão perpétua, como era inevitável. Mas dos sessenta e cinco homens implicados pelo seu testemunho, quarenta e seis foram absolvidos e os outros dezanove receberam penas suspensas entre dois e três anos.

A história da Operação Marzano e do Monstro de Presinaci é típica da resposta do Estado quando a violência irrompia do submundo. Depois de a violência desaparecer das manchetes dos jornais, as autoridades regressavam aos seus velhos hábitos de conviver com o poder das máfias.

O Presidente dos Preços da Batata (e a sua viúva)

Em meados da década de 50 existiam já sinais de que a economia italiana tinha entrado num período de crescimento sustentado que deixaria finalmente para trás as dificuldades do tempo de guerra. Em 1950, a produção industrial ultrapassou os níveis anteriores à guerra. A inflação, que tinha atingido os 73,5 por cento ao ano em 1947, desceu para valores de um dígito. O desemprego também estava a diminuir de forma constante. O Sul continuava muito atrasado em relação ao Norte, mas, nas cidades de todas as regiões os Italianos começavam a consumir mais. Os alimentos de melhor qualidade eram os primeiros artigos na lista de compras nacional, especialmente os produtos do que mais tarde viria a ser conhecido como «dieta mediterrânica»: massas, e sobretudo frutas e legumes.

Um dos lugares que mais sentiram os efeitos do aumento do consumo foi o mercado grossista de fruta e legumes no bairro de Vasto em Nápoles: cerca de trinta por cento das exportações de frutas e legumes de Itália passavam por este mercado. Enquanto outras regiões de Itália conseguiam um comércio sazonal de um ou dois produtos especializados, os arredores extremamente férteis de Nápoles produziam todas as plantas alimentícias imagináveis em abundância durante o ano inteiro. Os tomates, curgetes, batatas, pêssegos e limões frescos que saíam da região todos os anos valiam cerca de dezasseis mil milhões de liras (aproximadamente duzentos e vinte e cinco milhões de euros a preços atuais). Mais doze mil milhões de liras (cento e sessenta e sete milhões de euros) provinham de nozes, avelãs, amendoins, passas, figos e outros frutos secos.

Contudo, apesar da sua riqueza, o mercado grossista de Nápoles oferecia um espetáculo caótico. Situado num dos centros económicos da cidade, ao lado do terminal do caminho de ferro e a curta distância do porto, era, no entanto, pouco mais do que um conjunto de hangares esqueléticos, onde redes de arame enferrujado e betão a esboroar-se exibiam ainda os danos da guerra. Inúmeros veículos decrépitos cruzavam-se pelas poças de água permanentes à sombra dos hangares: carroças de burros e camiões, carrinhos de mão e automóveis minúsculos com porta-bagagens enormes e cómicos nos tejadilhos — todos carregados com um amontoado periclitante de caixotes de beringelas, alfaces, damascos e cerejas. O mercado era servido por alguns escritórios acanhados, uma estação de correio e duas ou três sucursais bancárias nas ruas circundantes. Não havia teleimpressores nem filas de telefones. Os negócios, grandes ou pequenos, eram feitos nos passeios da via Firenze e do corso Novara, cara a cara, com exclamações teatrais de desdém e incredulidade. Por vezes, quando um negócio mais sério estava para acontecer ou uma conta maior tinha de ser paga, um importante comerciante de legumes de uma qualquer vila de província saía do seu carro desportivo, alisava o cabelo e o fato, e recebia saudações reverentes dos agentes e trabalhadores.

Em 1955, um dos casos de homicídio mais famosos da época mostrou como era influente e perigosa esta casta de comerciantes de frutas e legumes. O julgamento da «nova camorra», chamaram-lhe. Porque, em 1955, Itália, hesitantemente, voltou a usar a palavra começada por cê (*c*). O que o caso mostrava, a quem estivesse interessado em ver, era que as máfias estavam a crescer ao mesmo ritmo que o crescimento da economia italiana. O comércio estava a tornar-se num dos principais impulsionadores da história das máfias.

Pasquale Simonetti era um desses comerciantes de frutas e legumes. Com dois metros de altura e trinta e um anos, tinha o corpo de um peso-pesado e uma fisionomia a condizer: os olhos pequenos e duros muito afastados por um nariz abatatado (natural ou partido, era difícil dizer); a cabeça grande e quadrada montada num pescoço que resistia aos melhores esforços do seu alfaiate para o conter num colarinho. Era conhecido, prosaicamente, como *Pascalone 'e Nola* («Grande Pasquale de Nola» — Nola era uma povoação agrícola não muito longe da cidade).

Na manhã de 16 de julho de 1955, *Pascalone* foi atingido por dois tiros quando descascava uma laranja que tinha acabado de comprar numa banca. O atirador, um homem jovem e louro de fato cinzento-claro, fugiu incólume. A vítima, abandonada pelos seus comparsas para se esvair em sangue na valeta, morreu no hospital perto da madrugada do dia seguinte. A polícia transferiu o corpo diretamente para o necrotério, com o propósito de evitar uma peregrinação de luto inconveniente por parte da irmandade criminosa da província.

No início, ninguém parecia querer estabelecer a ligação entre a morte de Pasquale Simonetti e a vasta economia de frutas e legumes. A tradicional reserva napolitana relativamente a histórias da Camorra continuava em vigor. Os perfis de *Pascalone* que surgiram depois do seu assassínio não chegaram além das páginas do crime dos diários locais. Além de vendedor de produtos das quintas da Campânia, *Pascalone* já era conhecido da imprensa local como contrabandista e valentão. Alguns dos seus feitos tinham sido tão públicos quanto a sua morte. Em 1951, junto da entrada principal da estação de comboios, tinha espancado um homem com uma chave-inglesa embrulhada num jornal; a vítima disse à polícia que não tinha visto nada. Depois, houve o tiroteio no centro da cidade de Giugliano que o enviou para a prisão de Poggioreale, onde se tornou no chefe da sua ala. Em suma, *Pascalone* parecia apenas mais um rufião da província — e ninguém sabia nem se preocupava muito com o que se passava na província. Se ele tivesse sido assassinado no seu território e não no centro da cidade, então, a história não teria merecido mais do que algumas linhas.

No entanto, a morte de *Pascalone* era notícia suficiente para que um ou dois jornalistas quisessem dar-lhe mais relevo, acrescentando algum interesse humano. Surgiram boatos de que ele se tornara num homem honesto antes de morrer. A explicação avançada para esta improvável transformação de caráter era a sua nova mulher: uma rainha da beleza provinciana, de ancas largas, de Castellammare di Stabia. Enquanto *Pascalone* esteve na prisão, ela escrevera-lhe todos os dias, jurando afastá-lo do «caminho íngreme e doloroso do pecado» e exprimindo efusivamente os seus sonhos de adolescência: «Sinto-me verdadeiramente emocionada e até um pouco receosa, quando penso que o meu bom Tarzan poderá levar-me para muito, muito longe deste lugar feio, para ir viver num castelo encantado onde moram as fadas.» Batizada Assunta Maresca, a jovem viúva de *Pascalone* foi alcunhada pela família de *Pupetta* («Boneca»). Estava grávida quando o marido morreu.

Em 4 de outubro de 1955, dois meses e meio depois do assassínio do seu Tarzan, *Pupetta*, visivelmente grávida, pediu que a conduzissem de Castellammare ao mercado grossista em Nápoles; fez uma paragem no caminho para pôr flores na campa de *Pascalone*. No corso Novara, a apenas alguns metros do local onde o marido perdera a vida, encontrou outro modelo perfeito do comerciante de frutas e legumes: Antonio Esposito, também conhecido como *Totonno 'e Pomigliano* («Grande Toni de Pomigliano»). Seguiu-se uma altercação, ao que tudo indica, durante a qual o motorista de *Pupetta* fugiu. Depois, começou o tiroteio. O *FIAT 1100* de *Pupetta* foi alvejado várias vezes, incluindo uma vez através do banco que o condutor tinha acabado de abandonar. *Pupetta*, que estivera a disparar do banco de trás com uma *beretta* 7.65 que *Pascalone* lhe dera, saiu ilesa e fugiu a pé. No entanto, o seu alvo, Antonio Esposito, foi atingido por cinco balas fatais.

«Rainha da beleza grávida e viúva em tiroteio de quadrilhas»: ora aqui estava uma história capaz de chamar a atenção do país inteiro para o estranho mundo do mercado grossista de frutas e legumes da Campânia.

Pupetta mexendo num colar de pérolas. *Pupetta* alisando o seu longo cabelo preto. *Pupetta* encostada a uma árvore. *Pupetta* de farda prisional. *Pupetta* em tempos mais felizes. *Pupetta* segurando o seu bebé nascido na prisão. Quando os dois assassinos do corso Novara foram chamados a tribunal para um julgamento conjunto, era a fotografia de *Pupetta* que os leitores dos jornais mais queriam ver, e ela fez-lhes a vontade posando como uma estrela de Hollywood. Mas quem era a rapariga angelical das fotografias, e que é que a havia transformado numa assassina? Seria uma mulher fatal do submundo ou apenas uma jovem viúva e mãe, enlouquecida pelo sofrimento?

Assunta Maresca deu a sua própria resposta a estas perguntas assim que subiu à barra das testemunhas: o seu argumento inicial foi «Eu matei por amor». Confessou ter disparado contra *Totonno* e afirmou que ele, com outro grossista de frutas e legumes chamado Antonio Tuccillo (conhecido, prosaicamente, como *'o Bosso* — «o Chefe»), tinha ordenado a morte de *Pascalone*. Este dissera-lhe isso mesmo no seu leito de morte, asseverara *Pupetta*. Tratava-se, portanto, de um crime passional, a vingança de uma viúva sobre o assassino do seu adorado marido. Um jornalista, evocando a ópera trágica de Puccini sobre uma mulher levada a vingar o seu amante assassinado, brincou com a ideia de que *Pupetta* era uma Tosca campesina.

Essa era a *Pupetta* que o público queria ver — ou pelo menos uma parte do público. Era mais do que evidente que a história tinha um contexto criminoso. Os jornais no Norte tinham iniciado um grande debate sobre a «nova camorra», mas em Nápoles a ideia de que a Camorra, afinal, não tinha morrido ainda deixava as pessoas nervosas. O *Roma*, o jornal que apoiava o presidente de câmara Achille Lauro, estava como sempre muito interessado em encobrir romanticamente o crime organizado. A Nápoles de Lauro nunca aceitaria que as gentes preconceituosas do Norte tentassem usar estes homicídios trágicos como pretexto para trazer a Camorra novamente à baila. O *Roma*, e uma parte da opinião pública napolitana, acarinhou Tosca-Pupetta e implorou aos juízes que a enviassem para casa com o seu bebé.

Mas essa não era a verdadeira *Pupetta*. Para muita gente no tribunal, parecia que ela estava a exagerar intencionalmente a comparação com Tosca. Não falava no seu dialeto habitual, mas num italiano pensadamente correto. Como notou um jornalista: «*Pupetta* está a tentar falar com uma ameixa na boca. Ela diz, "É manifesto que" e "É o que o destino ditou" — expressões que não seriam descabidas na boca de uma heroína de um romance de cordel escrito para impressionar corações sensíveis e mentes ignorantes.»

As falhas na sua personagem de tribunal e na sua defesa depressa começaram a revelar-se. A sua postura melodramática não combinava com o argumento do seu advogado: que ela tinha sido ameaçada e atacada no corso Novara por *Totonno*, e que o matou em legítima defesa. Com efeito, *Pupetta* conseguiu abrir uma falha no seu próprio argumento com as primeiras palavras que proferiu em tribunal: «Eu matei por amor. E porque eles queriam matar-me. Tenho a certeza de que se o meu marido ressuscitasse e eles o voltassem a matar, eu voltaria ao local e faria tudo de novo.»

A acusação não precisava de lembrar que um homicídio podia ser um crime passional ou um ato desesperado de legítima defesa. Mas não podia ser as duas coisas.

Mais tarde, perguntaram a *Pupetta* se a sua família em Castellammare tinha uma alcunha. Ela mostrou algum embaraço e fugiu da questão durante algum tempo. Quando finalmente respondeu, não conseguiu evitar uma expressão de orgulho: «Chamam à minha família *'e lampetielli*», confessou — as «Facas Lampejantes». Os Marescas tinham fama de ser muito violentos, com cadastros a condizer com a sua alcunha. Apesar de ainda muito jovem, a própria *Pupetta* já tinha sido acusada de ofensas corporais. A sua vítima retirou a queixa por razões que não são difíceis de imaginar.

Uma das principais preocupações de *Pupetta* durante o julgamento foi absolver o irmão de dezasseis anos, Ciro, de qualquer envolvimento no homicídio. Ciro, alegava-se, estivera ao lado de *Pupetta* no banco de trás do *FIAT 1100* e disparara uma pistola contra *Totonno 'e Pomigliano*. O facto de continuar foragido da lei na altura do julgamento não abonava a seu favor.

Mas talvez não fosse apenas o irmão que *Pupetta* estivesse a tentar proteger. Os peritos em balística nunca determinaram exatamente quantos tiros foram disparados — vinte e cinco? quarenta? –, porque os buracos espalhados pelas paredes do corso Novara podiam muito bem ter sido o resultado de anteriores tiroteios relacionados com o comércio de fruta. Não obstante, é perfeitamente possível que *Pupetta* e o irmão Ciro não tivessem sido os únicos a disparar contra *Totonno*. Sendo assim, «Tosca» estivera efetivamente a comandar um verdadeiro pelotão de fuzilamento, e não a cometer um ato de vingança solitário e impulsivo.

Através das fissuras na fachada de *Pupetta*, a Itália do pós-guerra conseguiu vislumbrar, pela primeira vez, um sistema criminoso profundamente enraizado nos arredores rurais de Nápoles, um sistema que nenhuma quantidade de estereótipos era capaz de esconder. *Pupetta* era uma jovem profundamente envolvida nos assuntos do seu clã. E esses assuntos incluíam o seu casamento:

longe de ser uma união entre Tarzan e uma princesa de conto de fadas, era uma ligação entre uma família de criminosos prestigiosa, as «Facas Lampejantes», e um jovem e promissor mafioso, Pasquale Simonetti. A força motriz do mundo dos clãs da Campânia não era o calor das paixões familiares, mas uma mistura friamente calculista de diplomacia e violência. Pouco antes dos dois homicídios no mercado de frutas, tinha havido um jantar de gala para cinquenta pessoas. Parece que o jantar se realizara para celebrar uma espécie de acordo de paz entre *Pascalone 'e Nola* e *Totonno 'e Pomigliano*, o homem que *Pupetta* acabaria por matar. Ninguém soube dizer ao certo o que tinha sido discutido e acordado à volta da mesa de jantar. O que é certo é que o acordo de paz rapidamente se desfez. No entanto, mesmo depois da morte de *Pascalone*, os esforços diplomáticos prosseguiram: houve contactos frequentes entre os homens de *Totonno* e a família de *Pupetta*. Estariam a tentar comprar a paz com o clã da jovem viúva? Para impedir que a contenda prejudicasse os negócios?

Estas e uma dúzia de outras perguntas estavam condenadas a ficar sem uma resposta clara no final do julgamento, sobretudo porque, depois de *Pupetta* ter prestado depoimento, se seguiu um cortejo infindável de mentirosos. O refrão era implacável: «Não vi nada», «Não me lembro». Só um homem foi efetivamente detido em tribunal: tentara vender de forma flagrante o seu depoimento ao advogado disposto a pagar mais. Mas muitos outros mereciam o mesmo tratamento. O juiz perdeu várias vezes a paciência. «Estão todos a mentir. Vamos anotar tudo e depois enviar uma oração a Deus para ficar a saber quem é o verdadeiro mentiroso.»

Como comentou o jornal napolitano *Il Matino*, quer mentissem à acusação quer à defesa, a maioria das testemunhas era oriunda «de famílias em que é raro o caso em que alguém morre de causas naturais». O jovem louro de fato cinzento-claro que assassinara o marido de *Pupetta* chamava-se Gaetano Orlando. O pai dele, don Antonio, tinha ficado ferido numa tentativa de homicídio seis anos antes. Para se vingar, Gaetano armara uma emboscada ao culpado, mas apenas conseguira matar a tiro uma rapariguinha chamada Luisa Nughis; cumpriu apenas três anos de uma pena ridícula de seis anos de prisão. A família de Antonio Esposito (*Totonno 'e Pomigliano*) era ainda mais terrível: os três irmãos do falecido trabalhavam com ele na exportação de frutas e legumes; os três já tinham sido acusados de homicídio; e um deles, Francesco, prestou depoimento de óculos escuros, porque tinha ficado cego num ataque de caçadeira em 1946.

No entanto, estes bandidos e assassinos eram pessoas com motoristas e empregados domésticos, contabilistas e guarda-costas. Eram donos de empresas, conduziam automóveis de luxo e vestiam fatos feitos à medida. O tio de *Pascalone*, homem espantosamente parecido com Yul Brynner, passava a maior parte do seu tempo a jogar nos casinos de Saint Vincent e Monte Carlo — isto apesar de ter cumprido uma pena de vinte anos de prisão por homicídio nos EUA. Gaetano Orlando, o jovem do fato cinzento, era filho de um antigo presidente da câmara de Marano, e a firma da família ganhara recentemente um contrato chorudo para fornecer frutas e legumes a um consórcio de hospitais de cidade. O próprio Gaetano encarregava-se pessoalmente de vender produtos agrícolas na Sicília, em Roma, em Milão e na Bréscia.

Nesta fase do julgamento, os observadores mais astutos pareciam já menos interessados na figura sedutora de *Pupetta* do que em saber quantos destes homens violentos ganhavam dinheiro com a vasta produção agrícola da região da Campânia. Algo que *Pupetta* tinha dito no início das audiências abriu uma fissura no muro da *omertà*. Ela referira-se a *Pascalone* como o «Presidente dos Preços da Batata». Ele era o homem que estabelecia o preço por atacado das batatas de todo o mercado. O outro homem assassinado no corso Novara, Antonio Esposito, era também descrito como um «Presidente dos Preços».

Que fazia exatamente um Presidente dos Preços? *Pupetta* tentara dar uma aparência de conto de fadas ao trabalho do marido. O seu Tarzan fixava os preços das batatas em benefício dos agricultores pobres, explicou. Ele era um homem honesto, odiado por outros concorrentes mais exploradores. Esta descrição não é mais credível do que o restante depoimento de *Pupetta*. O que parece plausível é que o poder de um Presidente, como sempre no crime organizado italiano, se baseava num determinado território onde ele podia construir uma organização capaz de usar a violência impunemente. Os seus homens abordavam os pequenos agricultores oferecendo crédito, sementes, ferramentas e o que mais fosse necessário para o período vegetativo seguinte. A dívida seria paga pelo produto, para o qual era fixado um preço baixo antes mesmo de ser plantado. Os chefes como *Pascalone* ou *Totonno* podiam recorrer ao vandalismo e a espancamentos, de forma sistemática, para reprimir qualquer agricultor que tivesse dinheiro ou ousadia suficientes para tentar operar fora do cartel. Ao controlar o fornecimento de frutas e legumes desta maneira, os homens que combinavam as funções de agiota, extorsionista e intermediário comercial podiam estabelecer os montantes a serem pagos, quando os produtos eram descarregados dos camiões nos hangares do bairro de Vasto em Nápoles.

Os muitos depoimentos evasivos no julgamento de Assunta Maresca implicam que tenhamos de usar algumas suposições bem fundamentadas para introduzir mais pormenores no quadro. Parece provável que os vários Presidentes de talvez quinze povoações diferentes dos arredores de Nápoles (*Pascalone* de Nola, *Totonno* de Pomigliano, etc.) se reuniam frequentemente em Nápoles para discutir os preços entre si. Uma vez que todos eles controlavam o fornecimento de vários géneros alimentícios, aceitavam entregar a iniciativa de decidir o preço de determinada fruta ou legume a um Presidente cujo território lhes desse especial domínio sobre esse produto: daí as batatas de *Pascalone*.

Embora possa parecer corrupto e ineficiente, este sistema tinha vantagens distintas para qualquer empresa nacional ou internacional que procurasse fornecedores no mercado grossista de Nápoles. As firmas, como os produtores de tomate enlatado usado nas pizas ou nas massas, procuravam garantias entre os Presidentes dos Preços: de que o fornecimento não seria interrompido; de que os preços seriam previsíveis; e de que os negócios feitos cara a cara nos passeios do corso Novara seriam honrados. Em troca destes serviços, os Presidentes dos Preços recebiam um suborno pessoal. Segundo uma testemunha, *Pascalone* recebia cem liras por cada cem quilogramas de batatas descarregadas no mercado. O Presidente dos Preços da Batata podia enviar até cinquenta camiões carregados com batatas por dia para o mercado — o equivalente a setecentos e cinquenta mil quilogramas. Partindo do princípio de que estes números eram verdadeiros, *Pascalone* podia ganhar até dez mil euros (em valores de 2012) num dia bom. E isso não incluía o dinheiro que ele extorquia aos agricultores pobres, nem os lucros que fazia com o comércio de frutas e legumes.

Investigações posteriores revelaram que o comércio de gado, peixe e laticínios era totalmente controlado pela Camorra, exatamente como o comércio de frutas e legumes. Na realidade, Nápoles nem sequer tinha um mercado grossista de gado — todos os negócios eram feitos na mal-afamada vila de Nola, de onde *Pascalone* tirou o nome. Segundo um observador especialista, «O submundo na zona de Nola determinou e impôs a mudança do mercado de gado de Nápoles para Nola».

Uma das perguntas que ficou por responder no julgamento de *Pupetta* dizia respeito às ligações entre os clãs rurais e os políticos. É bastante provável que os mafiosos das povoações rurais servissem como aliciadores de eleitores da mesma forma que os *guappi* nas cidades.

Depois, havia a questão do relacionamento entre esses clãs rurais e o meio criminoso urbano. Ao lado dos bandidos do comércio grossista de frutas e legumes, os *correntisti* dos bairros degradados da cidade pareciam apenas pequenos criminosos. O passado poderá fornecer algumas pistas sobre as ligações entre os dois submundos. *Pascalone* de Nola, *Totonno* de Pomigliano e os seus pares têm uma história que continua maioritariamente por contar, até hoje. No entanto, nos tempos da antiga Sociedade Honrada de Nápoles, os *camorristi* mais poderosos eram sempre aqueles que tinham relações comerciais com povoações rurais como Nola. As grandes fortunas faziam-se não na extorsão de lojas e bancas na cidade mas a montante, nos locais de onde provinham os fornecimentos de animais e géneros alimentícios. Fora de Nápoles, algumas organizações criminosas sobreviveram ao desaparecimento da Sociedade Honrada, e é possível que tenham continuado a exercer o seu domínio ao longo do período fascista. Assim, a «nova camorra» revelada pelo julgamento de *Pupetta*, provavelmente, nem sequer era nova.

Se tivesse havido menos confusão em torno da máfia siciliana nos anos 50, então, talvez também tivesse ocorrido aos observadores do julgamento de Assunta Maresca que as famílias *camorristi* dos arredores de Nápoles tinham algumas semelhanças com as células das máfias da Sicília e da Calábria. Tinham todas um poder baseado na violência, uma riqueza que atravessava as economias legais e ilegais, e um apetite insaciável de frutas e legumes. Em março de 1955, apenas sete meses antes de *Pupetta* balear o assassino do marido, um mafioso chamado Gaetano Galatolo, conhecido como Tano Alatu, foi morto a tiro à entrada do novo mercado grossista de Palermo, no bairro de Acquasanta. Seguiu-se, então, uma guerra de fações para controlar o mercado. O sul da Calábria não tinha nenhum mercado grossista comparável aos de Nápoles e Palermo; nem foi derramado nenhum sangue neste período por causa de alfaces e peras. Todavia, sabe-se que a máfia local controlava os mercados locais mais pequenos em Régio da Calábria, Palmi, Gioia Tauro, Rosarno, Siderno, Locri e Vibo Valentia. À medida que Itália recuperava dos anos de fome da guerra e da reconstrução, e dava os seus primeiros e hesitantes passos em direção à prosperidade, as máfias estabeleciam o seu domínio sobre o fornecimento de alimentos no Sul.

Depois dos acontecimentos de 1955 em Nápoles, alguns dos melhores comentadores de temas atuais não apoiantes do PCI aproximaram-se destas conclusões profundamente preocupantes. Um exemplo foi o intelectual e político liberal Francesco Compagna: a sua revista *Nord e Sud* publicou uma série de importantes análises do crime organizado nos anos seguintes. Mas, numa altura em que as únicas mulheres, na órbita do crime organizado, que se manifestavam publicamente eram as viúvas vestidas de luto das máfias da Sicília e da Calábria, até mesmo estes observadores sérios tinham dificuldade em ver Assunta Maresca como algo mais do que uma anomalia. A opinião dominante era a de que qualquer mulher que, por acaso, pudesse associar-se aos mafiosos só o fazia porque era uma típica mulher do Sul, dedicada à família; não desempenhava nenhum papel ativo no sistema das máfias.

Pupetta foi condenada a dezoito anos de prisão pelo homicídio premeditado de *Totonno 'e Pomigliano*. E apesar dos seus melhores esforços, o irmão Ciro acabou por ser condenado a doze anos. Muitos italianos continuaram hipnotizados pela versão «Tosca» da sua história. Por causa da publicidade em torno do homicídio, *Pupetta* tornou-se numa pequena obsessão da indústria cinematográfica italiana. O primeiro filme foi lançado antes do julgamento, em 1958. Dois anos depois da sua libertação, em 1967, a própria *Pupetta* protagonizou *Delitto a Posillipo*, baseado livremente na sua vida. Em 1982, foi representada num telefilme por Alessandra Mussolini, a neta do Duce. Outra dramatização para televisão estreou-se em 2012. *Pupetta* estabeleceu uma carreira dupla que duraria vários anos: vedeta de cinema e rainha da máfia.

3

O Milagre Económico das Máfias

O Rei do Betão

No final da década de 50 e início da década de 60 do século XX, a indústria cresceu mais depressa em Itália do que em qualquer outro país da Europa Ocidental. O Mercado Comum Europeu era um incentivo para os exportadores; energia, mão de obra e capital baratos criaram as condições ideais para o crescimento interno. As tradições de empreendedorismo e indústria do norte de Itália contribuíram também para esse crescimento. Um país agrícola, que nos anos 40 se movia ainda sobre rodas de carroça, entrava a todo o vapor na era da produção em massa. As fábricas no Norte começaram a produzir lambretas, automóveis e pneus em quantidades cada vez maiores. Era o «milagre económico» de Itália, a mudança social mais rápida e profunda de toda a história da península.

Os estilos de vida transformaram-se. À medida que os tratores e os fertilizantes modernizavam a agricultura, os camponeses abandonavam o campo em massa. Itália apanhou o bicho do consumismo. A televisão apareceu em 1954, e com ela os anúncios de cubos de caldos, carne enlatada, cafeteiras, pastas de dentes... os Italianos aprenderam a preocupar-se com o cheiro dos sovacos, o cabelo liso e a caspa. As máquinas de lavar roupa, frigoríficos e batedeiras prometiam reduzir o trabalho doméstico de milhões de mulheres. Foram construídas autoestradas para as legiões de novos automobilistas.

Itália até passou a estar na moda. Marcas como Zanussi, Olivetti e Alfa Romeo conquistaram o continente. A *Vespa* e o *FIAT 500* tornaram-se ícones. O mundo começou a suspirar pelas malas de mão e sapatos da península. Rapidamente, a desprezada comida italiana também começaria a conquistar adeptos.

Durante o milagre económico, Itália transformou-se rapidamente numa das principais economias capitalistas do mundo. Era uma brilhante história de sucesso para uma Europa que se erguera dos escombros da Segunda Guerra Mundial.

Mas o milagre abriu também caminho a grandes lucros para as máfias. E as indústrias preferidas das máfias conheceriam poucos dos problemas que viriam a afetar a economia legal quando o crescimento súbito acabou por esmorecer. Não teriam nem ciclos de crescimento e recessão, nem sindicatos bolcheviques pouco cooperantes, nem muita concorrência. Durante os anos 60, 70 e 80, a história das máfias seguiria uma curva ascendente e inexorável de grande riqueza. O milagre económico das máfias duraria muito mais tempo do que o primeiro surto de crescimento da indústria legal.

A partir de meados dos anos 50, as três principais organizações criminosas de Itália sucederam-se umas às outras em quatro novos negócios — ou, pelo menos, negócios que se tornaram muito mais lucrativos: a construção, o contrabando de tabaco, o rapto e o tráfico de drogas. A história do milagre económico das máfias assume a forma de uma fuga intricada, à medida que, seguindo uma tendência geralmente estabelecida na Sicília, cada uma das máfias atravessava sucessivamente os mesmos ciclos de ganância, e cada um desses quatro negócios aumentava sucessivamente a influência das máfias.

Os dois métodos principais que as máfias utilizavam para explorar a indústria da construção, o contrabando de tabaco, o rapto e o tráfico de drogas eram bastante tradicionais: a intimidação e o trabalho em rede — desde sempre os pilares do crime organizado. No entanto, a nova era do comércio criminoso não serviu apenas para tornar os chefes mafiosos mais ricos do que nunca, também alterou profundamente a paisagem do poder das máfias.

Desde logo, a riqueza gerava riqueza. Os lucros de uma empresa ilegal eram investidos noutras e assim multiplicados. Da construção para os cigarros de contrabando, do rapto para as drogas, por exemplo: ao longo das três décadas seguintes foram produzidas reações em cadeia interligadas. As máfias tornaram-se naquilo que os «mafiologistas» de Itália designam com um termo inglês: *holdings*. De certo modo, isto era o que os mafiosos sempre tinham sido: criminosos polivalentes que, no século XIX, por exemplo, ganhavam dinheiro com a extorsão e o investiam em gado roubado. Todavia, a partir dos fins da década de 50, deu-se um salto em frente na diversificação e integração do comércio das máfias.

A crescente riqueza das máfias provocou toda uma série de outras mudanças. A relação entre o crime organizado e o Estado italiano tornou-se não só mais íntima mas também mais violenta. As próprias máfias também mudaram. Experimentaram novas regras e novas estruturas de comando. Tornaram-se mais parecidas umas com as outras. Os mafiosos de regiões diferentes frequentavam cada vez mais os mesmos meios, fazendo negócios em conjunto, aprendendo lições e, às vezes, lutando entre si. As máfias começaram a expandir-se para fora de Itália. Foram criadas máfias completamente novas. No fim, estas mudanças interligadas mergulhariam todas a máfias numa violência de dimensões nunca vistas.

Tudo começou com um produto entranhado nas próprias fundações da autoridade territorial das máfias e que continua, ainda hoje, a construir muitas das suas pontes para a economia legal e para o sistema de governo: o betão.

Nápoles e Palermo têm muitas coisas em comum. Ambas foram gloriosas cidades capitais no passado. Ambas são cidades portuárias. E ambas travaram uma longa luta para encontrar uma *raison d'être* económica na era do capitalismo industrial. No início na década de 50 do século XX, Palermo e Nápoles tinham antigos encraves de pobreza no seu centro: os becos dos bairros degradados, ainda com marcas dos bombardeamentos da guerra, eram sobrelotados, imundos e pobres. A febre tifoide e a tuberculose eram visitas regulares. As casas estreitas e precárias não tinham cozinhas nem instalações sanitárias decentes. Nos becos, as crianças descalças brincavam no meio de esgotos a céu aberto e de lixo. Muitos ganha-pães, homens e mulheres, sobreviviam enquanto carteiristas, batoteiros, vendedores ambulantes, prostitutas, empregadas domésticas, lavadeiras e coletores de lenha, roupa velha ou ferro-velho. Os pedreiros e estucadores que conseguiam algum trabalho temporário, ou os sapateiros e alfaiates subempregados, eram poucos. O trabalho infantil era um dos esteios da economia desses bairros.

Eram necessárias mudanças urgentes. Palermo era novamente a capital da Sicília e tinha de acomodar um novo parlamento regional e o seu exército de burocratas. Isso fez aumentar a pressão. Mas em vez de ganharem planos de realojamento e de desenvolvimento urbano estratégico, as duas cidades foram saqueadas. A especulação imobiliária foi desenfreada e o governo local revelou-se completamente incapaz de impor qualquer ordem à selvajaria do betão. Consequentemente, durante os anos 60, os eixos económicos das duas cidades mudaram de lugar. No passado, os seus sustentos haviam dependido da terra (para os ricos) e da improvisação (para os pobres). Na nova era, foram reconstruídos em torno de empregos públicos, subsídios de miséria, trabalho por empreitada, trabalho clandestino, serviços — e, claro, da construção. Para os pobres, a transformação significou anos de espera e de protestos, e mendigar um favor a um padre ou político, antes de finalmente se mudarem de um bairro degradado no centro da cidade para uma urbanização cinzenta e deprimente longe da paragem de autocarros mais próxima. Para a classe média baixa, o prémio foi um apartamento arrendado numa das muitas torres de mau gosto e má qualidade naquilo que tinha sido em tempos um espaço verde.

Mas quanto à participação do crime organizado no crescimento súbito da construção dos anos 50 e 60, as diferenças entre Nápoles e Palermo foram mais notáveis do que as semelhanças.

Em Nápoles, ninguém captou melhor o espírito do crescimento súbito da especulação imobiliária do que o realizador Francesco Rosi no seu filme de 1963, *Le mani sulla città. As Mãos sobre a Cidade* foi não só uma obra muito premiada, mas também uma denúncia sensacional da corrupção política que dominava a indústria da construção em Nápoles. Rod Steiger dá vida à ruidosa personagem principal, Edoardo Nottola, um vereador e empresário da construção ganancioso. A cena inicial do filme mostra Steiger a berrar os seus planos enquanto gesticula com os braços para uma série de torres brutalistas:

> Aquilo ali é ouro nos dias de hoje. E onde mais vais buscá-lo? Comércio? Indústria? O «futuro industrial do *Mezzogiorno*»? Faz-me um favor! Vai e investe o teu dinheiro numa fábrica se quiseres! Sindicatos,

reivindicações salariais, greves, seguro de saúde... Tudo isso vai dar-te um ataque de coração.

Não podia haver síntese mais precisa do credo insensível daquilo que os Italianos chamam de um *affarista*: um especulador, um vigarista, um homem de negócios sem escrúpulos. Os *affaristi* esquivam-se aos riscos do verdadeiro empreendedorismo, agindo normalmente à sombra de um sistema político que lhes permite obter pequenos monopólios e contratos vantajosos.

Os mafiosos preferem negociar com *affaristi* e não com verdadeiros empresários. No entanto, embora *As Mãos sobre a Cidade* seja um retrato mordaz de um *affarista* napolitano, é significativo que a palavra camorra nunca seja mencionada no filme de Rosi; também ninguém que pudesse ser considerado um *camorrista* desempenha um papel de destaque na história. Essa ausência, porém, não é um sinal de encobrimento ou cegueira moral: reflete corretamente os factos no terreno. Em Nápoles, os *camorristi* não tinham ainda influência suficiente para participar na expansão súbita da construção. Nesta fase da nossa história, não existiam *camorristi* a atuar também como *affaristi* da construção.

Em Palermo, a situação era completamente diferente: aí, os vereadores e empresários da construção estavam sempre acompanhados de Homens de Honra; os *affaristi* e os mafiosos eram tão próximos, que quase não se distinguiam.

No final dos anos 50 e nos anos 60, a máfia reconstruiu Palermo à sua hedionda imagem, numa onda frenética de especulação imobiliária que ficou conhecida como «saque de Palermo». Dois mal-afamados políticos apoiados pela máfia foram os principais agentes desse saque. O primeiro era Salvo Lima, um jovem sisudo e de feições suaves cuja única afetação era fumar através de uma boquilha minúscula. Tinha o aspeto de ser o que era: um rapaz de classe média, filho de um arquivista municipal. Só que o pai foi também um assassino da máfia nos anos 30. (Este pequeno pormenor da biografia de Lima tinha sido ocultado, juntamente com todos os outros dados importantes sobre as campanhas fascistas contra a máfia.) Em 1956, Lima surgiu do nada para conquistar um lugar na assembleia municipal, o cargo de diretor do Gabinete de Obras Públicas e o título de vice-presidente da câmara. Dois anos depois, quando Lima se tornou presidente da câmara, foi substituído no estratégico Gabinete de Obras Públicas pelo outro político mafioso notório, Vito Ciancimino. Ciancimino, filho de um barbeiro de Corleone, era um homem rude cujo vício de tabaco lhe dera uma voz rouca condizente com a sua personalidade ríspida. No decorrer da sua difícil aliança, Lima e Ciancimino devastariam a cidade de Palermo, colhendo uma riqueza vasta e um poder imenso.

Os homens como Lima e Ciancimino eram conhecidos como «Jovens Turcos» — representantes de uma ambiciosa nova casta de políticos da máquina da DC que, em toda a Sicília e no Sul, começava a afastar os velhos barões. Nos anos 50, a multiplicidade de cargos e favores à disposição de políticos nepotistas começou a aumentar drasticamente. O Estado agigantou-se, aumentando a sua presença já significativa no sistema bancário e nas instituições de crédito, por exemplo. Entretanto, os governos locais criavam as suas próprias empresas para gerir serviços como a eliminação de resíduos e os transportes públicos. O novo governo regional da Sicília inventou a sua própria série de organizações não governamentais semipúblicas. À medida que a economia crescia, e com ela as ambições de intervenção económica do Estado, aumentavam as novas burocracias. Em 1950, perante o escândalo da pobreza e subdesenvolvimento do sul de Itália, o governo democrata-cristão criou o «Fundo para o Sul», com o fim de transferir grandes quantias de dinheiro para a recuperação de terras, infraestruturas de transportes, etc. O dinheiro do Fundo para o Sul ajudou a conquistar muitos apoiantes para a DC e alimentou muitas famílias do Sul. Mas os seus esforços para promover o que se esperava ser uma nova e dinâmica classe de empresários e profissionais foram um fracasso rotundo. No fim, a única classe realmente dinâmica do Sul foi a constituída pelos Jovens Turcos da própria DC. O Fundo para o Sul transformar-se-ia numa gigantesca fonte daquilo que um comentador descreveu como «parasitismo estatal e desperdício organizado». O «investimento» público no Sul tornou-se, na realidade, na peça central de um sistema de nepotismo reforçado. Os Jovens Turcos começaram a introduzir-se em novos e velhos cargos no governo local e ministérios nacionais. Os jornalistas da época apelidaram a Democracia Cristã de «baleia branca» (i.e. Moby Dick), porque era branca (i.e. católica), enorme, lenta e devorava tudo no seu caminho.

Em Palermo, apesar destas novas fontes de nepotismo, foi o simples controlo das licenças urbanísticas que deu a Jovens Turcos como Lima e Ciancimino, e aos seus amigos da máfia, uma participação tão significativa no crescimento súbito da construção.

O saque de Palermo foi mais rápido e implacável na Piana dei Colli, uma faixa plana de terra que se estende para norte, entre as montanhas, desde a orla de Palermo. Esta foi sempre uma «zona de elevada densidade mafiosa», na gíria dos «mafiologistas» italianos. Com efeito, mais do que qualquer outro lugar, tem a pretensão de ser o verdadeiro berço da máfia: foi nos seus belos pomares de limoeiros que os primeiros mafiosos desenvolveram os seus métodos de extorsão e proteção. Um século depois desses primórdios, a máfia abafava o seu berço sob um manto de betão. A escala de destruição foi imensa. A deslumbrante paisagem da Conca d'Oro, que para Goethe oferecera «uma inesgotável riqueza de vistas», foi transformada numa faixa uniforme de blocos de apartamentos de construção duvidosa, sem passeios nem serviços adequados.

Em 1971, já depois do fim do saque de Palermo, um jornalista subiu ao monte Pellegrino, o enorme afloramento rochoso entre a Piana dei Colli e o mar. A vista, que em tempos fora tão encantadora, pareceu-lhe chocante.

> Dali de cima podemos projetar o olhar sobre toda a cidade e a Conca d'Oro. Palermo parece muito maior do que imaginamos: longas filas de casas estendem-se das periferias aos pomares de laranjeiras. O betão arrasou um dos espetáculos naturais mais belos do mundo. Os enormes blocos de apartamentos, todos iguais, parecem ter sido construídos pela mesma mão. E essa mão pertence a «don» Ciccio Vassallo. Mais de um quarto da nova Palermo é obra sua.

Francesco Vassallo, conhecido como «don Ciccio», ou «Rei do Betão», foi de longe a figura dominante no setor da construção civil de Palermo nos anos 60. Entre 1959 e 1963, no tempo dos Jovens Turcos Salvo Lima e Vito Ciancimino, a câmara municipal de Palermo concedeu oitenta por cento das quatro mil duzentas e cinco licenças de construção a apenas cinco homens, todos testas de ferro. Um dos cinco acabou por conseguir emprego como porteiro no prédio de apartamentos que tinha sido nominalmente responsável por construir. Por trás desses cinco nomes estava quase sempre don Ciccio Vassallo.

O Rei do Betão era um homem gordo e careca com nariz comprido, queixo duplo, grandes olheiras e uma predileção por fatos largos e gravatas vistosas. Subiu na vida a partir de origens muito humildes em Tommaso Natale, a *borgata* ou aldeia satélite situada na extremidade norte da Piana dei Colli. O quarto de dez filhos de um condutor de carroças, julga-se que era apenas semianalfabeto. Os relatórios da polícia revelam que o jovem Vassallo começou a frequentar os círculos da máfia desde muito cedo; os primeiros crimes no seu cadastro foram roubo, ofensas corporais e fraude — quase todos os processos resultaram em penas suspensas, amnistias ou absolvições por falta de provas. O seu lugar na esfera de influência da máfia local consolidou-se em 1937, através do casamento com a filha de um latifundiário mafioso, Giuseppe Messina. Com a força da família Messina a apoiá-la, a sua firma estabeleceu um monopólio sobre a distribuição de carne e leite na zona em redor de Tommaso Natale. Vassallo e os Messinas participaram também no mercado negro durante a guerra. Com a chegada da paz, Vassallo montou uma empresa de transporte a cavalo para distribuir materiais de construção pelos estaleiros. Os seus parentes mafiosos seriam sócios comanditários nesta empresa, como nos muitos negócios imobiliários lucrativos que surgiriam mais tarde.

Subitamente, em 1952, Vassallo entrou numa maré de sorte. Do nada, apresentou uma proposta bem-sucedida para construir um sistema de esgotos em Tommaso Natale e na vizinha Sferracavallo. Não tinha nenhuma experiência na construção; só dois anos depois é que foi incluído na lista de empreiteiros reconhecidos da câmara municipal. E só pôde concorrer à adjudicação do contrato graças a uma carta de recomendação do diretor-geral da empresa privada que geria os autocarros de Palermo. O diretor-geral seria, mais tarde, parceiro de Vassallo nalguns negócios imobiliários lucrativos. Ao mesmo tempo, Vassallo recebeu uma generosa linha de crédito do Banco da Sicília. Posteriormente, os seus competidores desistiram do concurso para as obras de saneamento em circunstâncias misteriosas. Vassallo pôde, assim, negociar as condições do acordo diretamente com o presidente da câmara, que seria também, mais tarde, seu parceiro nalguns negócios imobiliários lucrativos.

Em meados da década de 50, o Rei do Betão começou a trabalhar de perto com os Jovens Turcos. A construção civil estava a tornar-se cada vez mais importante para a economia de uma cidade cuja base produtiva, nas condições da altura, não conseguia competir com as fábricas prósperas do «triângulo industrial» do Norte (as cidades de Milão, Turim e Génova). Nos anos 60, trinta e três por cento dos trabalhadores de Palermo já estavam, direta ou indiretamente, empregados na construção civil. Em Milão, a capital económica do país, eram apenas dez por cento. O trabalho nos muitos estaleiros de obras de Palermo era precário, perigoso e mal pago, mas os palermitanos comuns da classe operária tinham poucas alternativas. Isso tornava os trabalhadores da construção numa extraordinária reserva de votos que o Rei do Betão podia usar para atrair amigos na política. Amigos como Giovanni Gioia, o líder dos Jovens Turcos de Palermo, que viria a beneficiar dos vários negócios imobiliários lucrativos geridos por Vassallo.

A ideia de «conflito de interesses» tinha pouco sentido na Palermo da época do crescimento súbito da construção. O diretor de obras da câmara municipal tornou-se no principal projetista do Rei do Betão. Fazendo uso dos seus contactos políticos, Vassallo depressa adquiriu o poder de ignorar sistematicamente as restrições urbanísticas. Outro Jovem Turco, Salvo Lima, foi repetidamente (e malogradamente) indiciado por infringir as leis do planeamento urbano em nome de Vassallo. Durante o saque de Palermo, alguns jornalistas especularam ironicamente sobre a existência de uma empresa que denominaram VA.LI.GIO (VAssallo — LIma — GIOia). Foram processados com êxito. Os juízes, com algum pedantismo, decidiram que tal empresa não tinha existência legal.

Em meados dos anos 60, o mercado de apartamentos privados atingiu o ponto de saturação. Por essa altura, o Rei do Betão já tinha construído toda uma série de densos bairros de condomínios sem escolas, centros comunitários ou jardins. Astuciosamente, passou então a alugar apartamentos não vendidos e outros edifícios para serem usados como escolas. Só em 1969, recebeu rendas de quase setecentos mil dólares das autoridades locais por seis escolas básicas, duas escolas secundárias, seis escolas técnicas superiores e a inspeção escolar. A imprensa democrata-cristã aclamava-o como um benfeitor heroico. No mesmo ano, foi considerado o homem mais rico de Palermo.

Convém lembrar que don Ciccio Vassallo era um *affarista* e não um empresário. A sua vantagem competitiva residia não no planeamento e investimento inteligentes mas na corrupção, no compadrio e, claro, na ameaça velada que acompanhava todos os seus investimentos. No momento certo, «vândalos» não identificados derrubavam todas as árvores em qualquer terreno que tivesse sido assinalado como zona para um parque. Qualquer empresa honesta que conseguisse, de alguma forma, vencer a máfia num concurso de adjudicação de obras encontraria os seus equipamentos em chamas. A dinamite revelou-se uma forma prática de acelerar ordens de demolição.

Em 1957, precisamente quando o saque de Palermo estava prestes a entrar na sua fase mais devastadora, começou uma luta pelo poder entre duas fações da máfia em Tommaso Natale, a aldeia natal do Rei do Betão. A sua própria família depressa foi arrastada para a guerra. Em julho de 1961, o seu cunhado, Salvatore Messina, foi morto a tiro de caçadeira por um assassino que o esperara, durante horas, nos ramos de uma oliveira. Outro cunhado, Pietro, foi morto a tiro um ano depois. Um terceiro cunhado, Nino, só se livrou do mesmo destino, porque atirou uma vasilha de leite ao seu atacante quando caiu numa emboscada; julga-se que terá depois abandonado a Sicília. O facto de o próprio don Ciccio não ter sido atacado (tanto quanto sabemos) demonstra que o seu poder transcendia, então, qualquer base local: ele era uma máquina de fazer dinheiro para todo o escol político e mafioso.

A migração em massa foi uma das características mais importantes do milagre económico de Itália. À medida que as cidades industriais do Norte prosperavam, atraíam migrantes. Cerca de um milhão de pessoas se mudou do Sul para outras regiões em apenas cinco anos, entre 1958 e 1963.

Os mafiosos também se tornaram mais ambulantes nas décadas do pós-guerra: os seus negócios levaram-nos a outras regiões de Itália. Nalguns lugares, os mafiosos viriam a fundar colónias permanentes. Essas bases no centro e norte de Itália, assim como em zonas do Sul não tradicionalmente contaminadas por organizações criminosas, constituem um dos elementos distintivos do período mais recente da história das máfias. Nada semelhante se registara em décadas anteriores.

Alguns dos bandidos expulsos dos EUA depois da Segunda Guerra Mundial foram os primeiros a estabelecer-se fora dos centros das máfias da Sicília, Calábria e Campânia. Frank «Three Fingers» Coppola, por exemplo, traficava drogas de uma base perto de Roma.

Os primeiros sinais de colonização mafiosa *dentro* de Itália surgiram com a grande migração Sul–Norte durante o milagre económico. Em meados da década de 50, Giacomo Zagari fundou uma das primeiras colónias de *'ndranghetisti* perto de Varese, junto da fronteira de Itália com a Suíça. O assassínio de um angariador de mão de obra, na madrugada do dia de Ano Novo em 1956, revelou a existência de um domínio mafioso sobre os apanhadores de flores calabreses na costa da Ligúria, perto da fronteira com França.

Muitas pessoas do Norte não viam com bons olhos as centenas de milhares de recém-chegados do Sul. As gentes do Sul, diziam, tinham demasiados filhos e plantavam tomates nas banheiras. As notícias de crimes associados às máfias, ou de qualquer crime cometido por um imigrante, só serviam para confirmar estes preconceitos contra os habitantes do Sul. A máfia parecia uma espécie de doença étnica que tornava toda a gente «lá de baixo» orgulhosa, vingativa, violenta e desonesta.

A verdade é que a migração em massa do Sul não foi responsável pela expansão das máfias para o Norte. Os mafiosos representam uma pequena minoria de criminosos profissionais; não são gente típica do Sul. Em muitos lugares, a chegada de migrantes não trouxe consigo as máfias. Mas a migração criou, de facto, muitas novas oportunidades para os mafiosos — especialmente, como mostram os apanhadores de flores da Ligúria, na angariação de trabalhadores. Os imigrantes era obrigados a trabalhar por salários baixos, sem impostos e sem a proteção da lei. Durante o milagre económico de Itália e mesmo depois, estas oportunidades criminosas aumentaram e multiplicaram-se.

As oportunidades mais propícias à colonização de longo prazo no Norte surgiram da indústria da construção. O caso mais evidente é o da estância de desportos de inverno de Bardonecchia, no Piemonte, no noroeste de Itália. Situada nos Alpes, a apenas alguns quilómetros da fronteira francesa, Bardonecchia era o lugar onde os habitantes de Turim, o centro da indústria automóvel italiana e uma das capitais do milagre económico, iam fazer esqui. Em 1995, a assembleia municipal de Bardonecchia seria a primeira do norte de Itália a ser dissolvida pelo governo central em Roma por causa da infiltração das máfias. Surpreendentemente, a máfia que tinha colonizado Bardonecchia muito antes dessa data era a 'Ndrangheta. A máfia menos conhecida de Itália, e a mais frequentemente associada a um mundo de penúria camponesa, foi a mais rápida a perceber os lucros ilegais que a construção civil podia gerar, colocando-se na vanguarda da nova era de expansão a norte.

A história de Bardonecchia parece uma sequência de fotografias em *time-lapse* num documentário sobre a natureza. Mesmo focada no crescimento de uma única erva venenosa, consegue revelar o funcionamento oculto de todo um ecossistema. Em sequência rápida, as imagens de Bardonecchia dão-nos uma perspetiva da história geral das máfias. Mostram como as mesmas, partindo de humildes inícios, e nas circunstâncias certas, podem estabelecer o que elas chamam de «controlo territorial» a partir de quase nada.

O primeiro sinal da chegada da 'Ndrangheta a Bardonecchia surgiu depois da meia-noite, em 2 de setembro de 1963. Caía uma chuva intensa quando Mario Corino, um jovem professor da escola primária local, entrou na via Giolitti, na zona velha da cidade. Foi abordado por dois homens, meio escondidos por guarda-chuvas. O ataque foi rápido — tão rápido, que Corino não viu que tipo de instrumento embotado se dirigia a ele. Desviou instintivamente o primeiro golpe com o guarda-chuva e o antebraço; o segundo roçou-lhe a cabeça antes de lhe atingir o ombro. Os seus gritos afugentaram os atacantes. Era evidente que aquilo tinha sido apenas um aviso.

As especulações iniciais associaram o ataque ao trabalho de Corino enquanto líder da secção local da Democracia Cristã. Ou, mais precisamente, ao facto de ele ter denunciado o que chamou delicadamente de «irregularidades» na indústria de construção local e no plano urbanístico da cidade. No entanto, dias depois, os dois homens que atacaram Corino já tinham confessado, e a imprensa pôde convencer-se de que o assalto não tivera nenhuma motivação política. Os culpados eram ambos estucadores, pagos pelo metro quadrado de parede que estucavam; atacaram Corino porque se opunham às suas tentativas de aplicar regras contra o trabalho à tarefa na construção civil. Caso encerrado. Aparentemente.

Afinal, como se veio a saber, as suspeitas iniciais tinham fundamento. Além disso, o ataque a Mario Corino foi apenas o primeiro sinal de algo muito mais ameaçador. Os problemas começaram, como suspeitara Mario Corino, com o crescimento súbito da construção no início dos anos 60: os turistas e os proprietários de segunda casa precisavam de lugares onde pudessem ficar para desfrutar do ar da montanha em Bardonecchia. As empresas de construção precisavam de mão de obra barata e de uma forma de contornar as regras de segurança e leis laborais: recorreram, então, a angariadores de mão de obra da 'Ndrangheta, que estavam mais do que dispostos a fornecer esses serviços recrutando imigrantes calabreses. Os trabalhadores em Bardonecchia, muitos dos quais tinham cadastro e poucas hipóteses de arranjar empregos mais regulares, viviam acampados em condições miseráveis. No início dos anos 70, cerca de setenta a oitenta por cento dos trabalhadores na aldeia eram recrutados através do esquema mafioso; muitos desses trabalhadores tinham de entregar uma percentagem do seu salário ao *capo*. Os sindicatos não tinham nenhuma possibilidade de se instalar.

Todavia, muito antes disso, os chefes da 'Ndrangheta já tinham organizado muito mais do que a simples angariação ilegal de trabalhadores. Primeiro, criaram as suas próprias empresas para realizar subempreitadas: estucagem e transporte por camião eram os nichos preferidos. As empresas de construção controladas pela 'Ndrangheta vieram a seguir. Empresas imobiliárias obscuras apareciam nos registos e, logo a seguir, desapareciam. Depois, nos estaleiros de empresas concorrentes, surgiam incêndios sem explicação, as máquinas eram vandalizadas e os trabalhadores ameaçados com armas. A maioria das empresas de construção honestas foi afastada do mercado ou caiu nas mãos dos mafiosos.

Entretanto, o governo contribuíra também para encher os cofres da máfia calabresa construindo uma nova autoestrada e um túnel através das montanhas. A 'Ndrangheta recrutou alguns políticos e administradores locais para a ajudar a ganhar contratos e contornar os regulamentos. Mal se podia mexer numa pedra sem o consentimento do *capo* local. Um funcionário da câmara entregava simplesmente o cartão de visita do *capo* a qualquer pessoa que requeresse uma licença para iniciar uma nova empresa — só para evitar problemas burocráticos complicados, afirmava. Mario Corino, o professor-político que tinha sido agredido em 1963, encabeçou uma resistência heroica à influência da 'Ndrangheta sobre o governo local, quando se tornou presidente da câmara em 1972.

Em 1975, os tribunais rejeitaram os seus sinais de alarme, considerando-os uma ficção com motivações políticas: ele estava a usar a máfia como um pretexto para caluniar os seus rivais. Os opositores de Corino fingiam incredulidade e indignação quando qualquer jornalista insinuava que poderia haver uma máfia na cidade. No entanto, simultaneamente, os polícias mais diligentes eram misteriosamente transferidos para outras regiões do país. Numa escuta telefónica, podia ouvir-se o *capo* local a dizer: «Nós somos a raiz de todas as coisas aqui, entendes-me?»

É por isso surpreendente que Bardonecchia tivesse de esperar até 1969 pelo seu primeiro homicídio associado à máfia. Seguir-se-iam quarenta e quatro mortes entre 1970 e 1983. Em 23 de junho de 1983, a 'Ndrangheta mostrou até onde estava disposta a ir. Pouco antes da meia-noite, Bruno Caccia estava a passear o cão quando foi abordado por dois homens num carro; estes alvejaram-no com catorze tiros, e depois saíram do carro para desferir três tiros de misericórdia. Caccia era um juiz de instrução honesto que recusara qualquer diálogo com o que se havia tornado num verdadeiro sistema de poder da 'Ndrangheta.

É pouco provável que houvesse uma grande estratégia por trás da mudança das máfias para o Norte. Rocco Lo Presti, o *'ndranghetista* que levou a sua organização ao poder em Bardonecchia durante o crescimento súbito de construção dos anos 60, chegara em meados dos anos 50. Parece que veio como migrante humilde, apesar de ter parentes temíveis. No entanto, mostrou-se menos interessado em arranjar um emprego do que em lidar com notas falsas. Posteriormente, os mafiosos migrariam para o Norte por várias razões: para se esconder da polícia ou dos seus inimigos; para estabelecer entrepostos temporários de tráfico de drogas; para branquear e investir discretamente os seus lucros ilícitos ou para aproveitar as oportunidades criminosas inauguradas por pioneiros como Rocco Lo Presti. A colonização de uma cidade como Bardonecchia estabeleceu um padrão que seria seguido noutros lugares. Numa outra escuta telefónica, podemos ouvir um amigo de Rocco Lo Presti a elogiá-lo: «Bardonecchia é calabresa», comentou. A ironia deste comentário residia no facto de muitos dos empresários, administradores e políticos que tinham ajudado Bardonecchia a tornar-se calabresa serem tão piemonteses quanto o vinho Barolo e os *agnolotti*.

Na esfera política, o crime organizado tem sido sempre um problema que afeta o Norte e o Centro tanto quanto o Sul. Logo depois do nascimento de Itália como estado unificado em 1861, os governos de coligação em Roma começaram a recrutar apoiantes entre os deputados do Sul; e os deputados do Sul — pelo menos alguns — usavam mafiosos para aliciar eleitores. No entanto, depois do milagre económico, graças sobretudo à infiltração na indústria da construção civil, as máfias tornaram-se num problema nacional de duas formas completamente novas. Por um lado, como vimos, o Norte transformou-se num teatro de operações para mafiosos do Sul. Por outro, o Sul transformou-se num teatro de colaboração entre a grande indústria do Norte e as máfias. Por exemplo, as empresas do Norte industrializado também tinham negócios amigáveis com a 'Ndrangheta na Calábria, onde o betão se revelara ainda mais lucrativo do que no Piemonte.

Na década de 60, iniciou-se um importante programa de construção de estradas. O seu emblema era a chamada «Autoestrada do Sol», que atravessaria Itália de norte a sul. O último troço dessa autoestrada, percorrendo os quatrocentos e quarenta e três quilómetros entre Salerno e Régio da Calábria, acalentava enormes esperanças: um século depois da unificação de Itália, a «Salerno-Régio da Calábria» (como se tornou conhecida) iria finalmente unir o Sul profundo à rede de transportes nacional. Feitos grandiosos de engenharia civil seriam necessários para atravessar a difícil geologia da região; nada menos do que cinquenta e cinco túneis e cento e quarenta e quatro viadutos, alguns pairando sobre as florestas dos vales a mais de duzentos metros de altura.

Atualmente, a Salerno-Régio da Calábria é conhecida pelas piores razões — um prodígio de planeamento caótico, favoritismo e promessas políticas falsas. Quase meio século depois de ter sido iniciada, ainda não está concluída. Em vez de tomar o caminho mais lógico e direto ao longo da costa, a Salerno-Régio da Calábria percorre sinuosamente o interior para passar pelos feudos eleitorais de ministros há muito esquecidos. Nalguns lugares, o único propósito da autoestrada parece ser unir uma cadeia permanente de estaleiros de obras. Algumas extensões são tão estreitas e sinuosas, que têm um limite de velocidade de quarenta quilómetros por hora.

Os engarrafamentos são tão frequentes, que as bermas se encontram permanentemente ladeadas por sanitários químicos para permitir aos condutores desesperados aliviarem-se. Durante as horas de mais movimento, há ambulâncias estacionadas prontas a intervir. Em 2002, magistrados em Catanzaro embargaram toda uma secção da autoestrada, porque tinha sido tão mal construída e modernizada, que constituía um perigo sério para os utentes. O bispo de Palermo chamou recentemente à pior autoestrada da Europa uma «Via Sacra». A Salerno-Régio da Calábria mostra-nos a face mais incompetente do Estado italiano.

Desde os anos 60, a 'Ndrangheta lucrara bastante com toda esta confusão. Porém, logo no início da história da Salerno-Régio da Calábria, os agentes de segurança no terreno perceberam que a 'Ndrangheta era apenas parcialmente responsável. Um agente superior dos *Carabinieri* em Régio da Calábria foi entrevistado por um jornal nacional em 1970:

> Quando os empresários do Norte vêm à Calábria iniciar os seus projetos, a primeira coisa que fazem é ir falar com o homem que lhes dizem ser o chefe da máfia. Fazem essa visita por dever, como se estivessem a visitar o prefeito. Solicitam a sua proteção, e pagam-na concedendo a subempreitada para a remoção de terras aos amigos do *capomafia*, e contratando mafiosos como guardas nos seus estaleiros de obras.

Os empresários da construção não calabreses ofereciam também outros favores: depondo a favor dos mafiosos em tribunal; não fazendo queixa dos muitos roubos de explosivos dos seus estaleiros de obras; oferecendo garantias ao banco quando os *'ndranghetisti* compravam máquinas de construção a crédito. Os empresários do Norte não conseguiam depois concluir as suas obras a tempo e culpavam a máfia local pelos atrasos. Estes atrasos permitiam, então, aos empresários cobrar ao Estado mais dinheiro, oferecendo naturalmente uma parte à máfia. Nos troços calabreses da Salerno-Régio da Calábria, a 'Ndrangheta aprendeu, assim, as regras de um tipo de capitalismo particularmente cínico.

A construção civil é extremamente vulnerável aos métodos mais rudimentares da máfia. Os edifícios e as estradas têm de ser construídos *em algum lugar*. E em qualquer lugar, os mafiosos, através da destruição de equipamentos ou intimidando os trabalhadores, podem obrigar as empresas de construção a negociarem. Depois de essas negociações produzirem resultados, um chefe mafioso não precisava de grande bom senso empresarial para comprar alguns camiões basculantes e criar uma empresa de remoção de terras para realizar algumas empreitadas generosas. Os mafiosos também não têm grande dificuldade em convencer as empresas legais das vantagens que uma parceria com o crime organizado pode oferecer. O empresário não precisa de ser excecionalmente ganancioso nem cínico para se tornar cúmplice de assassinos. Basta ter uma predileção por contornar as regras, pagar aos seus trabalhadores em dinheiro e evitar a burocracia. E depois de começar a operar fora da lei, a quem recorre quando as suas máquinas são destruídas ou os seus operários intimidados? O alívio que sente quando faz um acordo e a intimidação termina confunde-se facilmente com a satisfação de ver um concorrente sofrer. A verdade é que, geralmente, existe uma *procura* dos serviços da máfia — uma procura que as próprias máfias há muito aprenderam a fomentar.

O domínio do negócio da construção através da força é assim bastante simples, até certo ponto. Mas o sucesso na construção também pode ser uma indicação de que como a influência da máfia se insinuou nas entranhas do Estado e do sistema capitalista. Conseguir a transferência de polícias zelosos, corromper juízes, alterar a seu favor projetos urbanísticos, manipular a concessão de contratos públicos, silenciar jornalistas, conquistar amigos poderosos na política: estas não são atividades para simples capangas cujas habilidades não vão além de deitar açúcar no depósito de combustível de um camião basculante. No Norte ou no Sul, depois de dominarem estas artes mais refinadas, as máfias podem aumentar enormemente o seu poder de intimidação; ou (igualmente importante) a gama de serviços que podem oferecer a firmas amigáveis: ganhar contratos a preços inflacionados, impedir inspeções das autoridades fiscais, estabelecer novas amizades...

Mafiosos e *blondes*

Os Italianos experimentaram pela primeira vez cigarros americanos importados, como os *Camel*, *Lucky Strike* e *Chesterfield*, durante o período fascista. Chamavam-lhes «*blondes*», porque continham um tabaco de cor mais clara do que as variedades escuras e secas ao ar que podiam ser produzidas em Itália.

Os *blondes* tornaram-se imediatamente populares. O Estado estabelecera um monopólio sobre a produção, importação, processamento e venda de tabaco em 1862; e desde essa altura, sempre tivera dificuldade em acompanhar a procura e as mudanças de gostos dos consumidores. A chegada dos *blondes* deixou o Estado mais longe do que nunca de satisfazer os desejos do público. Na verdade, pouco depois de serem introduzidos no mercado no início dos anos 30, estes cigarros novos e fascinantes desapareceram dos pontos de venda públicos, por causa das sanções impostas a Itália, em consequência da sua invasão da Etiópia em 1935. O racionamento durante a Segunda Guerra Mundial tornou a vida dos fumadores ainda mais difícil. E quando os Aliados chegaram em 1943 e o fascismo caiu, a capacidade de a própria Itália produzir tabaco foi destruída. Os exércitos americano e britânico chegaram, por isso, no meio de uma grande escassez de tabaco; e chegaram com cigarros nos pacotes das suas rações de combate. Grande parte desse tabaco foi canalizada para o florescente mercado negro. Quando acabou o racionamento na primavera de 1948 e a produção interna recuperou, já era tarde de mais: o número crescente de fumadores italianos (catorze milhões em 1957) estava viciado em cigarros importados. Além disso, e o que talvez fosse mais grave, estava também viciado nos canais de fornecimento ilegais que disponibilizavam esses cigarros a preços livres de impostos. Este vasto mercado ilegal tem determinado a história do crime organizado em Itália desde então. Tem sido comparado ao período da Lei Seca nos EUA (1919–33), quando o governo federal proibiu as bebidas alcoólicas e, ao fazê-lo, criou um mercado ilegal próspero. Nápoles, como capital do mercado negro, é o sítio ideal para assistirmos ao desenrolar da lucrativa relação amorosa entre mafiosos e *blondes*.

Em 1963, o cinema imprimiu na memória popular uma imagem simpática do comércio de tabaco de contrabando em Nápoles. No primeiro dos três episódios do filme de Vittorio De Sica *Ieri, oggi, domani* (*Ontem, Hoje e Amanhã*), que ganhou o Óscar de Melhor Filme Estrangeiro, Sophia Loren interpreta uma rapariga que vende cigarros do mercado negro numa banca improvisada com um caixote de frutas. A prisão é apenas um dos riscos inerentes à sua profissão. Mas ela descobre que, por lei, as mulheres grávidas não podem ser presas, e, então, convence o marido a dar-lhe um filho após outro, até que o seu apartamento de uma assoalhada começa a rebentar pelas costuras. Por fim, o aparelho reprodutor do pobre homem esgota-se com o esforço. (Ele é interpretado, com o seu habitual charme sofredor, por Marcello Mastroianni.)

Como peça de cinema, este episódio de *Ontem, Hoje e Amanhã* é essencialmente um lugar-comum romântico: mais uma ode à vida colorida das ruas napolitanas. Mas a história tinha um fundo de verdade. A personagem interpretada por Loren baseava-se em Concetta Muccardo, que vendia cigarros de contrabando em Forcella, o bairro «casbá» de Nápoles. As suas alegadas dezanove gravidezes (sete das quais levadas até ao fim) mantiveram-na fora da prisão até 1957, quando a polícia, finalmente, a apanhou sem um bebé a caminho ou nos braços. Muccardo foi condenada a oito meses de prisão e, severamente, mais dois anos foram acrescentados à sua pena, porque não podia pagar uma multa. Mas a sua notoriedade granjeou-lhe rapidamente a liberdade. Os leitores generosos de dois jornais, um de Turim e outro de Roma, pagaram-lhe a multa. E em janeiro de

1958, depois de um apelo de deputadas socialistas e comunistas, ela recebeu um indulto do Presidente da República. Quando Concetta regressou ao seu beco — vico Carbonari –, tinham sido montadas fotografias do Presidente Giovanni Gronchi ao lado das imagens de Nossa Senhora nos santuários locais.

A experiência de rodar *Ontem, Hoje e Amanhã* nos becos do centro de Nápoles mostrou a De Sica como o seu argumento se aproximava da realidade. As falhas crónicas da economia italiana tinham deixado muitas das famílias pobres da cidade dependentes do contrabando para se alimentarem. De Sica deu um papel de figurante a uma conhecida mulher do bairro que tinha nove filhos: ela gabava-se de ter sido presa cento e treze vezes por crimes de contrabando, um possível recorde. Em Forcella, houve muitas outras vendedoras de cigarros que entraram no folclore local. Uma certa «Rosetta» era a mais atraente de várias mulheres que cobravam mais por «cigarros divertidos» — cigarros que os clientes tinham de procurar no seu amplo decote. (Um filme com Sophia Loren baseado na história de Rosetta decerto não teria passado na censura.)

Quando De Sica estava hospedado no Ambassador Hotel, o marido de Muccardo apresentou-se e exigiu uma percentagem dos lucros do filme. De Sica respondeu indiretamente, apontando para uma revista com a fotografia de Sophia Loren, no local das filmagens, a ajustar uma barriga falsa. «Não vês como ela está bela? Tão grávida como a tua mulher na altura.» O marido não se deixou impressionar: «Sim, Sr. De Sica, mas essa barriga está cheia de milhões: a da minha mulher está cheia de ar.» Escrevendo para explicar o episódio à sua família, De Sica só conseguiu dizer: «São pessoas pobres.»

O filme de De Sica, e a sua reação ao que presenciou em Nápoles durante as filmagens, são um reflexo fiel do dilema em que as autoridades italianas também se encontravam. A lei contra o contrabando de tabaco era simplesmente inaplicável ao nível das ruas. A repressão parecia impossível sem prejudicar as pessoas que eram, concomitantemente, as beneficiárias da situação e as suas primeiras vítimas: os habitantes mais pobres dos bairros degradados de Nápoles. Na verdade, o Estado italiano nunca mostrou vontade de resolver este dilema de outra forma que não fosse oscilar cegamente entre a repressão e a tolerância. Houve uma amnistia para os revendedores ilegais de tabaco no ano em que *Ontem, Hoje e Amanhã* foi lançado, e outra em 1966. As políticas de todo o mundo que visam controlar ou proibir substâncias como o tabaco e as bebidas alcoólicas são quase sempre difíceis de aplicar. Quando essas políticas não são acatadas pela maioria da população, acabam por parecer draconianas, irrealistas e inadequadas. O valioso princípio de que o Estado deve criar e fazer cumprir regras justas para o bem de todos só pode sair prejudicado, e o próprio Estado cai em descrédito. Em Itália, onde esse princípio sempre teve dificuldade em se manter, o prejuízo para a credibilidade do Estado era, de facto, muito grave. Em Nápoles, os cigarros de contrabando vendiam-se livremente nos corredores dos edifícios públicos.

Ontem, Hoje e Amanhã estreou-se num momento histórico crucial para o tabaco de contrabando e, consequentemente, para todas as máfias de Itália, já que foi nesse momento que o contrabando de cigarros se tornou numa indústria, e essa indústria se tornou na principal atividade do crime organizado.

O acontecimento decisivo no incremento do comércio de tabaco de contrabando em Itália ocorreu no Norte de África. Em outubro de 1959, Maomé V, rei de Marrocos, que acabara de conquistar a independência, confirmou os receios dos contrabandistas de todo o Mediterrâneo: anunciou que o porto de Tânger perderia os seus privilégios especiais no prazo de seis meses. Até então, Tânger, situada em frente de Gibraltar, à entrada do Mediterrâneo, abrigara uma grande «Zona Internacional» com poucos controlos de passaportes, taxas muito baixas e nenhuma restrição monetária. Os bancos nem sequer tinham de apresentar os seus balanços. Em suma, Tânger era um paraíso para os contrabandistas e o verdadeiro centro do comércio ilegal no Mediterrâneo. Como comentou um residente, o romancista americano Paul Bowles: «Penso que todos os especuladores do mercado negro da Europa estão aqui... porque toda a Zona Internacional é um enorme mercado negro.» Era a partir do porto seguro de Tânger que os «navios-mãe» carregados com cigarros de contrabando podiam dispersar-se e visitar toda a costa sul da Europa. Quando chegavam a Nápoles, esperavam em águas internacionais que pequenos barcos locais viessem buscar a carga para a transportarem para terra.

Quando o rei Maomé V anunciou o encerramento da Zona Internacional, o resultado instantâneo foi que o contrabando de tabaco se tornou mais difícil. E quando o contrabando se torna mais difícil, só os contrabandistas com melhor organização e melhores recursos conseguem sobreviver. Os únicos grossistas que podiam prosperar na nova conjuntura eram os que tinham ligações internacionais a companhias de navegação, produtores de cigarros e agentes em lugares como os Balcãs. Por razões diferentes, os operadores locais, que transportavam as caixas de cigarros dos navios para terra, também tiveram de se atualizar: precisavam de novas e caras lanchas rápidas para fugir da *Guardia di Finanza* (Guarda Fiscal), por exemplo. À medida que a concorrência no negócio do tabaco aumentava, crescia também a violência. O contrabando deixou de ser uma atividade para amadores.

Nápoles agradava à nova classe de contrabandistas profissionais dos anos 60 por várias razões. Uma das mais importantes era a oferta disponível de mão de obra criminosa barata nos becos onde Concetta Muccardo se tornou numa lenda. Nápoles era também a porta de entrada para um mercado italiano no auge do seu milagre económico, e, por isso, a consumir cada vez mais cigarros. Nos anos 60, Nápoles era também um porto livre, no sentido de que a Camorra na cidade era ainda relativamente fraca, e não havia uma organização criminosa local dominante capaz de estrangular a concorrência. Assim, as redes de grandes traficantes de Génova, Córsega e Marselha acorreram à cidade do vulcão para encontrar pontos de venda para os seus cigarros. Contudo, os recém-chegados mais importantes depois do encerramento da Zona Internacional de Tânger — homens que alterariam radicalmente o curso da história criminosa em Itália — vieram da Sicília.

Cosa Nostra: eles já não são intocáveis

No final dos anos 50 e início dos anos 60, Itália observou, mais uma vez a distância, os EUA a enfrentarem o seu problema com as máfias. Primeiro, em novembro de 1957, houve o episódio espetacular numa grande herdade em Apalachin, no norte de Nova Iorque, quando a polícia estadual descobriu uma cimeira de cerca de cem chefes da máfia. Alguns deles tinham vindo de lugares tão longínquos como a Califórnia, o Texas ou Cuba. Sessenta homens foram detidos e, finalmente, o FBI reconheceu que a máfia — ou o consórcio criminoso nacional, ou qualquer que fosse o seu nome — era algo mais do que um mito romântico. Consequentemente, em 1959, Vito Genovese, o chefe da Família de Nova Iorque que tinha o seu nome, foi condenado a quinze anos de prisão por tráfico de drogas: o primeiro grande golpe contra um importante chefe americano na década e meia desde o fim da Segunda Guerra Mundial.

Entretanto, Robert F. Kennedy, o jovem e enérgico presidente de uma nova comissão do Senado encarregada de investigar a angariação ilegal de trabalhadores, começou a revelar a corrupção no Sindicato dos Camionistas. Depois da cimeira de Apalachin, a comissão voltou a usar a televisão de forma eficaz, interrogando vários dos homens mais importantes que tinham estado em Apalachin, como Joe Profaci e Thomas Lucchese. Os telespectadores viram também um agente federal a tentar explicar a política dinástica da máfia:

> Os casamentos são importantes, porque muitas vezes nos perguntamos se estas pessoas querem mesmo casar-se umas com as outras.

> Mas os casamentos acontecem. Digamos que se duas pessoas de posição elevada na Máfia tiverem filhos, verificamos que os seus filhos e filhas se casam entre si... um líder da organização não deixaria os filhos casarem-se com alguém sem importância na organização.

O êxito de vendas de Bobby Kennedy sobre a investigação que chefiou, *The Enemy Within* (1960), incluía retratos cheios de vida de uma série de mafiosos italo-americanos. Um deles era o «consultor de relações laborais» Carmine Lombardozzi, que recebera ordens para esperar na garagem durante a cimeira de Apalachin, enquanto os outros mafiosos decidiam se o deviam matar ou apenas multar por ter roubado dinheiro de um esquema ilegal de *jukeboxes*. (Eles optaram pela multa.)

Em 1961, quando o irmão se tornou presidente, Bobby Kennedy foi nomeado procurador-geral — basicamente, o principal conselheiro jurídico e agente de segurança do governo. A investigação e o combate ao crime organizado constituíam uma parte fundamental do seu programa. Enquanto em 1960 tinha havido dezanove processos contra o crime organizado, em 1964 o total já tinha ascendido a seiscentos e oitenta e sete.

Com estes acontecimentos políticos e policiais, a máfia tornou-se num tema quente na cultura americana. Em 1959, a cadeia de televisão ABC começou a transmitir uma série dramática sobre a Chicago de Al Capone na época da Lei Seca, baseada no livro *Os Intocáveis*, de Eliot Ness. O programa revelou-se um êxito, sobretudo porque estava recheado de referências mal disfarçadas a notícias recentes do submundo.

Como sempre, houve muita controvérsia e sensacionalismo no debate público. A Order Sons of Italy in America, um lóbi de base étnica ansioso por desdramatizar a questão da máfia, conseguiu que todas as personagens italo-americanas fossem retiradas de *Os Intocáveis* em 1961. Privado deste importante elemento de autenticidade, o programa perdeu popularidade e foi retirado do ar em 1963.

No outro extremo, alguns escreviam sobre a máfia como se esta fosse um monstro centralizado, burocrático e calculista — uma IBM do crime. Desde então, tanto em Itália como nos EUA, apresentar a máfia como um espelho negro do capitalismo de vanguarda e os mafiosos como executivos armados tem sido sempre uma boa estratégia jornalística. Esta abordagem simplista tinha um inegável poder imaginativo, tanto para o cidadão cumpridor da lei como para o criminoso. Mais tarde, *O Padrinho* — o romance e o filme — iria buscar parte do seu encanto insidioso à mesma ideia: «Diz ao Mike que era apenas uma questão de negócios.» Nada podia ser mais bem calculado para fazer que os gestores de meia-idade do Centro--Oeste americano se sentissem mais perigosos e espertos do que a sugestão de que eles e os mafiosos eram bastante parecidos — com mais ou menos violência. Por outro lado, nada podia ser mais bem calculado para agradar ao ego de um mafioso e impressionar os seus camaradas do que a sugestão de que ele era a encarnação de um tipo ideal de homem de negócios sofisticado e sem lei. Se os mafiosos eram empresários, então, eram empresários especializados não na concorrência, mas na violação e distorção das regras do mercado.

O período de grande interesse político e mediático na máfia do início dos 60 teve também um curioso efeito secundário: alterou o nome da máfia. Em 1962, Joe Valachi, um soldado da Família Genovese, suspeitando erradamente de que ia ser eliminado por ordem do seu chefe, matou um homem inocente na prisão. Decidiu, depois, contar ao FBI tudo o que sabia acerca da máfia, dos seus rituais de iniciação e da sua estrutura, tal como os via da sua posição humilde e relativamente marginal na organização. Valachi, que não falava italiano, tinha ouvido outros membros da irmandade a referirem-se à *cosa nostra* — «coisa nossa». Deduziu que esta expressão vaga fosse o nome oficial da máfia: Cosa Nostra, ou la Cosa Nostra. O FBI acreditou. E depois, quando o depoimento de Valachi se tornou público em 1963, os próprios mafiosos americanos deduziram o mesmo. Só em 1984 é que o mundo ficaria a saber que este nome também tinha sido adotado pela máfia siciliana.

O advento do nome Cosa Nostra é apenas o exemplo mais recente do modo como as máfias têm vindo a aprender a sua própria linguagem com o mundo exterior. Já vimos como a palavra «'ndrangheta» só apareceu na imprensa durante a «invasão marciana» da Calábria em 1955. Tanto quanto sei, não existe nenhum testemunho de um membro da organização, documento jurídico ou artigo de jornal que se refira à máfia calabresa por este nome antes dessa data.

Algo semelhante acontecera um século antes com a própria palavra «máfia». Esta só se tornaria no mais comum dos muitos nomes da irmandade criminosa da Sicília depois de aparecer numa famosa peça de teatro sobre os bandidos das prisões na década de 60 do século XIX.

Porque é que as máfias têm tanta dificuldade em escolher um nome? A principal razão, como explicaria mais tarde um desertor da Cosa Nostra, é que as irmandades secretas criminosas são o «mundo do discurso incompleto».

> Fragmentar as informações é uma das regras mais importantes. A Cosa Nostra não é secreta apenas em relação ao exterior, no sentido de que esconde a sua existência e a identidade dos seus membros das pessoas de fora. É também secreta no interior: desencoraja qualquer um de conhecer todos os factos e cria obstáculos à circulação de informações.

Os mafiosos costumam gerir os seus assuntos com acenos de cabeça e silêncios, numa linguagem caracterizada por uma ambiguidade habilmente elaborada que só pode ser entendida por aqueles escolhidos para a entender. As comunicações no seio da máfia são como sussurros num labirinto. Assim, quando o mundo exterior diz qualquer coisa sobre os assuntos da máfia, essa coisa ressoa pelo labirinto como um toque de clarim.

Apesar da controvérsia, dos maniqueísmos e dos efeitos secundários perversos, o debate aberto sobre a máfia americana nos anos 60 foi um sinal positivo, indicando que o período de relativa impunidade e invisibilidade de que os mafiosos italo-americanos haviam gozado durante tanto tempo tinha finalmente terminado. A máfia nos EUA deixou de ser intocável. A questão era, então, saber quando é que Itália seguiria o exemplo da América.

A diáspora da máfia

Em outubro de 1957, semanas antes da cimeira de Apalachin no norte de Nova Iorque, alguns Homens de Honra dos EUA tiveram vários dias de reuniões com chefes sicilianos no Grand Hotel et Des Palmes, no coração de Palermo. O chefe da delegação americana era Joe «Bananas» Bonanno — *capo* da Família de Nova Iorque que tinha o seu nome. O tráfico de drogas esteve quase de certeza no topo da agenda de trabalhos. No entanto, ao contrário do que acontecera em Apalachin, a sonolenta polícia de Palermo registou apenas a reunião. Nada mais foi feito.

Enquanto Joe Bananas esteve em Palermo, não se falou apenas de negócios. Segundo as confissões posteriores de um jovem traficante de drogas chamado Tommaso Buscetta (o homem que viria a desempenhar um papel decisivo na história da máfia siciliana mais de um quarto de século depois), a cimeira italo-americana de 1957 produziu uma importante inovação organizacional no seio da máfia siciliana. Ao que parece, durante um jantar, Joe Bananas sugeriu que a Sicília devia ter uma Comissão — uma espécie de órgão dirigente — como a que tinha gerido as relações entre as Famílias em Nova Iorque, desde a sua criação por Lucky Luciano em 1931. Desde então, a Comissão tem existido, intermitentemente, na Sicília. Mais uma vez, os mafiosos sicilianos mostraram que eram melhores do que a polícia ou os políticos de Itália a aprender lições da América.

No entanto, a Comissão, como já comprovaram alguns historiadores sicilianos, não era a novidade que Tommaso Buscetta julgara ser. Existem provas, nalguns dos documentos mais antigos sobre a Cosa Nostra, de que esta sempre teve alguma espécie de órgão dirigente. Por exemplo, existiam formas de colaboração entre as diferentes *cosche* da Sicília ocidental — tribunais conjuntos para resolver disputas, reuniões de cúpula, pactos matrimoniais, etc. Na América, aparentemente, já se realizavam reuniões consultivas de importantes Homens de Honra da Costa Leste antes da Primeira Guerra Mundial. A nossa melhor suposição, usando a história recente como guia para os momentos misteriosos do passado, é que a máfia sempre teve uma vida constitucional animada. Os chefes da máfia siciliana inventavam, constantemente, novas regras para fortalecer a sua própria autoridade e manter a paz com os vizinhos. Mas também infringiam, constantemente, as suas próprias regras ou arranjavam maneira de as usar como arma política contra os seus inimigos.

No final dos anos 50, contudo, os governantes de Itália estavam ainda longe de vislumbrar estas análises da máfia. A questão do crime organizado siciliano mantinha-se congelada no pergelissolo político da Guerra Fria. Os políticos comunistas aproveitavam todas as oportunidades para levantar a questão da máfia — e usá-la contra a DC. Todavia, sem poder para governar, continuavam a ser vozes isoladas. Uma dessas vozes mais astutas e mordazes pertencia a Pio La Torre, o jovem líder do PCI na Sicília:

> A verdade é que não existe setor da economia em Palermo e nas vastas zonas da Sicília ocidental que não seja controlado pela máfia. Isso aconteceu no decorrer de um longo processo — o mesmo processo que viu o regime da DC prosperar em Palermo e no resto da ilha.

La Torre sabia do que estava a falar: tinha nascido em Altarello di Baida, uma aldeia situada entre os pomares de limoeiros que rodeavam Palermo — o berço da máfia, por outras palavras.

Para responder a acusações como estas, a DC recorria quase sempre a um conjunto de mitos contraditórios: a máfia estava a desaparecer; era apenas uma tradição siciliana inofensiva; tinha sido inventada pela esquerda para denegrir a Sicília e a DC; não existia; os mafiosos só se matam uns aos outros, de qualquer maneira; o bandidismo era um problema americano.

A oposição de esquerda não se havia esquecido das audiências Kefauver e fazia grande pressão para que algo semelhante acontecesse em Itália: um inquérito parlamentar sobre a máfia siciliana. Os democratas-cristãos dividiam-se em fações inconstantes e ferozmente antagónicas. No calor das suas lutas sectárias, muitos líderes da DC mostravam grande relutância em examinar de perto os padrões éticos dos seus tenentes sicilianos. Assim, a DC foi resistindo durante anos, e só cedeu quando a pressão da esquerda recebeu o forte impulso da dinamite da máfia.

No final de 1962, o conflito que ficaria conhecido como Primeira Guerra da Máfia eclodiu em Palermo e nos arredores. A arma de marca do conflito era uma novidade tática para as guerras entre criminosos em Itália: o carro-bomba. Invariavelmente, era um *Alfa Romeo Giulietta* carregado com explosivos. O *Giulietta* era um dos símbolos do milagre económico de Itália. Em 1962, tornou-se num símbolo de como a máfia siciliana estava a acompanhar o ritmo de crescimento da economia legal.

Embora se diga que foi um negócio de drogas mal resolvido que fez eclodir a Primeira Guerra da Máfia, as razões por trás da mesma confundiram os observadores na altura, e continuam incertas até hoje. Muitos dos seus combatentes nem sequer sabiam onde ficavam as linhas de batalha. Basicamente, parece que a nova Comissão não tinha sido capaz de resolver os conflitos relacionados com drogas, betão e território. Na realidade, alguns mafiosos de Palermo encaravam a própria Comissão com desconfiança justificada: para eles, a Comissão não era um árbitro de conflitos, mas um instrumento manipulado por alguns chefes poderosos. As disputas constitucionais da máfia siciliana degeneraram em violência sangrenta. Com efeito, esta não seria a última vez que os acontecimentos em Palermo antecipariam o futuro do crime organizado em Itália. Cerca de cem pessoas foram mortas na Primeira Guerra da Máfia — mais do que em qualquer outro conflito do submundo desde os anos 40. A Cosa Nostra tornara-se mais volátil na sua política interna e mais flagrante na sua violência. Pouco depois, as outras máfias seguiriam a mesma tendência.

No novo contexto de carros-bombas e de outra violência em Palermo, foi aprovado, com relutância, um inquérito parlamentar sobre a máfia siciliana. Ainda assim, parecia que nada se iria passar. Posteriormente, em 30 de junho de 1963, outro *Giulietta* explodiu em Ciaculli: matou quatro *Carabinieri*, dois engenheiros militares e um polícia. Os alvos do atentado eram, provavelmente, os Grecos, o clã local da máfia e uma das dinastias mais antigas e poderosas de Palermo.

Impressionantemente, mesmo depois deste atentado, os democratas-cristãos continuaram a mostrar relutância em usar a palavra «máfia». Os notáveis da DC que ocupavam os cargos institucionais mais importantes do país enviaram mensagens de condolência às famílias das vítimas, e de indignação ao povo. Mas nenhum se referiu à máfia.

No entanto, a indignação pública que se seguiu ao massacre de Ciaculli teve efeitos rápidos, dentro e fora da Cosa Nostra. A Primeira Guerra da Máfia terminou abruptamente com um enorme assalto policial e perto de duas mil detenções. A Cosa Nostra enfrentava uma das piores crises da sua história. Como explicou mais tarde um mafioso que se tornou testemunha do Estado: «Depois de 1963, a Cosa Nostra na zona de Palermo deixou de existir. Tinha sido derrubada. A máfia estava prestes a dissolver-se e parecia uma confusão... As Famílias estavam todas destroçadas. Já quase não havia assassínios. Em Palermo, as pessoas nem sequer pagavam o dinheiro de proteção.»

Os mafiosos com possibilidade de fugir de Palermo fizeram-no — homens como o chefe da Comissão, Totò Greco (conhecido como «Passarinho»), que emigrou para a Venezuela. Outros fugiram para a Suíça, os EUA e o Canadá... A máfia desapareceu do seu berço, a província de Palermo.

O atentado bombista de Ciaculli também eliminou as últimas resistências à ideia de um inquérito parlamentar sobre a máfia — um Kefauver italiano, finalmente. Mas quem esperava que o inquérito alcançasse os tipos de resultado espetacular vistos no outro lado do Atlântico iria ter uma longa espera e uma grande deceção. As querelas políticas só pareceram aumentar durante as audiências do inquérito. Espantosamente, em 1966, Donato Pafundi, o senador que presidiu a essas audiências — um magistrado democrata-cristão —, negava a existência da máfia enquanto organização criminosa e culpava mesmo os Muçulmanos pelo problema:

> A máfia na Sicília é um estado mental que afeta tudo e todos, em todos os domínios da sociedade. Há razões históricas, geográficas e sociais por trás desta mentalidade. Acima de tudo, há um milénio de domínio muçulmano. É difícil apagar uma herança de séculos. A máfia

> entranhou-se no sangue dos Sicilianos, nas dobras mais íntimas da sociedade siciliana.

Tendo em conta opiniões como esta, não admira que a comissão de inquérito tivesse levado treze anos a concluir o seu trabalho.

Os políticos italianos também não souberam usar os *media*, ao contrário de Estes Kefauver e Robert Kennedy. O relatório final do inquérito parlamentar oferecia a melhor definição possível do problema sem usar fontes privilegiadas. Não adotava a ideia simplista e sensacionalista de uma vasta e centralizada conspiração internacional, proposta por Kefauver, nem mostrava a ignorância de Donato Pafundi. Mas a sua linguagem obscura denunciava as dificuldades que o inquérito tivera em acompanhar a opinião pública:

> A máfia tem-se reafirmado continuamente como o exercício de um poder extrajudicial autónomo e da busca de uma ligação próxima a todas as formas de poder e, particularmente, ao poder do Estado, com o fim de colaborar com o mesmo, de o usar para os seus próprios fins ou de se infiltrar na sua estrutura.

Qualquer pessoa que ainda estivesse acordada depois de tentar ler dois parágrafos desta prosa merecia uma medalha por mostrar grande capacidade de resistência.

Como seria de esperar, a esquerda parlamentar também discordou do relatório e apresentou a sua própria versão, dando muito mais destaque às relações da máfia com as mais altas esferas da sociedade siciliana: «A máfia é um fenómeno da classe dirigente.» Esta afirmação, à sua maneira, era também uma simplificação excessiva. A verdade acerca da máfia siciliana, como a Maçonaria do século XIX na qual se baseia, é que ela inclui membros de todas as classes: assassinos e condes podem tornar-se Homens de Honra.

A crítica mais dura que talvez se possa fazer ao inquérito parlamentar dos anos 60 sobre a máfia siciliana é que as suas atribuições não incluíam a Camorra e a 'Ndrangheta. Subestimar o problema do crime organizado fora da Sicília teria consequências nefastas. E essas consequências começaram a fazer-se sentir dois anos depois de a comissão parlamentar ter iniciado os seus trabalhos, quando a primeira lei a surgir do clima pós-Ciaculli foi aprovada. A Lei 575 de 1965 era um pacote de medidas antimáfia que incluía a política do «realojamento forçado»: mafiosos suspeitos podiam ser obrigados a abandonar as suas casas e a residir noutro lugar em Itália. O realojamento forçado baseava-se na teoria muito discutível de que a causa fundamental da máfia era o atraso social da Sicília ocidental. Segundo essa teoria, se os mafiosos pudessem ser transferidos desse lugar para ambientes mais saudáveis, então, as suas tendências criminosas definhariam.

Em vez de definhar, a máfia expandiu-se. Como explicaria mais tarde um Homem de Honra: «O realojamento forçado foi uma coisa boa para nós, porque nos deu uma maneira de entrar em contacto com outras pessoas, de conhecer lugares diferentes, outras cidades, zonas que ainda não estavam contaminadas pelo crime organizado.»

Não foram apenas as zonas «não contaminadas» de Itália que receberam mafiosos realojados. Incrivelmente, alguns foram mesmo enviados para os arredores de Nápoles. Apesar das terríveis tradições de atividade criminosa que se haviam tornado tão manifestas durante o caso de Assunta Maresca, a Campânia foi considerada socialmente saudável para reformar a nata mafiosa siciliana. No final dos anos 60 e início dos anos 70, alguns dos criminosos mais poderosos da Sicília foram realojados, à força, nos arredores de Nápoles: mafiosos do calibre de Francesco Paolo Bontate, o *capo* de Santa Maria di Gesù, e, mais tarde, o seu filho Stefano, um futuro pilar da Comissão da Cosa Nostra em Palermo. A eles juntaram-se outros mafiosos foragidos da justiça. Um deles foi Gerlando Alberti, que ficaria famoso mais tarde por um dito espirituoso: quando um jornalista lhe perguntou sobre a máfia, ele respondeu, «Que é isso? Uma marca de queijo?»

Através da repressão que se seguiu ao atentado bombista de Ciaculli e, mais tarde, por intermédio da política de realojamento forçado, Itália criou sem querer uma nova diáspora de talentos criminosos. Nápoles seria um dos portos preferidos dessa diáspora, sobretudo durante a expansão súbita do contrabando de tabaco. Estava montado o palco para uma convergência de interesses nova e decisiva entre as organizações criminosas da Sicília e da Campânia.

A «mafia-ização» da Camorra

Michele Zaza, conhecido como *'o Pazzo* («o Louco»), filho de um pescador de Portici, seria o principal contrabandista de cigarros de Nápoles nos anos 70. Tinha uma grande mansão em Posillipo, com uma das vistas mais espetaculares sobre a baía de Nápoles — *La Glorietta*, chamava-lhe. Entrevistado na mansão por uma estação de televisão local, proferiu o famoso gracejo de que o contrabando de tabaco era «a FIAT do sul de Itália». O que ele queria dizer era que o contrabando criava tantos empregos como o gigante de automóveis de Turim. Nápoles não podia sobreviver sem o contrabando de tabaco, tal como Turim não podia sobreviver sem a indústria automóvel. Este gracejo dirigia-se ao público entendido não só dos becos do centro de Nápoles mas também das comunidades nos arredores, que em tempos se deliciara com o desempenho atrevido de Sophia Loren em *Ontem, Hoje e Amanhã*. Como acontecera no período da Lei Seca nos EUA, os bandidos que operavam num mercado clandestino, vendendo um artigo que tinha muitos clientes não criminosos, podiam facilmente fazer-se passar pelos bons da fita.

Ainda assim, Michele Zaza, *'o Pazzo*, não era um Robin dos Bosques. Em 5 de abril de 1973, fez parte de um pelotão de fuzilamento que tentou matar o comandante Angelo Mangano, um polícia siciliano que se havia distinguido na luta contra a máfia em Corleone. (Mangano sobreviveu, apesar de ter sido atingido por quatro tiros, inclusive na cabeça.) Por que razão haveria um *camorrista* napolitano de tentar matar um inimigo da máfia siciliana? Porque esse *camorrista* se tornara pouco tempo antes membro iniciado da Cosa Nostra.

No início dos anos 70, os mafiosos sicilianos que tinham sido realojados ou emigrado para a Campânia já se haviam tornado amigos íntimos de vários *camorristi*. A polícia e os *Carabinieri* deram conta de uma série regular de encontros entre bandidos napolitanos e sicilianos em Nápoles. Os sicilianos até adquiriram o gosto pelas melodias *pop* românticas que os seus anfitriões napolitanos adoravam.

As ligações entre a máfia e a Camorra não tardariam a formalizar-se. À maneira tradicional da máfia siciliana, os mafiosos estabeleceram alianças familiares com os *camorristi*, baseadas no casamento e no *comparatico* («compadrio» — i.e. tornar-se compadre). Grandes contrabandistas napolitanos também foram formalmente iniciados na Cosa Nostra. Pelo menos duas Famílias da Cosa Nostra na Campânia foram criadas e autorizadas por Palermo. Uma tinha a sua base na própria cidade e agrupava-se em torno de uma família alargada, os Zaza-Mazzarellas, incluindo Michele Zaza, *'o Pazzo*. A outra tinha a sua base em Marano, uma pequena cidade na periferia norte de Nápoles. Marano era a terra do homem que tinha assassinado o «Presidente dos Preços da Batata» em 1955. Os parentes do assassino, os irmãos Nuvoletta, mandavam na cidade, e foram devidamente iniciados na Cosa Nostra.

Assim, as novas Famílias da Cosa Nostra na Campânia herdaram as principais tradições criminosas da região. Michele Zaza, *'o Pazzo*, representava a camorra urbana, revitalizada pelo mercado negro durante a Segunda Guerra Mundial. Os irmãos Nuvoletta eram precisamente os tipos de *camorrista* há muito envolvidos em controlar as rotas de abastecimento do campo para os mercados da cidade. Portanto, de certa forma, a novidade de filiais da Cosa Nostra na Campânia era também um regresso bastante significativo ao passado. Pela primeira vez desde os tempos da antiga Sociedade Honrada de Nápoles, uma só estrutura organizacional incluía as camorras urbana e rural.

O aumento do comércio de cigarros de contrabando e as ligações próximas entre os submundos siciliano e napolitano estavam a «mafia-izar» a Camorra. Na verdade, não era a primeira vez na história que o próprio significado da palavra «camorra» sofria uma transformação. No passado, se de facto foi usada, a palavra referia-se a pequenas quadrilhas locais, ou a redes de contrabandistas, ou mesmo a *guappi* isolados. Nos anos 70, os *camorristi* eram, cada vez mais, funcionários de grupos muito maiores, com uma maior variedade de atividades criminosas e maior sofisticação financeira.

Para os napolitanos, os imigrantes mafiosos trouxeram muitas coisas de valor, como competências organizacionais e, sobretudo, prestígio. Afinal, quem não tinha ouvido falar da máfia siciliana? E quem, entre os criminosos, não temia a mesma?

Para os sicilianos, os napolitanos como Michele Zaza forneciam excelentes contactos no mundo do contrabando e uma ampla rede de distribuição. Integrá-los na Cosa Nostra era uma maneira de os controlar. Com efeito, já tinham feito o mesmo, e pela mesma razão, a um importante contrabandista de cigarros palermitano, Tommaso Spadaro.

A decisão da máfia siciliana de integrar alguns *camorristi* também tinha motivos militares estratégicos. Os principais intervenientes no contrabando napolitano nos fins dos anos 60 eram traficantes multinacionais conhecidos coletivamente como «marselheses» — porque uma das suas antigas bases tinha sido no porto francês de Marselha. Entre 1971 e 1973, os homens da Cosa Nostra na Campânia usaram o seu poder de fogo para derrubar a concorrência. Alguns contrabandistas de cigarros napolitanos, e pelo menos seis marselheses, foram executados. Segundo os padrões da máfia, este foi um investimento muito pequeno na violência que renderia ganhos muito grandes. Pouco depois, a Cosa Nostra e os seus amigos campanienses já dominavam o mercado de cigarros de contrabando.

O negócio prosperou. Segundo uma estimativa, no final dos anos 70, a receita anual do comércio ilegal de tabaco na Campânia era de cerca de 48,6 mil milhões de liras (aproximadamente 175 milhões de euros em valores de 2012), e o lucro líquido situava-se algures entre 20 e 24 mil milhões (72–86 milhões de euros). Em 1977, os *Carabinieri* encontraram Zaza com um livro de contas, segundo o qual o contrabando de tabaco máfia-camorra rendia uns espantosos 150 mil milhões de liras por ano (mais de 500 milhões de euros). Estima-se que entre quarenta mil e sessenta mil pessoas na região da Campânia tenham encontrado emprego na economia do contrabando. Esta era, de facto, a FIAT do sul de Itália.

A Cosa Nostra recebeu mais do que a sua parte desta riqueza. Nápoles, segundo um mafioso envolvido no contrabando, tornou-se no «Eldorado» do crime organizado siciliano. Como recordou Tommaso Buscetta, um antigo contrabandista de cigarros:

> O volume de negócios no comércio ilegal de tabaco tornou-se enorme. Nos anos 50, 500 caixas eram consideradas uma grande consignação. Agora, conseguimos até 35–40 000 caixas descarregadas sempre que um navio de contrabando viajava entre Nápoles e Palermo.

A gestão do fluxo de riqueza que chegava à Sicília do outro lado do mar Tirreno também afetou profundamente a máfia siciliana. Em 1969, a maioria dos Homens de Honra acusados no rescaldo da Primeira Guerra da Máfia já tinha sido absolvida, podendo regressar àquilo que tinha andado a fazer antes do atentado de Ciaculli. Não perderam tempo a mostrar a toda a gente em Palermo que estavam de volta. Às dezoito horas e quarenta e cinco minutos da tarde de 10 de dezembro de 1969, cinco homens envergando uniformes da polícia roubados e brandindo metralhadoras atacaram os ocupantes do escritório de uma empresa de construção civil na viale Lazio. Cinco pessoas morreram, incluindo um dos atacantes e o seu alvo: o chefe mafioso Michele Cavataio, que muitos na Cosa Nostra pensavam ser o cérebro por trás da campanha de atentados com carros-bombas do início dos anos 60. Hoje, sabemos que os homens que levaram a cabo o massacre da viale Lazio eram representantes de várias Famílias da máfia — como que para demonstrar que a execução de Cavataio tinha sido decretada pela Cosa Nostra como um todo.

Assim, depois de um intervalo de seis anos a seguir ao atentado bombista de Ciaculli, a máfia siciliana retomava a sua vida constitucional. A primeira configuração formal que a política da Cosa Nostra assumiu foi a de um triunvirato de chefes veteranos, encarregados de reanimarem as estruturas inativas da organização na província de Palermo. O primeiro triúnviro, e provavelmente o mais prestigiado, era Stefano Bontate, conhecido como «Príncipe de Villagrazia», *capo* da maior Família de Palermo, cargo que herdara do pai. Bontate pertencia à aristocracia da máfia. O segundo triúnviro era Gaetano «Tano» Badalamenti, o *capo* de Cinisi, onde o novo aeroporto de Palermo oferecia uma enorme fonte de receitas; Badalamenti tinha relações antigas com a Cosa Nostra de Detroit. O terceiro era Luciano Liggio, de Corleone.

O triunvirato deu lugar à Comissão plena em 1974, com o mafioso de Cinisi, Tano Badalamenti, na presidência. Este era um órgão subtilmente diferente. Quando a Comissão foi criada no final dos anos 50, havia uma regra de que nenhum *capo* de Família podia ter um lugar. O objetivo aparente era poder ouvir-se queixas de Homens de Honra contra os seus chefes e protegê-los de ameaças indevidas. A Comissão ativada em 1974, pelo contrário, era composta pelos chefes mais importantes da província de Palermo. Não foi por acaso que esta nova forma surgiu numa altura em que contrabandear cigarros através de Nápoles era uma das principais fontes de rendimento da máfia. Além de ser um órgão destinado a gerir as relações entre as Famílias, a Comissão tornou-se numa «sociedade anónima» de contrabando de tabaco.

Fontes da máfia deram-nos informações importantes sobre a complicada política de contrabando de tabaco da Cosa Nostra na década de 70. Cada uma das partes interessadas revezava-se a tomar posse de um carregamento que chegava à Campânia: um para os napolitanos, outro para cada um dos grupos de mafiosos a operar em Nápoles e, depois, outro como tributo para a Comissão. Assim, de dois em dois meses, aproximadamente, um navio com cigarros para Palermo seguia para a Sicília. Tano Badalamenti, no seu papel de presidente da Comissão ou «representante provincial», assumia a responsabilidade de distribuir o carregamento: mil caixas para Michele Greco, «o Papa», de Ciaculli; mil para a Família de Corleone; duas mil para o grupo de Bontate, e assim por diante. Por outras palavras, todos os chefes com prestígio suficiente para ter um lugar na Comissão, e ricos o suficiente para ter o capital para comprar adiantadamente os cigarros, tornavam-se partes interessadas na parcela do negócio de cigarros que a Comissão declarava sua.

Além de participar na «sociedade anónima» da Comissão, muitos mafiosos contrabandeavam cigarros de forma independente, enquanto traficantes por direito próprio. Homens de Honra de diferentes Famílias formavam novas redes de contrabandistas se e quando surgissem boas oportunidades de negócio. O cenário tornava-se ainda mais complicado com a necessidade de trabalhar de perto com não-mafiosos, que não estavam tão dependentes nem sujeitos às regras da máfia. A iniciação de homens como Michele Zaza, *'o Pazzo*, não resolvia completamente o problema.

Zaza, manifestamente, não tinha passado pelo mesmo processo de seleção rigoroso que a elite criminosa de Palermo e, de vez em quando, alguém tinha de lhe lembrar a autodisciplina que devia mostrar depois de se tornar um Homem de Honra. Uma vez, ele foi visto a jogar às cartas por grandes quantias de dinheiro no casino de um hotel de luxo na ilha de Ischia. O chefe de Catânia, Pippo Calderone, um dos seus sócios no negócio do tabaco, lembrou-lhe irado que jogar àquela escala e à vista de todos não era comportamento admitido para um membro da Cosa Nostra.

Zaza e outros contrabandistas nunca perderam a sua fama de intrujões perante a Cosa Nostra. Segundo Tommaso Buscetta, eles tinham uma «mentalidade de vigarista» e costumavam «agir com manha». Obviamente, este comportamento manhoso não era uma característica exclusivamente napolitana. É possível que a posição semi-independente de Zaza relativamente à Cosa Nostra também fizesse dele o cúmplice e bode expiatório perfeito para Homens de Honra tão manhosos quanto ele, e que queriam ficar com mais do que a sua parte de um determinado carregamento.

O oligopólio máfia-camorra do contrabando de cigarros, portanto, já nascera fendido pela desconfiança mútua. Anos mais tarde, tornar-se-ia evidente que as tensões no negócio do contrabando de tabaco tinham também revelado fendas *dentro* da Cosa Nostra, que acabariam por provocar o conflito mais sangrento na história da máfia.

No entanto, em 1978, a expansão súbita do contrabando de tabaco abrandou, porque um acordo internacional passou a autorizar que as forças de segurança perseguissem contrabandistas em águas internacionais. As apreensões de tabaco atingiram um número recorde nesse mesmo ano. Significativo, contudo, era o facto de na altura a heroína já estar a inaugurar um capítulo novo, mais lucrativo e muito mais conflituoso na história do submundo italiano.

A história de Concetta Muccardo, a vendedora de cigarros de Forcella interpretada por Sophia Loren em *Ontem, Hoje e Amanhã*, tem um curioso posfácio. Em 27 de junho de 1992, com sessenta e sete anos, foi presa por vender heroína à porta de casa no bairro de Sanità; atrás da porta, a polícia encontrou mais cinquenta embalagens de heroína e trezentas e cinquenta mil liras (duzentos e oitenta euros em valores de 2011). Muito antes dessa data, as drogas tinham começado a ser expedidas através dos mesmos canais usados, em tempos, para fazer chegar os cigarros de contrabando a Itália.

Os apanhadores de cogumelos de Montalto

Entretanto, na Calábria...

A 'Ndrangheta, como vimos, tinha começado a fazer incursões na indústria da construção civil na década de 60. A longa costa do sul da Calábria oferecia também muitos lugares abrigados, onde caixotes de cigarros de contrabando podiam ser descarregados. Como na Sicília e na Campânia, o dinheiro do betão e do tabaco criou um novo ambiente político no crime organizado calabrês.

Em 1969, as autoridades judiciais conseguiram um vislumbre raro da política interna da máfia calabresa quando, pela primeira vez na história, a polícia fez uma grande rusga à reunião anual da 'Ndrangheta no Aspromonte. O episódio colocou a máfia menos conhecida de Itália nas manchetes dos jornais, pela primeira vez desde a «invasão marciana» de 1955. A história dessa rusga de 1969, e do julgamento que dela resultou, permite-nos acompanhar o processo crucial de mudanças políticas em curso no submundo da Calábria. Além disso, revela como a lei italiana encarava as seitas criminosas secretas da Calábria e da Sicília, numa altura em que estas começavam a tornar-se não só mais ricas mas também mais perigosas.

A quase dois mil metros de altitude, Montalto é o ponto mais alto do Aspromonte. Desse ponto, a estátua do Cristo redentor — se fosse capaz de girar em volta do seu eixo para seguir a linha do horizonte — desfruta de uma das mais belas vistas de trezentos e sessenta graus no planeta: as ilhas Eólias ao largo da costa norte da Sicília, as encostas verdes das Serre da Calábria a nordeste e o cume fumegante do monte Etna do outro lado do estreito de Messina. Algures nos bosques, em baixo, fica o Santuário de Nossa Senhora do Monte em Polsi, onde a 'Ndrangheta tinha sempre realizado uma reunião anual no início de setembro. Em 1969, as redobradas atenções da polícia tinham obrigado a uma mudança de data e local. Nesse ano, os «chefes do bastão» do submundo calabrês reuniram-se numa clareira do bosque mesmo abaixo de Montalto, numa húmida manhã de domingo, em 26 de outubro. Mas as suas contramedidas revelaram-se inúteis.

Uma equipa de vinte e quatro polícias e *Carabinieri*, seguindo as pistas obtidas após semanas de vigilância, encontrou trinta e cinco automóveis estacionados desordenadamente, na berma da estrada, perto de Montalto. Agindo rápida e silenciosamente, os polícias dominaram e amordaçaram os cinco vigias. Penetrando mais na floresta, ouviram gritos e aplausos: a conferência de criminosos ainda estava a decorrer.

A equipa separou-se em dois grupos para tentar cercar a ampla clareira onde se conseguia entrever mais de cem homens, sentados em círculo a conversar animadamente. Mas alguém deu o alarme. Seis agentes entraram na clareira gritando «Ninguém se mexe! Polícia!» Os mafiosos começaram a correr em todas as direções, disparando ao acaso com pistolas, caçadeiras, espingardas automáticas e metralhadoras. Ninguém foi atingido e, no meio do caos, a polícia conseguiu deter vinte e um dos homens na reunião. Ficou também com os automóveis abandonados pelos *'ndranghetisti* em fuga como prova. No fim, setenta e dois dos cerca de cento e trinta homens presentes na conferência foram levados a julgamento. A maioria declarou que estivera a apanhar cogumelos. Alguns dos filiados mais jovens cederam sob interrogatório. Um deles, um empreiteiro de Bagnara, descreveu à polícia a sua cerimónia de iniciação. Ele e alguns outros revelaram também o essencial do que tinha sido debatido em Montalto.

Um dos aspetos mais notáveis do debate é que parte do mesmo girava em torno dos *procedimentos*. Antes do início do encontro, como ditava a tradição, cada homem presente tinha de se levantar e saudar formalmente os outros em nome do clã que representava. Um assunto importante na ordem de trabalhos era a própria reunião anual. A Sociedade Honrada devia continuar a reunir-se no Santuário de Nossa Senhora de Polsi todos os anos, agora que a polícia andava claramente a mostrar-se mais interessada? Alguém propôs uma mudança de local. E uma mudança de local devia ser acompanhada de uma mudança de nome: devia passar a chamar-se «reunião de Aspromonte» e não «reunião de Polsi». Depois de muito debate, os conservadores levaram a melhor: Polsi continuaria a ser o local escolhido, embora a data pudesse ser trocada para despistar as autoridades. Talvez compreensivelmente, quando os homens detidos em Montalto compareceram perante o tribunal, o juiz descreveu este debate como «formalista» e «pedante».

Contudo, na reunião foram também discutidos assuntos mais substanciais; nomeadamente, como responder à ameaça representada pelas forças da ordem. O círculo de chefes queixou-se, em algazarra, do ativismo mostrado recentemente pelo comandante da polícia de Régio da Calábria. Isso exigia uma resposta conjunta, uma demonstração de força. Foram apresentadas várias opções táticas, incluindo fazer explodir veículos da polícia com dinamite ou armar uma emboscada ao carro do comandante da polícia.

A ideia de planear atentados com dinamite contra o inimigo comum poderá ter serenado o ambiente entre os «apanhadores de cogumelos» de Montalto. Mas o tópico principal da reunião era potencialmente muito mais explosivo: abordar o potencial de desunião nas fileiras da 'Ndrangheta. Os investigadores ficaram a saber que um dos chefes mais velhos, Giuseppe Zappia, de Taurianova, na planície de Gioia Tauro, encarregado de presidir ao encontro, lançara um apelo ardente à união: «Aqui não há nenhuma 'Ndrangheta de Mico Tripodo! Aqui não há nenhuma 'Ndrangheta de 'Ntoni Macrì! Aqui não há nenhuma 'Ndrangheta de Peppe Nirta! Devíamos estar todos unidos. Os que quiserem ficar, ficam. Os que não quiserem ficar, podem ir.»

Tirando o que provavelmente era uma ameaça velada na última frase (perguntando-nos qual teria sido o preço a pagar por abandonar a reunião), este apelo parece muito frouxo: uma afirmação do óbvio. Os polícias e magistrados que investigavam o encontro de Montalto perceberam que o apelo era, na realidade, bastante significativo. Contudo, antes de poderem saber mais, os poucos homens detidos em Montalto que tinham confessado retrataram-se das suas declarações: tinham sido coagidos pela polícia, disseram. Como quase sempre acontecera no primeiro século da história do crime organizado em Itália, estas testemunhas fundamentais não eram devidamente incentivadas e protegidas pelos magistrados à frente do processo; ninguém nunca saberá o que mais nos poderiam ter revelado sobre a 'Ndrangheta. Deste modo, juntaram-se ao coro de mafiosos que afirmou ter estado a apanhar cogumelos.

Temos, no entanto, de reconhecer grande mérito ao juiz do julgamento, Guido Marino. Além de não aceitar os fracos álibis dos arguidos, também não levou muito a sério as afirmações da defesa de que a 'Ndrangheta era como o Rotary Club ou o Lions. O juiz Marino não estava para brincadeiras. Fez algumas críticas devastadoras à forma como a luta contra a 'Ndrangheta estava a ser conduzida. As investigações eram «superficiais» e «incoerentes», permitindo que a máfia continuasse «esquiva» em tribunal. Em vez de realizar investigações «sólidas e pacientes», a polícia recorria demasiadas vezes a simples advertências e ao exílio interno. Estas medidas preventivas eram totalmente contraproducentes, afirmou. «Elas têm funcionado como uma vacina tonificante nos corpos destas sociedades criminosas, que estão hoje mais vigorosas e eficientes do que nunca.»

A mesma história escandalosa repetia-se desde que Itália se havia tornado num país unificado no século XIX. Na Calábria, como noutros lugares do sul de Itália, as organizações mafiosas prosperavam com as medidas incoerentes concebidas para as reprimir.

Astuciosamente, o juiz Marino insistiu no que poderá parecer o aspeto menos sinistro da reunião de Montalto: o debate «formalista» e «pedante» sobre os procedimentos. Na sua opinião, este debate demonstrava que a 'Ndrangheta era uma associação «institucionalizada». Além disso, continuou o juiz Marino, o debate sobre as tradições comuns demonstrava que o mundo do crime organizado calabrês era muito mais do que meia dúzia de quadrilhas isoladas. Havia apenas uma 'Ndrangheta, e esta era uma organização criminosa com uma longa história por trás. (Na altura, ninguém conhecia a duração dessa história.)

Temos aqui um contraste flagrante com a «invasão marciana» da Calábria de 1955, quando as autoridades mostraram ter apenas um interesse passageiro pela história e estrutura da 'Ndrangheta.

O parecer do juiz Marino era o primeiro pequeno sinal daquilo que o sistema judicial italiano podia aprender se tratasse as máfias da Calábria e da Sicília pelo que elas eram de facto: seitas criminosas enraizadas na sociedade havia décadas.

O juiz Marino estava tão interessado em investigar os segredos da 'Ndrangheta, que compilou biografias dos dois chefes mais poderosos citados no apelo à união de Montalto. Essas biografias — os primeiros retratos pormenorizados de «chefes do bastão» da 'Ndrangheta — merecem um exame mais atento.

Já conhecemos um dos chefes: don 'Ntoni Macrì, o chefe de Siderno que, segundo consta, terá impedido que o bispo de Locri fosse assassinado por um bando de padres vingativos, antes da Operação Marzano em 1955. Don 'Ntoni nasceu em Siderno em 1904. Quando fez quarenta anos, já estava no seu auge. Induzia os latifundiários locais a empregarem homens de sua confiança enquanto guardas nos seus olivais, regulava o preço dos limões à força para satisfazer as suas próprias necessidades de comerciante de produtos agrícolas, e tinha também negócios em máquinas agrícolas e na construção. Em suma, don 'Ntoni era rico.

No outono de 1953, ouviram-se rumores de que don 'Ntoni tinha presidido à reunião plenária da Sociedade Honrada no Aspromonte. Em 1957, os seus protetores políticos entraram em ação para o tirar do exílio interno a que tinha sido condenado durante a Operação Marzano. Um ano depois estava em fuga, acusado de homicídio. Em 1961, foi declarado inocente e também absolvido da acusação adicional de pertencer a uma associação criminosa. Em 1965 foi detido por tentativa de homicídio. Depois, em 1967, três dos seus rivais foram mortos a tiro e outros dois feridos, naquele que ficou conhecido como «massacre da piazza Mercato» em Locri: dois homens armados de uma caçadeira e uma metralhadora dispararam contra um grupo de pessoas que estava a fazer um negócio no mercado grossista de frutas e legumes. Como sempre, Macrì foi absolvido por falta de provas.

Mas o golpe mais espantoso de don 'Ntoni ainda estava para acontecer. Em 1967, defraudou o Banco de Nápoles com a ajuda do gerente da sucursal de Siderno. Embora o gerente tivesse sido despedido, o Banco de Nápoles recusou-se a ajudar a polícia nas suas investigações. Depois de examinar as provas deste processo, o juiz Marino só pôde concluir que existia uma máfia no Banco de Nápoles ao lado da máfia gerida por don 'Ntoni Macrì. O juiz ficou chocado com o número de vezes, ao longo das novecentas páginas do cadastro de don 'Ntoni, em que o mafioso tinha sido julgado com clemência, depois de pessoas importantes o terem descrito como um homem reabilitado. Na altura da reunião em Montalto em 1969, o chefe de Siderno já se havia tornado naquilo que o juiz Marino definiu como um «símbolo vivo da omnipotência e invencibilidade do crime organizado».

Don Domenico «Mico» Tripodo foi o outro chefe evocado na reunião de Montalto cuja biografia foi composta pelo juiz Marino. Nas palavras do juiz, Mico Tripodo era um «vilão orgulhoso e indomável, completamente dedicado à causa da máfia». O seu rendimento provinha da extorsão, da exploração do mercado de frutas, de assaltos à mão armada, da falsificação de dinheiro e cheques e, claro, da construção e do contrabando de tabaco. Um dos factos mais notáveis da carreira de Tripodo é ter escapado à prisão três vezes através do mesmo estratagema de se fingir doente e conseguir ser transferido para clínicas, que eram menos vigiadas e de onde era muito mais fácil fugir. Grande parte do resto do seu tempo foi passada a fugir das autoridades: mudou de nome várias vezes e contraiu até um casamento bígamo na Úmbria antes de ser finalmente recapturado na Perúsia. O facto de estar preso na altura da reunião de Montalto não o impedia de gerir o seu império e de encomendar homicídios no seu território.

A investigação destas biografias deixou o juiz Marino compreensivelmente indignado e incrédulo. As autoridades, afinal, sabiam bastante acerca da 'Ndrangheta: a conferência em Polsi era um segredo conhecido de toda a gente havia já algum tempo, por exemplo. No entanto, como constatou o juiz Marino, as autoridades pareciam incapazes de fazer quaisquer progressos para impedir as atividades da 'Ndrangheta e travar a ascensão de don 'Ntoni, Mico Tripodo e seus semelhantes.

O parecer diligente e perspicaz do juiz Marino sobre os apanhadores de cogumelos de Montalto contrasta, totalmente, com os julgamentos da Cosa Nostra realizados por volta da mesma altura. Um exemplo digno de nota é o processo de 1968 contra os participantes na Primeira Guerra da Máfia, na qual o escol delinquente de Palermo se havia digladiado fazendo explodir Alfa Romeo Giuliettas. O juiz que preparou este processo, Cesare Terranova, sabia que a máfia tinha um conselho coordenador centralizado. Segundo um relatório preparado pelos *Carabinieri* em 1963, quinze mafiosos importantes, seis dos quais oriundos da cidade de Palermo e nove das vilas e aldeias da província, tinham lugares no conselho. Este conselho, evidentemente, era o que hoje conhecemos pelo nome de Comissão. No entanto, como tantas vezes na história da máfia, esta descrição do seu funcionamento interno baseava-se em fugas de informações da própria máfia e não em depoimentos formais prestados em tribunal. Por esse motivo, não tinha nenhum valor enquanto prova de acusação.

Assim, o juiz no processo manteve que não podia ter a certeza absoluta de que a máfia siciliana existia. Rejeitou a teoria absurda de que a máfia tinha «normas» e «critérios» comuns a todos os seus membros. Concordou até com o argumento da defesa de que a máfia era «uma atitude psicológica ou a manifestação típica de um individualismo exagerado». Mas também considerou que a máfia era mais do que isso, algo ilegal mas difícil de definir com clareza. Portanto, concluiu, vagamente, que a máfia era um «fenómeno de criminalidade coletiva». Todos, exceto dez dos cento e catorze réus, foram absolvidos por falta de provas.

As forças de segurança adotaram um discurso semelhante a este veredicto. Em 1974, o ano em que, como hoje sabemos, a Comissão da Cosa Nostra de Palermo foi reconstituída, o comandante da polícia de Palermo afirmou que a máfia era apenas um conjunto livre de quadrilhas locais não organizadas que se juntavam para determinadas atividades criminosas e, depois, rapidamente se dissolviam. Era inútil tentar combater a máfia *como tal*, porque esta era parte integrante da cultura siciliana. «É impossível reprimir o fenómeno geral da máfia! Reprimir o quê? Uma ideia? Uma mentalidade?» A Cosa Nostra, como tantas vezes no passado, revelou-se uma grande especialista em ocultar a sua verdadeira natureza.

O parecer do juiz Marino sobre o caso da reunião de Montalto forneceu às autoridades italianas a imagem de uma 'Ndrangheta muito bem estruturada e ritualizada. Além disso, os cadastros de don 'Ntoni Macrì e Mico Tripodo eram bastante semelhantes aos de muitos chefes da máfia siciliana da sua geração e anterior: a mesma violência, os mesmos amigos poderosos, a mesma curiosa série de absolvições por falta de provas, a mesma capacidade de se infiltrar nos setores mais ricos da economia legal. No entanto, ninguém parece ter-se perguntado se uma imagem semelhante de uma irmandade criminosa estruturada e ritualizada poderia corresponder à realidade na Sicília. A verdade pura e dura era que nada do que acontecia na longínqua Calábria conseguia despertar Itália para a gravidade do seu problema com o crime organizado.

Infelizmente, no fim de contas, as revelações que acompanharam o processo de Montalto também nada mudaram na Calábria. Até mesmo o juiz Marino, que se revelara tão minucioso nas suas investigações e tão incisivo na sua condenação das falhas do Estado, aplicou penas risíveis aos líderes da 'Ndrangheta. As leis italianas contra organizações mafiosas eram inconsistentes. Apesar de existir um crime de «associação mafiosa», sendo ilegal alguém pertencer a um grupo mafioso, as penas que acarretava eram muito leves. A maioria dos «apanhadores de cogumelos» foi condenada a penas de somente dois anos e meio, e muitos receberam o perdão das mesmas. Os chefes evocados no apelo à união do presidente, incluindo don 'Ntoni Macrì, foram todos absolvidos de pertencer a uma associação criminosa: falta de provas, mais uma vez. Don 'Ntoni e os outros tinham sido *mencionados* na reunião, mas não foram detidos no local, e não existiam provas de que efetivamente lá tivessem estado. Mico Tripodo foi absolvido, porque já estava preso à data do encontro. O juiz parecia estar a falar para a sua própria consciência quando tentou explicar o seu raciocínio:

> Este argumento poderá parecer uma farsa se levarmos em linha de conta a realidade sentida e vista por toda a gente nesta zona do mundo. Mas essa realidade não tem sido reconhecida pelo sistema de justiça criminal nos poucos casos extremamente graves com que tem lidado.

O juiz, por outras palavras, era prisioneiro da história. A persistente incapacidade das autoridades de criar um precedente legal que descrevesse corretamente a 'Ndrangheta implicava que homens como don 'Ntoni ainda não pudessem ser condenados.

Além de uma legislação inconsistente, Itália tinha forças de segurança que continuavam a revelar as mesmas fraquezas que o juiz identificara, de forma tão perspicaz, no seu relato do encontro da 'Ndrangheta em Montalto. As máfias continuariam a ser vigiadas da mesma forma ocasional e irregular que permitira à 'Ndrangheta tornar-se tão forte. Muito mais sangue teria de ser derramado para que Itália se mostrasse disposta, finalmente, a criar métodos de investigação e leis adequados à ameaça que enfrentava.

Anos depois da rusga à cimeira de Montalto, as recordações de um pequeno grupo de *'ndranghetisti* que resolveu testemunhar a favor do Estado ajudaram os magistrados a perceber a rapidez com que a ameaça do crime organizado tinha aumentado no final dos anos 60.

Por exemplo, os perfis criminosos de don 'Ntoni e Mico Tripodo eram ainda mais alarmantes do que o juiz Marino poderia saber. Porque além de serem «chefes do bastão» da 'Ndrangheta, os dois eram também membros plenamente iniciados da Cosa Nostra. Um desertor da 'Ndrangheta recordaria don 'Ntoni desta forma:

> Este homem era o chefe absoluto. Ele personificava o que as pessoas imaginavam ser a Sociedade Honrada — e não era indigno de o personificar, na minha opinião. Poderíamos dizer que ele era o chefe de todos os chefes, e não sou o único a enaltecer as suas qualidades... Ele era o representante único, um membro plenamente qualificado da Cosa Nostra... Era amigo pessoal de chefes da máfia siciliana, como Angelo e Salvatore La Barbera, Pietro Torretta, Luciano Liggio e os Grecos, de Ciaculli.

A relação de don 'Ntoni com a nata criminosa siciliana era bastante próxima. Ele contrabandeara cigarros com os sicilianos. Também usara os seus assassinos: julga-se que os atiradores no massacre da piazza Mercato eram sicilianos.

Mico Tripodo também era membro da Cosa Nostra. Mas os sicilianos não eram os seus únicos amigos. Mais tarde na sua carreira, Mico Tripodo passaria por várias regiões em regime de «realojamento forçado». Foi preso pela última vez em 1975 em Mondragone, na costa norte da Campânia — uma cidade que durante um século tinha sido um dos redutos mais famosos da Camorra na região. Quando foi capturado, Tripodo vivia escondido com dois importantes *camorristi*. Este era apenas um indício da forma como o contrabando de tabaco e outros negócios estavam a estabelecer ligações ao mais alto nível entre a Camorra e a 'Ndrangheta, quase tão intricadas como as ligações entre a Cosa Nostra e as outras duas organizações.

Gradualmente, o sul de Itália começou a desenvolver um sistema criminoso muito mais unificado do que alguma vez tinha sido no passado. Os membros das três máfias históricas de Itália sempre tiveram contactos uns com os outros, sobretudo através do sistema prisional. Contudo, a partir dos anos 60 do século XX, os casos de «filiação dupla» e até de «filiação tripla» tornaram-se cada vez mais comuns. O que estava a acontecer *não* era o desenvolvimento de uma única grande máfia, uma organização-mãe do submundo, mas algo muito mais subtil e eficiente: a partilha de contactos, recursos e conhecimentos. Por causa do contrabando de cigarros, mafiosos, *camorristi* e *'ndranghetisti* aprenderam rapidamente a trabalhar juntos. As novas fronteiras económicas do poder das máfias podiam ser exploradas de forma mais exaustiva quando Homens de Honra de diferentes organizações criminosas trabalhavam em conjunto.

Os testemunhos posteriores de desertores da 'Ndrangheta revelaram também mais pormenores sobre as mudanças políticas decisivas em curso no submundo calabrês. Durante cerca de uma década antes de Montalto, a 'Ndrangheta na província de Régio da Calábria esteve dividida em três territórios. Estes territórios correspondiam às três zonas costeiras da estreita biqueira da bota italiana e, por conseguinte, àquela que é quase a distribuição geográfica natural do poder da 'Ndrangheta. Na Sicília, cerca de metade da força numérica da Cosa Nostra está concentrada em redor da capital da ilha, Palermo. No sul da Calábria, o poder estava, e está, dividido em partes mais ou menos iguais entre a faixa de terra virada para a Sicília, que inclui a capital provincial de Régio da Calábria, a costa jónica, virada para o Mediterrâneo, e a costa tirrena, ou a parte de cima da biqueira da bota, que inclui Gioia Tauro — a planície mais vasta e fértil da região.

Nos anos 60, um triunvirato formado por chefes de cada um destes três territórios exerceu grande influência sobre os assuntos da 'Ndrangheta. Já conhecemos dois dos três triúnviros nas conclusões do juiz Marino sobre a cimeira de Montalto. O primeiro era o venerável don 'Ntoni Macrì, de Siderno, o «símbolo vivo da omnipotência e invencibilidade do crime organizado» e o patriarca do submundo cuja autoridade se estendia a toda a costa jónica.

O segundo membro do triunvirato da 'Ndrangheta era Mico Tripodo, o bígamo cujo poder tinha a sua base na cidade de Régio da Calábria e arredores.

O terceiro membro do triunvirato não estava presente nem foi mencionado na cimeira de Montalto (facto que em si revelava tensões no seio da organização). O seu nome era Girolamo «Mommo» Piromalli. Don Piromalli era o chefe dominante da planície de Gioia Tauro, onde se concentravam as obras para a «Autoestrada do Sol». Com mais ou menos a mesma idade que Mico Tripodo, também ele era um importante contrabandista de tabaco que tinha sido iniciado na Cosa Nostra.

Mommo era o mais velho de cinco irmãos e duas irmãs. O pai, Gioacchino, falecido em 1956, foi o fundador de uma genealogia extensa e crescente. Nos anos 60, os Piromallis consolidaram o seu papel dominante na planície de Gioia Tauro casando-se com as principais famílias da 'Ndrangheta. Por toda a província de Régio da Calábria, a teia de laços de parentesco tornava-se mais vasta e densa à medida que a 'Ndrangheta se infiltrava na nova realidade económica.

Juntos, os três chefes do triunvirato garantiam o que um *'ndranghetista* definiu como um «certo equilíbrio» no submundo calabrês — um equilíbrio que parecia cada vez mais frágil à medida que a Sociedade Honrada enriquecia com o betão e o tabaco.

A coordenação entre as várias células territoriais das organizações criminosas italianas não é uma novidade, mas parte integrante do panorama mafioso desde o início. Até os negócios criminosos mais tradicionais costumam correr melhor quando os mafiosos de diferentes territórios colaboram: roubando gado, escondendo fugitivos, emprestando assassinos uns aos outros, etc. No entanto, os novos negócios do milagre económico das máfias tornaram os prémios da coordenação ainda maiores. O troço calabrês da Autoestrada do Sol é um exemplo óbvio, atravessando vários feudos da 'Ndrangheta ao longo da costa tirrena. Como comentou um agente superior dos *Carabinieri* em 1970: «Há sempre alguém que se revolta contra o monopólio detido por alguma *cosche*, e depois resolve colocar dinamite numa betoneira, debaixo de uma escavadora ou num camião.»

Conflitos como estes eram prejudiciais a todos os envolvidos. Portanto, uma maior colaboração entre clãs criminosos rivais podia trazer grandes recompensas. O apelo à união lançado em Montalto era um sintoma dessa nova necessidade. E a união, fosse qual fosse a forma que efetivamente assumisse, exigia também formas de poder mais concentradas. A autoridade exercida pelos triúnviros era sintomática de uma vontade de maior centralização. Mommo Piromalli é um bom exemplo. Nos anos 70, o seu poderoso clã conseguiu cinquenta e cinco por cento das subempreitadas de remoção de terras e transporte de uma nova vaga de construção na planície de Gioia Tauro; as restantes foram para grupos menos poderosos em territórios adjacentes.

A Cosa Nostra estava a passar por mudanças semelhantes; uma destilação de poder semelhante. Como já vimos, em 1969 a máfia siciliana criou o seu próprio triunvirato para reerguer a organização após os desastres da década de 60. Em 1974, o triunvirato foi substituído por uma Comissão plena, com muito mais poderes do que o órgão com o mesmo nome que tinha sido dissolvido em 1963. Passou a ser uma manifestação direta do poder dos cerca de dezasseis chefes mais poderosos da província de Palermo. A partir de então, a Sociedade Honrada siciliana sofreu uma restruturação completa. Famílias inteiras que se haviam revelado problemáticas no início da década de 60 foram dissolvidas, e os seus membros integrados em *cosche* vizinhas. Quando um representante era preso ou morto, a Comissão reservava-se o direito de impor um substituto temporário; um «regente», como era chamado.

No entanto, há um paradoxo letal no cerne deste esforço por maior união entre os criminosos nos anos 60 e 70, uma vez que quanto maior fosse a concentração de poder, maiores seriam também os riscos de violência quando a união se desfizesse. A história das máfias parecia então num terrível impasse. As organizações criminosas tinham mais razões para negociar e partilhar os seus recursos. Mas uma maior união significava que quando eclodisse um conflito interno — algo que parecia inevitável — o derramamento de sangue seria também muito maior. Enquanto no passado tinha havido querelas locais, neste novo contexto a guerra seria total. O aumento da atividade pacificadora do submundo italiano — os seus apelos à união, as suas cimeiras, as suas regras, os seus órgãos dirigentes, a sua maquiavélica política de casamentos — era, afinal, uma forma de inventar novas guerras. E a guerra tornou-se ainda mais provável, porque a própria Itália estava a mergulhar num dos piores conflitos sociais desde a queda do fascismo. Na passagem dos anos 60 para os anos 70, o aumento da violência política na sociedade italiana ajudou a tornar célere o advento de uma hecatombe para as máfias.

Mafiosos nas barricadas

No final dos anos 60, Itália entrou num período de grande turbulência política. Tudo começou no outono de 1967 com o despertar de um movimento estudantil antiautoritário e contracultural; seguiu-se uma série de ocupações de edifícios universitários. Os protestos ganharam fôlego em 1968 com uma vaga de ações da classe operária que culminou no chamado «outono quente» de 1969. Houve greves sem aviso prévio, grandes comícios, piquetes de grevistas e manifestações de rua. Novos grupos de revolucionários marxistas surgiram de repente para orientar a luta, convencidos de que — do Vietname à América do Sul e à Europa — a revolução estava mesmo ao virar da esquina. A agitação em todas as frentes prolongou-se até aos primeiros anos da década seguinte.

A resposta mais sinistra ao novo clima de militância chegou na tarde de 12 de dezembro de 1969: uma bomba colocada num banco na piazza Fontana, muito perto da catedral de Milão, matou dezasseis pessoas e feriu oitenta e oito. Seguiram-se grosseiras tentativas da polícia de responsabilizar os anarquistas pelo massacre, mas não antes de um suspeito anarquista, Giuseppe Pinelli, ter morrido depois de cair, inexplicavelmente, de uma janela do quarto andar da sede da polícia. (Foi esta a «morte acidental de um anarquista» na qual se baseou a famosa peça de Dario Fo.) As autoridades italianas mostraram grande relutância em descobrir a verdade sobre quem colocara a bomba na piazza Fontana. O que ficou foi a suspeita generalizada e decerto justificada de que neofascistas ligados aos serviços secretos tinham sido os responsáveis. Esta era a «estratégia de tensão»: a tentativa de criar um clima de medo que afastasse a sociedade italiana da democracia e a aproximasse novamente do autoritarismo.

Um ano depois, Junio Valerio Borghese, um fascista obstinado com amigos nas forças armadas e nos serviços secretos, lançou uma tentativa de golpe de estado em Roma. O golpe acabou por ser um fiasco, mas os Italianos nem sequer ouviram falar do mesmo durante meses: surgiram novamente suspeitas de um encobrimento por parte dos serviços secretos.

A estratégia de tensão produziu mais atentados nos anos seguintes. Em maio de 1974, na piazza della Loggia, em Bréscia, foi detonada uma bomba durante uma manifestação contra o terrorismo de direita: oito pessoas morreram. Oitenta e cinco pessoas foram assassinadas por uma bomba enorme posta na sala de espera de segunda classe da estação de Bolonha, em agosto de 1980. Seguiu-se uma série familiar de cortinas de fumo e pistas falsas ardilosamente colocadas. Muita gente em Itália estava convencida de que estes tinham sido massacres do Estado e, por consequência, a credibilidade das instituições italianas sofreu danos permanentes.

No Sul, o resultado mais chocante desta perigosa desestabilização da sociedade italiana chegou em julho de 1970, quando a cidade de Régio da Calábria se ergueu em revolta. As manifestações resultaram em cargas policiais, que conduziram a barricadas e *cocktails molotov*, que, por sua vez, provocaram tiroteios. Alguns dias depois do início da revolta, um comboio descarrilou mesmo à saída da estação de Gioia Tauro, matando seis passageiros. Existiam fortes suspeitas de que uma bomba tinha provocado o acidente, e foram enviados militares para vigiar os caminhos de ferro calabreses. Em Régio da Calábria, houve ataques de dinamite a infraestruturas de transportes e ocupações de edifícios públicos. Os oito meses de combates de rua só terminaram quando os tanques entraram na cidade.

A causa de toda esta violência foi a decisão de que a cidade de Régio da Calábria *não* seria a sede administrativa do novo governo regional da Calábria. As pessoas de Régio estavam convencidas de que os políticos das outras duas grandes cidades da Calábria, Catanzaro e Cosenza, tinham feito um pacto desonesto para dividirem os prémios do governo regional entre si. Aparentemente, o que isto significava era que os habitantes de três das cidades mais pobres de Itália estavam a lutar pelos milhares de empregos no setor público que chegariam com a categoria de capital da Calábria. Mas as causas da revolta em Régio da Calábria eram muito mais profundas. Assolada pelo desemprego crónico e por uma crise habitacional que durava há gerações, a população de Régio organizara uma rejeição esmagadora dos seus representantes políticos. Os líderes partidários nacionais ficaram chocados e perplexos com a sublevação, que gozara de indiscutível e amplo apoio local. Tinha sido liderada, primeiro, por dissidentes locais da Democracia Cristã e, depois, por um Comité de Ação chefiado por um agitador do Movimento Social Italiano, o partido neofascista.

No entanto, testemunhos recentes de *'ndranghetisti* arrependidos sugerem que a história da revolta de Régio de 1970 teve uma intriga secundária. No verão e outono do ano anterior, Junio Valerio Borghese fez uma série de visitas provocadoras a Régio, quando preparava o golpe que lançaria em Roma em 1970. Em 27 de outubro de 1969, organizou um comício que terminou em distúrbios, depois de uma pequena bomba ter destruído uma águia fascista que datava da primeira visita de Mussolini à cidade. Veio a saber-se mais tarde que os próprios neofascistas tinham colocado a bomba com o fim de provocar os distúrbios. Tudo indica que Borghese terá estabelecido contactos com líderes da 'Ndrangheta por volta dessa altura. Um acordo entre a 'Ndrangheta e o movimento de Junio Valerio Borghese poderá ter sido discutido na reunião dos «apanhadores de cogumelos» em Montalto, que, por acaso, ocorreu na véspera do comício de outubro. Os mafiosos sicilianos também deram conta de conversas com Borghese antes do golpe de estado falhado.

Não sabemos se houve um entendimento entre Borghese e a máfia calabresa. O que sabemos, sem dúvida, é que *'ndranghetisti* ajudaram a montar as barricadas em Régio da Calábria; que *'ndranghetisti* forneceram armas e dinamite ao Comité de Ação da revolta; e que foram *'ndranghetisti* quem forneceu os explosivos usados por terroristas fascistas para descarrilar o comboio perto de Gioia Tauro. A 'Ndrangheta, portanto, contribuíra com o seu peso para a estratégia de tensão.

Mas que tinham os *'ndranghetisti* a ganhar associando-se aos fascistas ou mesmo à revolta de Régio? A verdade é que também eles tinham razões para protestar contra o facto de o privilégio de capital regional ter sido concedido a outra cidade menos contaminada pela máfia. Vários outros aspetos deste assunto profundamente obscuro parecem certos. Em primeiro lugar, a revolta deu à 'Ndrangheta a oportunidade de desacreditar a polícia, que aumentara havia pouco tempo a sua atividade contra o crime organizado. No entanto, o apoio à revolta envolveu apenas um segmento da 'Ndrangheta em Régio da Calábria, porque, fora da cidade, os chefes como o velho patriarca do crime don 'Ntoni Macrì não queriam associar-se a Borghese. Sensatamente, em vez do projeto extremamente arriscado e incerto de organizar uma insurreição para levar políticos autoritários ao poder, a maioria dos *'ndranghetisti* preferia o negócio muito mais enfadonho e lucrativo de fazer acordos com políticos corruptos que já *tinham* poder. Além disso, quando *existiam* contactos entre mafiosos e insurretos de direita, estes costumavam estar relacionados com uma das poucas coisas que era verdadeiramente comum às duas partes: armas. Não sabemos se os contactos foram além desta convergência básica de interesses. Muitas outras coisas acerca desta história continuam envoltas em mistério. Sabemos que, em anos posteriores, alguns *'ndranghetisti* frequentaram os mesmos círculos que os fascistas subversivos e os seus amigos nos serviços secretos. Contudo, as linhas principais da história da 'Ndrangheta seguiram um percurso bastante mais familiar depois dos acontecimentos de Régio da Calábria em 1970.

A revolta de Régio é uma lição de como um sistema político baseado no nepotismo, sectarismo e influência das máfias pode ser instável. As erupções de ira popular são sempre uma possibilidade, porque nunca existem favores suficientes para distribuir por toda a gente.

A resposta do governo nacional à revolta de Régio da Calábria foi aumentar a oferta de favores, através de um grande programa de investimentos com o nome do primeiro-ministro da época: o «pacote Colombo». O elemento central do pacote Colombo era um complexo siderúrgico gigantesco, a construir na costa tirrena em Gioia Tauro.

No fim, com a crise económica dos anos 70, o pacote Colombo viu o seu tamanho reduzido. A unidade siderúrgica nunca seria concluída — uma queda súbita dos preços do aço encarregou-se disso. Planos subsequentes para uma central elétrica a carvão também não se concretizaram. O local acabou por ser transformado num enorme porto de contentores — o maior no Mediterrâneo — que começou a operar em 1994. A herdade da família Piromalli situa-se num monte com vista para o porto de contentores e para o cemitério ao lado: o simbolismo não podia ser mais conveniente.

Os *'ndranghetisti* como os Piromallis não podiam ter sonhado com um melhor resultado para a crise dos anos 70: um estaleiro permanente mesmo no centro da região da Calábria mais infestada pela máfia. Quando foi anunciado o pacote Colombo, os «chefes do bastão» da planície de Gioia Tauro correram para arranjar escavadoras, betoneiras e camiões basculantes, mais depressa do que miúdos à solta numa loja de brinquedos. A corrida desenfreada às empreitadas e subempreitadas oferecidas pelo pacote Colombo seria uma das principais causas daquela que ficou conhecida como Primeira Guerra da 'Ndrangheta na Calábria.

A Primeira Guerra da 'Ndrangheta também teve outras causas. Uma delas foi a expansão do terceiro grande setor do milagre económico das máfias: depois da construção e do contrabando de cigarros veio o rapto.

A indústria do rapto

Em Itália, cerca de seiscentos e cinquenta cidadãos foram raptados por criminosos nos anos 70 e 80. Alguns dos nomes mais famosos do país foram vítimas, como o cantor-compositor Fabrizio De André e três membros da dinastia de joalheiros Bulgari. Dos incontáveis milhares de milhões de liras pagos em resgates, apenas uma pequena porção de oito mil milhões (aproximadamente vinte e oito milhões de euros em valores de 2011) foi recuperada, apesar de precauções como marcar ou microfilmar notas bancárias. Não admira que a expressão «indústria do rapto» se tivesse tornado num lugar-comum jornalístico.

A partir do início da década de 70, a indústria do rapto trouxe ao crime organizado ainda mais riqueza. Mas também tornou as tensões no submundo italiano muito mais voláteis. As fronteiras de causa e efeito entre o novo e lucrativo negócio do rapto e os riscos de guerra entre as máfias não eram as mesmas na Calábria e na Sicília. A 'Ndrangheta e a Cosa Nostra tinham atitudes muito diferentes para com a arte de fazer reféns. Como explicou Antonino Calderone, um mafioso siciliano, em 1992:

> A máfia [siciliana] não explora a prostituição, porque esse é um negócio sujo. Consegue imaginar um Homem de Honra a viver como um chulo, um explorador de mulheres? Talvez na América os mafiosos se tenham envolvido nesse negócio... Mas na Sicília a máfia simplesmente não faz isso, ponto final.

> Ora, o rapto é algo completamente diferente. A Cosa Nostra não tem nenhuma regra interna contra os raptos. Lá no fundo, um Homem de Honra aceita o rapto. Não o vê enquanto algo sujo como a prostituição.

Os mafiosos sicilianos têm um século e meio de experiência coletiva em raptos; têm raptado homens, mulheres e crianças desde a formação da sua Sociedade Honrada. Portanto, sabem que fazer reféns pode ter muitos significados e muitos motivos. Um grande resgate é sempre bem-vindo, mas às vezes isso constitui apenas uma parte da história. Uma consideração mais importante poderá ser o desejo de fazer amizades.

Fazer amizades através do rapto implica recorrer a um jogo de interpretação de personagens. A primeira personagem é a do mau da fita: o chantagista ruidoso que ameaça perentoriamente fazer desaparecer os filhos de alguém se não lhe for entregue uma fortuna. A segunda personagem é a do mediador que promete chamar os raptores à razão; o amigo discreto e bem-falante que consegue negociar uma redução do resgate, trazer os filhos sãos e salvos de volta para casa e, claro, garantir a proteção contra quaisquer perigos futuros.

Estas duas personagens são interpretadas por mafiosos. Quer através do rapto quer através da extorsão (que geralmente funciona segundo as mesmas regras de interpretação de personagens), a máfia tem o dom de se apresentar não só como o nosso maior pesadelo mas também como o melhor amigo que poderíamos esperar nas circunstâncias. Como escreveu Maquiavel, «Os homens que recebem o bem de quem esperavam apenas o mal, mais agradecidos se mostram ao benfeitor». Fazendo uso de meios simples como estes, a Sociedade Honrada da Sicília tem-se infiltrado na classe dirigente da ilha desde meados do século XIX. A expressão «síndrome de Estocolmo» — usada para descrever casos em que as vítimas de rapto criam laços afetivos com os seus raptores — só foi inventada em 1973. Todavia, durante mais de um século antes dessa data a mesma podia facilmente ter sido aplicada a vastos segmentos da nata siciliana.

No entanto, o rapto é por natureza um crime complicado. Normalmente, exige uma grande equipa de cúmplices. Os reféns têm de ser detidos, escondidos e alimentados, talvez durante longos períodos de tempo. As vítimas são por definição ricas e, muitas vezes, também poderosas — o tipo de pessoas cujo desaparecimento embaraça os políticos, provocando a retórica inflamada contra o crime e a mobilização de muitos meios policiais. Qualquer chefe da máfia que leve a cabo um grande rapto e não compense os outros chefes pelo incómodo poderá tornar-se muito impopular. Qualquer criminoso comum com um átimo de bom senso sabe que realizar um rapto sem a autorização da máfia é um suicídio. Nos anos 70, um mafioso na prisão ouviu contar que outro recluso sem ligações à máfia estava a planear raptar alguém; a sua reação foi murmurar apenas *chistu 'avi a moriri*: «este tipo tem de morrer». O aspirante a raptor foi morto a tiro uma semana depois de sair da prisão.

Por todas estas razões, o rapto na Sicília tem conhecido várias fases: fases mais curtas em que tem sido frequente e períodos mais longos em que tem sido raro. Por exemplo, os mafiosos — ou os bandidos que de vez em quando trabalhavam para eles — raptaram muitos dignitários sicilianos na década e meia que se seguiu à unificação de Itália em 1860. Em 1876, o rapto de um negociante de enxofre inglês ajudou a pôr em marcha um grande assalto ao crime organizado na ilha. Muitos bandidos foram traídos pelos seus protetores da máfia e abatidos a tiro. Depois disso, o número de raptos diminuiu drasticamente: um sinal claro de que a máfia chegara a um entendimento com os seus amigos da classe dirigente da ilha.

Assim, os raptos, consoante estejam a aumentar ou a diminuir, podem também ser um indicador de que estão a ocorrer mudanças historicamente significativas no submundo siciliano. Foi o que aconteceu no início dos anos 70. A maioria dos chefes mafiosos libertados depois dos julgamentos do final dos anos 60 — os julgamentos relativos aos acontecimentos da Primeira Guerra da Máfia — encontrou-se numa situação economicamente difícil. Como recordou mais tarde Antonino Calderone, um Homem de Honra que os conhecia a todos:

> Acreditem. Quando vos digo que não havia dinheiro na altura, que a máfia não tinha dinheiro, não estou a exagerar. Depois das prisões de 1962–63, depois de todos os homens que tinham sido enviados para realojamento forçado ou para a prisão, e depois do julgamento de Catanzaro em 1968, o dinheiro desapareceu. Tinha sido todo gasto em advogados, prisão e coisas do género... Portanto, quando começaram

> a ser libertados, por volta de 1968, os chefes da Cosa Nostra estavam todos tesos. Luciano Liggio talvez tivesse alguma casa ou propriedade, mas não ia vender. Posso dizer-vos que Totò Riina chorou quando me contou que a sua mãe não pôde visitá-lo na prisão, em 1966 ou 1967, porque não tinha dinheiro para o bilhete de comboio. Então, por volta de 1971, foi organizada uma série de raptos.

Os autores da nova vaga de raptos eram de Corleone, uma vila no interior a cerca de cinquenta e cinco quilómetros de Palermo. Já nos cruzámos algumas vezes com a Família de Corleone na história da máfia. Mas o rapto transformá-los-ia em protagonistas. Luciano Liggio começou como um pequeno criminoso cuja habilidade com armas de fogo chamou a atenção do chefe mafioso da vila, o Dr. Michele Navarra. Em 1958, Liggio matou Navarra a tiros de metralhadora, provocando uma violenta cisão na Família que tornaria Corleone famosa: «Tombstone», chamou-lhe a imprensa. Liggio acabou por emergir vitorioso, graças principalmente aos seus jovens e ferozes tenentes, Totò Riina, *u Curtu* («o Baixinho»), e Bernardo Provenzano, «o Trator». Os *corleonesi* tinham uma relação próxima de trabalho com Vito Ciancimino, o «Jovem Turco» democrata-cristão que teve um papel determinante no saque de Palermo do início dos anos 60. A base de poder de Liggio era tão forte, que, quando a Cosa Nostra foi reconstituída em 1969, ele foi um dos triúnviros encarregados de reestruturar a organização. Como Liggio estava muitas vezes fora da Sicília, o seu lugar nas reuniões do triunvirato, e mais tarde na Comissão, era geralmente ocupado por Totò Riina, o homem que se transformaria no *capo* siciliano mais poderoso e violento de todos os tempos.

Os *corleonesi* tentaram pela primeira vez remediar a sua falta de dinheiro em 8 de junho de 1971, quando um homem de vinte e oito anos, que tinha acabado de estacionar à porta de casa depois de ir comprar um semifrio, foi agarrado por cinco assaltantes e metido noutro automóvel; os transeuntes foram ameaçados com pistolas. De repente, os burgueses palermitanos começaram a sair menos de casa e a perguntar-se quem seria o próximo a ser raptado. A razão para os seus receios era o facto de a vítima ser Pino Vassallo, filho do famoso «Rei do Betão» don Ciccio Vassallo — o mesmo homem que tinha construído muitos dos prédios de apartamentos onde grande parte da burguesia palermitana vivia. Vassallo atravessara incólume todas as batalhas dos anos 60. Agora, parecia que os seus protetores o tinham abandonado.

Um homem de negócios apoiado pela máfia como o «Rei do Betão» (ou o seu filho, na verdade) era um refém perfeito. No entanto, raptá-lo era também um ato potencialmente catastrófico. Por um lado, os crimes por trás da fortuna de Vassallo garantiam que o assunto fosse tratado com discrição. Era pouco provável que don Ciccio tentasse envolver a polícia. Um resgate entre cento e cinquenta e quatrocentos milhões de liras (1,2–3,2 milhões de euros em valores de 2011) foi devidamente pago, e Pino Vassallo libertado. Mas por outro lado, raptar alguém protegido por outro chefe constituía um insulto flagrante. Roubar o «vale-refeição» de outra pessoa equivalia a uma declaração de guerra. Se não houve uma guerra depois do rapto de Vassallo, talvez fosse porque a sua proteção estivesse suspensa — os mafiosos mais próximos de Vassallo tinham sido os irmãos La Barbera, os vencidos na Primeira Guerra da Máfia.

Quando receberam o resgate do rapto de Vassallo, Liggio e os seus homens revelaram um comportamento mafioso exemplar na forma como o distribuíram equitativamente pelas Famílias mais necessitadas da província de Palermo. A operação Vassallo serviu, assim, a dois propósitos pacíficos: a redistribuição de riqueza e a consolidação do novo equilíbrio de poderes que surgira depois da turbulência dos anos 60. No entanto, pouco tempo depois, o problema dos raptos iria causar muito mais divisões.

Depois de organizar o rapto de Vassallo, os *corleonesi* organizariam outras operações não autorizadas — como o rapto, em agosto de 1972, de Luciano Cassina, filho do empresário cujas empreitadas para a manutenção dos esgotos e estradas da cidade faziam dele o maior contribuinte de Palermo. Curiosamente, o homem que se apresentou como «amigo» para ajudar a família Cassina a negociar com os raptores era um padre, Agostino Coppola, sobrinho de Frank «Three Fingers» Coppola e próximo da Família da Cosa Nostra de Partinico, aliada de Luciano Liggio. Desta vez, os *corleonesi* guardaram os lucros para si.

Segundo as regras da máfia, não havia justificação para a maneira como os *corleonesi* se estavam a comportar. Apesar de se mostrarem evasivos e ardilosos quando falavam com outros mafiosos sobre o que se estava a passar, era, no entanto, evidente que estavam a lançar um desafio calculado e flagrante à autoridade dos seus rivais. Em 1972, os outros dois membros do triunvirato, Tano Badalamenti e Stefano Bontate, encontravam-se ambos presos, e, por isso, menos capazes de reagir à provocação. Outro facto igualmente importante era que mesmo que tivessem desejado tomar medidas contra os *corleonesi*, teriam tido dificuldade em os encontrar. Luciano Liggio tinha fugido novamente no verão de 1969. Os seus dois tenentes, Totò Riina e Bernardo Provenzano, andavam fugidos desde 1969 e 1963, respetivamente.

Os anos 1974 e 1975 foram politicamente importantes para a Cosa Nostra. Em 1974, depois da saída da prisão de Stefano Bontate, o triunvirato que tinha liderado a organização na província de Palermo desde 1969 foi substituído por uma Comissão plena, constituída sobretudo por aliados de Bontate; Tano Badalamenti sentava-se à cabeceira da mesa como representante provincial. Mais tarde, em fevereiro de 1975, uma casa de campo no centro da Sicília, perto da cidade alta de Enna, recebeu a primeira reunião de um órgão completamente novo, a Comissão Regional, ou Região. A Região era constituída por seis chefes representando as seis províncias mais «mafiosas» da Sicília: Palermo, Trapani, Agrigento, Caltanissetta, Enna e Catânia. Na prática, o que as Comissões destas seis províncias estavam a fazer era enviar um representante para participar numa comissão coordenadora para o crime da máfia. A autoridade da Região sobre os assuntos da máfia na ilha era relativamente limitada, simbolizada pelo facto de o chefe eleito para presidir às suas reuniões receber o título de «secretário» e não de *capo*.

O cérebro estratégico por trás da Região pertencia a Pippo Calderone, cujo irmão mais novo, Antonino, se tornaria mais tarde testemunha do Estado, fornecendo-nos informações preciosas sobre este período extraordinário da história da máfia. Pippo Calderone, homem de negócios e Homem de Honra da cidade de Catânia, no leste da Sicília, até se deu ao trabalho de elaborar uma constituição para o novo órgão. O artigo mais importante dessa constituição, e o primeiro item na ordem de trabalhos da primeira reunião da Região, era a proibição do rapto na ilha — sob pena de morte. As razões para a proibição pareciam sensatas. Os raptos podiam ser lucrativos a curto prazo, mas tornavam a máfia impopular entre os civis. Mais importante do que isso era o facto de atraírem uma maior vigilância da polícia — bloqueios de estradas, etc. —, o que tornava a vida particularmente difícil para os mafiosos que andavam fugidos da lei. Era por isso difícil para qualquer um dos chefes na primeira reunião da Região discordar de uma medida tão política e, como seria de esperar, seis mãos levantaram-se para a aprovar. No entanto, como sempre nos assuntos da máfia, a proibição do rapto era não só uma medida prática mas também tática: visava aos *corleonesi* e pretendia isolá-los no seio da Cosa Nostra. Liggio, Riina e Provenzano tomaram nota.

Na tarde de 17 de julho de 1975, apenas alguns meses depois desse primeiro encontro da Região, um velhote resolveu meter-se no seu *Alfa Romeo 2000* e enfrentar o calor sufocante do verão siciliano para se dirigir a Salemi, uma vila aglomerada em torno de uma fortaleza normanda, numa colina da província de Trapani. Mas não chegou ao seu destino: junto de uma bomba de gasolina à entrada da vila, encontrou a estrada à sua frente bloqueada por dez homens armados de metralhadoras. Quando estava a ser obrigado a sair de um automóvel e a entrar noutro, chegou o autocarro de Trapani. Dois dos raptores fizeram sinal ao motorista aterrorizado para que parasse e entraram no autocarro. Em silêncio, exibiram as suas armas aos passageiros. As palavras eram supérfluas: não tinha acontecido nada e ninguém tinha visto nada.

Os *corleonesi* tinham voltado a atacar, mostrando o seu desprezo pelas medidas tomadas contra eles na Região. Além disso, tinham atacado uma vítima mais ilustre do que era habitual. O velhote no *Alfa Romeo* era Luigi Corleo, um cobrador de impostos. Na Sicília, a cobrança de impostos era privatizada e subcontratada. Desde os anos 50, o genro de Corleo, Nino Salvo, transformara o negócio de cobrança de impostos da família numa máquina gigantesca para roubar os contribuintes sicilianos. Juntamente com o seu primo, Ignazio, Nino Salvo geria uma empresa que detinha então um quase monopólio sobre a cobrança de impostos, e recebia uma comissão escandalosa de dez por cento. Com efeito, uma lira em cada dez que os Sicilianos pagavam em impostos ia diretamente para os bolsos dos primos Salvo. Além disso, os Salvos conseguiam engendrar um intervalo de dois ou três meses entre a cobrança de impostos e a sua entrega ao Estado — dois ou três meses em que estas quantias enormes atraíam juros muito favoráveis. Os lucros faraónicos desta fraude legalizada dos Salvos eram investidos em arte (Van Gogh e Matisse, ao que parece), hotéis, terrenos, e na rede de apoio político necessária para assegurar que a Assembleia Regional da Sicília continuasse a aprovar a concessão da cobrança de impostos. Os dois primos Salvo eram também Homens de Honra e muito próximos de dois membros do triunvirato: Tano Badalamenti e Stefano Bontate, o «Príncipe de Villagrazia». Por outras palavras, ao raptar Luigi Corleo, os *corleonesi* planeavam atingir o verdadeiro centro do poder económico, político e criminoso da Sicília. Antonino Calderone explicaria mais tarde que o rapto de Corleo foi «um caso extremamente grave que criou um choque enorme na Cosa Nostra». O resgate pedido também foi chocante: vinte mil milhões de liras (perto dos cem milhões de euros em valores de 2011).

O rapto de Corleo foi inicialmente um sério embaraço para Badalamenti e Bontate, e transformou-se rapidamente numa humilhação total. Apesar de semearem o campo em redor de Salemi de cadáveres, Badalamenti e Bontate não conseguiram nem libertar o refém nem encontrar quaisquer provas que sustentassem a sua suspeita de que os *corleonesi* eram os responsáveis. Ainda por cima, o velho Corleo morreu quando ainda estava em cativeiro, provavelmente de um ataque de coração. Badalamenti e Bontate nem sequer foram capazes de recuperar o corpo.

Os *corleonesi* podem não ter recebido o resgate que tinham esperado, mas obtiveram algo que, a longo prazo, se revelaria muito mais valioso: a demonstração notória de que Badalamenti e Bontate não tinham dominado os princípios básicos do controlo territorial. Manifestamente, os *corleonesi* podiam ignorar os legisladores da Cosa Nostra com impunidade. Por toda a Sicília, os outros chefes da máfia ouviram os rumores e começaram a tirar conclusões.

A breve sequência de raptos de figuras ilustres na Sicília coincidiu com outro acontecimento importante: uma nova geração de líderes assumiu o comando em Corleone. Luciano Liggio foi gradualmente afastado pelo seu tenente, Totò Riina, habilmente assistido por Bernardo Provenzano. Foi Riina quem dirigiu as operações para os raptos de Cassina e Corleo.

Entretanto, Liggio continuava bastante ocupado, mas em lugares onde as regras da Cosa Nostra contra o rapto não se aplicavam.

Em julho de 1971, mudou-se para Milão, onde podia organizar todos os raptos que quisesse. Além disso, em Milão era muito fácil encontrar pessoas ricas para raptar. Na Sicília, o rapto era mais um ato político do que uma atividade lucrativa ou frequente. Entre 1960 e 1978, registaram-se apenas dezanove raptos na Sicília, uma porção muito pequena dos terríveis trezentos e vinte e nove raptos que ocorreram em toda a Itália. No interior da Cosa Nostra, circulavam rumores de que Liggio enriquecia fantasticamente com o comércio de reféns fora da Sicília, e de que estava a trabalhar com a organização que depressa se tornaria na especialista em raptos do submundo italiano: a 'Ndrangheta.

O envolvimento da Cosa Nostra e da Camorra na indústria do rapto era comparativamente limitado. A Cosa Nostra, como já vimos, tinha sérias reservas constitucionais relativamente à tomada de reféns no seu próprio domínio. Os *camorristi*, no início dos anos 70, realizaram alguns raptos, mas estes não se tornaram num crime típico da Camorra, provavelmente porque esta não tinha colónias no Norte que lhe permitissem criar uma rede nacional para a tomada de reféns.

Para qualquer pessoa que se desse ao trabalho de ler as páginas do crime nos diários calabreses, um padrão de raptos já se havia estabelecido na região no final dos anos 60. Contudo, as vítimas eram todas figuras locais, os resgates pedidos, relativamente pequenos e os períodos de cativeiro, curtos. As coisas começaram a mudar em dezembro de 1972 com o rapto de Pietro Torielli, filho de um banqueiro de Vigevano, na região norte da Lombardia. Julga-se que Luciano Liggio e a 'Ndrangheta estiveram envolvidos. A partir de então, o rapto seria um negócio de âmbito nacional para o crime organizado calabrês.

Houve várias razões para que o rapto se tivesse tornado no negócio preferido da 'Ndrangheta. A primeira grande vantagem era não ser muito caro de organizar. O dinheiro que rendia servia geralmente de capital inicial para iniciativas que exigiam maiores investimentos, como a construção ou o tráfico de drogas em grande escala. Nenhuma máfia tinha uma rede de colónias no Norte comparável à da 'Ndrangheta. Também nenhuma outra máfia tinha o

Aspromonte. O maciço de montanhas na extremidade da península italiana foi sempre um refúgio seguro para fugitivos. As suas ravinas, grutas e desfiladeiros arborizados tornaram-se conhecidos internacionalmente como esconderijos para vítimas de rapto. Os reféns contavam que ouviam os mesmos sinos das igrejas ao longe. Uma estátua de bronze de Jesus na cruz, situada entre as faias e abetos da planície de Zervò, acima de Platì, transformou-se numa espécie de caixa de correio onde os resgates eram muitas vezes depositados. Durante anos, a estátua exibiu um grande buraco de bala no peito. No Aspromonte, o reino de terror e cumplicidade da 'Ndrangheta era tão absoluto, que a organização podia estar segura de conseguir manter os seus reféns quase indefinidamente. As vítimas que conseguiam escapar e pedir ajuda ao primeiro transeunte que encontravam acabavam por ser conduzidas de volta aos seus sequestradores. As aldeias pobres de montanha controladas pela 'Ndrangheta começaram a viver das sobras dos lucros dos raptos. Na costa jónica, Bovalino tinha um novo bairro conhecido localmente como «Paul Getty» — o famoso refém cujo rapto catapultou a 'Ndrangheta para a linha da frente da indústria do rapto.

Na madrugada de 10 de julho de 1973, no centro de Roma, um *hippie* ruivo de dezasseis anos chamado John Paul Getty III — neto do magnata do petróleo americano Jean Paul Getty — foi metido à força num automóvel, cloroformizado e conduzido para longe. Depois de uma espera angustiante, os raptores comunicaram finalmente as suas exigências numa colagem de cartas feita com recortes de revistas: dez mil milhões de liras, ou cerca de dezassete milhões de dólares na altura. Jean Paul Getty, homem notoriamente reservado e avarento, com oitenta e um anos de idade, recusou-se a negociar: «Eu tenho catorze netos, e se pagar um tostão do resgate, terei catorze netos raptados.»

O impasse arrastou-se até 20 de outubro, quando os captores do rapaz lhe cortaram a orelha direita, a puseram numa embalagem de pensos rápidos cheia de fluido de embalsamamento e a enviaram por correio para a redação do diário romano *Il Messaggero*. A encomenda macabra incluía um bilhete prometendo que o resto do corpo «chegaria em pequenos pedaços» se o resgate não fosse pago. Aumentando ainda mais a agonia da família Getty, a orelha ficou detida por uma greve de carteiros e demorou quase três semanas a chegar. A cruel mutilação surtiu o efeito desejado: um mês depois, um resgate de dois mil milhões de liras (três milhões e duzentos mil dólares) — um quinto do montante exigido inicialmente — foi entregue a um homem de balaclava, numa área de estacionamento de emergência.

John Paul Getty foi libertado. Mas o impacto psicológico do seu suplício foi profundo. Ele era frágil e muito jovem: passara o seu décimo sétimo aniversário em cativeiro. O trauma parece tê-lo levado à dependência de drogas e álcool. Em 1983, uma falência hepática provocou-lhe um AVC, que o deixou cego e paralítico.

Nunca foi provado, sem sombra de dúvida, que Luciano Liggio tivesse organizado o rapto de Getty. Também ninguém foi preso, tirando meia dúzia de pequenos criminosos — os contratados e não os orquestradores. Mas uma coisa é certa: Getty foi detido nas montanhas da Calábria, e os seus sequestradores eram amigos de Luciano Liggio na 'Ndrangheta. E quando Luciano Liggio saiu de cena (foi recapturado em 1974 e nunca mais libertado), a 'Ndrangheta mostrou que era mais do que capaz de organizar sozinha raptos extremamente lucrativos.

O rapto causava menos divisões na 'Ndrangheta do que na Cosa Nostra. No entanto, a nova indústria criminosa atraiu a atenção dos *media* e da polícia para a Calábria e, consequentemente, para a controvérsia no seio do submundo local. Parece que don 'Ntoni Macrì, chefe de Siderno e membro do triunvirato, informou os outros chefes das suas dúvidas em relação à tomada de reféns no seu território, pouco depois do rapto de Getty. Essas dúvidas exacerbaram, ainda mais, as rivalidades entre as fações da 'Ndrangheta que lutavam por uma parte do pacote Colombo.

Os mafiosos do Sul e da Sicília não foram os únicos a lucrar com a onda de raptos no país nas décadas de 70 e 80. Por exemplo, alguns dos bandidos mais empreendedores da ilha da Sardenha, atuando na Toscana, tinham a sua própria tradição de raptos e mostraram-se particularmente ativos nos anos 70. Muitos delinquentes comuns abraçaram a ideia de que fazer um refém ou dois era um atalho para a riqueza. O rapto tornou-se numa moda criminosa profundamente nociva para o enfraquecido tecido social de Itália.

Luigi Ballinari, um pequeno contrabandista de cigarros de nacionalidade suíça, recordou o burburinho na prisão em 1974: «As nossas conversas voltavam sempre ao crime do momento, que era então uma moda em Itália: extorquir dinheiro através do rapto. Era o sonho de toda a gente! Nós fantasiávamos, organizávamos, analisávamos os erros que os outros raptores tinham cometido.»

Pouco depois de ser libertado, Ballinari envolveu-se num dos raptos mais atrozes da época. Cristina Mazzotti, a filha de dezanove anos de um empresário de perto de Como, na fronteira com a Suíça, foi raptada em 26 de junho de 1975. Os seus raptores despiram-na, vendaram-lhe os olhos, algemaram-na, bloquearam-lhe os ouvidos e meteram-na num espaço exíguo debaixo de uma garagem. Aí, ela foi obrigada a consumir comprimidos para dormir dissolvidos em sumo de fruta, durante mais de duas semanas, enquanto decorriam as negociações com os seus pais. O plano — comum a muitos grupos de raptores de ocasião no norte e centro de Itália — era vender a refém aos verdadeiros peritos: a 'Ndrangheta. Contudo, neste caso, antes que Cristina pudesse ser vendida e enviada para uma nova prisão no Aspromonte, o seu corpo deixou de funcionar lentamente sob o efeito cumulativo dos comprimidos; foi metida na mala de um carro e enterrada numa lixeira. Os pais, não sabendo que a filha já estava morta, pagaram um resgate de 1,05 mil milhões de liras (5,2 milhões de euros em valores de 2011).

Ballinari foi apanhado, mais tarde, a tentar branquear alguns dos lucros do rapto de Cristina. Quando cedeu sob interrogatório e contou toda a história, o cadáver de Cristina já se encontrava em estado tão avançado de decomposição, que foi impossível determinar se já estaria morta quando foi enterrada.

Os horrores da indústria do rapto eram prolixos. Os reféns no Aspromonte eram especialmente maltratados. Acorrentados e alimentados com restos, não podiam lavar-se nem trocar de roupa. Em conversas telefónicas intercetadas, podiam ouvir-se os captores da 'Ndrangheta a referirem-se em código aos prisioneiros como «porcos». O sequestro mais longo foi o de um estudante adolescente chamado Carlo Celadon, de perto de Vicenza, que foi raptado da sua própria casa em 1988. Carlo foi mantido durante uns impressionantes oitocentos e vinte e oito dias numa gruta infestada de ratazanas e coberta dos seus próprios excrementos. Com três correntes à volta do pescoço, era submetido a ameaças constantes — e a espancamentos se ousasse chorar ou suplicar. Quando foi libertado e entregue ao pai, este comentou que o filho parecia o prisioneiro de um campo de concentração nazi. O comentário de Carlo sobre o seu suplício foi confrangedor: «Eu pedia, implorava aos meus carcereiros que me cortassem a orelha. Estava totalmente destruído, tinha perdido toda a esperança.»

Em Itália, entre 1969 e 1988, setenta e uma pessoas desapareceram e nunca mais foram vistas com vida; julga-se que, em cerca de metade desses casos, um resgate foi pago. Em 1981, Giovanni Palombini, um empresário do café de oitenta anos, foi raptado por uma quadrilha romana que, provavelmente, planeava entregá-lo à 'Ndrangheta. Ele conseguiu fugir, mas estava tão desorientado, que, quando bateu à porta de uma casa para pedir ajuda, descobriu que esta era o esconderijo dos seus raptores. Eles deram-lhe um copo de champanhe e depois executaram-no. O corpo foi metido numa arca congeladora para que pudesse ser tirado, de vez em quando, para as fotografias que a família queria ver como prova de que ele ainda estava vivo.

Nem as crianças eram poupadas: houve vinte e dois raptos de crianças, algumas pouco mais do que bebés de colo. Marco Fiora tinha apenas sete anos quando foi raptado por *'ndrangbetisti* em Turim, em março de 1987. O seu tormento durou um ano e meio. Foi mantido acorrentado como um cão num esconderijo no Aspromonte durante todo esse tempo. Os seus captores esforçaram-se por lhe fazer uma lavagem ao cérebro, dizendo-lhe que os pais não queriam pagar o resgate porque não o amavam. Parece que a longa demora se deveu a os espiões da 'Ndrangheta terem sobrevalorizado a riqueza do pai de Marco, recusando-se a acreditar nas afirmações deste de que não tinha meios para pagar o resgate. Marco estava esquelético quando foi libertado perto de Ciminà, com as pernas tão atrofiadas, que mal podia andar. Bateu a algumas portas, mas os habitantes recusaram-se a abri-las. Então, sentou-se na berma da estrada até que uma patrulha de *Carabinieri* o encontrou por acaso. As primeiras palavras que disse à mãe foram: «Não és a minha mamã. Vai-te embora. Não quero ver-te.»

Algumas crianças saíram-se ainda pior. Uma rapariguinha de onze anos das margens do lago Garda, Marzia Savio, foi raptada em janeiro de 1982. No fim, veio a saber-se que o seu raptor não era um mafioso, mas apenas o dono da salsicharia local, que pensou ter descoberto uma maneira fácil de ganhar uma fortuna. Estrangulou a rapariga, provavelmente quando tentava prendê-la, e depois cortou-a em pedaços, que atirou de um viaduto.

O rapto tornou-se tão comum, que adquiriu os seus próprios rituais nos noticiários e páginas do crime. As famílias das vítimas dando conferências de imprensa angustiantes. Ou, pelo contrário, tentando desesperadamente fugir da ribalta e evitar provocar quem quer que estivesse a prender o seu pai, filho ou filha. Depois, havia a espera longa e aflitiva até que os raptores dessem a conhecer as condições do resgate. Pelo meio, telefonemas falsos de brincalhões mórbidos.

O rapto é um crime que cria e espalha a desconfiança. Muitas famílias suspeitavam, com razão, de que amigos e empregados tinham fornecido informações aos criminosos. Encontrar linhas de comunicação e intermediários de confiança era quase sempre um processo angustiante. A família de Carlo Celadon, o jovem detido durante um número recorde de oitocentos e vinte e oito dias, alegou que o advogado que contratara para transportar o resgate tinha metido ao bolso uma parte do mesmo. (Ele foi condenado pelo crime, mas depois beneficiou de uma amnistia antes do recurso.) Às vezes, a 'Ndrangheta parecia saber mais sobre as finanças dos seus reféns do que as autoridades fiscais. Por essa razão, os *media* tinham tendência para lançar suspeitas sobre as finanças até das vítimas mais honestas. As famílias dos reféns eram muitas vezes aconselhadas a não recorrer à polícia. E a polícia mostrava-se muitas vezes frustrada com o silêncio das famílias: algumas passavam pela vergonha de serem presas por sonegação de informações depois de verem os seus entes queridos libertados.

O veneno da desconfiança chegou ao domínio público. Os raptos mais badalados provocavam debates virulentos e, durante muito tempo, completamente inconclusivos, entre jornalistas, políticos e agentes de segurança. Havia os que defendiam a linha dura relativamente aos raptos: recusar pagar resgates, congelar os bens das vítimas, etc. Contra estes estavam os que consideravam que a «linha branda» (i.e. a negociação) era a única opção humana e prática. Alguns dos empresários mais impetuosos do Norte resolveram aprender a manejar armas de fogo. A situação tornou-se tão má, que, em 1978, um magistrado descobriu que algumas famílias ricas estavam a fazer seguros especiais para que tivessem dinheiro suficiente para um resgate, quando os bandidos mascarados fizessem a sua visita aparentemente inevitável. Os cidadãos ricos — a classe de pessoas que, noutras democracias ocidentais, se colocaria quase automaticamente ao lado dos poderes instalados — sentiam-se indignados, abandonados e amedrontados.

Há uma fotografia que constituiu uma lembrança curiosa deste terrível período de medo e desconfiança. Mostra um jovem e confiante empresário da construção civil de Milão recostado numa cadeira. A sua expressão séria não deixa transparecer ainda qualquer indício do eterno sorriso de vedeta que seria, mais tarde, a sua imagem de marca internacional. Ele acabou de tirar os óculos de sol de aviador do rosto, e as calças boca de sino do fato revelam os seus elegantes botins. Mas não é a roupa nem os acessórios que tornam a fotografia realmente sintomática dos anos 70. É a pistola no coldre que se encontra na sua secretária. O nome do empresário é Silvio Berlusconi e, quando a fotografia foi tirada, ele tinha o receio plenamente justificado de ser raptado, comum a muitos italianos ricos. No entanto, o encarregado dos negócios de Berlusconi, um banqueiro siciliano chamado Marcello Dell'Utri, descobriu uma maneira mais eficaz de acalmar esses receios do que uma pistola na gaveta de uma secretária. Entre 1974 e 1976, Vittorio Mangano, um mafioso de Palermo, manteve um emprego não muito definido (camareiro? mordomo? administrador?) na nova mansão de Berlusconi em Arcore. Os tribunais italianos comprovaram recentemente que, na realidade, Mangano era uma garantia da proteção da Cosa Nostra contra o rapto. Mas a sua presença tinha também outro objetivo: construir amizades. Ou, na linguagem do parecer de um juiz, Mangano fazia parte de uma «estratégia complexa para conseguir uma aproximação ao empresário Berlusconi e o associar de forma mais íntima à organização criminosa».

Marcello Dell'Utri foi declarado culpado, num tribunal penal, de uma antiga colaboração com a Cosa Nostra, que incluiu a recomendação dos serviços de Vittorio Mangano a Berlusconi. O Supremo Tribunal decidiu recentemente que o recurso de Dell'Utri contra a sua condenação, que ele perdeu, tem de ser reapreciado. Dell'Utri continua a negar as acusações, dizendo que estas resultam de uma conspiração judicial contra ele.

Vittorio Mangano foi mais tarde condenado a prisão perpétua por dois homicídios e morreu de cancro em 2000. Morreu como um bom mafioso devia morrer: sem esclarecer o caso.

As declarações públicas do próprio Silvio Berlusconi sobre o assunto têm sido, no mínimo, inquietantes. Por exemplo, deu a sua opinião sobre o mafioso numa entrevista radiofónica em 2008:

> [Mangano] era uma pessoa que se portava extremamente bem connosco. Mais tarde, teve alguns contratempos na vida que o colocaram nas mãos de uma organização criminosa. Mas heroicamente... apesar de estar tão doente, nunca inventou nenhuma mentira contra mim. Eles deixaram-no ir para casa no dia antes de morrer. Ele estava a morrer na prisão. Por isso Dell'Utri tinha razão quando disse que o comportamento de Mangano foi heroico.

Não se sabe, portanto, se o período de raptos foi o início de uma relação duradoura entre Berlusconi e a máfia siciliana. Convém salientar que Berlusconi nunca foi acusado de o que quer que seja relacionado com o caso de Mangano.

Cada rapto era uma demonstração clamorosa da incapacidade das instituições do Estado de protegerem vidas e bens. Itália estava a tornar-se visivelmente mais fraca ao mesmo tempo que as máfias se tornavam mais fortes, mais ricas, mais interligadas e mais próximas de se envolverem numa guerra. O Estado parecia ter perdido o seu direito a um «monopólio de violência legítima», como diria a gíria da sociologia. Nos anos 70, enquanto a vaga de raptos parecia fugir de qualquer controlo, uma nova vaga de problemas económicos e políticos desacreditava ainda mais o Estado.

Itália, tal qual o resto do mundo desenvolvido, teve de enfrentar uma grave crise económica depois do drástico aumento dos preços do petróleo em 1973. Seguiu-se uma década de crescimento lento, desemprego elevado, inflação galopante, taxas de juro altíssimas e dívida pública enorme. Aumentaram os conflitos sociais violentos. Os sindicatos, que se tinham mostrado tão aguerridos desde o «outono quente» de 1969, ficaram na defensiva. Consequentemente, alguns membros dos grupos revolucionários de Itália perderam a paciência em relação às formas de militância pacíficas, optando por formar células armadas clandestinas. Estes terroristas, tão implacáveis como iludidos, julgavam-se uma vanguarda revolucionária capaz de acelerar o advento de uma sociedade comunista, estropiando ou assassinando alvos estrategicamente selecionados. Itália tinha entrado nos chamados «Anos de Chumbo».

As Brigadas Vermelhas (ou BR — *Brigate Rosse*) revelar-se-iam o mais perigoso desses grupos, e muitas das suas primeiras ações foram raptos. As vítimas — normalmente diretores de fábricas — eram submetidas a um «tribunal proletário» e, depois, acorrentadas aos portões das fábricas com um cartaz ao pescoço exibindo uma divisa revolucionária. Na primavera de 1974, com o seu novo *slogan* de «um ataque ao coração do Estado», as BR fizeram as manchetes dos jornais ao raptarem um juiz de Génova. As exigências das BR não foram satisfeitas, mas o juiz foi libertado ileso.

Depois de uma vaga de prisões ter diminuído as suas atividades em meados da década, as Brigadas Vermelhas regressaram com mais determinação terrorista do que nunca. Em 16 de março de 1978, paralisaram o país quando raptaram o antigo primeiro-ministro e líder da Democracia Cristã, Aldo Moro. O motorista de Moro e toda a sua escolta policial foram mortos no assalto. Em 9 de maio, o próprio Moro foi morto a tiro, e o seu corpo abandonado num automóvel no centro de Roma. As BR e outros grupos continuaram a sua campanha de assassínios na década seguinte. Muitos jovens, especialmente, não conseguiam associar-se às autoridades na sua luta contra o terrorismo: «Nem com o Estado, nem com as Brigadas Vermelhas» era um dos *slogans* políticos da época. Este era o Estado que, pouco tempo depois, teria de enfrentar uma onda de violência sem precedentes provocada pelas máfias. A guerra deflagrou primeiro na Calábria.

A Mãe Santíssima e a Primeira Guerra da 'Ndrangheta

Quando surgiram os primeiros indícios da nova e vasta riqueza do crime organizado nos anos 60 e 70, muitos observadores declararam que, tanto na Sicília como na Calábria, a máfia tradicional estava a ser substituída por uma nova organização. A máfia já não era rural, mas urbana; era uma «máfia das autoestradas», não uma máfia dos caminhos de burro; os novos mafiosos eram bandidos de «sapatos brilhantes» e não os camponeses de botas enlameadas do passado. O novo mafioso, afirmavam, era um homem de negócios jovem e agressivo. Particularmente, não tinha tempo para as preocupações formalistas e antiquadas das Sociedades Honradas, nem para o culto de honra antediluviano. A subdesenvolvida Calábria era o lugar onde a transformação parecia mais radical; onde mesmo muitos dos que levavam a ameaça da máfia a sério julgavam que os rituais de iniciação, Osso, Mastrosso, Carcagnosso, e a reunião no Santuário de Nossa Senhora de Polsi deviam, provavelmente, ser confiados ao museu do folclore — se é que já lá não estavam.

Os irmãos De Stefano — Giorgio, Paolo e Giovanni — correspondiam à ideia que a maioria das pessoas tinha do novo gestor-bandido. Os irmãos eram da cidade de Régio da Calábria, o domínio do bígamo don Mico Tripodo. Como já vimos, Tripodo passava grande parte do seu tempo na Campânia, estabelecendo amizades com os *camorristi* dos arredores de Nápoles. Mas um chefe só pode ausentar-se do seu território por um período determinado de tempo sem que a terra atrás de si se comece a mexer. Na ausência de don Mico, os De Stefanos emergiram como uma autoridade por direito próprio.

Giorgio, o mais velho dos irmãos e o mais astuto, foi referido por um desertor da 'Ndrangheta como «o Cometa» — a estrela em ascensão do crime organizado calabrês. Os irmãos De Stefano foram os participantes mais entusiásticos na revolta de Régio, e os mais interessados em fazer amigos entre fascistas subversivos. E eram jovens, de facto: nenhum deles tinha ainda trinta anos na altura da cimeira de Montalto. Os triúnviros cuja autoridade os De Stefanos viriam a desafiar eram de uma geração mais velha: don 'Ntoni Macrì quase podia ter sido avô deles.

Um *'ndranghetista* recordou também que os De Stefanos eram instruídos, pelo menos para os padrões do submundo calabrês, contando que: «O Paolo e o Giorgio De Stefano andaram na universidade durante alguns anos. O Giorgio estava matriculado para estudar Medicina e penso que o Paolo estudava Direito.» Essa instrução era visível. Fotografias de Giorgio («o Cometa») e de Paolo, os dois irmãos De Stefano mais velhos e poderosos, mostram homens de rostos largos e sensíveis, e cabelo preto com um risco ao lado impecável. A sua imagem moderna e elegante não podia ser mais diferente das fisionomias carrancudas dos triúnviros: Mico Tripodo e os outros tinham todos olhos pequenos e ameaçadores, cabelo curto e rostos flácidos e impassíveis; pareciam feitos da mesma massa das feições atávicas do antigo protótipo do criminoso.

No entanto, estes rostos contrastantes, e a transição da tradição para a modernidade que eles pareciam representar, não serviriam de guia para os vencedores e vencidos que surgiram da riqueza e violência sem precedentes dos anos 70. O modelo simplista «modernidade *versus* tradição» usado para compreender os acontecimentos dos anos 70 não correspondia muito bem à realidade. Em primeiro lugar, a ascensão de bandidos jovens e ambiciosos como os De Stefanos nas fileiras da organização não era uma novidade. Em segundo lugar, mesmo na Calábria, os mafiosos de classe média sempre existiram. Além disso, as máfias não são tradicionais no sentido de serem muito antigas. Pelo contrário, são tão modernas quanto o Estado italiano.

Seria muito mais correto dizer que a 'Ndrangheta, tal qual a Cosa Nostra, é *tradicionalista*, no sentido de que produziu tradições internas próprias e adequadas às exigências da extorsão e do comércio ilegal. Quando se tornou mais rica, através da indústria da construção, do contrabando de tabaco e do rapto, a 'Ndrangheta não abandonou simplesmente as suas tradições para abraçar a modernidade. Desde as suas origens, as máfias de Itália sempre *misturaram* tradição e modernidade. A sua resposta à nova era foi *adaptar* a mistura. Ou, com efeito, no caso da 'Ndrangheta, inventar tradições novas como aquela que é o tema deste capítulo: a Mãe Santíssima. Esta nova tradição é significativa por duas razões. Em primeiro lugar, fornece provas da quantidade de amigos que as máfias, com a sua nova riqueza, estavam a fazer entre a alta-roda italiana. Em segundo lugar, a Mãe Santíssima fez eclodir a Primeira Guerra da 'Ndrangheta. E para a compreender, temos de compreender também algumas diferenças subtis entre a 'Ndrangheta e a Cosa Nostra.

A 'Ndrangheta e a Cosa Nostra são muito semelhantes, visto que são ambas Sociedades Honradas — maçonarias do crime. Ambas as organizações são cuidadosas na escolha de quem deixam entrar no clube. Ninguém com familiares na polícia ou na magistratura pode entrar. Nem proxenetas. Nem mulheres.

Contudo, existem também algumas diferenças na maneira como as duas escolhem os seus membros. Os *'ndranghetisti* geralmente pertencem às mesmas famílias de sangue. A *'ndrina*, a unidade de base da organização calabresa, costuma centrar-se em torno de um chefe e dos seus familiares. A Cosa Nostra, pelo contrário, tem regras para *impedir* que demasiados irmãos sejam recrutados para uma única Família, para não perturbarem o equilíbrio de poderes no seio da mesma. Nalguns casos, dois irmãos poderão mesmo entrar para Famílias *diferentes*.

A Cosa Nostra tem o hábito de vigiar os aspirantes a mafiosos, muito de perto, antes de eles entrarem para a organização, obrigando-os normalmente a fazerem um «estágio» criminoso até depois dos trinta anos de idade, para que possam mostrar ao longo dos anos que são feitos da fibra certa. A máfia calabresa permite o ingresso de muito mais homens. Um relatório da polícia de 1997 calculou que na Sicília existissem cinco mil e quinhentos mafiosos, ou um por cada novecentos e três habitantes. Em comparação, havia seis mil *'ndranghetisti* na Calábria, ou um por cada trezentos e quarenta e cinco habitantes. Na província mais infestada pela 'Ndrangheta, Régio da Calábria, havia um filiado por cada cento e sessenta habitantes. Por outras palavras, proporcionalmente, a 'Ndrangheta admite duas vezes e meia mais membros. Os filhos varões de um chefe, quer queiram quer não, são iniciados na organização. Alguns são mesmo submetidos a um ritual à nascença. Mas isso não significa que a máfia calabresa tenha critérios de filiação menos rígidos. O que sugere é que ela faz grande parte da vigilância e seleção *dentro* da organização. Um processo de triagem acompanha toda a carreira do *'ndranghetista*. Só os mais capazes subirão na escala hierárquica. Os jovens criminosos podem aprender a especializar-se num negócio ou na violência.

À medida que adquirem mais prestígio, podem ir subindo numa hierarquia de posições de privilégio. O *'ndranghetista* começa enquanto *giovane d'onore* («jovem de honra» — alguém assinalado para ingresso na organização, mas que ainda não é um membro). Através de serviços rotineiros para os seus superiores — fazendo ameaças e vandalizando bens para conseguir a extorsão, cobrando pagamentos de proteção, escondendo armas ou mercadorias roubadas, transportando alimentos para os esconderijos na montanha onde os reféns são mantidos –, sobe na hierarquia para se tornar num *picciotto* («moço»), e depois pela escala acima passando por uma longa lista de outros postos.

Estes postos chamam-se *doti* («dotes»). Ser promovido a um dote mais elevado é descrito como receber uma *fiore* («flor»). A outorga de cada flor é assinalada com um ritual. Mas os segredos, e não os dotes, são a verdadeira medida de prestígio na 'Ndrangheta. Desde as suas origens no século XIX, as células da 'Ndrangheta têm tido uma estrutura dupla constituída por duas secções estanques: a Sociedade Menor e a Sociedade Maior. Os recrutas mais jovens, menos experientes e menos fidedignos pertencem à Sociedade Menor. Os membros da Sociedade Menor estão impedidos de saber o que se passa na Sociedade Maior, à qual pertencem os criminosos mais experientes. A promoção na escala hierárquica, e da Sociedade Menor para a Sociedade Maior, implica o acesso a mais segredos.

Quando os lucros da 'Ndrangheta começaram a aumentar no início dos anos 70, as tensões também aumentaram, provocando mexidas nestes protocolos singularmente complicados. Até ao início dos anos 70, o dote mais elevado a que qualquer membro da 'Ndrangheta podia aspirar era o de *sgarrista*. Literalmente, *sgarrista* significa qualquer coisa como «um homem que ofende ou que infringe as regras». (A terminologia, como tantas outras coisas na 'Ndrangheta, remonta ao sistema prisional do século XIX.)

Por volta de 1972–3, alguns «chefes do bastão» decidiram criar um dote novo e mais elevado para si mesmos: *santista*. O novo posto implicava o ingresso num grupo de escol secreto chamado Mamma Santissima («Mãe Santíssima») ou Santa, abreviado. Em teoria, a Mamma Santissima tinha um número de membros muito restrito: não mais de vinte e quatro «chefes do bastão» seriam admitidos. A passagem a *santista* implicava um novo ritual, uma versão requintada dos ritos de iniciação já existentes na 'Ndrangheta. Também conferia ao titular desta nova flor determinados privilégios, nomeadamente o direito de ingressar numa das várias irmandades maçónicas secretas e dissidentes que surgiram em Itália nos anos 70.

O mais conhecido dos novos grupos maçónicos era o Propaganda 2 ou P2, uma conspiração de corrupção e subversão de direita que se estendia mesmo ao coração do poder instalado de Itália. Quando, em março de 1981, foi encontrada uma lista (provavelmente incompleta) de novecentos e sessenta e dois membros da P2, esta incluía:

> todos os chefes dos serviços secretos, 195 oficiais dos vários ramos das forças armadas da República, entre eles doze generais dos *Carabinieri*, cinco da Guarda Fiscal, vinte e dois do exército, quatro da força aérea e oito almirantes. Havia magistrados preeminentes, alguns prefeitos e comandantes da polícia, banqueiros e homens de negócios, funcionários públicos e jornalistas da imprensa, rádio e televisão.

Havia também quarenta e quatro deputados, incluindo três ministros. Entre os homens de negócios na lista encontrava-se um empresário que, na altura, não podia ainda ser descrito como membro do poder estabelecido: Silvio Berlusconi. Não se sabe muito bem aquilo que membros da P2 como Berlusconi julgavam ser os verdadeiros objetivos da organização. Mas o poder da loja não estava em causa: em 1977, assumiu o controlo do jornal mais influente de

Itália, o *Corriere della Sera*. O mínimo que se poderá dizer acerca da P2 é que a mesma revelou como, perante a crescente influência do Partido Comunista (que conseguiu a sua mais elevada percentagem do voto popular nas eleições gerais de 1976), importantes membros da alta-roda do poder e do dinheiro estavam a cerrar fileiras e a estabelecer canais de influência clandestinos.

A P2 não foi a única sociedade maçónica aberrante a surgir na altura. Os mafiosos queriam participar no novo arranjo. A Cosa Nostra estava a tomar iniciativas semelhantes às da 'Ndrangheta. Segundo vários desertores das fileiras da máfia siciliana, entre 1977 e 1979 alguns dos seus homens mais importantes também ingressaram em organizações maçónicas. O assunto da filiação maçónica foi debatido na Comissão Regional da Cosa Nostra em 1977.

A ligação das máfias à Maçonaria nos anos 70 mostrava a história do submundo voltando ao seu ponto de partida. Uma vez que as verdadeiras origens das irmandades criminosas secretas de Itália residiam nos contactos entre os conspiradores maçónicos que conseguiram unir o país na primeira metade do século XIX e os criminosos que esses conspiradores patriotas recrutaram para a sua força revolucionária. Naquele tempo, como hoje, o que os bandidos de Itália mais apreciavam na Maçonaria era os contactos. Como explicou Leonardo Messina, um mafioso siciliano que desertou da Cosa Nostra em 1992:

> Muitos homens da Cosa Nostra — isto é, os que conseguiam tornar-se chefes — pertenciam à Maçonaria. Aí, eles podiam ter contactos com empresários, instituições e os homens que gerem o poder. A Maçonaria é um local de encontro para toda a gente.

Assim, para a 'Ndrangheta, a Mamma Santissima era um novo instrumento constitucional para regular as ligações do submundo calabrês ao alto mundo da política, economia e justiça.

Quando foi introduzida, a Mamma Santissima gerou grande controvérsia: muitos consideravam-na um «abastardamento» das regras da Sociedade Honrada. Na verdade, a inovação dividiu os membros do triunvirato. Mommo Piromalli apoiava-a, mas Mico Tripodo era contra. Diz-se que don 'Ntoni Macrì, o patriarca da 'Ndrangheta, o «símbolo vivo da omnipotência e invencibilidade do crime organizado», se lhe opunha visceralmente.

Porquê esta resistência? Alguns dizem que a oposição de don 'Ntoni à Mamma Santissima se devia ao simples facto de ele ser um homem tradicional, fiel às velhas regras. Esta explicação parece-me improvável, ditada por uma nostalgia de uma antiga máfia que, na verdade, nunca existiu. Se don 'Ntoni fosse como todos os mafiosos que já existiram, então, obedeceria às regras tradicionais apenas enquanto isso servisse aos seus interesses.

Não, a verdadeira razão por que don 'Ntoni se opôs à Mamma Santissima foi por ter sido excluído da mesma. Na verdade, desconfio de que o novo dote tivesse sido inventado com o fim específico de o afastar, de o excluir de segredos importantes. E por trás dessa manobra estava um plano para impedir don 'Ntoni de se imiscuir nos raptos de outras pessoas, e — o que talvez fosse mais importante — para afastar as suas mãos gananciosas do pacote Colombo (a bonança da construção financiada pelo Estado, que se seguiu à revolta de Régio em 1970). Seria através de contactos com a classe dirigente local, e especialmente com as irmandades maçónicas, que o novo filão seria distribuído. Não era por acaso que entre os principais proponentes da Mamma Santissima se encontrava don Mommo Piromalli, o triúnviro originário de Gioia Tauro, onde a nova unidade siderúrgica ia ser construída. No mundo das máfias (e não só das máfias), a inovação constitucional é, muitas vezes, apenas um indicador de novas intrigas.

As ambições dos irmãos De Stefano em Régio da Calábria e as divergências entre os triúnviros a propósito da Mamma Santissima e do pacote Colombo arrastariam a 'Ndrangheta para a guerra.

Em setembro de 1974, Mommo Piromalli organizou uma reunião dos chefes da 'Ndrangheta em Gioia Tauro. Entre os participantes estavam não só os outros membros do triunvirato — don 'Ntoni Macrì da costa jónica e o bígamo Mico Tripodo de Régio —, mas também os arrogantes subordinados de don Mico, os irmãos De Stefano. Por unanimidade, os chefes rejeitaram uma oferta de um conjunto de importantes empresas de construção civil: três por cento dos lucros na construção da siderurgia de Gioia Tauro. A 'Ndrangheta não ficaria satisfeita a menos que a sua parte fosse melhorada com empreitadas e subempreitadas. No entanto, as tensões no seio da irmandade em Régio extravasaram: Mico Tripodo e Giorgio De Stefano trocaram palavras azedas, e só a intervenção de don 'Ntoni Macrì — arvorando-se, como sempre, em pacificador — impediu um confronto violento.

Pouco depois, houve outra tentativa de preservar a paz em Régio da Calábria. Desta vez, a ocasião não foi uma reunião de negócios, mas uma festa de casamento no Jolly Hotel em Gioia Tauro. O pai da noiva pertencia ao clã dos Mazzaferros, aliados próximos de Mommo Piromalli, e nos festejos estavam presentes os «chefes do bastão» de toda a Calábria. Temendo uma cilada, Mico Tripodo não compareceu, sendo insultado pelo irmão mais novo do Cometa, Paolo. Mais uma vez, don 'Ntoni tentou acalmar os ânimos. Fizeram-se planos para uma terceira reunião em território neutro — Nápoles.

No entanto, por esta altura, já se havia tornado claro para todos os intervenientes que qualquer conflito entre os De Stefanos e don Mico Tripodo em Régio da Calábria envolveria outras *'ndrine*. Do lado de don Mico estava 'Ntoni Macrì. E do lado dos De Stefanos estava Mommo Piromalli em Gioia Tauro. Deste modo, o que inicialmente parecera uma questão local, um confronto familiar entre um chefe mais velho e homens mais novos tentando derrubá-lo, transformara-se numa fratura, dividindo toda a 'Ndrangheta em duas alianças, ambas preparadas para a guerra. O equilíbrio que o triunvirato tinha garantido durante uma década e meia tinha sido fatalmente desestabilizado.

Em 24 de novembro de 1974, por volta das vinte horas, dois assassinos entraram num dos bares da moda da piazza Indipendenza, em Régio da Calábria. O Roof Garden era um conhecido ponto de encontro da 'Ndrangheta. Lançando os olhos pela sala, os dois homens depressa localizaram a mesa onde estavam sentados os seus alvos. O primeiro assassino sacou de uma P38 de cano comprido e baleou Giovanni De Stefano na cabeça, a cerca de um metro de distância. Quando a pistola encravou, o seu cúmplice levantou outra arma e meteu mais duas balas na forma prostrada de Giovanni antes de disparar contra Giorgio, «o Cometa», o outro irmão De Stefano. Embora o Cometa tivesse ficado gravemente ferido, sobreviveu ao ataque no Roof Garden; Giovanni morreu no local. A retaliação não se faria esperar. O conflito tornou-se imparável.

Don 'Ntoni Macrì tinha o hábito de jogar bólingue com o seu motorista todos os dias, na periferia da cidade, antes de voltar para casa para receber visitas. Em 20 de janeiro de 1975, tinha acabado de jogar e entrado no seu carro quando um *Alfa Romeo 1750* parou bruscamente à sua frente. Quatro homens saíram do carro com pistolas e metralhadoras e abriram fogo. Siderno parou para o funeral do velho «chefe do bastão», e cerca de cinco mil pessoas compareceram para lhe prestar homenagem.

A Primeira Guerra da 'Ndrangheta, como é hoje conhecida, causou mais baixas do que a Primeira Guerra da Máfia na Sicília no início dos anos 60. Houve duzentos e trinta e três homicídios em três anos. Contendas locais em Ciminà, Cittanova, Seminara e Taurianova contribuíram para o número total de vítimas. Houve excessos e atos de selvajaria de todas as partes. Numa escuta telefónica, podia ouvir-se Mommo Piromalli dizer à mulher que tinha dado de comer uma das suas vítimas aos porcos: «*L'anchi sulu restaru*» («Só restaram as ancas»), explicou. «Ah, boa!», respondeu ela.

Muitos dos velhos chefes desapareceram. O último (e o mais importante depois de don 'Ntoni Macrì) foi o bígamo e triúnviro don Mico Tripodo. Na primavera de 1976, foi detido com os seus amigos da Camorra em Mondragone e enviado para a prisão de Poggioreale em Nápoles. Cinco meses depois, em 26 de agosto, dois pequenos criminosos napolitanos encurralaram-no na sua cela e esfaquearam-no vinte vezes por ordem de um *capo* da Camorra. Os De Stefanos tinham mostrado que também tinham amigos no submundo napolitano e, ao usá-los para eliminar o seu chefe e inimigo Mico Tripodo, puseram fim à guerra.

Ou quase. Em 7 de novembro de 1977, Giorgio De Stefano, «o Cometa», correu o risco de sair do seu feudo em Régio da Calábria para participar numa importante reunião dos escalões superiores da 'Ndrangheta no Aspromonte. Antes do início dos trabalhos, sentou-se numa rocha para acender um charuto. De repente, surgiu um grito: «*Curnutu, tu sparisti a me frati*» («Cornudo, mataste o meu irmão»); seguiram-se imediatamente tiros de espingarda. O Cometa, o suposto vencedor da Primeira Guerra da 'Ndrangheta, e suposto modelo do mafioso moderno, teve apenas um ano para gozar dos frutos do seu sucesso militar.

Por um momento, parecia que o irmão sobrevivente do Cometa, Paolo De Stefano, lançaria a 'Ndrangheta numa nova guerra.

Mas investigações internas depressa descobriram que o assassino do Cometa era um *'ndranghetista* de categoria inferior chamado Giuseppe Suraci. Foi dito a Paolo De Stefano que Suraci tinha apenas uma queixa pessoal. Os outros chefes que tinham visto o Cometa morrer aplacaram a ira vingativa de Paolo De Stefano, presenteando-o com a cabeça de Giuseppe Suraci. Este gesto macabro restabeleceu a paz que se instalara depois da guerra de 1974–6.

No entanto, hoje sabemos que a versão do homicídio do Cometa contada a Paolo De Stefano pelos outros chefes da 'Ndrangheta foi uma mentira engenhosamente preparada. O assassino Giuseppe Suraci não tinha agido por vingança pessoal, mas porque recebera ordens para o fazer dos aliados dos De Stefanos na Primeira Guerra da 'Ndrangheta, os Piromallis. Depois, foi decapitado para que não pudesse ser interrogado por Paolo De Stefano sobre os *verdadeiros* motivos do assassínio do irmão.

Na altura da morte do Cometa, Mommo Piromalli já estava semiaposentado, deixando os assuntos correntes do clã nas mãos do irmão mais novo, Giuseppe. E Giuseppe não gostara da maneira como Giorgio De Stefano, «o Cometa», extorquira um suborno a um empreiteiro que já se encontrava sob a proteção dos Piromallis. O Cometa tinha, por isso, cometido um *sgarro*: um insulto à autoridade e honra de um mafioso. Esse *sgarro* bastava para que o seu autor fosse condenado à morte. Os Piromallis tinham eliminado de forma traiçoeira e impiedosa os seus arrogantes ex-aliados.

Assim, foi o clã de Mommo Piromalli o verdadeiro vencedor da Primeira Guerra da 'Ndrangheta. A principal razão para o sucesso dos Piromallis foi a sua astúcia política. Mommo Piromalli ajudou o triunvirato a manter o equilíbrio apenas enquanto isso lhe conveio. Depois, propôs a criação da Mamma Santissima quando chegou a altura de isolar os seus inimigos. Também usou o Cometa contra os seus inimigos, recorrendo depois a um estratagema para o eliminar.

Mommo Piromalli foi o único membro do triunvirato da 'Ndrangheta, depois dos anos 60, a morrer de causas naturais. Uma cirrose hepática pôs fim à sua vida num hospital-prisão em 1979. Deixou um clã mais poderoso do que qualquer outro na Calábria. Ainda hoje, os Piromallis constituem uma força notável. Como, aliás, os seus aliados na Primeira Guerra da 'Ndrangheta, a família De Stefano.

No final dos anos 70, contudo, a Mamma Santissima já tinha sido ultrapassada. Como explicou um desertor da 'Ndrangheta, o número de *santisti* aumentou rapidamente, tornando necessária a criação de novos dotes no escalão superior:

> Poucos anos depois de a Santa ter sido reconhecida, houve uma certa inflação na atribuição do posto de *santista*. Na realidade, já não havia apenas os trinta e três *santisti* previstos pelas regras: foram criados mais *santisti* para satisfazer toda a gente que aspirava a esse posto. Então, em 1978–80, ouvi dizer que tinha sido criado um novo órgão, chamado Vangelo (Evangelho). Foi-me atribuído o posto de *vangelista* («evangelista») entre 1978 e 1980, na prisão de Fossombrone.
>
> Na prática, o Vangelo destinava-se a um número mais restrito de pessoas do que a Santa, que tinha partido das trinta e três pessoas para um número muito maior. Mas depois aconteceu a mesma coisa com a criação do Trequartista e do Quintino.

E assim por diante: o velho hábito de modificar e contornar as regras tradicionais da 'Ndrangheta para satisfazer as necessidades do momento. No mundo das máfias, não há nada mais tradicional do que isso. A tradição serve para unir as máfias. Mas também pode ser usada para as preparar para a guerra civil. A Primeira Guerra da 'Ndrangheta foi apenas um ensaio do que estava para vir, quando o tráfico de estupefacientes ofereceu às máfias italianas a maior opulência que alguma vez tinham conhecido.

Uma breve história da heroína

> Depois Helena, filha de Zeus... drogou o vinho com a erva nepentes, que faz desaparecer todo o cuidado, ira e dor. Quem beber vinho assim drogado não consegue verter uma só lágrima durante o resto do dia, nem mesmo se o pai e a mãe caíssem mortos, ou se visse um irmão ou um filho cortado aos bocados diante dos próprios olhos.
>
> HOMERO, *Odisseia* IV, 220–21

O ópio é uma droga oriental muito antiga que tem horrorizado e fascinado a civilização ocidental desde a Grécia Antiga. A droga nepentes, que Helena administra na *Odisseia* de Homero, é provavelmente o ópio.

A heroína, pelo contrário, é filha do capitalismo global moderno; é um nome de marca inventado pela empresa farmacêutica alemã Bayer no final do século XIX. O que a Bayer *julgava* que estava a colocar no mercado era uma versão nova e segura da morfina — um derivado do ópio sem os mesmos riscos de criar dependência. O que estava a vender *de facto* causava ainda mais dependência do que a morfina. Mas a nova droga apresentou-se tão tranquilizadoramente embalada e tão inequivocamente aprovada pela opinião médica, que, durante a década seguinte e mais, até muitos xaropes para a tosse para crianças a continham. Não admira que, quando a Primeira Guerra Mundial chegou ao fim, os EUA já tivessem mais de duzentos mil viciados em heroína.

Na China, o problema da dependência do ópio tinha pelo menos mais um século. Quando a heroína foi inventada, havia milhões de chineses viciados em ópio. Ao longo de todo o século XIX, os mercadores britânicos tinham transportado ópio da Índia para o Reino Celeste. A pedido desses mercadores, o governo britânico travou duas guerras para obrigar a China a aceitar o livre comércio de uma droga que estava a destruir o seu tecido social. A *Cambridge History of China* descreve o tráfico britânico do ópio como «o crime internacional mais prolongado e sistemático dos tempos modernos».

Em 1912, os EUA, a China e a Grã-Bretanha assinaram o primeiro tratado internacional que visava controlar a produção e distribuição de estupefacientes; em 1919, as suas disposições foram incluídas no Tratado de Versalhes, que selou a paz no final da Primeira Guerra Mundial. Nascia assim uma nova era de controlo de estupefacientes em todo o mundo. A partir de então, os principais fornecedores e distribuidores de heroína e outros estupefacientes não seriam empresas farmacêuticas, comerciantes e governos (pelo menos, abertamente), mas organizações criminosas.

A máfia siciliana foi um dos primeiros intervenientes no maior mercado de consumidores de heroína ilegal no mundo —, os EUA. Com as suas bases na Sicília Ocidental e em Nova Iorque, as suas ligações comerciais transatlânticas e a sua vasta rede de contactos nos EUA, os mafiosos sicilianos tinham as condições ideais para o tráfico. Entre as grandes guerras, a morfina era escondida em laranjas ocas ou em caixotes de outras exportações sicilianas, como anchovas, azeite e queijo.

Mas o negócio de heroína da máfia continuava a ser artesanal. Além disso, o mercado diminuiu. Em 1924, o número de toxicodependentes nos EUA não ultrapassava os cento e dez mil. A Segunda Guerra Mundial perturbou de tal forma os fornecimentos de opiáceos, que, no seu final, o número de toxicodependentes baixara para cerca de vinte mil.

O comércio recuperou depois da Segunda Guerra Mundial, e com ele o envolvimento da máfia. Itália não tinha um grande mercado interno de consumidores de estupefacientes na altura. Além disso, até 1951, as empresas farmacêuticas na península puderam produzir heroína legalmente para fins médicos. Parte dessa heroína legal ia parar aos EUA para ser vendida no mercado negro.

Lucky Luciano, como vários outros mafiosos devolvidos a Itália depois da guerra, foi exportador de heroína. No entanto, o consumo de heroína continuava circunscrito sobretudo aos guetos negros e porto-riquenhos da América e, consequentemente, a droga era apenas um interesse comercial entre muitos para os mafiosos.

A heroína começou a desempenhar um papel mais importante no sistema criminoso siciliano depois de 1956, quando foi introduzido o *Narcotics Control Act* nos EUA. Como esta nova lei estabelecia penas novas e severas para o tráfico de drogas, os negociantes de heroína da máfia de Nova Iorque quiseram transferir grande parte do trabalho — e do risco — para os seus primos do Velho Mundo. Tal como já vimos, uma delegação da Família Bonanno de Nova Iorque esteve em Palermo, em 1957, para uma reunião de alto nível no Hotel delle Palme. Como comentaria mais tarde um procurador americano, toda a gente no hotel era uma «vedeta da corrida das drogas». Existiam outros sinais claros de que a Sicília se havia tornado num grande entreposto de heroína. Em 1961, a *Guardia di Finanza* (Guarda Fiscal) desmantelou uma rede internacional de tráfico de drogas baseada em Salemi, na província de Trapani, mas que incluía Homens de Honra canadianos e americanos. Em fevereiro de 1962, a Primeira Guerra da Máfia deflagrou quando um consórcio de tráfico de drogas constituído por chefes de várias Famílias de Palermo se zangou, por causa de uma remessa de heroína destinada aos EUA. Quando a Cosa Nostra em Palermo se dissolveu após o atentado de Ciaculli em 1963, muitos dos Homens de Honra mais importantes fugiram para as Américas, para se dedicarem a tempo inteiro ao tráfico para o mercado americano.

Na base do crescente ativismo comercial da máfia siciliana estava uma nova epidemia de consumo de heroína na América. Essa epidemia aumentou a partir de meados dos anos 60, com o crescimento da contracultura favorável às drogas e o envio de tropa americana para o Vietname. Durante a guerra, os refinadores sediados no Laos e ligados a oficiais corruptos da Força Aérea sul-vietnamita controlavam uma lucrativa linha de fornecimento de heroína para Saigão. Em 1971, o pessoal médico do exército dos EUA calculava que dez a quinze por cento de toda a tropa americana estava a consumir heroína. Na mesma altura, o número de viciados nos EUA já tinha subido para meio milhão — duas vezes e meia mais do que o registado quando a heroína era um ingrediente legal em muitos medicamentos patenteados. A droga deixara de ser uma indústria artesanal.

Os campos mundiais de papoila do ópio encontram-se quase exclusivamente nas terras altas que atravessam a longa orla sul da Ásia: do planalto da Anatólia na Turquia ocidental, através do Irão, Paquistão, Afeganistão e Índia, até à região altamente produtiva conhecida como «Triângulo Dourado», onde se cruzam a Birmânia, o Laos e a Tailândia. Nos anos 60, a maior parte da heroína da América vinha da Turquia, onde a dormideira podia ser cultivada legalmente, mas grande parte da produção ia parar ao mercado ilegal. Entre os agricultores turcos e os drogados americanos havia uma longa cadeia de intermediários, contrabandistas e especuladores. Como os polícias e guardas de fronteira pagos para fechar os olhos. E os cameleiros que alimentavam os seus animais com sacos de plástico de pasta de ópio para a fazer passar pela fronteira turca. Ou os refinadores iniciais, que ferviam a pasta de ópio com cal viva para extrair a morfina. Ou os camionistas que criavam compartimentos secretos em carregamentos de frutas e legumes destinados a mercados turcos na Alemanha. Ou os técnicos que transformavam a morfina em heroína — uma operação delicada que implica aquecê-la com ácido acético a uma temperatura precisa durante um tempo preciso. Em cada uma destas fases, o preço — e a margem de lucro — aumentava em progressão geométrica. Consoante a posição em que alguém se encontrava na cadeia e, igualmente importante, o *número* de elos dessa cadeia que controlava, a heroína podia proporcionar-lhe dinheiro em quantidades modestas ou em quantidades milionárias.

Neste período da história da heroína, os mafiosos sicilianos não eram os principais fornecedores para os EUA. Nos anos 60, a maior parte da heroína consumida na América do Norte chegava por intermédio de redes corsas. Os clãs corsos eram bastante empreendedores, com uma rede mundial de contactos e uma base segura para as suas refinarias em Marselha, onde tinham conseguido proteção política para as suas atividades oferecendo os seus serviços enquanto fura-greves e desordeiros anticomunistas. Em pouco tempo, transformaram a cidade portuária francesa numa das grandes capitais do crime da Europa. Em 1970, a heroína de Marselha já se havia tornado famosa entre os toxicodependentes americanos. Os mafiosos garantiam o acesso a uma rede de distribuição nos

EUA. Assim, os sicilianos constituíam uma parte importante, mas subordinada, de um negócio corso.

O sistema corso entrou em rutura no início dos anos 70. Com a opinião pública americana alarmada em relação ao aumento da dependência de heroína, sobretudo entre a tropa de combate, o presidente Richard Nixon declarou «guerra às drogas». A linha de fornecimento Turquia-Marselha-Nova Iorque, conhecida como Conexão Francesa, foi escolhida como o alvo estratégico da guerra. Os EUA ofereceram, primeiro, ao governo turco incentivos financeiros generosos para impedir o cultivo legal de ópio, que cessou depois da colheita de 1972. Entretanto, em França, os corsos estavam a perder os seus amigos nas altas esferas. Em novembro de 1971, um agente dos serviços secretos franceses que traficava heroína, de Marselha, com os corsos, foi preso nos EUA, provocando um enorme escândalo político em França. Além disso, o crescente problema da dependência de heroína nas cidades francesas aumentou a pressão sobre o governo para tomar medidas repressivas. Uma a uma, as refinarias de Marselha foram encerradas e os seus químicos presos.

Os sicilianos, que ocupavam um segmento menos estratégico das linhas de fornecimento de heroína para a América do que os corsos, pareciam ter sido marginalizados pela destruição da Conexão Francesa. Os toxicodependentes americanos sofreram de uma escassez de heroína, e os sicilianos ocuparam um segmento mais pequeno desse mercado reduzido. Em 1976, o muito aguardado relatório final do inquérito parlamentar italiano sobre a máfia utilizou provas das apreensões de droga nos EUA, no início dos anos 70, para argumentar que «grande parte da heroína destinada ao mercado dos Estados Unidos já não passa por Itália». A guerra às drogas, parecia, estava a ser ganha.

Na realidade, o que aconteceu foi que a lei da oferta e da procura demorou algum tempo a adaptar-se ao novo sistema mundial de tráfico de drogas. A escassez de heroína no mercado americano fez aumentar os preços, tornando os riscos de estabelecer novas linhas de fornecimento mais compensadores. A produção turca voltou a recuperar depois do assalto inicial. Além disso, depois da retirada da tropa americana do Vietname, os fornecedores de morfina e heroína do Triângulo Dourado procuraram avidamente novos mercados. Entre os fornecedores asiáticos e os toxicodependentes americanos desesperados surgiram novas e sedutoras oportunidades para intermediários e refinadores. E foi então que a máfia siciliana entrou em jogo. À Conexão Francesa sucedeu a Conexão Piza. A Cosa Nostra estava prestes a tornar-se dependente da heroína.

O Sr. Champanhe: o intermediário

Gaspare Mutolo, filho de um revisor da rede de elétricos de Palermo, foi lentamente iniciado nos rigores psicológicos da vida de um assassino profissional. Quando entrou para a Cosa Nostra, mostraram-lhe o que se passava no interior da câmara de horrores da máfia. Recebeu uma lição prática na técnica de estrangulamento. Vomitou quando o sangue começou a sair do nariz e ouvidos da vítima mesmo antes da morte. Depois, ensinaram-lhe a amarrar um corpo para que pudesse ser transportado na mala de um carro e como o enterrar com cal viva (para que entrasse rapidamente em decomposição e se tornasse inacessível à ciência forense) e fertilizante (para que o local do enterro ficasse rapidamente coberto de vegetação). Mostraram-lhe até com que aspeto ficava um corpo depois de passar dois ou três meses numas dessas covas especiais.

O processo de endurecimento deu os seus frutos quando Mutolo executou o primeiro de muitos homicídios a solo com uma eficiência tranquila, degolando um Homem de Honra dissidente durante um assalto cuidadosamente simulado. Matar depressa se tornou numa prática trivial, como tinha sido para tantos mafiosos de gerações anteriores.

> Nunca senti medo na noite anterior a um homicídio. Só tens de estar convencido do que vais fazer. Às vezes, pensava um pouco mais na noite da véspera, e refletia sobre como era fácil matar e ser morto... De vez em quando, tinha um estranho sentimento de compaixão, especialmente quando tinha de matar jovens cuja família talvez conhecesse.

Mutolo fez, posteriormente, uma aprendizagem rápida de todos os principais negócios criminosos que tinham vindo a transformar as máfias de Itália desde os anos 50: tornando-as mais ricas, alargando os seus horizontes geográficos, aproximando-as umas das outras, estreitando os seus laços com os políticos. Enviado para Nápoles, depressa se envolveu no contrabando de cigarros com os *camorristi*. Depois, foi enviado para a rica região da Lombardia, com o objetivo de recolher informações sobre possíveis alvos de raptos. Novamente em Palermo, Mutolo aprendeu também a fazer dinheiro com projetos de obras públicas.

> Só tens de estabelecer boas relações com alguns administradores locais. Quando o governo regional da Sicília lança alguma obra a concurso, há homens ligados à Cosa Nostra que dirigem as negociações. Dessa forma, empresas-fantasmas ganham os contratos e entregam-nos ao grupo da máfia que se esconde por trás delas. Para vos dar uma ideia dos lucros: se um contrato valer mil milhões de liras [1,65 milhões de euros em 2011], dez por cento vai para o político que afasta a concorrência e garante que o contrato fica nas mãos certas, e o restante vai para um mafioso que duplicará o seu dinheiro num ano.

Mutolo revelou-se um subalterno obediente ao seu chefe, Saro Riccobono, da Família Partanna-Mondello. Tudo corria bem numa boa, mas normal, carreira na máfia.

Subitamente, em 1975, um novo negócio surgiu em cena; um negócio que renderia à máfia mais do que o contrabando de tabaco, raptos e construção juntos. Mutolo lembra-se de estar numa reunião, a conversar com outros Homens de Honra sobre os habituais esquemas de extorsão, quando Tano Badalamenti entrou de rompante. «Cavalheiros, temos uma oportunidade de ganhar dez vezes mais com as drogas.» Badalamenti, presidente da Comissão de Palermo, com contactos nos EUA, descobrira a lacuna no mercado criada pela guerra contra as drogas do presidente Nixon, e estava em condições perfeitas de a explorar.

Inicialmente, a Cosa Nostra aumentou o seu envolvimento no tráfico de heroína recorrendo aos mesmos canais que usava para contrabandear cigarros. A mercadoria viajava nos mesmos contentores que os *blondes*. As Famílias de Palermo juntaram os seus investimentos em «sociedades anónimas», exatamente como tinham feito para as grandes encomendas de cigarros. Os pagamentos eram efetuados através dos mesmos bancos suíços que usavam para transferir dinheiro para algumas das grandes multinacionais de tabaco. Como ironizou Mutolo, «Se existem patifes nesta história, são os suíços». O próprio Tano Badalamenti chefiou a primeira missão para encontrar fornecedores na Turquia. O esquema foi um êxito retumbante. Em quarenta dias, todos os investidores tinham triplicado o seu dinheiro. A corrida à heroína da Cosa Nostra tinha apenas começado.

Os mafiosos mergulharam de cabeça na onda do pó branco, adaptando as suas velhas práticas de trabalho em rede e corrupção, e adquirindo rapidamente técnicas novas e lucrativas. Nunzio La Mattina, um Homem de Honra da Família de Porta Nuova, passou por uma reconversão profissional de repercussões históricas. Depois de usar os seus conhecimentos de química para analisar a composição exata do sumo de limão da Sicília, tornou-se num refinador de heroína em grande escala. Outros mafiosos aprenderam o mesmo ofício com os corsos, importados de Marselha. Um deles foi Francesco Marino Mannoia, da Família de Santa Maria di Gesù. Sempre que chegava uma grande encomenda de base de morfina, Marino Mannoia passava uma semana no meio dos vapores ácidos de um de muitos laboratórios que tinham surgido por toda a ilha. Quando saía, tinha a pele em escamas e os pulmões lixiviados. Chamavam-lhe «Mozarela» por ser simples e discreto, e porque nos restaurantes pedia sempre mozarela e salada de tomate, o prato mais simples e seguro na ementa. Os seus hábitos pessoais não se alteraram mesmo quando, enquanto químico mais importante da Cosa Nostra, ficou fabulosamente rico.

Gaspare Mutolo escolheu outra especialidade: tornou-se num intermediário, contactando com os grandes fornecedores no Médio e Extremo Oriente, enviando lotes do produto para a Sicília e vendendo-os a traficantes da Cosa Nostra com acesso à América. Como importante intermediário no tráfico de heroína, Mutolo tinha um mapa fiável da política e economia do comércio ilegal da máfia. O que esse mapa mostra é que a Cosa Nostra não entrou no negócio da heroína em bloco. Também não foi transformada numa multinacional da droga pelo crescimento súbito do negócio de heroína nos finais dos anos 70. Comportou-se como aquilo que é, e que sempre tem sido: uma maçonaria de criminosos. Cada membro do clube, cada pequena rede de amigos no seu seio, cada uma das suas Famílias, e cada uma das estruturas dirigentes como a Comissão de Palermo, tinha a capacidade de desenvolver um papel. Como Mutolo explicaria mais tarde:

> Quanto ao tráfico de droga, se os negócios forem pequenos, então, podem ser geridos por uma Família. Toda a gente é independente e faz o que quer. Mas às vezes alguém se envolve numa grande remessa que pode prejudicar outros mafiosos e o seu trabalho, ou o que a organização como um todo está a fazer. Alguns negócios grandes podem dominar o mercado inteiro. Nesses casos, a Comissão pode envolver-se. Os membros da Comissão podem intervir para impor organização ao negócio. Assim, a Comissão intervém em todos os setores mais importantes.

Começou a desenvolver-se uma espécie de mercado interno entre os Homens de Honra. Alguns grossistas vendiam remessas de base de morfina a refinadores que conheciam na irmandade. Depois de estes a transformarem em heroína, vendiam-na a esses mesmos grossistas. Geralmente, os chefes das Famílias não negociavam diretamente em heroína, mas contentavam-se com as «taxas» que cobravam aos traficantes que conheciam: uma maneira muito menos arriscada de fazer dinheiro.

Em 1976, precisamente quando o seu negócio de heroína estava a descolar, Mutolo foi preso. A prisão acabou por ser um bónus para o seu prestígio criminoso. «Deus abençoe estas prisões!», proclamaria mais tarde. O companheiro de cela de Mutolo em Sulmona, no centro de Itália, era um chinês de Singapura, de cabelo comprido, chamado Ko Bak Kin. Era também um importador de heroína. Apesar de não falarem a mesma língua, Mutolo afeiçoou-se a Kin. Durante as suas refeições partilhadas e por meio de pequenos gestos de generosidade, eles começaram a desenvolver o bem mais precioso no mundo traiçoeiro do tráfico de drogas internacional: a confiança. Depois de Kin aprender italiano suficiente para falar de negócios, disse a Mutolo: «Gaspare, promete-me: assim que saíres, telefona-me. Arranjo-te todas as drogas que quiseres.» Em 1979, mesmo antes de Kin sair da prisão, Mutolo deu-lhe o seu relógio e joias de ouro para pagar um alojamento em Roma, e um bilhete de avião para ir falar com os seus fornecedores na Tailândia.

Kin retribuiu dando a Mutolo o número de uma caixa postal em Banguecoque.

Pouco depois, em 1981, o próprio Mutolo foi autorizado a viver em regime de semidetenção. Para o reintegrar no mundo do trabalho honesto, as autoridades arranjaram-lhe um emprego numa fábrica de móveis em Teramo, no centro de Itália. Todavia, a posição de assistente contabilista não era a mais adequada às capacidades de Mutolo, por isso convenceu o patrão a nomeá-lo agente da fábrica em Palermo. Foram-lhe também concedidos períodos de licença na Sicília por razões «familiares». Mutolo mandou vir o seu *Ferrari Dino* e o seu *Alfa Romeo GTV 2000* para Teramo, para poder viajar rapidamente para a Sicília quando tinha reuniões de negócios. Alugou também uma mansão enorme junto do mar, em Teramo, e uma suite no Michelangelo Hotel, de cinco estrelas, enquanto escritório. Daí, pôde fazer telefonemas para a Austrália, o Brasil, a Venezuela e o Canadá.

O negócio de estupefacientes de Mutolo entrou em atividade plena. Montou rapidamente uma organização de criminosos comuns, amigos e parentes para tratar das centenas de quilogramas de heroína enviadas da Tailândia por Ko Bak Kin. Quando as autoridades começaram a descobrir alguns dos laboratórios sicilianos, Mutolo e Kin montaram um esquema que tornaria a refinação muito mais segura, e colocaria ainda mais elos da cadeia de fornecimento nas suas mãos. Kin procurava fornecedores de base de morfina na Tailândia. Um parceiro mafioso de Mutolo organizava o transporte da droga para a Europa, por navio. A bordo seguia sempre um Homem de Honra da Família de Mutolo para servir de guarda. Seguia também um químico, o que era igualmente importante, para que a heroína — quatrocentos quilogramas numa remessa — estivesse pronta para ser colocada no mercado assim que chegasse.

«1981: o meu momento mágico, o melhor ano da minha vida», recordou Mutolo. Fatos *Armani*, lenços de seda, sapatos de marca, relógios *Cartier* para os amigos... Entre os advogados, médicos e professores universitários de Teramo com quem convivia, Mutolo ficou conhecido como «Sr. Champanhe». Atualmente, depois de se tornar testemunha do Estado, leva uma vida humilde, com uma identidade falsa, e anda de lambreta e não de Ferrari. Talvez seja por isso compreensível que sinta saudades dos luxos do seu passado.

No entanto, lá bem no fundo, sabe que tudo isso era frívolo. As escutas telefónicas e outras provas que acabariam por o condenar por tráfico de heroína revelam que usava a sua riqueza com cuidado para distribuir favores e fazer amigos. Para evitar tensões políticas no seio da Cosa Nostra, Mutolo certificava-se de que as Famílias de Palermo tinham sempre oportunidade de investir num novo carregamento e que a heroína que chegava à Sicília era distribuída equitativamente. Mutolo tentava sempre agradar ao seu chefe. Subiu na estima de Saro Riccobono, tornando-se num dos membros mais importantes da Família Partanna-Mondello. No fim de contas, na Cosa Nostra, o dinheiro pouco vale se não for convertido em poder.

As enormes quantidades de heroína barata que passaram por Itália nos anos 70 provocaram uma explosão de consumo de droga na península. Em 1970, a existência de um problema de dependência de heroína ainda mal se registara. Em 1980, Itália já tinha mais viciados em heroína *per capita* do que os EUA. Qualquer pessoa que visitou uma grande cidade italiana nos anos 80 lembra-se com certeza de ver as sarjetas de algumas ruas menos movimentadas cheias de seringas de plástico.

Apesar do aumento do consumo interno italiano (e, por conseguinte, de vítimas de sobredosagem), os EUA continuaram a ser o maior mercado de consumidores em termos absolutos. Gaspare Mutolo foi um grande interveniente no complexo jogo de traficar heroína do Oriente, através da Sicília, para os EUA. Mas ficou muito longe de ser o maior. Na verdade, Mutolo aprendeu muito depressa que os mafiosos que ocupavam o lugar mais estratégico na cadeia de fornecimento para a América eram aqueles com contactos nos dois lados do Atlântico.

O Consórcio Transatlântico

Em 22 de abril de 1974, um pequeno grupo de mafiosos sentou-se para conversar, numa geladaria em Saint-Léonard, o bairro italiano de Monreal. Dois deles dominavam a conversa. Um era o dono da geladaria, Paolo Violi, subchefe da Cosa Nostra no Quebeque. O convidado de Violi tinha vindo diretamente da Sicília: era Giuseppe «Pino» Cuffaro, um Homem de Honra originário da província de Agrigento. Os dois falavam o jargão comum da política de força da máfia. Um jargão que — entre um burburinho de conversas de fundo, o ruído de talheres e as crepitações de um microfone escondido — a polícia canadiana conseguiu gravar.

Violi iniciou os cumprimentos: «Então a viagem correu bem? Beijemo-nos.»

Em resposta, Pino Cuffaro mal pôde esperar para dar as suas notícias da Sicília. «Bem, Paolo, antes de beberes esse capuchino, tenho de anunciar uma agradável surpresa, uma comovente surpresa naturalmente muito próxima dos nossos corações... O Carmelo foi nomeado representante na nossa aldeia.»

Depois, entre sorvos de café, seguiu-se um longo relato das últimas nomeações da Cosa Nostra na longínqua província de Agrigento. Quem era o chefe provincial, quem eram os *capimandamento* (chefes de circunscrição), quem eram os *consiglieri* e quem tinha sido iniciado. Falaram sobre o estado da Cosa Nostra na Sicília, comentando o facto de a Comissão de Palermo continuar suspensa. E citaram nomes de amigos comuns, como don 'Ntoni Macrì — o chefe da 'Ndrangheta de Siderno, que era também membro da Cosa Nostra (e que, sem que ninguém o previsse, gozaria da sua última partida de bólingue apenas meses depois).

Mas Pino Cuffaro não tinha feito uma viagem tão longa até ao Quebeque apenas para pôr os seus amigos canadianos a par das novidades no velho país. Tinha vindo resolver uma questão delicada de protocolo diplomático. Um Homem de Honra da Sicília podia chegar à América e adotar a plena cidadania da comunidade da Cosa Nostra local? Subjacente a esta pergunta estava a questão fundamental de se saber se a Cosa Nostra era uma só irmandade transatlântica ou se os ramos americano e siciliano eram entidades distintas. As posições pareciam tão inflexíveis e a discussão tão tensa, que os homens tiveram de se encontrar duas vezes.

Paolo Violi, o bandido canadiano, defendia uma regra de cinco anos: qualquer siciliano que chegasse ao Canadá teria de passar cinco anos sob vigilância, antes de receber o estatuto pleno de associado. O visitante siciliano não queria nenhum obstáculo levantado entre a Sicília e o Novo Mundo.

Quem tinha razão? A resposta concisa é que, na realidade, isso pouco importava. No mundo da máfia, as regras são muitos importantes, mas são também flexíveis: os mafiosos, como todos nós, tendem a interpretar as regras de formas que servem aos seus próprios interesses. Mesmo uma regra tão básica como a relação entre os braços americano e siciliano da Cosa Nostra não era fixa.

O próprio Paolo Violi, o dono da geladaria que dava tanta importância à regra dos cinco anos para a admissão na Cosa Nostra americana, era na realidade um exemplo vivo da flexibilidade da regra. Ele era calabrês. A sua geladaria chamava-se Reggio — como a cidade no sul da Calábria, o berço da 'Ndrangheta. Como muitos jovens criminosos calabreses que emigraram para os grandes centros do crime organizado nas Américas, Violi fez a sua carreira não na 'Ndrangheta, mas na Cosa Nostra americana. Foi na América que se iniciaram os laços mais estreitos entre as máfias calabresa e siciliana, e onde esses laços se mantiveram. Mas apesar da longa história de abertura da máfia americana a recém-chegados, mesmo recém-chegados calabreses, na primavera de 1974 o imigrante calabrês Paolo defendia intransigentemente a regra de que os mafiosos sicilianos deviam passar cinco anos sob observação, antes de poderem ser membros plenos da Cosa Nostra nos EUA.

A verdade da posição de Violi é muito menos importante do que a razão por que ele a defendia — que interesse pessoal estava a tentar esconder por trás das regras constitucionais.

Na altura do encontro da geladaria, a desintegração da Conexão Francesa já começara a aumentar o envolvimento da máfia na importação de heroína para os EUA. Violi era um chefe territorial, não um traficante de drogas. Como tal, sentia-se ameaçado por esse negócio transterritorial tão lucrativo que ele não podia controlar. No caso específico do Quebeque, as pessoas que preocupavam Violi eram os Cuntreras e os Caruanas: duas famílias mafiosas sicilianas interligadas ao longo de várias gerações num único clã. Dois membros desse clã, Pasquale e Liborio Cuntrera, mudaram-se para o Canadá em 1951 — mais ou menos na mesma altura que Paolo Violi. Posteriormente, muitos outros membros do clã Cuntrera-Caruana juntar-se-iam à diáspora da máfia siciliana que se seguiu ao atentado bombista de Ciaculli em 1963. No entanto, em vez de se instalarem permanentemente num lugar, os novos exilados converteram-se em traficantes ambulantes de heroína; uma rede internacional que financiava, comprava e transportava heroína em grandes quantidades, e depois branqueava e investia os lucros. Ao longo dos anos seguintes, deixaria rastos no Canadá, EUA, México, Brasil, Honduras, Baamas, Antígua, no paraíso fiscal caribenho de Aruba, Índia, Alemanha, Suíça — e Woking, em Surrey, Inglaterra. A Venezuela era a base de longa data do clã, um entreposto de heroína para o mercado dos EUA. Os Cuntrera-Caruanas tinham uma fazenda de gado enorme, fortificada e com o seu próprio aeroporto, perto da fronteira com a Colômbia. O casamento do filho de Pasquale Cuntrera teve a presença da televisão e do próprio presidente venezuelano.

Giuseppe Cuffaro, o mafioso que discutiu com Paolo Violi no encontro da geladaria, era uma espécie de caixeiro-viajante para o grupo Cuntrera-Caruana. E era por isso que insistia tanto na entrada livre no mercado canadiano para os emissários da máfia.

A rede Cuntrera-Caruana centrava-se num conjunto de mafiosos astutos, bem relacionados e itinerantes, cuja espetacular riqueza lhes permitia fazer amigos em qualquer lugar do mundo. Os Cuntrera-Caruanas e outros negociantes itinerantes de heroína têm sido qualificados como uma máfia por direito próprio. Eles constituíam o que poderíamos chamar de um Consórcio Transatlântico, cujo poder extravasava perigosamente dos territórios controlados pelos ramos siciliano e americano da Cosa Nostra. Estes homens podiam impor condições a chefes locais, como Violi, em qualquer território onde encontrassem oportunidades de mercado ou investimento. A lealdade dos soldados ao seu capitão ou chefe podia facilmente ser comprada. Consequentemente, em 22 de janeiro de 1978, Paolo Violi pagou o preço final pela sua interpretação mesquinha e protecionista das regras da máfia, quando foi morto a tiro na sua geladaria no meio de um jogo de cartas.

O Canadá não foi o único lugar onde escutas telefónicas registaram o modo como o Consórcio Transatlântico estava a perturbar o equilíbrio de poderes na máfia, no final dos anos 70. Numa justamente famosa operação secreta, Joseph D. Pistone, um agente especial do FBI, infiltrou-se na Família Bonanno de Nova Iorque fazendo passar-se por «Donnie Brasco». O memorável filme de 1997, com Johnny Depp e Al Pacino nos papéis principais, conta a história de Pistone, mas não explica o contexto histórico crucial da operação. Pistone/Brasco foi testemunha direta da ascensão dos *zips* ou *greasers*. Estes eram termos pejorativos que os mafiosos locais usavam para se referirem a Homens de Honra sicilianos que se haviam estabelecido recentemente na América. Os mafiosos de Nova Iorque tinham duas boas razões para se inquietarem com os recém-chegados. Em primeiro lugar, os *zips* tinham adquirido o direito exclusivo de fornecer heroína por grosso às Famílias Bonnano e Gambino de Nova Iorque. Em segundo lugar, constituíam uma fação autónoma cujo poder dentro da Cosa Nostra americana estava em ascensão. Os homens que os soldados da Família Bonanno apelidavam de *zips* eram, na verdade, membros do Consórcio Transatlântico.

O microfone escondido de Pistone gravou dois mafiosos de Nova Iorque reagindo à notícia de que a organização americana ia conceder patentes a alguns dos sicilianos:

> Esses tipos [os *zips*] estão à espera de controlar tudo. Não podemos nomeá-los capitães, de maneira nenhuma. Vamos perder toda a nossa força.

> Esses *zips* de merda não vão ajudar ninguém. Damos-lhes a merda do poder, se não nos lixam hoje, lixam-nos daqui a três anos. Vão enterrar-nos. Não podemos dar-lhes o poder. Eles estão a cagar-se. Não querem saber quem manda. Não têm nenhum respeito.

Os *zips* tinham nomes e rostos. John Gambino era um deles: mudara-se de Palermo para Cherry Hill, em Nova Jérsia, em 1964. Salvatore Inzerillo, sobrinho de um chefe de Palermo, era outro. Tal como o clã Cuntrera-Caruana, eram mafiosos com muitos carimbos exóticos nos passaportes, e uma vasta rede internacional de parentes de sangue e por afinidade para os apoiar. Membros do Consórcio Transatlântico como estes eram responsáveis pelo que ficou conhecido como Conexão Piza, um rótulo inventado durante a grande investigação da polícia dos EUA que acabou por eliminar uma pequena parte do Consórcio em meados dos anos 80.

Os membros do Consórcio Transatlântico eram assustadoramente poderosos e atuavam em conjunto. Em 1971, os serviços secretos venezuelanos investigaram a fazenda de gado dos Cuntrera-Caruanas, e descobriram entre os seus acionistas os seguintes: Nick Rizzuto, o homem dos Cuntrera-Caruanas em Monreal (que assumiria o comando da máfia do Quebeque depois do assassínio de Paolo Violi); John Gambino de Cherry Hill; e Salvatore «Passarinho» Greco, o presidente da Comissão de Palermo na altura do atentado de Ciaculli, que tinha abandonado a Sicília para se tornar num importador de drogas na América do Sul.

O Consórcio Transatlântico controlava o mercado de heroína nos EUA: qualquer pessoa que quisesse fornecer drogas em grandes quantidades à Costa Leste tinha de o fazer através dos seus membros. O nosso intermediário siciliano, Gaspare Mutolo, «o Sr. Champanhe», sabia disso por experiência. Em 1981, o primeiro dos seus navios chegou à América com quatrocentos quilogramas de heroína já refinada da Tailândia: metade foi para os Cuntrera-Caruanas e a outra metade para John Gambino em Cherry Hills.

Na Sicília, o Consórcio Transatlântico tinha ainda mais peso do que no Canadá ou nos EUA. Um dos seus membros, Salvatore Inzerillo, voltou para Palermo em 1973, e o seu tio cedeu-lhe imediatamente o cargo de representante da Família de Passo di Rigano e, depois, o seu lugar na Comissão. Outros dois chefes que pertenceram ao Consórcio Transatlântico foram os triúnviros Tano Badalamenti e Stefano Bontate.

O Consórcio Transatlântico tinha a fina-flor dos contactos da Cosa Nostra no mundo da banca. Alguns dos seus lucros do tráfico de heroína foram branqueados e investidos por Michele Sindona e Roberto Calvi, dois mal-afamados financeiros membros da loja maçónica P2. Sindona e Calvi acabariam por morrer em circunstâncias ainda hoje misteriosas: Calvi foi encontrado enforcado debaixo da ponte Blackfriars, em Londres, em 1982; Sindona bebeu um café envenenado com cianeto na prisão, em 1986.

O Consórcio Transatlântico gozava também de enorme influência no mundo dos negócios e da política. Os seus membros eram próximos dos primos Salvo, os barões fabulosamente ricos do sistema privatizado de cobrança de impostos da Sicília. Tinham também relações próximas com Salvo Lima, o Jovem Turco. Por intermédio de Lima e dos Salvos, mas também diretamente, tinham a atenção do político mais poderoso de Itália: Giulio Andreotti, sete vezes primeiro-ministro durante uma longa carreira parlamentar e o homem cuja fação no partido democrata-cristão incluía Lima e os seus sequazes sicilianos. De acordo com o Supremo Tribunal de Itália, num parecer de 2004, Andreotti mostrou «uma disponibilidade autêntica, constante e cordial» para com Stefano Bontate e os seus amigos até 1980, altura em que a crescente violência da Cosa Nostra o levou a afastar-se.

Nunca na longa história da máfia siciliana existiu uma concentração de poder e opulência comparável à do Consórcio Transatlântico. Foi por essa razão que, em 1981, o Consórcio se tornou alvo de uma guerra de extermínio.

Mas antes de eclodir novamente a guerra na Sicília, a Camorra na Campânia seria radicalmente transformada pelo chefe mais influente do século XX.

O Professor

Raffaele Cutolo foi o criador daquela que foi talvez a maior organização criminosa na história de Itália, a Nuova Camorra Organizzata («Nova Camorra Organizada»). No seu auge em 1980, segundo uma estimativa da polícia, a Nuova Camorra Organizzata (ou NCO) tinha sete mil membros. O seu líder conseguiu escapar à plena força da lei com uma regularidade escandalosa mesmo para os padrões italianos. A sua especialidade era obter pareceres psiquiátricos que o absolviam de qualquer responsabilidade pelos seus atos. «Quando comete atos criminosos», declarava um diagnóstico, «Cutolo fica sob a influência de uma típica crise impulsivo-agressiva que domina e anula completamente a sua força de vontade». Ou, em termos leigos: zanga-se com frequência e manda matar pessoas — mas a culpa não é sua. O chefe da NCO comparava-se a Jesus Cristo e dizia que conseguia ler os pensamentos dos outros. Não sabemos se acreditava mesmo nisso ou se estava apenas a representar o guião psiquiátrico.

Apesar deste desequilíbrio mental aparente, em 1980 Cutolo decidiu ostentar arquitetonicamente a sua autoridade. Com vista para Ottaviano, a vila na encosta nordeste do monte Vesúvio onde o chefe da NCO tinha crescido, encontrava-se um dilapidado castelo dos Médicis; tinha uma divisão para cada dia do ano. Cutolo comprou-o através de uma empresa de fachada e transformou-o não só na sede da sua organização, mas também no símbolo grandioso de uma das ascensões ao poder mais rápidas e brutalmente bem-sucedidas da história do crime organizado italiano. E o mais espantoso é que Raffaele Cutolo fez quase tudo isso estando na prisão.

Em 1963, com vinte e um anos de idade, Cutolo tinha sido condenado a vinte e quatro anos de prisão por ter matado a tiro um homem num acesso de raiva de exemplificativa maldade. Os relatos dos jornais contam-nos que na rua principal de Ottaviano, Cutolo lançou o carro, de propósito, contra quatro mulheres jovens, travando apenas no último instante. Quando uma das mulheres repreendeu Cutolo por causa da estúpida manobra, ele agrediu-a com os punhos. Um bombeiro que ia a passar interveio para salvar a mulher, e Cutolo respondeu tirando uma pistola *beretta* 7.65 do bolso e disparando duas vezes. Mas o que realmente indignou o juiz foi a maneira como Cutolo seguiu o bombeiro ferido, que tinha cambaleado para o vão de uma porta para se refugiar. Aí, Cutolo esvaziou o carregador sobre o pobre homem, que acabaria por morrer no hospital, deixando uma viúva e três filhos.

Em 1970, quando foi libertado por aguardar um parecer do Supremo Tribunal sobre o seu processo, Cutolo fugiu. Tornou-se num subchefe da Camorra, negociando em extorsão e cocaína. Uma vez recapturado, depois de uma troca de tiros com os *Carabinieri* em março do ano seguinte, foi enviado para a famigerada penitenciária de Poggioreale. Aí, começaria a construir aquela que ficou conhecida como Nuova Camorra Organizzata. Em 1974, já tinha conquistado a alcunha de «Rei de Poggioreale» e estava envolvido numa vasta rede de tráfico de drogas com importantes mafiosos da Sicília e da Calábria. Em 1977, já adquirira poder suficiente para conseguir ser transferido para o ambiente mais confortável do hospital psiquiátrico de Aversa, perto de Nápoles. Em fevereiro de 1978, os seus homens derrubaram uma parede com TNT e ele rastejou por cima dos escombros em direção à liberdade. Uma teoria plausível é a de que a fuga foi encenada para evitar o embaraço que teria sido causado se Cutolo tivesse simplesmente saído pelo portão principal — como provavelmente poderia ter feito. Seja como for, o fugitivo só foi recapturado quinze meses depois. Em 1981, uma decisão do Tribunal de Recurso dizia que ele não podia ser punido pela fuga em virtude da sua enfermidade mental. Como disse o próprio Cutolo: «Eu não "fugi". Fui-me embora. Com algum estrondo.»

Depois da sua recaptura, Cutolo nunca mais voltou a saborear a liberdade. Assim, excetuando dois breves períodos em fuga, toda a sua vida adulta foi passada em cativeiro. Contudo, percebeu que a prisão era a base perfeita para um império criminoso. Se dominasse o sistema prisional, dominaria o submundo. Para o criminoso, o encarceramento é um risco inerente à sua profissão. E se ele não é capaz de ir para a prisão sem medo de ser violado nos chuveiros ou esfaqueado no pátio, torna-se extremamente vulnerável.

De certo modo, Cutolo aperfeiçoou os métodos usados pelas camorras das prisões desde o início do século XIX. Num plano mais simples, a NCO oferecia a segurança dos números a jovens aterrorizados cumprindo a sua primeira pena numa prisão para adultos. Com efeito, Cutolo especializou-se em instruir jovens isolados que não estavam filiados noutras quadrilhas. Um dos seus camaradas em Poggioreale descreveu-o como um «caçador de talentos». Uma vez no exterior, esses jovens entregavam uma percentagem dos seus rendimentos a Cutolo para que este pudesse apoiar outros prisioneiros, enviando comida e dinheiro a familiares, corrompendo guardas e administradores, e arranjando transferências, advogados e visitas médicas. Iniciou-se assim uma circulação de tributos e favores que uniu a NCO. A organização de Cutolo estendeu o poder que tinha em Poggioreale a muitas outras prisões em Itália, e conquistou meios humanos e disciplina no mundo exterior para gerir o crime à escala industrial.

A NCO dedicava-se a todos os tipos de negócio, do tráfico de drogas e roubo de camiões à fraude nos subsídios agrícolas da Comunidade Económica Europeia e nos projetos de obras públicas. Mas para a NCO — como para a máfia siciliana e para a Sociedade Honrada napolitana do passado —, a extorsão era a principal ferramenta de autoridade. Os negócios ilegais de Cutolo eram geridos por adjuntos de confiança, incluindo a sua irmã mais velha, Rosetta. Para todo o mundo, ela parecia apenas a bordadeira mal vestida que o irmão descrevia. No entanto, isso era uma fachada criada, em parte, para iludir os homens na hierarquia da NCO que não gostavam de receber ordens de uma mulher. Muitos observadores acreditam que Rosetta foi uma das mais poderosas chefes da Camorra. O dinheiro que ela enviava ao irmão no cárcere permitia a este viver no luxo: durante pouco mais de um ano, em 1981–2, ele recebeu quase cinquenta e seis milhões de liras (o equivalente a cem mil euros em valores de 2011) para as suas despesas diárias; supostamente, gastava mais de metade em comida e roupa.

Os gastos conspícuos de Cutolo destinavam-se a publicitar o seu poder, tal como a ironia transparente que usava nas entrevistas. Durante o julgamento pela sua fuga do asilo de Aversa, Cutolo improvisou uma conferência de imprensa. Imagens de noticiários da altura mostram-no bem arranjado e com um rosto esperto e presunçoso. Desloca o peso repetidamente de um pé para outro, atrás das grades da jaula dos réus, e lança olhares rápidos e matreiros para os dois lados — como se fosse um aluno na fila de trás da sala de aulas procurando a cumplicidade dos colegas depois de ser repreendido pelo professor.

> «Eu sou alguém que luta contra a injustiça. Eu e todos os meus amigos.»
>
> «Um Robin dos Bosques, por assim dizer?»
>
> «Por assim dizer.»
>
> «E a Nuova Camorra Organizzata, a NCO?»
>
> «Não sei. Se calhar NCO quer dizer "*Non Conosco Nessuno*" — "Não conheço ninguém".»
>
> «É você quem manda na prisão?»
>
> Cutolo finge incredulidade, com um riso pouco convincente. «Não sou eu quem manda, é o diretor da prisão.» [...]
>
> «E o assassínio do vice-diretor da prisão? Você já o tinha esbofeteado e ameaçado matar.»
>
> «Sim, é verdade. Porque ele estava mesmo a...» Segue-se uma atenuação melosa no tom de voz de Cutolo. «Mas agora ele está morto. É indelicado falar mal dos mortos... De qualquer maneira, posso ser louco, mas não sou louco-burro. Sou louco-inteligente. Por isso, dificilmente iria esbofetear alguém, ameaçar matá-lo e depois matá-lo. Não gosto de colecionar penas perpétuas dessa maneira.»

Mesmo entre os criminosos profissionais, existem muito poucos com uma imagem pública tão odiosa quanto a de Raffaele Cutolo. No entanto, a sua marca distintiva enquanto chefe era a adoração que inspirava. A Nuova Camorra Organizzata baseava-se num culto de personalidade e num fervor ideológico que nenhuma outra máfia em Itália conseguira alcançar. No auge do poder de Cutolo, uma legião de *camorristi* teria morrido por ele de boa vontade.

Qual era o segredo do seu carisma? Em primeiro lugar, tinha uma profunda inteligência organizacional e usou-a para construir uma elaborada cultura interna para a NCO. Os seus recrutas sentiam que pertenciam à organização, que tinham uma causa comum. E para construir esse espírito de equipa, Cutolo foi buscar rituais e terminologia à máfia calabresa. Com efeito, ele foi quase de certeza iniciado na 'Ndrangheta quando esteve na prisão: dois *'ndranghetisti* contaram entretanto às autoridades que Cutolo recebeu o seu «segundo batismo» em 1974. Mais tarde, Cutolo submeteria os novos recrutas da NCO a uma cerimónia muito semelhante. À 'Ndrangheta, Cutolo foi buscar também a terminologia que definia as patentes na organização: *giovane d'onore*, *picciotto*, *cuntajuolo*, *contabile*, *santista*, etc. Foi Cutolo quem, a pedido dos seus amigos calabreses, mandou matar o triúnviro Mico Tripodo à punhalada na prisão de Nápoles em 1976, durante a Primeira Guerra da 'Ndrangheta.

Com Raffaele Cutolo, a história da Camorra voltava ao seu ponto de partida. Dos mafiosos calabreses, ele aprendeu rituais e terminologia que a própria 'Ndrangheta herdara da camorra das prisões do início do século XIX. Cutolo reimportou-os para o sistema prisional napolitano, de onde eram originários, e de onde tinham desaparecido antes da Primeira Guerra Mundial.

Efetivamente, para um chefe do crime, Cutolo tinha uma noção extraordinária da história. Foi apelidado de «o Professor» pelos seus homens, não só porque procurava livros sobre a história da Camorra na biblioteca da prisão, mas também porque escrevia poemas e curtas meditações sobre a vida, o amor e a *omertà* para os seus admiradores. Em 1980, conseguiu publicar as suas anotações com o título *Poemas e Pensamentos*. O livro foi apreendido pela polícia e a sua posse era considerada incriminatória. Não é difícil perceber porquê: Cutolo pouco faz para esconder o terror que exercia. De forma menos evidente, o livro mostra também como o Professor aproveitou o seu tempo na biblioteca da prisão. Como exemplo, vale a pena citar os versos que ele escreveu em louvor do principal carrasco da NCO na prisão, Pasquale Barra, conhecido como *'o Sturente* («o Estudante») ou, com mais propriedade, como *'o Nimale* («o Animal»). Barra era um homem magro, de barba preta, com um nariz protuberante e olhos de toupeira. Tinha sido amigo dedicado de Cutolo desde os seus tempos de adolescente em

Ottaviano e foi o primeiro recruta da NCO. A sua principal função era matar pessoas à punhalada por ordem do seu velho amigo. O poema que lhe foi dedicado chama-se, simplesmente, «Um Homem da Camorra»:

> Pasquale Barra: na nossa cidade
> Chamavam-lhe «o Estudante»
> Numa *zumpata*, ninguém é melhor
> Podendo enfrentar até um exército
> Ele aplica sempre o mesmo golpe
> As suas punhaladas absolutamente letais
> Sobem-te pelos pulmões e começas a tossir
> Cuspindo um pouco de baba vermelha
> Ele vê-te cair no chão, depois abandona-te...

De uma maneira sinuosa, Cutolo usava a poesia para conferir uma certa grandeza literária e histórica ao seu perverso acólito. Já que «Um Homem da Camorra» é na verdade composto com versos roubados a um poema muito mais antigo sobre o *camorrista* Gennarino Sbisà. O autor original, o jornalista Ferdinando Russo (1866–1927), enalteceu vários *camorristi* em verso, misturando pormenores realistas na sua poesia para que os seus retratos de bandidos nobres parecessem autênticos e perigosos.

No tempo de Russo, a Camorra — com a sua estrutura de gestão hierárquica e as suas *zumpate* cerimoniais, ou duelos com navalhas — era muito diferente das quadrilhas livres e chefes de bairro que dominaram a criminalidade napolitana durante a maior parte do século XX. Antes de ser destruída por um famoso julgamento em 1911–12, a Camorra era uma Sociedade Honrada. E através dos seus poemas, Ferdinando Russo foi o homem que mais contribuiu para criar um culto popular em torno da mesma.

Os ecos desse culto popular ressoavam ainda nos anos 70 do século XX. Cutolo devorou as fábulas lamechas sobre antigos chefes como Salvatore De Crescenzo e Ciccio Cappuccio (*'o Signorino*). Enquanto poeta plagiador e bandido, o Professor estava decidido a ressuscitar a memória histórica da Camorra, apresentando explicitamente a NCO aos seus recrutas como o redespertar de uma orgulhosa história de *camorristi*. Ser um *cutoliano* era ter raízes no passado.

Numa ocasião intrigante, Cutolo encenou mesmo um encontro violento com o passado da Camorra — personificado em Antonio Spavone. Nascido em 1926 numa família de pescadores no bairro Mergellina, Spavone e o seu irmão mais velho chefiaram um bando de contrabandistas durante o caos do Governo Militar Aliado em 1943–5, que lançou tantas carreiras criminosas. Quando o irmão de Spavone foi morto numa rixa com um bando rival, Antonio vingou-se de forma espetacular. Invadindo um festejo familiar num restaurante, matou à punhalada o chefe da quadrilha rival em frente de uma multidão. Este ato granjeou-lhe não só uma longa pena de prisão mas também o direito de herdar a alcunha simples, mas eficaz, do irmão: *'o Malommo* — «o Homem Mau».

Em 1975, quando tanto Spavone como Cutolo se encontravam na prisão de Poggioreale, o homem mais jovem decidiu desafiar o mais velho a uma *zumpata*, um duelo com navalhas — como os *camorristi* dos velhos tempos. Este talvez tenha sido um gesto deliberadamente arcaico: o equivalente a esbofetear Spavone com uma luva. O desafio de Cutolo foi recusado, ou porque Spavone estava prestes a ser libertado ou porque não queria dignificar a impudência do jovem rufia com uma resposta. Recordando o episódio muito mais tarde, um prisioneiro que se encontrava em Poggioreale na altura ofereceu-nos uma análise perspicaz de como Cutolo geria os boatos na prisão:

> Ninguém testemunhou o episódio. Foi um acontecimento completamente «virtual». Alguém, talvez o próprio Cutolo, espalhou o boato de que o duelo não tinha acontecido por causa da cobardia do *Malommo*. Em casos como este, circulam versões diferentes — versões que servem sempre a um lado ou a outro. Cutolo chegou muito longe graças a uma fama baseada quase sempre em acontecimentos inventados. Ele era perito em fazer que proezas que nunca existiram parecessem credíveis e lendárias. Tinha um talento extraordinário para promover a sua própria imagem.

Mesmo nos estreitos confins de uma prisão, o crime organizado — por mais organizado que possa ser — é um domínio em que as informações circulam de forma confusa e fragmentária. O Professor era um mestre em fazer que as lacunas de qualquer história funcionassem a seu favor, em escrever a sua própria história.

Os *Poemas e Pensamentos* de Cutolo são repugnantes, e geralmente vulgares e grosseiros. Mas seriam muito menos perigosos se provocassem apenas falsos duelos nos corredores das prisões ou celebrassem apenas a destreza cruel de um assassino. Os escritos de Cutolo fizeram muito mais do que isso. Os exemplares do seu livro circulavam entre os seus acólitos como as escrituras de um novo messias, e forneceram um guião emocional sedutor para a Nuova Camorra Organizzata. A análise desse guião leva-nos ao cerne do encanto carismático do Professor.

O niilismo é a base da filosofia de Cutolo. Somos todos animais, dispostos a devorarmo-nos por dinheiro sujo. O homem é o mais cruel e traiçoeiro de todos os animais; não devia existir. Mas o ardil psicológico que o Professor consegue montar em *Poemas e Pensamentos* é a criação de um sistema de valores criminoso que se afigura redentor num contexto de medo e desespero.

Uma boa parte dos poemas de Cutolo exprime a ânsia de um prisioneiro pela sua liberdade, pela sua mãe e pelas vistas, sons e cheiros do seu lar de infância. Tudo isto pode parecer autocomiserativo. Porém, mostra que Cutolo era um líder suficientemente esperto para empatizar com a vulnerabilidade mental implícita dos seus companheiros de cárcere. A sua sentimentalidade lamechas era o primeiro meio para um fim muito pouco sentimental: construir um exército disciplinado de criminosos.

> A pena: prisão perpétua
> Quando jovem
> Entraste
> Na cela sepulcral
> A cela silenciosa
> A cela do sofrimento
> Sentiste-te sozinho e perdido

Cutolo responsabiliza a desigualdade social e, sobretudo, o sistema prisional pelo facto de ele, tal como tantos outros, ter escolhido o crime. Mas essa perseguição teve um efeito enobrecedor. Como na seguinte máxima de Cutolo: «Tomem nota: os melhores homens acabam como criminosos, fugitivos ou prisioneiros. Enquanto as pessoas que lhes fizeram isso são as defensoras hipócritas da lei.»

Cutolo apresenta a NCO como uma irmandade dos oprimidos, unidos contra os ataques de um mundo hostil; é um grupo de Amigos. Porque a Amizade é o bem supremo no mundo carismático do Professor. «A amizade é sagrada, porque é belo partilhar os nossos momentos de amargura, alegria, dor e triunfo com um coração amigável.»

E quando a Amizade é ameaçada, então, a morte deve tornar-se na melhor Amiga: «Quando começa uma batalha, o primeiro pensamento de um chefe deve ser tornar a "Morte" numa Amiga... Morte, minha Amiga, ajuda-me a plantar uma semente na tua terra.»

No Dia das Mentiras de 1982, os *Carabinieri* em Ottaviano descobriram que a Amiga Morte plantara uma semente a algumas centenas de metros do castelo de Cutolo. O corpo estava na mala de um carro roubado. A cabeça, embrulhada em papel celofane e coberta com uma toalha, estava numa bacia de plástico deixada no banco da frente. Mesmo na Itália cansada de violência do início dos anos 80, uma decapitação executada pela Camorra garantiria sempre alguma atenção mediática. Mas neste caso, o nome da vítima transformou o acontecimento numa notícia de primeira página.

O professor Aldo Semerari era o psiquiatra responsável por alguns dos mais escandalosos pareceres sobre a saúde mental de Raffaele Cutolo. Era também um exemplo perfeito do tipo de figura que, nos anos 70 e 80, parecia reproduzir-se na zona cinzenta em que o crime organizado e a política subversiva se cruzavam. Agitador de extrema-direita com ligações ao serviço de informações do exército de Itália, Semerari tentara recrutar algumas organizações criminosas para a sua causa fascista. Mas no fim só conseguiu uma simples troca: os mafiosos recebiam o benefício dos seus conhecimentos de psiquiatria e os amigos de Semerari recebiam armas. Contudo, o psiquiatra precipitara-se ao tentar fazer o mesmo acordo com Raffaele Cutolo e com os inimigos deste na Camorra. Quando o seu cadáver acéfalo foi encontrado em Ottaviano, ninguém percebeu quem o havia castigado por apostar nos dois lados.

O caso Semerari deu a Ottaviano a reputação de lugar «onde voam cabeças». Dez homens foram assassinados na cidade nos primeiros cinco meses de 1982. Os jornalistas afluíram a Ottaviano para tentar diagnosticar o mal. Mas apenas um deles — um jovem escritor milanês chamado Luca Rossi — teve paciência suficiente para descobrir como as ideias expostas em *Poemas e Pensamentos* tinham sido profundamente assimiladas por muitas das pessoas da terra. Para a juventude sem raízes que crescia nos «South Bronxes» da periferia napolitana, o credo venenoso de Cutolo era um potente elixir. A recessão económica de meados dos anos 70 empurrou milhares de jovens para o mercado de trabalho criminoso. Durante o reinado de Cutolo, a Campânia era a região com o maior número de reclusos menores no país. Estes *camorristi* em potência eram pobres, de famílias disfuncionais e educados desde cedo no valor da violência. Quando eram oficialmente recrutados, e recebiam a tatuagem de cinco pontos da NCO na base do polegar direito, já professavam uma indiferença à Amiga Morte tão lamentável quanto assustadora:

> O que eu já vi nos meus vinte e três anos de vida basta-me. Já estou morto. Agora só estou a viver mais um bocado, um bocado de vida que me foi oferecido. Podem matar-me se quiserem.

> Nós já somos cadáveres vivos. Alguém já tem metade de um pé na minha cabeça. E se puser a outra metade do pé na minha cabeça, então mato-o.

> Pergunta-me porque me comporto desta maneira e porque faço certos «serviços» que até outros *camorristi* recusam. A razão é muito simples. Não me interessa se vivo ou morro. Na verdade, de certa forma, estou a tentar ser morto.

Uma rapariga anónima de Ottaviano, com vinte anos de idade, foi entrevistada por Luca Rossi e ofereceu uma análise perspicaz e arrepiante da mentalidade da NCO. Esta é a voz de uma jovem imersa na cultura da Camorra, mas ao mesmo tempo capaz de se distanciar da mesma, como se tudo fosse apenas um pesadelo:

> A camorra tem algumas coisas realmente belas. É uma resposta instintiva e animal. Nós tiramos o que eles não nos dão, e tiramo-lo com força. Existem sentimentos extraordinários e poderosos na camorra. Já assisti a incríveis atos de amor e solidariedade. Eles acreditam no que estão a fazer como ninguém acredita em ideologias políticas... Os mais fortes entre eles são os que têm medo. Vês estes miúdos com

> uma pistola na mão, e percebes que estão fodidos. Entre todos os *camorristi* que conheço, os mais sensíveis são os mais violentos. Quero dizer mesmo violentos: violentos de metralhadora, de massacres.

Raffaele Cutolo oferecia a jovens sensíveis e perdidos uma narrativa elementar — uma razão para morrer quando parecia não haver razão para viver. Os seus *Poemas e Pensamentos* eram um manifesto coletivo para viver depressa e morrer numa camisa cara e numa salva de tiros. A NCO esteve, assim, mais perto do que qualquer outra máfia de ser um verdadeiro culto de morte.

E em 1978, Cutolo lançou a NCO numa batalha que se transformaria na guerra mais sangrenta da história do submundo napolitano — uma guerra contra a máfia siciliana.

4

A CARNIFICINA

Orgia de sangue

Primeiro o tabaco. Depois a construção. Depois o rapto. E por fim a heroína. As novas fontes de riqueza criminosa que se desenvolveram entre o final dos anos 50 e o final dos anos 70 ofereceram prémios enormes a mafiosos, *camorristi* e *'ndranghetisti*, capazes de pensarem grande e colaborarem para alcançar os seus objetivos. Foram criadas novas redes de negócios: como as «sociedades anónimas» que reuniram investimentos primeiro no tabaco e depois na heroína; ou os bandos de raptores que tomavam os seus reféns no Norte antes de os enviar para o cativeiro no Aspromonte; ou as redes de tráfico de heroína que atravessavam o mundo, ligando o Triângulo Dourado aos EUA através da Sicília. Foram criadas novas parcerias económicas, incluindo parcerias que atravessaram as fronteiras entre a Cosa Nostra, a Camorra e a 'Ndrangheta.

Ao lado destes ciclos de criatividade comercial, surgiram também ciclos de criatividade política. Em Itália, nenhum mafioso duraria muito tempo se cometesse o erro de acreditar que era exclusivamente um empresário criminoso, e se se esquecesse de que não tinha alternativa senão participar nas intrigas permanentes e lutas pelo poder entre os seus pares no crime. Assim, à medida que as máfias enriqueciam, formavam-se novos acordos de poder: como os triunviratos na Calábria e na Sicília, ou a Comissão Regional da Cosa Nostra, ou as Famílias da máfia siciliana que se estabeleceram na Campânia. As regras e tradições do submundo foram reformuladas ou até inventadas, como a proibição do rapto na Cosa Nostra, ou a recuperação da Sociedade Honrada de Nápoles do século XIX por Raffaele Cutolo, ou a Mamma Santissima da 'Ndrangheta.

Quanto mais depressa giravam as rodas da economia do crime, e quanto mais frenética se tornava a politiquice, maiores eram as pressões sobre o submundo de Itália. Os riscos foram tornando-se cada vez maiores até que, nos anos 80, ocorreu uma explosão de violência sem precedentes nos anais da história das máfias.

Quantos morreram? A precisão é impossível. Dado o número de desaparecimentos e assassínios engenhosamente disfarçados de crimes passionais ou assaltos que se descontrolaram, nunca teremos um número exato. A menos que todas as sepulturas e esqueletos não identificados possam ser localizados, e algum feitiço inventado para obrigar os banhos de ácido a contar a sua história. Os números estimados de vítimas mortais, durante apenas os primeiros dois anos da Segunda Guerra da Máfia da Sicília, variam entre as quinhentas e as mil pessoas. Mais de novecentas morreram nas guerras da Camorra de 1979–83. Um jornalista calculou que o número total de pessoas mortas pelo crime organizado no sul de Itália nos anos 80 seria de dez mil. Um palpite, certamente. Mas não descabido. Mais cauteloso, o inquérito parlamentar estimou que, entre 1981 e 1990, tivessem sido cometidos dois mil novecentos e cinco homicídios na Sicília, dois mil seiscentos e vinte e um na Campânia, mil oitocentos e sete na Calábria e setecentos e cinquenta e sete na Apúlia. A grande maioria destes homicídios foi cometida pelo crime organizado. Se estiver próximo da verdade, este número lembra-nos de que o crime organizado causou duas vezes mais vítimas no sul de Itália nos anos 80 do que as três décadas de conflitos políticos e religiosos na Irlanda do Norte.

Qualquer crónica desta década de carnificina deve começar em Palermo, onde Totò Riina, de Corleone, continuava a sua ascensão. Como vimos, já nos anos 70 os raptos perpetrados por Riina ou pelo seu chefe Luciano Liggio tinham começado a dividir a Cosa Nostra em duas fações. A composição do triunvirato deixava bem claro o equilíbrio de poderes: de um lado, Riina; e contra ele, Stefano Bontate, o Príncipe de Villagrazia, e Tano Badalamenti, o primeiro presidente da Comissão de Palermo depois da sua reconstituição em 1974. À primeira vista, as duas fações tinham forças bastante desiguais. Embora não fossem aliados próximos, Bontate e Badalamenti faziam ambos parte da maior concentração de riqueza e contactos que a máfia siciliana já conhecera. Tinham os políticos, locais e nacionais. Tinham as ligações ao mundo obscuro da Maçonaria. Tinham os redutos de poder mafioso mais antigos de Palermo, e — pelo menos no caso de Bontate — o prestígio que advinha de uma venerável genealogia mafiosa. Fundamentalmente, estavam também ligados ao Consórcio Transatlântico, com o seu quase monopólio sobre o acesso ao mercado de heroína nos EUA. Riina era originário de Corleone, historicamente na margem do mapa do poder mafioso na província de Palermo. Entre os onze homens que tinham lugares na Comissão em 1975, apenas três, incluindo o próprio Riina, podiam ser considerados opositores do sistema de poder de Bontate e Badalamenti.

Mas Riina tinha a sorte e, sobretudo, a astúcia do seu lado. Sorte, porque Bontate e Badalamenti foram presos no início dos anos 70, o que lhe deu tempo e espaço para organizar os seus primeiros raptos. E astúcia, porque quando os narcodólares começaram realmente a inundar a Sicília, Riina percebeu rapidamente as submersas correntes de inveja que eles desencadearam.

Toda a gente na Cosa Nostra estava envolvida no tráfico de heroína, ou pelo menos queria estar envolvida. Mas nem toda a gente tinha acesso ao mercado americano. O Consórcio Transatlântico criara um estrangulamento e estava a lucrar bastante com isso. Muitos mafiosos ficaram ricos durante o crescimento súbito do tráfico de drogas dos finais dos anos 70, mas apenas alguns ficaram opulentamente ricos: como Badalamenti, Bontate e Inzerillo, que faziam parte da nata transatlântica.

Riina planeava transformar a sua fraqueza em força política. O seu objetivo era tirar proveito da inveja e frustração suscitadas pelo Consórcio Transatlântico para conquistar amigos e território na Sicília, e desse modo assumir o controlo da Comissão. Recrutando gradualmente os intervenientes marginais na indústria da heroína, Riina acabaria por transformar a Família dos *corleonesi* numa grande aliança de Homens de Honra de todas as Famílias.

Esta estratégia nada tinha de surpreendentemente novo. Em Nova Iorque, durante a Guerra de Castellammarese de 1929–31 (a guerra que terminou com Lucky Luciano no topo do submundo nova-iorquino), os *castellammaresi* de Salvatore Maranzano constituíram uma aliança semelhante entre Famílias. Na luta pela supremacia em Palermo, que aconteceu mais ou menos ao mesmo tempo que a Guerra de Castellammarese, Ernesto Marasà, «o *generalissimo*», integrou as Famílias da província de Palermo na sua campanha para se tornar chefe de todos os chefes.

Tal qual a sua estratégia, os métodos de Riina também eram tradicionais. A máfia siciliana é uma organização territorial, e o culto do território é tão antigo como a própria máfia. Como disse um polícia no século XIX: «Um dos cânones da máfia é o respeito pela jurisdição territorial de outro homem. Desrespeitar essa jurisdição constitui um insulto pessoal.» O facto é que não são apenas as *regras* da máfia que são tradicionais, mas também as razões por que essas regras são frequentemente infringidas — os sinais que os mafiosos enviam quando as infringem. Riina revelou-se perito em conservar a sua própria autoridade territorial ao mesmo tempo que emitia sinais que punham em causa a autoridade territorial de outras pessoas. Um desses sinais era o homicídio.

Em janeiro de 1974, um polícia reformado chamado Angelo Sorino foi morto a tiro em San Lorenzo, na Piana dei Colli. (A sua dedicação à causa era tal, que tinha andado a ajudar os seus antigos colegas nas investigações sobre os aliados de Riina.) Os responsáveis pela morte de Sorino não tinham informado antecipadamente a Comissão da Cosa Nostra, como devia acontecer no caso de assassínios importantes como este. Para a polícia, parecia óbvio quem era o culpado, por causa do princípio da jurisdição territorial: Filippo Giacalone, chefe da Família em cujo território ocorrera o crime. Giacalone, amigo de Stefano Bontate, foi devidamente preso. Escusado será dizer que o envolvimento de Giacalone era ainda mais óbvio para os seus pares na Cosa Nostra. Bontate exigiu uma explicação em nome da Comissão.

Afinal, como se veio a descobrir, Giacalone não tinha ordenado a morte de Sorino; na verdade, ele era apenas um bode expiatório numa conspiração muito maior. Depois de ser libertado e ter tido tempo para investigar, revelou a Bontate que um importante assassino *corleonese* chamado Leoluca Bagarella tinha cometido o homicídio. Mas antes que Bontate pudesse transmitir esta revelação à Comissão, Giacalone desapareceu. O seu lugar na Comissão foi ocupado pelo chefe da vizinha Resuttana, um amigo dos *corleonesi*.

O homicídio de Sorino teve dois intentos. Eliminar uma ameaça a um dos amigos de Riina e, mais importante do que isso, proclamar ruidosamente a fraqueza política de Bontate e Badalamenti.

Em 1977, os *corleonesi* executaram outro homicídio de intento duplo. Mataram um zeloso coronel dos *Carabinieri* no seu próprio território, eliminando assim uma ameaça aos seus próprios interesses. Contudo, mais uma vez, não pediram autorização à Comissão antes de agir: outro insulto político aos seus inimigos.

Depois de usar raptos e homicídios para desacreditar a Comissão controlada por Bontate e Badalamenti, os *corleonesi* pretendiam dominá-la. Nessa altura, já tinham um aliado prestigiante: o chefe de Ciaculli, Michele Greco, «o Papa», que se revelou perito em enganar Bontate com explicações, aparentemente, razoáveis para aquilo que os *corleonesi* andavam a fazer. Atrás da cortina de fumo criada por Michele Greco, cada vez mais chefes se passavam para o lado de Riina.

Em 1978, a extensão da influência *corleonese* no seio da Comissão tornou-se evidente para todos quando — de forma sensacional — Tano Badalamenti, o chefe de todos os chefes, foi expulso da Cosa Nostra. Badalamenti foi quase de certeza punido por não ter partilhado com toda a gente uma parte dos lucros do tráfico de heroína. Ser expulso — a palavra que os mafiosos usam é *posato* ou «deposto» — é uma sanção relativamente rara e geralmente temporária. Entre homens para quem um homicídio a mais ou a menos não é motivo para remorsos, esta era uma pena demonstrativamente leve. Riina queria dar a impressão de que estava a observar as regras tradicionais da Cosa Nostra; estava a mostrar como era *razoável*. Assim, foi um homem de razão, Michele Greco, «o Papa», quem ocupou o lugar de Badalamenti enquanto representante provincial. Greco era pouco mais do que um testa de ferro para o poder *corleonese*.

Mais tarde no mesmo ano, os *corleonesi* voltaram a jogar com as regras da soberania territorial. Uma equipa de assassinos *corleonese* matou a tiro Giuseppe Di Cristina, um chefe muito próximo de Stefano Bontate. Significativamente, o assassínio teve lugar no território de outro aliado de Bontate, o *zip* Salvatore Inzerillo. Os assassinos até abandonaram o automóvel usado no homicídio no domínio de Inzerillo. Este ato pretendia humilhar um importante aliado de Bontate e uma figura central do Consórcio Transatlântico. A morte de Di Cristina mostrou também que as ambições dos *corleonesi* não se limitavam à província de Palermo. Filho e neto de chefes da máfia, Di Cristina era da cidade interior de Riesi, na província de Caltanissetta.

Depois da Sicília central chegou a vez da cidade oriental de Catânia. Em setembro de 1978, Pippo Calderone — o chefe local da Cosa Nostra e o homem que sugerira a proibição dos raptos na Comissão Regional em 1975 — foi morto a tiro pelo seu adjunto, outro membro secreto da crescente aliança *corleonese*. No banquete organizado pelos homens de Calderone para assinalar o falecimento do seu chefe, Riina teve o descaramento de fazer um discurso. Elogiou o *capo* morto, descrevendo-o como um mediador da paz na melhor das tradições da máfia. Muitos dos mafiosos presentes comoveram-se até às lágrimas.

Em 1979, os *corleonesi* já tinham conquistado uma maioria clara na Comissão de Palermo. Também já tinham começado a introduzir-se nos círculos mais íntimos dos seus inimigos. O comportamento de um Homem de Honra da Família de Santa Maria di Gesù, à qual pertencia o próprio Stefano Bontate, mostra-nos até onde já se estendia o poder dos *corleonesi*. Enquanto advogado e grande traficante de drogas, ele ficara ressentido com a atitude arrogante do seu chefe e queixara-se aos amigos de Totò Riina, que se mostraram compreensivos. Chamava-se Giovanni Bontate e era o irmão mais novo do chefe.

A hábil exploração das regras e convenções da máfia, os insultos deliberados, a construção de alianças e a traição: todos estes ingredientes do avanço calculado dos *corleonesi* sobre os centros de poder do submundo na Sicília podem ser encontrados nos arquivos da história da máfia desde o século XIX. Nesse sentido, os acontecimentos dos finais dos anos 70 e início dos anos 80 do século XX não representavam algo novo. No entanto, havia pelo menos duas novidades. A primeira era o valor do prémio que seria devido aos vencedores. Porque uma vez conquistada a Sicília, os americanos não teriam outra alternativa senão negociar com Salvatore Riina, *u Curtu*. A linha de fornecimento de heroína passaria por Corleone. A outra novidade da ascensão de Riina ao poder era a ferocidade implacável com que ele executava os seus planos; a violência sem tréguas da Segunda Guerra da Máfia da Sicília.

Na noite de 23 de abril de 1981, Stefano Bontate, bem vestido como sempre, conduzia o seu *Alfa Romeo Giulietta Super* de série limitada, novinho em folha, através da chuva e do trânsito habitualmente frenético da estrada de circunvalação de Palermo. Tinha passado a noite a beber champanhe na festa do seu quadragésimo segundo aniversário, e dirigia-se então a casa. Quando virou para uma estrada lateral, foi parado mortalmente por tiros de uma caçadeira de canos serrados e de uma *kalashnikov*.

Duas semanas e meia depois, outra vítima de tiros de *kalashnikov* foi encontrada junto do portão de um grande bloco de apartamentos na via Brunelleschi. A cabeça ficou de tal maneira amassada pelas balas, que a polícia precisou de cinco horas para fazer uma identificação baseada em impressões digitais e num medalhão ensanguentado com as iniciais da vítima: pertencia a Salvatore Inzerillo, o chefe de Passo di Rigano, cujo nome tinha começado a aparecer nos jornais, associado a uma grande investigação sobre o contrabando de heroína.

A opinião pública nacional levou algum tempo a despertar para o facto de que estes acontecimentos constituíam algo mais do que outro ataque sazonal de violência entre mafiosos. Nos jornais do Norte, a morte de Salvatore Inzerillo foi tratada com a mesma importância dada a um acidente de trânsito relativamente grave em Milão ou Turim. Mas com a continuação dos assassínios em Palermo, as pessoas começaram a procurar explicações para o que se estava a passar. O tráfico de heroína era uma das explicações mais óbvias. Pouco ou nada mais fazia sentido.

Um a um, todos os velhos padrões jornalísticos para a violência das máfias foram aplicados, e postos de lado. Seriam atos de vingança: talvez os clãs Bontate e Inzerillo estivessem em guerra um com o outro? Mas depois descobriu-se que a mesma *kalashnikov* tinha sido usada para matar os dois chefes.

Outra teoria — muito antiga — era de que se tratava de um conflito intergeracional e que uma nova máfia de «quarentões» estava a lançar um ataque ao poder da «velha» máfia. O facto de Bontate ter quarenta e dois anos quando morreu, e Salvatore Inzerillo trinta e sete, não se enquadrava facilmente nesta interpretação.

Algumas explicações eram tão disparatadas e extravagantes, que se tornavam cómicas, ou exasperadoras, dependendo do ponto de vista de cada um. Entrevistado pelo *New York Times*, o romancista Alberto Moravia afirmou que «O Siciliano como tal — incluindo o siciliano honesto — é por inclinação um Mafioso, no sentido de que partilha com o homem da máfia a ânsia pelo "prestígio do poder", e a obsessão com o mesmo». Hoje em dia, parece-nos desconcertante que alguém pudesse considerar um romancista romano uma autoridade a consultar a propósito das complexidades da máfia. Porém, a ignorância de Moravia devia servir-nos de lembrança do estado alarmante do conhecimento público italiano nessa fase crucial da história centenária da organização.

A própria polícia era mais astuta do que Moravia, mas pouco esclarecedora. O chefe da Brigada Móvel disse apenas que «O que temos aqui é uma orgia de sangue: quando a guerra terminar, conseguiremos compreender o novo equilíbrio de poderes». Esta era a estratégia tradicional da polícia para lidar com as guerras cíclicas entre os escóis criminosos de Palermo: esperar que os tiroteios cessassem, e depois contar os cadáveres e esperar por uma denúncia.

Mas os tiroteios não cessaram. Os jornais tornaram-se num catálogo diário de horrores. Corpos abandonados em poças de sangue na rua, ou encontrados dobrados atrás de balcões de lojas, ou abandonados no meio de lixo a arder num descampado. Antonino Ciaramitaro foi descoberto no porta-bagagem de um carro dentro de dois sacos de plástico — um para o tronco e outro para a cabeça. Giovanni Prestigiacomo foi morto a tiros de caçadeira quando estacionava o seu *FIAT 1100*. A mulher ouviu as detonações e saiu de casa a correr; continuaria a agarrá-lo, gritando «Não morras. Não Morras», muito depois de a vida se ter esvaído do cadáver crivado de balas.

Ansiosos por certezas, os jornais tentavam contabilizar as baixas. Setenta corpos nos seis meses entre abril e outubro de 1981; cento e quarenta e oito no final do ano. Contudo, as «caçadeiras brancas» (os casos em que as vítimas desapareciam e os corpos nunca mais eram encontrados) tornavam difícil a contagem. Talvez cento e doze desaparecimentos nos primeiros nove meses de 1982, a acrescentar aos cento e oito homicídios. Mas os números eram apenas um disfarce para a confusão.

Hoje, sabemos que o que realmente se estava a passar não era uma verdadeira guerra da máfia: era um programa de extermínio. Riina estava a eliminar sistematicamente os seus inimigos e todos os que lhes fossem próximos. No dia seguinte ao assassínio de Inzerillo, o chefe que tinha substituído Stefano Bontate na Santa Maria di Gesù convocou os seis soldados mais fiéis do *capo* assassinado para uma reunião, com o objetivo de discutir o que estava a acontecer. Quatro deles obedeceram e nunca mais foram vistos: o novo chefe tinha sido nomeado por Riina.

O intermediário do comércio de drogas Gaspare Mutolo, «o Sr. Champanhe», foi testemunha do que aconteceu a seguir. Emanuele D'Agostino, um dos dois homens que decidiram sensatamente não responder à chamada para visitar o novo chefe da Santa Maria di Gesù, fugiu. Procurou refúgio em Rosario Riccobono, o *capo* de Mutolo. Riccobono procurara sempre manter uma posição de neutralidade na luta pelo poder na máfia dos finais dos anos 70. Mas o sucesso inicial do assalto *corleonese* convenceu-o de que chegara a altura de tomar partido: matou D'Agostino como sinal da sua nova fidelidade a Totò Riina. Para o caso de Riina precisar de mais provas, Riccobono armou depois uma cilada ao filho de D'Agostino, pedindo-lhe que trouxesse alguma roupa lavada ao esconderijo do pai. O filho seguiu o pai em direção a uma campa rasa.

Duas semanas depois, o único sobrevivente dos seis soldados de Bontate, um mafioso chamado Totuccio Contorno, atravessava Brancaccio no seu automóvel com um amigo do seu filho de onze anos ao lado. De repente, uma motocicleta potente saiu de uma rua lateral, e o homem no assento traseiro começou a disparar com uma *kalashnikov* ao passar por eles. Contorno empurrou o rapaz (que não tinha sido atingido, milagrosamente) para fora do automóvel e ripostou com uma pistola antes de fugir. Totuccio Contorno viria a ser uma das testemunhas mais importantes que permitiram aos investigadores reconstituir a dinâmica da carnificina.

Os *corleonesi* mal tinham acabado com os membros ativos da fação adversária quando se voltaram para os parentes dos mesmos. Santo Inzerillo, irmão de Salvatore, o *zip* assassinado, foi estrangulado quando tentava fazer uma oferta de paz a Riina. Outro irmão, com apenas dezasseis anos, viu o próprio braço ser-lhe amputado antes de receber um tiro de misericórdia.

As notícias desta carnificina na Sicília provocaram consternação em Nova Iorque. John Gambino, o chefe do Consórcio Transatlântico de Cherry Hill, regressou corajosamente a Palermo para expressar as preocupações da Cosa Nostra americana. A resposta de Totò Riina foi uma ordem: os americanos tinham de matar todos os homens dos clãs Bontate ou Inzerillo que tinham conseguido fugir para o outro lado do Atlântico. Consequentemente, o tio e o primo de Salvatore Inzerillo desapareceram; depois, Pietro Inzerillo, um irmão, foi raptado de um restaurante em Trenton, em Nova Jérsia, decapitado a tiro e abandonado no porta-bagagem de um *Cadillac*. Um pormenor particular do fim macabro de Pietro Inzerillo prendeu a imaginação do público: foram-lhe colocados dólares na boca e nas partes sexuais para mostrar que tinha sido demasiado ganancioso. Desta forma, os seus assassinos americanos (incluindo outro primo Inzerillo) repetiam obedientemente a justificação *corleonese* para a guerra: a ganância dos mafiosos que controlavam o acesso ao mercado de heroína americano.

Depois de virar o clã Inzerillo contra si mesmo, Totò Riina decidiu livrar-se de todos aqueles cuja lealdade à sua pessoa estivesse minimamente em dúvida. Mesmo antes do Natal de 1982, Saro Riccobono, o representante da Família de Partanna-Mondello que se mostrara tão interessado em se aproximar de Riina traindo e matando Emanuele D'Agostino e o filho deste, foi convidado para um grande churrasco entre as tangerineiras da herdade de Michele Greco, em Ciaculli. Depois de uma refeição substancial e de uma boa sesta, foi acordado por homens colocando-lhe uma corda à volta do pescoço: «Saru, a tua história termina aqui», disseram-lhe. Ao mesmo tempo, os soldados de Riccobono eram estrangulados um a um pelos outros convidados do churrasco. Depois de os restantes suspeitos terem sido perseguidos e capturados, apenas três membros da família do Sr. Champanhe continuaram vivos.

O morticínio estendeu-se a outras províncias da Sicília. Em setembro de 1981, os traficantes internacionais do clã Cuntrera-Caruana sofreram a sua primeira vítima quando Leonardo Caruana foi assassinado. Os *corleonesi* apoiaram também combates particularmente violentos na província de Trapani, onde cercaram e conquistaram a cidade de Alcamo — a capital da fação Bontate-Badalamenti-Inzerillo nessa província.

Mesmo depois de ter atingido o seu ponto máximo nos anos 1981–3, o derramamento de sangue na Sicília não estancou completamente, mas transformou-se num interminável estado de terror. Quanto maior era o poder de Riina, maiores eram os seus receios. Começou a encarar os jovens que tinham desempenhado um papel de destaque na primeira vaga de assassínios como uma ameaça potencial. O principal exemplo era Pino Greco, conhecido como «Sapatinho». Sapatinho era o homem cuja *kalashnikov* pusera fim às vidas de Stefano Bontate e Salvatore Inzerillo. Era também o homem de *kalashnikov* que tentara matar Totuccio Contorno do banco traseiro de uma motocicleta. Foi Sapatinho quem cortou o braço do irmão de dezasseis anos de Inzerillo. Calcula-se que tenha assassinado cerca de oitenta pessoas. Mas ele era mais do que um simples carniceiro sádico. Era também uma autoridade por direito próprio. Embora fosse formalmente o subchefe da Família de Ciaculli de Michele Greco, «o Papa», Pino Greco era, na realidade, o poder atrás do trono do Papa, certificando-se de que era feita a vontade de Corleone. No final de 1985, os próprios homens do Sapatinho decidiram eliminá-lo, temendo que a ambição do seu chefe os colocasse na senda da ira de Totò Riina.

O terror inspirado pelo chefe de Corleone era esmagador. Riina estabelecera uma espécie de ditadura militar. A Cosa Nostra nunca mais voltaria a ser a mesma. Na altura da morte do Sapatinho, a nova vaga de guerras intestinas no submundo de Itália também já começara a assolar a Campânia. A máfia siciliana tinha sido arrastada para uma guerra por procuração contra o Professor e a sua Nuova Camorra Organizzata.

A Nova Família: um retrato de grupo

Quando Raffaele Cutolo «se foi embora com algum estrondo» do hospital psiquiátrico de Aversa em fevereiro de 1978, o crescimento da sua Nuova Camorra Organizzata (NCO) acelerou. O Professor recrutou mais umas centenas de jovens seguidores, reorganizou a sua estrutura de comando, aumentou a pressão dos seus esquemas de extorsão, e fez até uma viagem aos EUA para estreitar relações comerciais com os seus contactos na Cosa Nostra americana. Todas estas iniciativas prepararam o terreno para o audacioso ultimato que ele lançou depois a todas as outras organizações da Camorra: queria um tributo, na forma de vinte mil liras (cerca de sessenta e cinco euros em 2011), por cada caixa de cigarros de contrabando que entrasse na região. Não havia dúvidas quanto à ambição implícita no ultimato de Cutolo: ele estava a tentar tornar-se líder absoluto de todo o submundo da Campânia.

A Cosa Nostra era a maior força no caminho de Cutolo. No início dos anos 70, os clãs ligados à máfia siciliana detinham o equilíbrio de poderes na Campânia, uma região dividida em vários territórios criminosos. Propagandista astucioso, o Professor apresentou a sua nova campanha aos seus seguidores como uma espécie de patriotismo do submundo: a Nuova Camorra Organizzata, herdeira das tradições da antiga Sociedade Honrada napolitana, encabeçaria uma cruzada para libertar a região da influência siciliana. «Um dia o povo da Campânia perceberá que uma côdea de pão comida em liberdade vale mais do que um bife comido na escravidão. E nesse dia a Campânia conhecerá a verdadeira vitória.» Cutolo rotulava de traidores os *camorristi* fiéis a qualquer força criminosa de fora: «A meu ver eles eram meio mafiosos, porque recebiam ordens de chefes sicilianos e desse modo vendiam a sua própria terra.» A retórica do Professor era apoiada pelo poder de fogo das suas legiões de jovens pistoleiros. Os combates começaram em toda a Campânia.

Os primeiros clãs a unir-se para fazer frente a Cutolo foram os do centro de Nápoles. A frente anti-Cutolo cresceu depois para incluir as Famílias campanienses da Cosa Nostra e também outros clãs dos arredores de Nápoles. Ao fazê-lo, adotou o nome de Nuova Famiglia — a Nova Família — ou NF. No início de 1980, a região inteira já se encontrava dividida em dois campos armados, a NF e a NCO. A dimensão dos exércitos era absolutamente inédita em toda a longa história do crime organizado da Campânia. Inédito foi também o derramamento de sangue: cerca de mil mortos ao longo de cinco anos.

A guerra na Campânia no início dos anos 80 foi um acontecimento muito mais confuso do que o «golpe de estado» de Totò Riina na Sicília. A maior parte da confusão derivava de a Nuova Famiglia ser uma aliança pouco coesa, e não uma só organização criminosa. É verdade que tinha rituais de iniciação improvisados. Mas esse facto revela apenas que os seus líderes estavam ansiosos por usar qualquer meio para construir a lealdade entre os recrutas de que precisavam para enfrentar os números vastamente superiores da Nuova Camorra Organizzata. A Nuova Famiglia unia-se (quando se unia) apenas pela sua oposição ao Professor. Alguns dos seus barões minimizavam os esforços de guerra quando isso servia aos seus propósitos egoístas. Outros trocaram de campo a meio da guerra. A Cosa Nostra tentava gerir o conflito do exterior, ao mesmo tempo que tinha de lidar com o seu próprio conflito em Palermo.

Em 1980, a Cosa Nostra tentou, primeiro, reunir o tipo de resistência unida às ambições de Cutolo que teria acabado rapidamente com o conflito. No entanto, a Comissão descobriu que alguns membros da máfia siciliana na Campânia não estavam dispostos a investirem homens e dinheiro numa guerra. O grande contrabandista de tabaco Michele Zaza tinha sido um dos membros fundadores da aliança anti-Cutolo. Mas depois optou por fazer um acordo com o Professor com base numa divisão do território: a Nuova Camorra Organizzata podia ficar com a província, desde que deixasse a cidade em paz. Lorenzo Nuvoletta, líder da outra Família campaniense da Cosa Nostra, provavelmente tinha motivos diferentes. O tráfico de drogas era mais importante para ele do que as receitas decrescentes do contrabando de tabaco que o Professor queria tributar.

Frustrada com esta falta de espírito guerreiro, a Comissão de Palermo enviou um assassino para liquidar o Professor. Mas alguém deve ter deixado escapar esta informação, porque o próprio assassino foi morto a tiro por dois homens numa motocicleta, pouco depois de chegar a Nápoles.

No verão de 1980, a Cosa Nostra tentou uma estratégia diferente. Não tendo conseguido incitar Zaza e Nuvoletta ao ataque, instou-os a negociarem um acordo. Contudo, os esforços de paz resultantes parecem ter sido quase tão frouxos quanto os esforços de guerra, porque o ciclo de expedições punitivas não foi interrompido durante muito tempo. No fim, a Cosa Nostra patrocinaria, pelo menos, três conferências de paz em que estiveram presentes vários representantes da NF e da NCO. A duas dessas conferências compareceram Totò Riina e os seus tenentes, apesar do massacre que estavam a orquestrar na Sicília. Mas foi tudo em vão. Uma vez iniciados, os combates na Campânia revelaram-se demasiado ferozes para ser interrompidos.

A Camorra viria a assassinar trezentas e sessenta e quatro pessoas em 1982 — quase uma por dia. E para que as muitas vítimas inocentes não se percam nas histórias dos ajustes de contas do submundo, vale a pena citar o caso de outra pessoa que morreu em janeiro de 1982: Annamaria Esposito, com trinta e três anos e mãe de duas crianças, foi executada pela simples razão de ter testemunhado o assassínio de um *camorrista* no seu bar.

Um retrato de grupo dos chefes da Nuova Famiglia que lutavam contra a Nuova Camorra Organizzata pelo controlo deste território revela-nos muita coisa sobre o passado, o presente e o futuro do crime organizado na Campânia. A história da Camorra no século XXI tem as suas origens na NF.

A guerra da Camorra do início dos anos 80 pôs Assunta Maresca, *Pupetta*, novamente nas manchetes dos jornais nacionais. Em 1955, tornara-se famosa por ter matado o homem que lhe matara o marido, o Presidente dos Preços da Batata. A fama de *Pupetta* tinha algum peso no submundo da Campânia. Em 1970, iniciou uma relação duradoura com um importante traficante de drogas, Umberto Ammaturo. Com o seu novo namorado, *Pupetta* conseguiu transformar a sua fama num luxuoso reinado enquanto *femmena 'e conseguenza* (mulher de consequência), uma primeira-dama do submundo. A polícia acreditava que «muitos dos crimes cometidos por Umberto Ammaturo eram, na realidade, concebidos por ela».

O consorte de *Pupetta*, Umberto Ammaturo, foi um dos membros mais agressivos da NF. Perto do Natal de 1981, colocou uma bomba junto do palácio de Cutolo em Ottaviano como provocação. Ele confessaria mais tarde ter sido o homem por trás do assassínio do psiquiatra Aldo Semerari, cujo corpo decapitado também foi encontrado perto do palácio de Cutolo, no Dia das Mentiras em 1982. O Professor exigiu a cabeça do próprio Ammaturo como preço para qualquer acordo de paz com a NF.

Em fevereiro de 1982, no meio deste confronto entre Ammaturo e Cutolo, o irmão de Assunta Maresca, Ciro, foi preso e enviado precisamente para o antro do monstro da NCO: a prisão de Poggioreale. Apesar de ser mantido em isolamento, a sua vida corria perigo óbvio e iminente. A resposta de *Pupetta* mostrou que não perdera o seu dom para a publicidade. Em 13 de fevereiro de 1982, convocou uma conferência de imprensa para a sede da associação de imprensa de Nápoles. Chegando sozinha com quase uma hora de atraso e com as joias cintilando sob os flaches das máquinas fotográficas, fez uma entrada assertiva: envergava uma saia de cabedal preta, um casaco de pele preto, uma gargantilha de pele de leopardo e uma blusa branca com um grande decote. Mal entrou na sala, começou a discutir com os jornalistas, respondendo indignada a perguntas sobre as suas joias («Gostaria de ver alguém com coragem para me assaltar») e depois exigindo ordem: «Cavalheiros, um pouco de silêncio, por favor! Se Cutolo estivesse aqui no meu lugar, não estariam a fazer tanto barulho. Claro, é porque têm medo. Ele calou-vos a boca com chumbo.»

O Professor era o alvo da sua fúria incontida: «canalha», «louco», «ele quer tornar-se no imperador da cidade». Quando os jornalistas perguntaram a *Pupetta* se ela estava a falar em nome da Nuova Famiglia, ela respondeu: «Eu não pertenço a nenhum grupo.

Mas se algumas pessoas pensam como eu — e vocês dizem-me que isso significa Nuova Famiglia –, então elas são minhas parceiras.»

Contendo as lágrimas, voltou ao objetivo principal da conferência de imprensa: lançar um ultimato a Cutolo. «Quero que esse cavalheiro saiba que, se ousar tocar em qualquer pessoa próxima de mim, destruí-lo-ei e à sua família até à sétima geração, mulheres e crianças inclusive.»

Só podemos imaginar as emoções que terão ajudado a impulsionar esta extraordinária atuação. Raiva ou dor? Provocação ou medo? Também não sabemos se eram verdadeiras ou fingidas. Mas parece certo que constituíam, pelo menos em parte, o sintoma das tensões psicológicas de uma vida inteira enquanto rainha da Camorra. Maresca gozava de prestígio e provavelmente de verdadeiro poder. Mas pagou por isso um preço elevado. Teve dois filhos gémeos com Ammaturo, mas já tinha perdido o primeiro filho, Pasqualino (o bebé que transportara na barriga durante os notórios acontecimentos de 1955), desaparecido em 1974 durante a guerra de contrabando de tabaco entre a Cosa Nostra e os marselheses. A própria *Pupetta* tinha fortes suspeitas de que Ammaturo o tivesse matado. Apesar disso, ficou com o seu homem, ou porque ele lhe batia (no couro cabeludo, para que as lesões não se vissem) ou porque estava demasiado apegada às suas peles e joias.

O Professor tinha ainda menos receio de publicidade do que *Pupetta*, e era também muito mais hábil a irritar os seus inimigos. Envergando um fato de trespasse cinzento, respondeu ao seu desafio num tribunal de Nápoles: «Talvez a *Pupetta* tenha dito essas coisas para chamar a atenção. Talvez queira fazer outro filme. Temos de reconhecer que escolheu o momento certo: o Carnaval começa dentro de dias.»

Como mostra a questiúncula entre Assunta Maresca e o Professor, a guerra em Nápoles era um assunto extraordinariamente *público*. Na Sicília, onde os esquadrões da morte de Totò Riina pareciam surgir do nada para exterminar os seus inimigos, os cidadãos e até a polícia tinham dificuldade em perceber quem lutava contra quem. Na Campânia, pelo contrário, havia desafios e proclamações públicas, e ninguém tinha nenhuma dúvida sobre a marcação das linhas de batalha. Estes estilos de guerra opostos correspondiam a uma antiga diferença entre as imagens públicas das duas fraternidades criminosas. O mafioso siciliano de traje sóbrio teve sempre uma imagem pública muito mais discreta do que o *camorrista*. Os mafiosos estavam tão habituados a infiltrar-se no Estado e no escol dirigente, que preferiam passar despercebidos a assumir atitudes provocatórias para com as autoridades. As autoridades, afinal, estavam quase sempre do seu lado. Os *camorristi*, pelo contrário, atuavam quase sempre para um público.

Não há melhor exemplo disso mesmo do que o comportamento dos Giulianos, um clã centrado em Pio Vittorio Giuliano, em alguns dos seus onze filhos e também em alguns dos seus primos. Com as suas raízes criminosas na expansão súbita de contrabando que ocorreu durante a ocupação militar Aliada, a família era originária de Forcella, o mal-afamado «casbá» de Nápoles.

O reinado dos Giulianos duraria até aos anos 80 e 90, quando o clã começou a desintegrar-se entre prisões, mortes e deserções para o Estado. A ostentação do seu poder — a família ocupava um bloco de apartamentos que se erguia como a proa de um navio enorme na bifurcação de uma rua mesmo no centro de Forcella — não teria sido estranha aos *camorristi* do século XIX, com os seus anéis de ouro, coletes bordados e calças boca de sino. O segundo filho de Giuliano, Luigi (nascido em 1949), tomou conta do negócio da família antes de fazer trinta anos. Com pretensões a ator e poeta, era um homem vistoso cujo sucesso com as senhoras lhe granjeou a alcunha de «Lovigino» — uma junção intraduzível da palavra inglesa «love» e da forma afetiva de Luigi. O aspeto atraente e a expressão ameaçadora dos olhos espantosamente azuis de Lovigino explicam a sua outra alcunha: «Olhos de Gelo».

Não foi por acaso que os Giulianos nos deixaram tantas fotografias expressivas da sua pompa. A fotografia mais famosa do álbum da família Giuliano foi confiscada durante uma rusga da polícia em fevereiro de 1986. Mostra dois dos irmãos de cabelo encaracolado: Carmine, «o Leão», numa camisola vermelha de decote em vê (*v*), e Guglielmo, «o Torto», de calças de ganga brancas. Sorrindo alegremente, estão ambos sentados na banheira mais extravagante da história da canalização: tem a forma de uma concha gigante, com a parte de cima levantada para trás revelando um interior de folha de ouro, bordas de pedra preta e uma base de mármore cor-de-rosa com um padrão parecido com ganga pré-lavada. Mas o que mais chama a atenção na fotografia não é o gosto duvidoso em mobiliário e acessórios de casa de banho dos Giulianos. Recostado entre os irmãos está um homem baixo e musculado com um fato de treino cinzento e vermelho, e um sorriso ainda mais largo do que o dos Giulianos: Diego Armando Maradona, o maior jogador de futebol de todos os tempos.

A superestrela argentina jogou pelo Nápoles no auge da sua carreira, entre 1984 e 1992, e ganhou o campeonato nacional da primeira divisão duas vezes. Tornou-se num semideus na cidade, adorado como nenhum outro desportista em qualquer outro lugar ou época: ainda hoje, a sua imagem ornamenta metade dos bares em Nápoles. A revelação da famosa fotografia da banheira não foi a única vez, durante a sua temporada no Nápoles, em que o seu nome foi associado ao crime organizado. Em março de 1989, Maradona apareceu no restaurante de luxo onde o primo de Lovigino se ia casar: «Maradona no casamento do chefe», dizia uma manchete. Quatro meses depois, alegou que a Camorra o estava a ameaçar e à sua família, e que tinha medo de regressar a Nápoles para o início da nova época. Surgiram boatos infundados de resultados combinados. Foi esse o verão em que a fotografia da banheira em forma de concha foi tornada pública. (Misteriosamente, tinha sido guardada numa gaveta na sede da polícia durante mais de três anos.) Vale a pena também lembrar que foi em Nápoles que os problemas bem conhecidos de Maradona com a cocaína se agravaram.

Na altura, «a Mão de Deus» negou saber que os Giulianos eram *camorristi*. A sua autobiografia, publicada em 2000, é mais sincera:

> Reconheço que era um mundo sedutor. Era algo novo para nós, Argentinos: a Máfia. Era fascinante assistir... Eles ofereciam-me visitas a clubes de fãs, davam-me relógios, era essa a ligação que tínhamos. Mas se eu percebesse que não era tudo legal, não aceitava. Mesmo assim, foi um tempo incrível: sempre que ia a uma daquelas discotecas eles davam-me *Rolexes* de ouro, carros... Eu perguntava-lhes: «Mas que é que eu tenho de fazer?» Eles diziam: *Nada, deixa-te só fotografar.* «Obrigado», respondia.

O que nos interessa neste caso não é saber se as ligações de Maradona ao crime organizado foram mais estreitas do que ele afirma. A amizade muito visível da estrela de futebol era mais do que suficiente para os fins dos Giulianos. Muitos *camorristi*, sobretudo os *camorristi* urbanos, sempre procuraram boa publicidade; sempre procuraram conquistar a admiração do segmento da população napolitana que se identifica com patifes bem-intencionados. Quer através de roupas caras e vistosas, de generosidade ostensiva, de demonstrações de compaixão, de grandiosos funerais e casamentos públicos, quer através de amizades com cantores ou desportistas, várias gerações de *camorristi* têm conquistado legitimidade aos olhos das mesmas pessoas que exploram. A própria história de Maradona, do pequeno génio criado num subúrbio degradado de Buenos Aires, enquadrava-se perfeitamente na narrativa tradicional da Camorra de que a mesma tinha as suas raízes, e justificação, na pobreza. Se a camorra dos bairros degradados de Nápoles tivesse uma ideologia oficial, seria o tipo de falsa sociologia que o próprio Lovigino articulava:

> Em Forcella, não é possível viver sem infringir as leis do Estado. Mas nós, o povo de Forcella, não temos culpa. A culpa é das pessoas que nos impedem de ter um trabalho normal. Como ninguém de uma empresa normal está disposto a contratar alguém de Forcella, nós somos obrigados a arranjar uma maneira de nos desenrascarmos.

Escusado será dizer que o «desenrascanço» implicava extorquir dinheiro a todas as atividades lucrativas em Forcella; implicava lotarias ilegais e revenda de bilhetes para jogos do Nápoles, a produção em série de roupa de marcas falsificadas, o roubo e o tráfico de droga em grande escala, e atos de violência hediondos. Quando, por fim, se tornou testemunha do Estado em 2002, Lovigino confessou ter matado um assassino da NCO chamado Giacomo Frattini. A aparência jovem de Frattini dera-lhe a alcunha de *Bambulella* («Cara de Boneca») — apesar de um corpo coberto de tatuagens de prisão. A NF demorou algum tempo a decidir o que devia fazer com ele. Uma ideia era crucificá-lo em frente do palácio do Professor na encosta do monte Vesúvio. Por fim, em janeiro de 1982, um pelotão de execução atraiu-o a uma armadilha, torturou-o e depois chamou um carniceiro amigo para lhe cortar a cabeça e as mãos, e arrancar o coração. Os bocados foram abandonados em sacos de plástico separados, num *FIAT 500 Belvedere*, perto da piazza Carlo III. Foi também encontrado um bilhete de um grupo terrorista de esquerda imaginário numa cabina telefónica das redondezas: a vítima era descrita como o «carrasco da prisão», o escravo de um «fanático demente e diabético» — isto é, Raffaele Cutolo, «o Professor».

A ostentação de poder dos Giulianos nunca foi o único estilo de autoridade criminosa em Nápoles. Historicamente, a zona a norte da cidade acolhia um tipo mais discreto de *camorrista* que também fazia parte da Nuova Famiglia.

Marano é um pequeno centro agrícola há muito conhecido pela influência da Camorra. Em 1955, o filho do antigo presidente da câmara da cidade, Gaetano Orlando, matou a tiro *Pascalone*, o «Presidente dos Preços da Batata». Durante os anos 70 e 80, os sobrinhos de Gaetano Orlando, Lorenzo, Gaetano, Angelo e Ciro Nuvoletta, tornaram-se nos criminosos mais poderosos da Campânia. Foram iniciados na Cosa Nostra durante a expansão súbita do contrabando de tabaco. A sua casa de quinta, escondida entre as árvores numa colina mesmo à saída da cidade, foi o local de todas as reuniões mais importantes durante a guerra entre a NCO e a NF.

Os Nuvolettas preferiam a imagem pública mais discreta dos seus irmãos da Cosa Nostra. A sua riqueza era vasta e, como as muitas fortunas criminosas construídas na mesma zona da Campânia ao longo do século anterior, transpunha a linha divisória entre os negócios legais e o crime. O clã ganhava com a construção, o contrabando, o negócio imobiliário, a extorsão, a agricultura e a fraude. O grande intermediário siciliano do tráfico de heroína, Gaspare Mutolo, ou «Sr. Champanhe», foi iniciado na Cosa Nostra na quinta dos Nuvolettas. Ele testemunhou em primeira mão a opulência dos campanienses: por exemplo, tinham hangares enormes para a criação de frangos, porque abasteciam todos os quartéis do exército em Nápoles. Portanto, mesmo durante a nova riqueza dos anos 70, os *camorristi* do interior não tinham abdicado do seu domínio tradicional sobre o abastecimento de alimentos da cidade.

Esta combinação de rendimentos legais e ilegais explica a preferência dos Nuvolettas por passar despercebidos. Apesar da sua riqueza, eles eram tão reservados, que quando, em dezembro de 1979, os *Carabinieri* capturaram Leoluca Bagarella, um mafioso de Corleone, na posse de uma fotografia de um homem de negócios de cabelo grisalho, levaram meses a identificar este último como Lorenzo Nuvoletta. Não admira, portanto, que Lorenzo Nuvoletta tivesse sido nomeado o *capomandamento* («chefe de circunscrição») das três Famílias campanienses da Cosa Nostra, o homem cuja função era representar os interesses napolitanos na Comissão de Palermo, através do seu principal contacto, Michele Greco, «o Papa».

A Nuova Famiglia refletia assim toda a diversidade tradicional do crime organizado em Nápoles e na Campânia. E essa diversidade explica também por que razão as atrocidades pareciam poder continuar sem que alguém alcançasse uma vitória militar.

Economia de catástrofe

O filme de 1986 de Giuseppe Tornatore, *O Professor*, é um melodrama incoerente sobre a ascensão e queda de um mafioso baseado na carreira de Raffaele Cutolo, «o Professor». Reproduz de forma romanceada os pontos altos da história da Nuova Camorra Organizzata, ao som de uma banda sonora de lamentosas melodias de trombeta e clarinete muito parecida com a música de *O Padrinho*, que acabou por definir um género cinematográfico. Desde que *O Professor* se estreou em 1986, inúmeras reexibições na televisão local, vídeos piratas e hoje no YouTube, têm confundido irremediavelmente a realidade e o mito na memória popular do reinado do Professor. As falas mais famosas do filme («Diz ao Professor que eu não o traí» e «Malacarne é um *guappo* de cartão») tornaram-se *slogans* — o equivalente napolitano de «Vou fazer-lhe uma proposta que ele não poderá recusar» e «Deixa a pistola, leva os *cannoli*».

Uma das cenas mais visualmente interessantes de *O Professor* passa-se na prisão. Vemos o Professor, de pijama azul-claro impecavelmente engomado, a ler um livro de história na cama. Um ruído surdo e prolongado ao longe fá-lo levantar a cabeça. O ruído torna-se num tremor: primeiro, os ornamentos na arca à cabeceira da cama começam a vibrar; depois, a armação de metal começa a bater repetidamente contra a parede e a janela da cela estilhaça-se. Ouvem-se gritos de pânico ao longe: «Terremoto!» Levantando-se, cambaleante, Cutolo abre a porta da cela para ver a prisão de Poggioreale mergulhar na anarquia. Nuvens de poeira levantam-se do chão da sua ala e bocados de reboco caem do teto. Os guardas correm de um lado para outro, libertando os presos aos gritos das suas celas. Segundos depois, Cutolo tem os braços à volta dos seus dois principais sequazes: «Esta é uma oportunidade enviada pelo Senhor nas alturas! Tem de ser o apocalipse para a velha camorra!»

Segue-se então uma horrível orgia claro-escura de esfaqueamentos, espancamentos, linchamentos e estrangulamentos, com os homens de Cutolo a aproveitarem-se do caos para liquidarem os seus inimigos. Do ruído e pânico generalizado dentro da prisão, passamos para a manhã seguinte, para ver uma dúzia de caixões de pinho sendo colocada dentro de carrinhas no pátio da prisão.

O terremoto de 23 de novembro de 1980 não foi uma fantasia cinematográfica. Com o seu epicentro nas montanhas a leste de Nápoles, matou duas mil novecentas e catorze pessoas em toda a Campânia. No entanto, exercendo o seu ofício de realizador, Tornatore empregou alguma liberdade artística quando incluiu o desastre no seu filme sobre mafiosos. Exercendo o meu ofício de historiador, devo indicar alguns aspetos em que a arte e a realidade divergem. O número de pessoas assassinadas, por exemplo: houve «apenas» três vítimas em Poggioreale; mais três em 14 de fevereiro de 1981, quando os homens de Cutolo voltaram à caça depois de uma grande réplica. Tornatore inclui todas estas mortes esticando os noventa segundos do verdadeiro terremoto para quase três minutos; acrescenta também alguns improváveis relâmpagos e trovoadas para causar mais impacto. Na realidade, o reino de terror em Poggioreale foi mais prolongado. Os assassinos da NCO não perseguiram as suas vítimas durante o próprio terremoto, mas na noite seguinte, depois de os guardas terem abandonado muitas alas, deixando as fações criminosas rivais livres para se digladiarem.

O Professor romanceia a verdade de outras formas mais insidiosas. Por exemplo, transforma o homicídio perverso que rendeu a Cutolo a sua primeira pena perpétua num episódio em que ele mata um homem que apalpou a sua irmã. Desde as suas origens, o prestígio das máfias de Itália tem sido constantemente confundido na mente do público com a defesa da honra sexual das mulheres.

Mas até o historiador mais rigoroso teria de reconhecer que a liberdade artística de Tornatore se justifica nalguns casos. Ele teve toda a razão em transformar o terremoto numa das peças centrais do filme, por exemplo. O dia 23 de novembro de 1980, quando

Cutolo, de roupão de seda, manda a sua equipa de assassinos eliminar os seus inimigos, foi de facto uma data importante na guerra da Nuova Camorra Organizzata contra os seus adversários. A razão por que a NF odiava tanto Giacomo Frattini, *Bambulella*, a ponto de o decapitar, era o facto de ele ter sido um dos assassinos do Professor em novembro de 1980.

O terremoto assinalou também uma alteração sísmica na natureza do poder da Camorra em Nápoles. Depois do terremoto, e por causa do terremoto, a Camorra juntou-se finalmente à máfia e à 'Ndrangheta no assalto ao negócio da construção, associando-se desse modo à classe política. Um dos muitos feitos extraordinários do Professor foi conseguir que a sua organização desse este salto para a construção enquanto decorria ainda a sua guerra contra a NF.

Nos anos 50 do século xx, Itália tinha grandes esperanças de que o investimento público pudesse ajudar o Sul atrasado a industrializar-se. Em meados dos anos 70, a crise económica internacional e uma longa história de politiquice, corrupção e incompetência na atribuição do dinheiro já tinha destruído essas esperanças. Os governos italianos abandonaram o ideal do desenvolvimento económico a longo prazo e adotaram os objetivos de curto prazo de fomentar o consumo, dando aos políticos dinheiro suficiente para manterem as suas clientelas satisfeitas. A torrente de dinheiro dos contribuintes destinada ao Sul deixou de ser canalizada em jorros orientados para a formação e infraestruturas, e começou a cair como uma chuva fina e dispersa de benefícios e pensões. O mesmo sistema prevaleceria mesmo quando a economia italiana recuperou nos anos 80.

O terremoto de 23 de novembro de 1980 expôs de forma cruel os males da Campânia. Descobriu-se que os prestigiados edifícios erguidos com o dinheiro do governo central não tinham sido construídos para resistir aos tremores. Uma ala inteira de um hospital público na vila de Sant'Angelo dei Lombardi desmoronou-se, matando dezenas de pessoas. Manifestamente, neste caso, como em muitos outros, a distribuição de empreitadas e cargos tinha sido mais importante do que construir um edifício digno desse nome.

A resposta do Estado aos desafios da reconstrução pós-terremoto foi uma lição de mau planeamento urbano. O objetivo proclamado era não só reconstruir mas também criar novas oportunidades económicas para a zona afetada. Mas a proliferação de leis de emergência incoerentes criou um conjunto desordenado de programas de despesa. Os poderes e responsabilidades foram distribuídos por vários comissários especiais, ministérios, regiões, províncias e câmaras municipais, tornando impossível a monitorização devida do programa de reconstrução. Os políticos mais ávidos não perderam tempo a aproveitar-se da situação. Dois meses depois do terremoto, em fevereiro de 1981, trezentas e dezasseis câmaras municipais reuniam os requisitos para se candidatarem aos fundos de reconstrução; nove meses depois, o número já tinha subido para seiscentas e oitenta e seis. O número registado de edifícios danificados também aumentou de setenta mil para mais de trezentos e cinquenta mil durante o mesmo período. Ou o terremoto tivera alguns efeitos retardatários muito peculiares, ou muitas pessoas estavam a mentir sobre a amplitude da destruição.

A aplicação efetiva do dinheiro para a reconstrução implicava uma multiplicidade de cargos oficiais. Técnicos para calcular as obras necessárias. Comissários para avaliar esses cálculos em nome das câmaras municipais. Urbanistas. Administradores que tinham de aprovar os projetos dos urbanistas. Advogados para redigir os contratos. Empresários da construção. Supervisores e inspetores de obras. E assim por diante. Mas porque a maioria dos organismos que recebia o dinheiro para gastar não tinha de prestar contas a ninguém, muitas dessas funções distintas acabavam por ser desempenhadas pelas mesmas pessoas. Ou por grupos de amigos. Ou por pequenas fações partidárias. O regime de medidas de emergência que abrira as portas a estes abutres transformou-se num sistema permanente.

Os resultados desta situação caótica foram terríveis. No final de 1990, dez anos depois do terremoto, 28 572 pessoas continuavam a viver em caravanas de emergência. Poucos dos milhares de empregos que tinham sido prometidos se materializaram. Os custos tinham subido em flecha. Os parasitas fizeram grandes fortunas. E novas e vastas clientelas políticas tinham sido criadas. O terremoto desencadeou o pior escândalo financeiro na Europa dos anos 80. Mas esse escândalo estava apenas no seu início, quando os elementos mais violentos da Campânia decidiram que também eles podiam lucrar com o desastre.

O episódio que revelou as ligações da Camorra à economia de catástrofe foi um rapto terrorista.

Ciro Cirillo estava no centro do sistema de nepotismo dos democratas-cristãos na Campânia. Depois do terremoto de 1980, foi encarregado de gerir os enormes fundos canalizados por intermédio do governo regional da Campânia para a reconstrução. Pouco depois, na noite de 27 de abril de 1981, foi raptado pela coluna napolitana das Brigadas Vermelhas. Cinco *brigatisti* estavam à sua espera quando entrou na garagem subterrânea da sua casa em Torre del Greco, uma vila situada na faixa de terra entre o monte Vesúvio e o mar. Quando o guarda-costas de Cirillo, como de costume, saiu do carro para ver se tudo estava bem, foi abatido a tiro. Antes que pudesse reagir, o motorista também foi morto. O secretário foi baleado várias vezes nas pernas. Cirillo foi arrancado do banco de trás, agredido com a coronha de uma pistola e metido noutro carro.

Nessa altura, Itália já estava tristemente familiarizada com a rotina dos raptos terroristas. Primeiro, a chamada para um jornal, reivindicando a responsabilidade. Depois, um curto intervalo de angústia e especulação: a reivindicação seria genuína? Por fim, a prova. Na tarde depois de Cirillo ter sido raptado, foi feita outra chamada, desta vez para a redação de *Il Mattino*, o jornal com maior tiragem em Nápoles. As instruções eram concisas: «No número 275, Riviera di Chiaia, debaixo de um caixote de lixo, encontrarão o comunicado número um.» Quando foi recolhido, o comunicado número um incluía uma fotografia polaroide do refém sentado em frente da tosca estrela de cinco pontas das Brigadas Vermelhas, e um *slogan*: «O carrasco será julgado». Em quase cento e cinquenta páginas datilografadas, de uma análise económico-política pseudomarxista e incoerente do estado de Nápoles, Cirillo era descrito como «o soldado avançado da reconstrução imperialista no pólo metropolitano de Nápoles».

O rosto assustado na fotografia não denunciava o poder que as BR lhe atribuíam: uma cabeça redonda e calva, um bigode de brocha e feições demasiado pequenas para o rosto. Mas os *brigatisti* tinham escolhido bem o seu alvo, e, apesar da sua ideologia ilusória, a sua «campanha Cirillo» (como a designaram) denotava uma inteligência estratégica. O terremoto deixara cinquenta mil pessoas sem casa só em Nápoles: os terroristas esperavam atrair este conjunto de pessoas vulnerável e revoltado. Os comunicados regulares das BR denunciavam os especuladores do sismo e o que chamavam de «a deportação de proletários» das habitações sobrelotadas e danificadas pelo terremoto no centro da cidade. Realizavam também outros atos de propaganda: afixavam cartazes das BR em zonas onde as caravanas dos desalojados estavam concentradas, e atacaram com tiros nos joelhos outros dois funcionários envolvidos na reconstrução. As BR submeteram Cirillo a um «julgamento popular» e enviaram gravações do mesmo aos *media*, denunciando a ganância e corrupção da DC. Os democratas-cristãos da Campânia tinham bons motivos para se preocupar. A vítima do rapto era um homem com muitos segredos e podia ser intimidado pelas BR a revelar o que não devia.

À primeira vista, as hipóteses de Cirillo sobreviver ao seu suplício não eram nada boas. A DC estava oficialmente maniatada a uma política de não negociar com raptores políticos — a mesma política que tinha adotado quando Aldo Moro, o secretário-geral do partido, tinha sido raptado em 1978. Moro acabou por ser assassinado, como muitas outras vítimas. Em 9 de julho de 1981, outro comunicado das BR proclamava que o tribunal popular tinha chegado ao «único veredicto justo possível» e que a pena de morte de Cirillo era «o ato humanitário mais nobre nas circunstâncias». Ele estava condenado.

Posteriormente, na madrugada de 24 de julho de 1981, Cirillo foi libertado, e as BR anunciaram que tinham recebido um resgate de mil milhões e quatrocentas e cinquenta mil liras (1,9 milhões de euros em 2011).

O ministro do Interior rejeitou, indignado, a ideia de que Cirillo tivesse sido trocado por dinheiro, dizendo que ele tinha sido libertado «sem nenhuma negociação e sem nenhuma cedência dos órgãos do Estado à chantagem de um bando armado». Itália teria de esperar mais doze anos para descobrir que estas negações eram falsas. A verdade só viria ao de cima depois de uma sucessão de outros desmentidos, depoimentos duvidosos, testemunhas assassinadas e provas destruídas. Durante o cativeiro de Cirillo, «os órgãos do

Estado» tinham negociado não só com as Brigadas Vermelhas mas também com a Nuova Camorra Organizzata de Raffaele Cutolo, «o Professor».

Segundo reza a história, apenas dezasseis horas após o desaparecimento de Cirillo, um agente secreto do serviço de informações e segurança interna de Itália, o SISDE, visitou Raffaele Cutolo na prisão em Ascoli Piceno. Sucederam-se outras reuniões com Cutolo, em que o agente aparecia acompanhado de dois homens. O primeiro era um presidente de câmara da fação de Cirillo na DC e próximo da NCO. O segundo era o subchefe da NCO, Enzo Casillo. Conhecido como *'o Nirone* («Negrão») por causa do seu cabelo preto, Casillo era filho do dono de uma fábrica de calças; apesar destas origens confortáveis, tornara-se chefe militar da NCO durante a guerra com a Nuova Famiglia.

Depois destas reuniões iniciais, Casillo e outro agente superior da Nuova Camorra Organizzata percorreram o país, nas semanas seguintes, sob a proteção dos serviços secretos para poderem participar em negociações entre o Estado, as BR e a NCO — além de manterem as suas funções na guerra da Camorra.

Contudo, apesar dos melhores esforços dos agentes secretos do SISDE, o Professor permanecia reservado. Iniciou-se então uma segunda fase nas negociações em 9 de maio, quando o serviço de informações militares, o SISMI, assumiu o comando. O SISMI não tinha nenhuma jurisdição sobre questões de segurança interna e, por conseguinte, nenhum direito de intervir no rapto de Cirillo. No entanto, as negociações de repente começaram a avançar. Alguns presos simpatizantes das BR foram enviados para Ascoli Piceno para conversar com o Professor, e depois transferidos de novo para prisões onde líderes das BR estavam detidos. Casillo continuou com o seu trabalho de mediador ambulante. Por fim, o resgate foi pago e Cirillo foi libertado.

O caso Cirillo mostra bem até que ponto o Estado italiano se rebaixou durante os anos 80. Os «órgãos do Estado» negociaram com terroristas de esquerda através dos bons ofícios da maior organização criminosa do país. Uma série ignóbil de personagens participou nas conversações. A fase final foi dirigida por um vigarista chamado Francesco Pazienza, que conseguira tornar-se consultor do SISMI. (Entre outras coisas, ele seria mais tarde condenado por falsear as investigações sobre o atentado terrorista de direita na estação de Bolonha em 1980, no qual morreram oitenta e cinco pessoas.) Fazendo uso destes tipos de canal, o dinheiro trocava de mãos — dinheiro que as BR depois usavam para prosseguir a sua campanha de assassínios e raptos. O mago do dinheiro da reconstrução da DC foi salvo. Mas vergonhosa e tragicamente, outras vítimas pagaram o preço final em seu lugar.

Embora um inquérito parlamentar não encontrasse nenhuma prova de uma troca de favores entre os serviços secretos e a NCO, ficaram muitas perguntas importantes por responder. A história do rapto de Cirillo deixa muitas suspeitas profundamente inquietantes e relativamente poucas certezas. Permanecem muitas dúvidas. Entre outras, existem duas razões para isso.

Na altura do rapto de Cirillo, muitos agentes superiores do SISDE e do SISMI eram membros da loja maçónica P2, o que torna a interpretação dos seus motivos bastante difícil. Nenhuma combinação de chantagem, subversão de extrema-direita e corrupção pode ser excluída.

Quando Cirillo foi libertado, num edifício meio devoluto no bairro Poggioreale de Nápoles, fez parar uma patrulha da polícia de trânsito que ia a passar. As ordens eram para levar Cirillo diretamente para a sede da polícia, onde ele podia ser tratado e interrogado pelos juízes que investigavam o rapto. Mas a viagem mal tinha começado quando o carro foi mandado parar e cercado por outros quatro carros da polícia. Citando ordens superiores, o agente no comando dos quatro automóveis levou Cirillo para casa. Uma vez em casa, Cirillo foi examinado por um médico que declarou que ele estava em estado de choque e não podia ser interrogado pelos juízes de instrução. Estes problemas de saúde, contudo, não impediram que figuras importantes da DC, incluindo Flaminio Piccoli, o líder nacional do partido, visitassem Cirillo quarenta e oito horas antes de os magistrados serem autorizados a interrogá-lo. Esse tempo poderá ter dado a Cirillo e aos seus amigos da DC a oportunidade de corrigir a sua história sobre a saga das negociações.

Que é que o Professor tinha a ganhar ao envolver-se no acordo para libertar Cirillo? Uma coisa que obteria de certeza era a oportunidade de alardear ao mundo do crime que tinha influência perante as autoridades. Qualquer que fosse a verdadeira natureza do acordo por trás da libertação de Cirillo, o Professor podia passar a apresentar-se como um homem com lugar na mesa principal.

Mas terá recebido mais alguma coisa? E terá dado às BR mais do que dinheiro? Várias testemunhas, incluindo *brigatisti* e *camorristi* arrependidos, citaram toda uma lista de trocas de favores. Estas pessoas evidentemente podiam estar a mentir. No entanto, surgiram provas para sustentar o que disseram.

Alguns *brigatisti* declararam que Cutolo lhes fornecera informações úteis sobre alvos potenciais. Existem factos que parecem sustentar esta alegação. Em 15 de julho de 1982, as BR assassinaram a tiro de metralhadora o comandante de polícia Antonio Ammaturo e o seu motorista Pasquale Paola. Ammaturo era um inimigo comum das BR e da NCO. Além de ter investigado o terrorismo de esquerda, pouco depois de ser nomeado para o posto de Nápoles teve até a ousadia de fazer uma rusga ao castelo do Professor em Ottaviano — o primeiro polícia a fazê-lo. Ammaturo estava também a investigar o caso Cirillo na altura da sua morte. Quando perguntaram ao Professor sobre o homicídio em tribunal, ele respondeu com o seu cinismo habitual:

> Eu não dei às BR o nome de Ammaturo para que ele pudesse ser assassinado. Não estou a negar o facto de que o liquidar teria sido um prazer para mim. Mas tê-lo-ia feito com as próprias mãos, diretamente, porque era uma vingança pessoal.

A hipótese mais provável — e que mostra a lógica perversa em vigor nas sombras em que a subversão violenta e o crime violento se cruzavam — é um grupo terrorista de esquerda ter matado dois bons polícias em nome da NCO.

Segundo um *camorrista*, o Professor converteu também a sua intervenção enquanto mediador no caso Cirillo numa série de favores que aumentou ainda mais a sua influência dentro do sistema prisional. Isso talvez explique o facto de, em 27 de outubro de 1981, o Tribunal de Recurso em Nápoles ter deliberado que Cutolo era «semilouco» e, por isso, merecedor de um tratamento mais indulgente.

Mas o maior item na lista de exigências do Professor era uma parte do filão da reconstrução pós-terremoto. Convém salientar que as investigações não encontraram provas claras de qualquer troca neste domínio. No entanto, os tribunais concluíram que *tinham sido* atribuídas empreitadas no valor de sessenta e sete mil milhões de liras (cento e vinte e nove milhões de euros em valores de 2011) a empresários próximos da NCO, incluindo o filho do próprio Professor, Roberto, para instalar casas pré-fabricadas na zona de Avellino.

A questão das empreitadas da reconstrução conduz-nos ao último, e mais controverso, dos mistérios envolvendo o rapto de Cirillo: quem autorizou as negociações? Que políticos estiveram envolvidos e de que forma?

Um inquérito parlamentar concluiria que, embora tivessem existido de facto negociações com as BR por intermédio de Cirillo, não existiam provas absolutas de que favores tivessem sido trocados como parte de um acordo. Alguns veteranos democratas-cristãos ficaram com as suas reputações bastante manchadas por este parecer. Por exemplo, Flaminio Piccolo, o líder nacional do partido, *devia* saber das negociações. Francesco Pazienza, o vigarista ligado ao terrorismo de direita que dirigiu a última fase das negociações, era uma visita habitual na casa do líder da DC. Mas a figura no epicentro da controvérsia, e um dos políticos mais poderosos da Campânia, era Antonio Gava. Gava acabara de ganhar o seu primeiro posto no governo nacional quando Cirillo foi raptado, e viria a desempenhar uma série de importantes cargos ministeriais, incluindo os de ministro do Interior e ministro das Finanças, nos anos 80.

Gava era o chefe da fação local da DC cujo homem no terreno era precisamente Ciro Cirillo. Em 1993, Gava foi julgado por associação à Camorra. Treze anos depois, em 2006, foi finalmente absolvido. Tinha uma ação de indemnização a decorrer em tribunal quando morreu em 2008. Não podemos deixar de simpatizar com um homem que tenha de passar por um suplício judicial tão escandalosamente prolongado. Infelizmente, estas sagas judiciais são demasiado comuns em Itália, sobretudo quando tratam do delicado assunto de averiguar a relação entre o crime organizado e a política. No entanto, o parecer final que ditou a absolvição de Gava, apesar da sua opaca linguagem jurídica, não o deixava muito bem-visto.

> O tribunal declara que provou com certeza que Gava tinha conhecimento do acordo de reciprocidade funcional entre políticos locais da sua fação da DC e a organização camorra... Existem também provas de que [Gava] nada fez de incisivo e concreto para combater ou limitar

essa situação e que, pelo contrário, acabou por desfrutar dos benefícios eleitorais que a mesma trouxe à sua fação política.

O comportamento de Gava, concluíram os juízes, era moral e politicamente reprovável, mas ele nada fizera para merecer uma condenação penal.

Os *camorristi* já tinham começado a controlar a reconstrução pós-terremoto antes mesmo da «campanha Cirillo» das Brigadas Vermelhas. Em 11 de dezembro de 1980, apenas duas semanas e meia após o sismo, o presidente da câmara de uma cidade danificada foi assassinado a tiro, porque tentou impedir empresas ligadas ao crime organizado de receberem empreitadas para a remoção de entulho. Em última análise, o rapto de Cirillo foi apenas um sintoma da maneira como a Camorra aproveitou as oportunidades que surgiram com o desastre de 23 de novembro de 1980. Na Sicília, a guerra da máfia do início dos anos 80 foi travada pelo controlo da linha de fornecimento de heroína para os EUA. Na Campânia, a Nuova Camorra Organizzata e a Nuova Famiglia lutavam pelo controlo do dinheiro da reconstrução.

Todavia, o caso Cirillo revelar-se-ia decisivo noutro aspeto: provocaria a derrota final de Raffaele Cutolo, «o Professor».

Em 18 de março de 1982 — onze meses depois do rapto de Cirillo, e com os mistérios que o envolviam ainda por resolver —, o diário do Partido Comunista Italiano, *L'Unità*, publicou o que afirmava ser um documento do Ministério do Interior com pormenores das negociações que conduziram à libertação de Cirillo. Afinal, veio a descobrir-se que a carta era falsa — o suficiente para custar o cargo ao diretor do jornal. Mas muitos dos pormenores que continha eram verdadeiros — o suficiente para que fosse lançada uma investigação formal às negociações que resultaram na libertação de Cirillo. Hoje, sabemos que o Professor foi o possível autor da carta falsa. Forjou-a porque considerava que não tinha recebido a recompensa justa pela sua ajuda para a resolução do rapto de Cirillo. Enviar a carta à imprensa da oposição era uma forma ardilosa de lançar um aviso: se o Professor não recebesse o que queria, novas revelações — revelações documentadas — seguir-se-iam.

A carta teve consequências desastrosas para o Professor. O Presidente da República, chocado com as histórias que então começaram a surgir sobre a vida confortável que Cutolo levava atrás das grades, pediu que ele fosse transferido para a terrível ilha-prisão de Asinara. A partir de então, comunicar com os outros membros da NCO seria impossível. A Nuova Famiglia aproveitou a ocasião. Dias depois de Cutolo ser transferido para Asinara, Alfonso Rosanova, o empresário da construção que geria os negócios da NCO, foi assassinado no hospital de Salerno, onde estava a recuperar de um anterior atentado contra a sua vida; seis ou sete assassinos entraram no edifício, desarmaram o polícia de serviço no quarto de Rosanova e dispararam vários tiros. Em janeiro de 1983, ocorreu o golpe fatal, quando Enzo Casillo, *'o Nirone* — o principal comandante militar do Professor e o negociador ambulante do caso Cirillo — foi despedaçado por um carro-bomba em Roma. O membro da Nuova Famiglia que armadilhou o carro tornou-se mais tarde testemunha do Estado e revelou a um inquérito parlamentar por que razão Casillo foi liquidado de modo tão espetacular. O recado no assassínio, explicou, era «mostrar a Cutolo que ele estava acabado e que tinha de parar de uma vez por todas de chantagear os políticos ou as pessoas nas instituições do Estado com quem tratara durante o caso do rapto de Cirillo». O mesmo *camorrista* também desconfiava de que os serviços secretos tivessem sido a fonte da informação que lhe permitira descobrir onde Casillo morava.

O Professor tinha ido longe de mais no caso Cirillo. A Nuova Famiglia estava decidida a castigá-lo, e a conquistar assim os seus amigos políticos. A Nuova Camorra Organizzata começou a desintegrar-se. Sem líder, os zelosos e jovens seguidores de Cutolo foram eliminados pelos bem organizados pelotões de assassinos da Nuova Famiglia.

O legado do Professor foi, no entanto, enorme. O seu reinado viu a Camorra atingir um nível de riqueza e influência comparável ao das máfias da Calábria e da Sicília. Teve também um impacto duradouro fora da sua própria região da Campânia. Com efeito, o Professor foi uma das principais razões por que Itália assistiu ao nascimento de duas máfias completamente novas.

O Bando de Magliana e a Sagrada Coroa Unida

Os finais dos anos 70 e os anos 80 do século xx não foram apenas o período de maior violência entre as máfias históricas de Itália. Foram também uma época em que, pela primeira vez num século, organizações criminosas completamente novas foram criadas em regiões fora do domínio da máfia siciliana, da Camorra napolitana e da 'Ndrangheta calabresa.

Roma foi um caso especial no que dizia respeito à expansão do poder mafioso. As três grandes máfias estavam presentes na cidade, raptando, traficando drogas, branqueando dinheiro, etc. Mas nenhuma das três tentou expulsar as outras. Ao contrário do que se poderia esperar de clãs tão ferozes, não houve nenhum confronto militar direto entre mafiosos, *camorristi* e *'ndranghetisti* em solo romano. Em Roma, como noutros lugares, as três grandes máfias preferiam lucrar com a coabitação pacífica a suportar os custos e perigos de uma guerra «estrangeira». A capital tornou-se numa espécie de porto franco de influência criminosa, com as suas riquezas passíveis de serem exploradas por todos. Nestas circunstâncias peculiares, Roma gerou uma irmandade criminosa própria nos fins dos anos 70 — completamente independente da máfia, da Camorra e da 'Ndrangheta, mas usando muitos dos seus métodos e contactos.

Em 7 de novembro de 1977, o duque Massimiliano Grazioli Lante della Rovere, antigo dono do principal jornal de Roma, *Il Messaggero*, foi raptado nos arredores da cidade. Numa noite de março do ano seguinte, após meses de negociações, o seu filho deixou cair um saco contendo dois mil milhões de liras (mais de sete milhões de euros em valores de 2011) do parapeito de uma ponte rodoviária. De baixo surgiu uma voz: «Vai para casa e espera. O teu pai será libertado dentro de algumas horas.»

O duque nunca foi libertado. Na verdade, quando o resgate foi entregue ele já estava morto, assassinado pelos seus raptores porque tinha visto um deles sem máscara. O seu corpo foi encostado a uma cadeira, com os olhos abertos à força e um jornal recente nas mãos, para que uma fotografia provando que estava vivo pudesse ser enviada aos familiares.

O rapto macabro do duque Grazioli foi a primeira grande ação levada a cabo por um grupo chamado Banda della Magliana (Bando de Magliana). Magliana era um novo bairro suburbano de Roma onde viviam alguns dos membros do bando. Os chefes da Banda della Magliana — agiotas, traficantes de drogas, recetadores de objetos roubados e, sobretudo, assaltantes armados — tinham o objetivo explícito de dominar o submundo da capital. Em pouco tempo, alcançaram esse objetivo.

A Banda della Magliana tinha muitas semelhanças com as máfias da Sicília e da Calábria. Os seus líderes dividiam a capital em distritos para fins de distribuição de drogas, e eliminavam todos os traficantes que se recusassem a submeter-se ao seu domínio. Tinham um fundo comum que usavam para apoiar membros na prisão e as suas famílias, para corromper polícias e *Carabinieri* e para fazer amigos importantes. Como as máfias tradicionais, a Banda della Magliana tinha um órgão central que decidia os seus assassínios, atendendo aos objetivos estratégicos da organização. Constituía também uma *holding* que aproveitava todas as oportunidades de negócio, onde quer que surgissem, reinvestia os lucros em novos empreendimentos criminosos e branqueava o dinheiro por meio de empresas legais, nomeadamente imobiliárias.

Desde as suas origens, a Banda della Magliana manteve uma prática intensa de relações com as máfias tradicionais. Comprava heroína em grandes quantidades à Cosa Nostra — não só do grupo próximo de Stefano Bontate mas também, depois da eliminação de Bontate e dos seus amigos, dos *corleonesi* de Totò Riina. Já em 1975, a polícia tinha visto um dos futuros líderes do bando conversando num restaurante romano chamado Il Fungo com *'ndranghetisti* do mais alto nível, incluindo Giuseppe Piromalli de Gioia Tauro e Paolo De Stefano de Régio da Calábria.

A Banda della Magliana inspirou-se também na Nuova Camorra Organizzata. Um dos seus fundadores tinha conhecido o Professor na prisão e era um grande admirador. Outros partilhavam da sua visão: como confessaria um deles mais tarde, «Decidimos tentar realizar a mesma operação em Roma que Raffaele Cutolo estava a realizar em Nápoles». Em 1979, quando andava fugido depois de abandonar «com algum estrondo» o asilo de Aversa, o Professor alugou um andar inteiro num hotel em Fiuggi, uma estância termal a sul de Roma, e aí encetou conversões com a Banda della Magliana. O objetivo da reunião era «encontrar uma estratégia compatível com os objetivos dos dois grupos». Pouco depois da reunião, a Banda della Magliana atendeu, com deferência, a um pedido dos napolitanos para fazer desaparecer um *BMW 733* verde-metalizado cujo interior estava manchado de sangue — o sangue em questão pertencera a um empresário da construção civil que o próprio Cutolo tinha matado a tiro. A NCO e a Banda della Magliana partilhavam também uma amizade proveitosa com Aldo Semerari, o subversivo fascista, aliado dos serviços secretos e professor de Psicologia Forense que acabaria por ser decapitado perto da mansão de Cutolo em Ottaviano. Tal como acontecera com a NCO, a Banda della Magliana foi convidada por Semerari a participar ativamente na violenta política de extrema-direita; os romanos declinaram o convite, mas aceitaram trocar armas por favores — como tinha feito a NCO.

Ao contrário da NCO ou das máfias tradicionais da Sicília e da Calábria, a Banda della Magliana não usava rituais de iniciação nem uma mitologia arcana. Talvez em parte por causa disso, apesar da sua riqueza e da sua violência, não conseguiu fixar raízes e garantir um futuro. Nesse sentido restrito, a Banda della Magliana não constituía uma máfia. Em meados dos anos 80, já tinha começado a desintegrar-se, entre os tipos de guerra interna e deserção para o Estado a que as máfias tradicionais têm sempre mostrado uma extraordinária capacidade de sobreviver.

A Sacra Corona Unita («Sagrada Coroa Unida») ou SCU é a máfia da Apúlia, a região que forma o «salto alto» da bota italiana.

A sua história começa em 1978, quando o conflito entre a Nuova Camorra Organizzata e a Nuova Famiglia dava os primeiros passos na vizinha Campânia. As autoridades prisionais tentaram aliviar as tensões nas prisões transferindo reclusos filiados na Camorra para estabelecimentos prisionais noutras regiões, incluindo a Apúlia. Uma vez instalados nas prisões apulienses, os discípulos do Professor depressa se colocaram no topo da hierarquia do sistema, começando depois a iniciar criminosos locais na NCO. Em janeiro de 1979, o próprio Cutolo visitou a Apúlia e organizou uma reunião num hotel de Lucera, na qual «legalizou» mais de quarenta criminosos locais — isto é, submeteu-os ao ritual de iniciação da Nuova Camorra Organizzata. Numa segunda reunião, desta vez perto de Lecce, mais noventa criminosos apulienses foram iniciados.

Em 1981, o Professor, novamente na prisão, instituiu formalmente uma filial apuliense da NCO, a Nuova Camorra Pugliese, cujos líderes eram obrigados a entregar entre quarenta e cinquenta por cento dos seus lucros a Cutolo. Não contente com a sua hegemonia sobre a Campânia, por outras palavras, o Professor estava a tentar dominar também todo o submundo apuliense. Mas na Apúlia, tal como na Campânia, a megalomania do Professor acabaria por ser frustrada. Quando a NCO entrou em declínio depois do rapto de Cirillo, os *camorristi* apulienses começaram a exigir maior autonomia.

As autoridades descobriram os primeiros sinais de que algo estranho estava a acontecer na irmandade criminosa apuliense no início de 1984, quando um documento manuscrito foi encontrado na cela de uma prisão. Intitulado «O Código S», enumerava os artigos de fé de uma nova irmandade criminosa chamada Famiglia Salentina Libera, fundada em Salento (a região mais a sul do «salto» de Itália). O artigo 7 do Código S estipulava que o objetivo da organização era «nunca permitir que qualquer família de outras regiões domine o nosso território». A resistência ao Professor começava a assumir uma forma organizacional.

Algumas semanas depois, numa prisão em Bari, a maior cidade da Apúlia, foi encontrado outro estatuto de uma nova máfia: a Sacra Corona Unita. O autor do estatuto, e fundador e líder supremo da SCU, era um assassino chamado Giuseppe Rogoli. Rogoli foi impelido, em parte, a fundar a SCU em 1981 pelo desejo de resistir ao poder da Nuova Camorra Organizzata na prisão. Como comentaria mais tarde:

> Na altura, os homens de Cutolo julgavam que eram como Deus Todo-Poderoso, e onde quer que entrassem nas prisões queriam cometer abusos — coisas que não nos caíam bem. Então um grupo de nós, não só eu, decidiu constituir esta Sacra Corona Unita em oposição ao poder excessivo da NCO nas prisões.

Procurando um contrapeso à influência do Professor na sua região, Rogoli conseguiu o apoio da 'Ndrangheta para a sua nova fraternidade. O chefe da 'Ndrangheta em Rosarno, Umberto Bellocco, iniciou Rogoli na máfia calabresa e, depois, ditou-lhe as regras da Sacra Corona Unita. Os calabreses reservavam-se o direito de presidir aos rituais que assinalavam a promoção de membros da SCU às patentes mais elevadas na organização apuliense, e exigiam também a colaboração da SCU numa série de raptos. A SCU, por outras palavras, era uma filial semiautónoma da 'Ndrangheta na Apúlia.

Os homens de Rogoli aderiram aos rituais místicos e emprestados da SCU com o fervor de novos conversos. Um dos primeiros líderes da nova máfia, Romano Oronzo, encomendou uma pintura repleta dos símbolos da nova máfia. O artista que aceitou a encomenda descreveu-a mais tarde em tribunal:

> Ele queria que eu desenhasse um triângulo, o símbolo da Santíssima Trindade, com o rosto de Jesus e uma pomba, e também o mundo, e os seus próprios olhos, e uma mão segurando um relâmpago. Antes de os pintar, pedi-lhe que me explicasse porque queria aqueles temas, e ele disse-me que sentia que tinha sido enviado por Deus para ajudar o mundo.

Como o Professor cujo domínio sobre o território apuliense ele pretendia combater, Rogoli construiu a sua organização numa primeira fase atrás das grades, procurando depois alcançar o domínio territorial no mundo exterior. A SCU cresceu depressa, integrando a Famiglia Salentina Libera e unindo criminosos de todas as províncias da Apúlia.

No entanto, a Sacra Corona Unita não teve uma vida tranquila. Os membros de diferentes zonas da Apúlia mostravam alguma relutância em se submeter à autoridade de Rogoli. As disputas relacionadas com os rendimentos crescentes do tráfico de drogas eram também uma causa de conflito. Novas minimáfias foram criadas na Apúlia em oposição à SCU. Em 1986, as querelas internas já se haviam tornado tão graves, que Rogoli se sentiu obrigado a reinstituir a SCU, rebatizando-a, imaginativamente, *Nuova* Sacra Corona Unita. A SCU passaria a ter um órgão dirigente, a Società Riservatissima (ou «Sociedade Reservadíssima»), constituído por oito chefes veteranos — «oito homens desconhecidos, invisíveis e bem armados», nas palavras de Rogoli. Bem armados porque podiam recorrer a um esquadrão da morte dedicado, pago com dinheiro do fundo central da organização, para impor a disciplina. Mas nem mesmo estas medidas drásticas impediram o conflito interno e a fragmentação.

Assim, a Sacra Corona Unita passava pelas mesmas fases de desenvolvimento que as outras máfias tinham vindo a conhecer desde os anos 50: mais lucros, maior centralização e mais divisões sangrentas. Entre 1984 e 1992, o número de homicídios relacionados com a máfia na Apúlia triplicou, de quarenta e cinco para cento e trinta e cinco por ano.

A SCU continua a ser uma força no submundo dos dias de hoje, apesar dos sérios golpes que tem sofrido nos últimos anos. Ainda é demasiado cedo para se saber se a Sacra Corona Unita passará no teste definitivo de longevidade mafiosa, permitindo a alguns dos seus líderes transferirem a sua autoridade para outras gerações.

A Apúlia, tal qual Roma, era um território onde as três maiores máfias faziam sentir a sua presença. A costa adriática da região era um importante ponto de entrada para cigarros de contrabando e outras mercadorias ilegais. Geograficamente, ficava no «quintal das traseiras» da Camorra e da 'Ndrangheta. Um dos factos notáveis acerca da história da Sacra Corona Unita é que, como em Roma, *camorristi*, mafiosos e *'ndranghetisti* não se digladiaram em solo apuliense. Havia até uma colaboração diplomática entre eles. Conta-se que emissários da 'Ndrangheta e da Cosa Nostra estiveram presentes enquanto observadores na cerimónia em que o Professor iniciou noventa criminosos apulienses em Lecce.

No entanto, a Cosa Nostra, a Camorra e a 'Ndrangheta tinham abordagens diferentes quando atuavam em território novo.

Nos anos 60 e 70, quando o número e o poder de entrepostos das máfias noutras regiões aumentaram por intermédio de atividades como o rapto e o tráfico de drogas, uma das três revelou-se muito mais bem-sucedida do que as outras na ocupação de novos territórios.

Surpreendentemente, talvez, visto que era a mais rica e poderosa das máfias, a Cosa Nostra mostrou apenas um interesse intermitente em estabelecer formalmente filiais noutras regiões. Em várias regiões de Itália, existiam *decine* (pelotões de dez homens) autorizadas da Cosa Nostra dirigidas e constituídas sobretudo por sicilianos. Mas quando por qualquer razão abandonavam a Sicília, os Homens de Honra geralmente *não* tinham por hábito estabelecer as suas próprias embaixadas formais. Em vez disso, safavam-se muito bem contando apenas com o seu prestígio criminoso pessoal para arranjar colaboradores temporários no submundo local. Foi o que fez o *capo* de Corleone, Luciano Liggio, na fase de raptos da sua carreira. Gaspare Mutolo, «o Sr. Champanhe», agiu de modo semelhante para gerir o seu negócio de heroína, de uma base próxima da sua prisão na região de Marche.

Só em Nápoles é que se estabeleceram Famílias da Cosa Nostra com não-sicilianos, como os Nuvolettas e os Zazas no comando. Essa iniciativa invulgar deveu-se à importância de Nápoles enquanto «Eldorado» dos cigarros de contrabando. E, como já vimos, a influência da Cosa Nostra gerou uma resistência violenta da parte da NCO do Professor. Espalhou também ressentimentos mesmo entre os aliados napolitanos da máfia siciliana. «Os sicilianos olham-nos com desprezo», recordou um chefe da Camorra. «Mas que correria para dar graxa à Cosa Nostra. E chamam a essas pessoas *camorristi*! Estavam dispostas a oferecer o cu aos sicilianos só para poderem sentir-se um pouco mais fortes.»

Apesar da sua oposição à influência siciliana no seu território natal, Raffaele Cutolo adotou uma estratégia centralizada e bastante ditatorial para as suas operações fora da Campânia. A filial apuliense da Nuova Camorra Organizzata, por exemplo, tinha de pagar um pesado tributo ao Professor. A sua estratégia despótica revelou-se contraproducente quando os apulienses criaram a Sacra Corona Unita para o combater.

A 'Ndrangheta tinha uma abordagem mais subtil, mas também mais abrangente, para lidar com o problema de se expandir fora do seu território natal. Tinha emissários influentes na Campânia e na Apúlia. Mas nenhum dos grupos criminosos locais se revoltou contra a presença calabresa. Na verdade, como o fundador da SCU, Giuseppe Rogoli, eles procuravam ativamente o seu apoio. Uma máfia menor, a Rosa dei Venti («Rosa dos Ventos») foi fundada na prisão de Lecce em 1990 e também pediu a bênção da 'Ndrangheta. Manifestamente, o reconhecimento dos calabreses era um grande prémio para os novos bandos de criminosos.

A 'Ndrangheta é a máfia com o repertório mais rico e complexo de símbolos, tradições, patentes e rituais: coleciona-os desde o século XIX. A 'Ndrangheta é a última sobrevivente de um vasto grupo de Sociedades Honradas de Itália continental, que incluía a Sociedade Honrada original de Nápoles e até uma organização chamada Mala Vita («Má Vida», literalmente, ou «o Submundo Criminoso», numa tradução mais fiel), uma breve precursora oitocentista da máfia apuliense, a Sacra Corona Unita. Algumas das mais importantes novas máfias dos anos 70 e 80 do século XX, incluindo a NCO e a SCU, inspiraram-se no grande repertório de estilo e estrutura da 'Ndrangheta.

Juntamente com as muitas oportunidades de negócio nas drogas, raptos e outros crimes, estas ofertas culturais bastavam para satisfazer não só os apulienses da SCU mas também os *'ndranghetisti* que eles adotaram como padrinhos. A 'Ndrangheta, em suma, preferia uma abordagem menos controladora. Não queria um império, apenas um grupo seleto de parceiros comerciais de confiança. Talvez «franquia» seja a melhor maneira de descrever a abordagem calabresa ao mundo criminoso da Apúlia.

Nas regiões ricas do Norte, a 'Ndrangheta começou a implantar-se desde muito cedo, através do seu envolvimento na construção e nos raptos. Expandiu-se diretamente e não através do reconhecimento de quadrilhas locais como a SCU. Nos anos 80, os *'ndranghetisti* já tinham estabelecido filiais chamadas Locais em muitas vilas e cidades da Lombardia e do Piemonte. Estas colónias no Norte estavam estreitamente ligadas a determinados Locais na Calábria por laços de parentesco, organização e negócios: fazendo uso destes canais foi estabelecido um vaivém regular de drogas, dinheiro, assassinos, fugitivos e vítimas de raptos. Os jovens nascidos em famílias da 'Ndrangheta no Norte eram enviados para a Calábria para serem iniciados na irmandade. Os *'ndranghetisti* do

Norte também se reuniam para resolver disputas e certificar-se de que as regras calabresas eram aplicadas. Como testemunhou um desertor da 'Ndrangheta do Norte:

> Em 1982, participei numa reunião de todos os Locais de Piemonte. Cerca de 700 pessoas estavam presentes... A razão para o encontro era o facto de, em Turim, na altura, muitos calabreses filiados na 'ndrangheta andarem metidos no proxenetismo — uma atividade que a 'ndrangheta considera desonrosa... Ficou decidido propor aos afiliados que deixassem esse negócio. E se não obedecessem à ordem, seriam expulsos da 'ndrangheta ou fisicamente eliminados.

A estratégia da 'Ndrangheta tornou-a de longe na mais bem-sucedida das três maiores máfias noutras regiões. Segundo um mafioso siciliano que fazia negócios no Norte: «No Piemonte, os calabreses tinham tomado conta da região. Os pequenos grupos de sicilianos não causam problemas à organização deles.» Os calabreses estavam tão seguros do seu poder no Norte, que integraram grupos de mafiosos sicilianos na sua estrutura. A 'Ndrangheta, em tempos o parente pobre da poderosa máfia siciliana, sofrera um grande progresso.

Enquanto tudo isto acontecia, as autoridades italianas pouco ou nada sabiam da forma como a 'Ndrangheta se espalhava. O tipo brando de colonização da máfia calabresa revelou-se a fórmula certa para a expansão nas regiões do coração da economia nacional.

No entanto, a colonização não era a única medida do alcance das máfias. A 'Ndrangheta pode ter hasteado a sua bandeira pirática em quase todas as vilas e cidades do Norte, mas os narcodólares da Cosa Nostra deram-lhe um lugar nas mesas mais importantes da finança italiana. Aldo Ravelli foi um corretor notoriamente implacável que teve vários problemas com a lei durante uma carreira de várias décadas na Bolsa de Milão. Numa entrevista que pediu que fosse publicada apenas depois da sua morte, Ravelli oferece uma visão privilegiada da burguesia financeira de Itália, dividindo-a em três classes. A primeira era «semi-honesta». A segunda era «sem escrúpulos». A terceira era a máfia siciliana.

5

MÁRTIRES
E ARREPENDIDOS

O terror das máfias

Nos anos 80 do século XX, as máfias conheceram maior riqueza, poder militar, alcance geográfico e penetração no aparelho do Estado do que em qualquer outro momento da sua longa existência. A história das pessoas que as enfrentaram nessa altura é a página mais trágica e comovente da história da República Italiana. Os seus principais dramas desenrolaram-se no território daquela que continuava a ser a mais perigosa das máfias, a Cosa Nostra. Os anos entre 1979 e 1992 foram a «década» mais longa da Sicília. A ilha que marcara o ritmo da história do crime organizado desde muito antes da Segunda Guerra Mundial passou a marcar o ritmo da luta contra as máfias.

A história narrada nas páginas seguintes foi primeiro reconstituída por investigadores — as mesmas pessoas que estiveram no centro dos acontecimentos. E também por jornalistas: para muitos deles, a tarefa de tentar compreender o que estava a acontecer à sua volta, a uma velocidade tão assustadora, nos anos 80, tornou-se mais numa causa sagrada do que num trabalho. Desde esses tempos terríveis, a história tem sido contada e recontada. Está nos monumentos às vítimas, em nomes de ruas e placas comemorativas, e nas cerimónias que assinalam cada aniversário de um atentado da máfia. Está nos famosos vídeos e fotografias que se tornaram ícones da memória coletiva. O seu domínio sobre a imaginação do público não é um mistério: afinal, é uma narrativa que opõe o bem ao mal. Também não devemos surpreendermo-nos se, como todas as grandes histórias, esta for por vezes esvaziada do seu verdadeiro sentido, transformada em mero ritual pela indiferença, vulgarizada pelo cinismo dos políticos ou pelas convenções medíocres da dramatização televisiva. Afinal, as verdades desta história são demasiado importantes para não serem controversas mesmo nos dias de hoje; os seus mistérios duradouros ainda fazem notícia de primeira página.

As pessoas que morreram combatendo a Cosa Nostra, durante a década mais longa da Sicília, foram mártires. A palavra poderá parecer exagerada. Nos países ocidentais com a sorte de poderem tratar a máfia como se esta fosse pouco mais do que um género cinematográfico, a palavra pertence apenas à mentalidade de fanáticos religiosos. Mas no contexto italiano, é a única palavra que podemos empregar. Os mártires da luta contra o poder da máfia morreram por uma causa — que em países europeus mais felizes poderá parecer insignificante: o Estado de direito. Também mudaram muitas vidas ao dar um exemplo. Inspirados por eles, muitos jovens encontraram a sua vocação na polícia ou na magistratura — ou recusando-se simplesmente a aceitar o sistema mafioso que tinham de enfrentar todos os dias.

Os sacrifícios feitos no combate contra a máfia também mudaram a história. Porque o que aconteceu na Sicília alterou padrões de comportamento que vigoravam, obstinadamente, desde que Itália se tornara num país em 1861. O progresso mais significativo foi na compreensão da máfia. A luta contra a Cosa Nostra foi também uma luta para tentar saber o que ela era realmente. Nos anos 70, como mais de um século de provas tinha sido escondido, negligenciado ou esquecido, ninguém sabia. Itália nem sequer sabia que a máfia siciliana era apelidada de Cosa Nostra pelos seus membros. O estudo académico sobre a máfia mais lido na altura tinha sido escrito por um sociólogo alemão e traduzido para o italiano em 1973. Repleto de observações perspicazes sobre a estrutura social da Sicília, o livro rejeitava, no entanto, a ideia de que a máfia pudesse ser uma sociedade secreta: só «jornalistas ávidos de sensações, juristas confusos do norte de Itália e autores estrangeiros» cometiam esse erro. Existiam mafiosos na Sicília, evidentemente — mediadores, protetores e rufiões. Mas eles faziam parte da cultura da ilha. Não existia uma organização única que pudesse ser rotulada de «máfia». Os resultados dos julgamentos mais recentes dos finais dos anos 60 pareciam sustentar essa visão. Em 1992, contudo, estas falsidades já haviam sido definitivamente desmascaradas: tinham sido reunidas provas suficientes para convencer até o Supremo Tribunal de Itália a confirmar que a máfia siciliana era de facto uma organização criminosa, uma sociedade secreta. No final da década mais longa, o crime mais espantoso da máfia siciliana — a afirmação de que nem sequer existia — tinha sido finalmente revelado.

Os anos de carnificina e polémica em Palermo que conduziram àquele veredicto determinante do Supremo Tribunal teriam repercussões profundas para a Camorra e a 'Ndrangheta, e para todo o sistema de poder criminoso de Itália. Consequentemente, Itália criou instituições cujo princípio fundador era a necessidade de enfrentarem o submundo italiano, com as suas ligações ao «mundo superior» da política, das instituições e dos negócios, *como um todo*. Finalmente, depois de bem mais de um século, as máfias seriam encaradas enquanto aspetos dos mesmos problemas de base.

Estas mudanças foram indiscutivelmente profundas — o suficiente para distinguir a longa década de 80 como uma passagem sangrenta entre duas épocas completamente diferentes na história das máfias. No entanto, teremos de esperar mais tempo antes de podermos afirmar que os progressos feitos com custos tão trágicos são irreversíveis. É por isso que a luta titânica entre a máfia e a antimáfia naqueles anos é uma história que tem de continuar a ser contada. Porque manterá a sua relevância, a sua urgência, até ao dia em que Itália puder dizer que as máfias foram definitivamente derrotadas.

A década mais longa da Sicília começou com cinco assassínios de gente de vulto no espaço de nove meses: «cadáveres ilustres», como foram chamados.

Em Palermo, em 26 de janeiro de 1979, Mario Francese foi baleado na cabeça à porta de casa. Francese era o jornalista criminal do principal diário da Sicília, o *Giornale di Sicilia*. Com ele quando morreu estava o seu filho de vinte anos, Giulio, que iniciara apenas semanas antes a sua própria carreira no jornalismo.

Seis semanas depois, em 9 de março, Michele Reina, o líder do partido democrata-cristão na província de Palermo, morreu numa saraivada de balas dundum ao volante do seu automóvel. A mulher, que estava a seu lado, viu o assassino sorrir enquanto disparava. Reina foi o primeiro político do pós-guerra a ser assassinado pela máfia siciliana; deixou três filhos menores.

O terceiro homicídio ocorreu na outra ponta do país, no centro financeiro de Milão, em 11 de julho. Giorgio Ambrosoli, advogado, tinha sido nomeado por um tribunal para investigar os negócios de um banqueiro siciliano desacreditado, Michele Sindona. Uma equipa de três assassinos estava à espera de Ambrosoli quando chegou a casa ao final da noite; também ele deixou mulher e três filhos menores.

Dez dias depois, novamente em Palermo, Boris Giuliano, o comandante da Brigada Móvel (uma unidade de investigação de polícias à paisana), foi baleado sete vezes ao balcão do seu bar local.

Cesare Terranova era juiz. Em 25 de setembro, ele e o guarda-costas, Lenin Mancuso, foram mortos a tiro no seu automóvel. Uma testemunha disse que os assassinos estavam a sorrir.

Um jornalista, um político, um advogado especializado em finanças, um polícia e um juiz. Informação, democracia, finanças honestas, segurança pública e justiça. Um após outro, os assassinos sorridentes da máfia tinham atacado cinco pilares da sociedade italiana.

Nenhum destes assassínios, considerados separadamente, era complemente inédito para a máfia siciliana. Mas ocorrendo tão próximos uns dos outros, revelavam uma inequívoca e assustadora nova tendência. Os mafiosos sicilianos nunca tinham lançado um ataque tão sistemático a representantes do Estado. As instituições eram infiltradas e corrompidas, mas não eram atacadas diretamente. De forma inesperada, a máfia assumira uma estratégia terrorista.

As comparações entre a máfia e a ameaça de subversivos de extrema-direita e extrema-esquerda surgiram, frequentemente, no discurso de muitos comentadores durante a época de terrorismo conhecida como Anos de Chumbo. A própria Cosa Nostra fornecera-lhes a deixa. Depois dos assassínios de Reina e Terranova, a redação do *Giornale di Sicilia* recebeu chamadas anónimas de supostos representantes de células terroristas. As chamadas eram falsas e destinavam-se a enganar os investigadores. Mas o paralelismo entre a máfia siciliana e as Brigadas Vermelhas não era completamente descabido. Ambas matavam jornalistas, políticos, advogados, polícias e magistrados. Ambas se presumiam arrogantemente de estar acima da lei. Ambas consideravam que o Estado italiano estava tão fraco, e tão desacreditado, que podia ser subjugado através da intimidação. A violência era usada porque a violência funcionava — já fazia parte da linguagem da vida pública italiana. O povo italiano, julgavam os assassinos, assistiria de braços cruzados ao afundamento do próprio país.

No entanto, nalguns desses homicídios de 1979, vislumbravam-se também sinais de resistência à ameaça da máfia. A Cosa Nostra estava a matar pessoas que temia.

O jornalista Mario Francese era um investigador implacável, um dos poucos jornalistas que perceberam a ameaça crescente de Totò Riina e dos seus *corleonesi*; ousara até entrevistar a mulher de Riina.

Giorgio Ambrosoli tinha descoberto que Michele Sindona andara a branquear os lucros do tráfico de heroína nos EUA.

Boris Giuliano era um polícia nato que descobrira algumas das refinarias de heroína da Cosa Nostra. Também conseguira seguir o dinheiro da máfia, e esse rasto de dinheiro levara-o a colaborar com a Drug Enforcement Administration dos EUA e a uma conclusão clara: «As organizações mafiosas de Palermo tornaram-se fulcrais no tráfico de heroína, a câmara de compensação para os Estados Unidos.»

O juiz Terranova coordenara um processo gigantesco contra a máfia, depois do atentado bombista de Ciaculli nos anos 60. Em 1974, condenou Luciano Liggio, o chefe de Corleone, a prisão perpétua. Depois de passar vários anos no parlamento enquanto deputado independente associado ao Partido Comunista, tinha acabado de regressar a Palermo, e às trincheiras judiciais da guerra contra a máfia, quando a Cosa Nostra decidiu matá-lo.

A morte de Michele Reina, o político da DC, foi muito mais difícil de interpretar na altura. Apenas os mais próximos da máfia teriam conseguido decifrar o sentido do assassínio. Todos os outros tiveram de se contentar com os boatos e teorias que enchiam os jornais. Hoje, sabemos qual dessas teorias se aproximava mais da verdade. Reina era um homem ambicioso que tivera alguns problemas com a lei. Recebera a sua formação política no coração da máquina da DC em Palermo. Era um «Jovem Turco» da fação do partido chefiada por Salvo Lima — um dos políticos de maior confiança da Cosa Nostra. Mas quando se tornou chefe local do partido, a ambição de Reina fê-lo começar a pensar de modo independente. Formou uma coligação com o Partido Comunista: uma heresia para alguns. Declarou que queria ser o líder de uma DC que deixaria de «viver para a indústria da construção e da indústria da construção». Um discurso perigoso: Reina já tinha recebido ameaças. Talvez Reina não mereça ser chamado de mártir, mas, apesar de tudo, o seu homicídio foi um sério desafio ao Estado. Na nova era do terror da máfia, a pena para o pensamento independente no seio da DC siciliana era a morte.

Os cinco homicídios de 1979 equivaliam a uma declaração de guerra: a Cosa Nostra, pela primeira vez na sua história, estava a afrontar diretamente o Estado — ou pelo menos as poucas pessoas que trabalhavam no decrépito aparelho do Estado italiano e que personificavam o que o Estado devia ser.

E aí residia a *diferença* crucial entre a Cosa Nostra e as Brigadas Vermelhas, uma diferença que tornava a primeira muito mais perigosa do que a segunda. As Brigadas Vermelhas tinham certamente os seus espiões e simpatizantes. No entanto, encontravam-se *fora* de um Estado que queriam derrubar. Os *brigatisti* ativos operavam nos esconderijos secretos dos bairros mais anónimos das cidades italianas. A Cosa Nostra, pelo contrário, era parte integrante do Estado — um Estado que queria neutralizar e submeter totalmente à sua vontade sanguinária e predatória. Os mafiosos ativos operavam nas mesmas instituições nas quais pessoas como Mario Francese, Michele Reina, Giorgio Ambrosoli, Boris Giuliano e Cesare Terranova trabalhavam. Por essa razão, enfrentar a Cosa Nostra exigia um tipo especial de heroísmo.

No ano seguinte, 1980, o ataque continuou: tombaram mais cadáveres ilustres. E surgiram novos heróis.

Em 6 de janeiro, Piersanti Mattarella, o líder democrata-cristão do governo regional da Sicília — o político mais importante da ilha, por outras palavras — foi assassinado quando entrava no seu carro para ir à missa com a mulher e o filho. Mattarella tinha iniciado uma campanha para tornar mais transparente a adjudicação de contratos públicos. A sua mulher viu o assassino a aproximar-se do carro e teve tempo para lhe suplicar que não disparasse.

Emanuele Basile era um jovem capitão que comandava os *Carabinieri* em Monreale, uma vila numa colina voltada para a Conca d'Oro. Na noite em que foi assassinado, em 4 de maio, as ruas estavam cheias de gente, intensamente iluminadas e impregnadas do cheiro a nogado que emanava das bancas de rua: era a festa local do Santo Crucifixo. Basile, que levava a filha de quatro anos, Barbara, ao colo na altura, dirigia-se a casa através da multidão quando dois assassinos surgiram por trás dele. A mão da criança foi queimada pela faísca de um disparo; milagrosamente, não sofreu outros ferimentos. Basile só teve tempo de dizer «ajuda-me» à mulher antes de perder os sentidos. Morreu horas depois na mesa de operações do hospital.

Basile estava a investigar não só os *corleonesi* mas também o comércio de estupefacientes com os EUA. O magistrado que trabalhava com ele nessas investigações — um palermitano sociável e fumador compulsivo de quarenta anos de idade, cabelo preto liso e bigode bem aparado — chamava-se Paolo Borsellino. Borsellino ficou devastado quando lhe telefonaram para dar a notícia da morte do amigo. Foi a primeira vez que a sua mulher o viu chorar. O homicídio não foi só uma tragédia, foi também um recado — um aviso dirigido ao próprio Borsellino. No entanto, perante o sofrimento e o medo, e a declaração de guerra da máfia siciliana, Borsellino respondeu com determinação. Como recordaria mais tarde a sua mulher: «O assassínio de Basile deu-me a certeza: eu tinha casado com um homem feito de pedra.» O marido dedicou-se totalmente ao seu trabalho. Nos dias seguintes, tornou-se num dos primeiros magistrados de Palermo no período dos cadáveres ilustres a ser acompanhado por uma escolta armada. Paolo Borsellino viria a ser um dos dois grandes campeões da luta contra a Cosa Nostra.

Três meses depois do homicídio de Basile, em 6 de agosto de 1980, Gaetano Costa, o discreto procurador-chefe de Palermo, foi baleado várias vezes no rosto por um único assassino que sacara de uma pistola enrolada num jornal. Costa esvaiu-se em sangue até morrer junto de uma banca de livros em frente do enorme Teatro Massimo, um dos edifícios mais famosos de Palermo. Veterano da Resistência contra os nazis, assinara dias antes mandados de detenção relacionados com uma investigação sobre os maiores traficantes de heroína da Cosa Nostra.

Quis o destino que um dos juízes de instrução a trabalhar nesse mesmo processo fosse um amigo de infância de Paolo Borsellino, que também começara a habituar-se a viver com a companhia permanente de polícias armados e com coletes à prova de bala. O seu nome era Giovanni Falcone. O seu rosto largo e afável disfarçava o facto de ser muito menos extrovertido do que Borsellino. Mas era também um homem de grande coragem e totalmente dedicado ao seu trabalho. As suas investigações meticulosas e inteligentes sobre as finanças do tráfico de heroína já tinham revelado, pela primeira vez, os negócios da máfia siciliana com *camorristi* napolitanos. Falcone enfrentara também a resistência insidiosa que alguns dos seus colegas levantavam contra qualquer pessoa que fosse demasiado diligente. O seu superior direto tinha sido avisado, sem rodeios, por outro juiz de que Falcone estava a «arruinar a economia de Palermo», e de que devia ser sobrecarregado com a análise de processos insignificantes para que fosse impedido de ir longe de mais. Quando Falcone chegou apressado ao local do homicídio de Costa, um colega murmurou-lhe confidencialmente enquanto ele fitava o corpo desfigurado: «Bem, nunca pensei. Estava absolutamente convencido de que seria a tua vez.» Giovanni Falcone estava prestes a tornar-se no maior inimigo da Cosa Nostra. Com Paolo Borsellino, tornar-se-ia num símbolo da contenda contra a máfia. A história da luta contra a Cosa Nostra nos anos 80 e início dos anos 90 é, em grande medida, a história destes dois homens.

Mas para iniciar o trabalho de desafiar a Cosa Nostra a sério, e para o fazer no quadro da lei, Falcone e Borsellino precisariam de novas ferramentas. Direta e indiretamente, essas ferramentas surgiriam da campanha contra o terrorismo. A luta do Estado italiano contra os idealistas assassinos das Brigadas Vermelhas durante os Anos de Chumbo teve consequências cruciais para a história do crime organizado.

Em 1980, o Estado adquiriu a sua arma decisiva no combate às Brigadas Vermelhas. Subsequentemente, a mesma arma seria utilizada com efeitos devastadores no combate às máfias.

A lei número 15 de 6 de fevereiro de 1980 concedia reduções de penas a membros de organizações subversivas que fornecessem provas contra outros terroristas. O primeiro membro das Brigadas Vermelhas a tirar partido da nova lei, o filho de um carpinteiro chamado Patrizio Peci, começou a falar em abril do mesmo ano. Peci era o comandante da coluna das Brigadas Vermelhas em Turim, e o seu testemunho desmantelou quase por completo o grupo terrorista no noroeste do país.

A história de Peci introduziu uma figura nova e extremamente controversa no drama da vida pública italiana: o *pentito*, ou «arrependido», como os jornais insistiam em chamar a qualquer terrorista que denunciasse os seus camaradas. Em Itália, os legisladores e magistrados indignam-se com a simples menção ao termo «arrependido», e com razão. O «arrependimento» é uma das mais poderosas narrativas identitárias da civilização cristã; fala de pecados passados reconhecidos e superados, de uma vida nova e feliz nascida do remorso. Mas o espírito cristão do arrependimento conjuga-se muito mal com os vários motivos dos *pentiti*. A troca de segredos pela liberdade é quase sempre um ato egoísta — mesmo quando revela verdades preciosas. Assassinos cruéis podem negociar a sua pena de prisão, reduzindo-a a apenas alguns anos. Os arrependidos trazem também um risco evidente para o processo judicial: um *pentito* capaz de fabricar de forma convincente mais factos do que aqueles que realmente conhece pode ser premiado com maiores benefícios. «Arrependido», por conseguinte, é um termo controverso para algo controverso. (O que talvez ajude a explicar por que razão nenhuma das alternativas mais palavrosas — como «colaborador da justiça» — conseguiu vulgarizar-se.)

No entanto, para muitos *pentiti*, a decisão de trair antigos colegas é angustiante. (Mais uma razão por que o termo «arrependido» é inapropriado, embora inevitável.) A decisão de Patrizio Peci de colaborar com o Estado nasceu de uma profunda desilusão com a causa pela qual matara. No entanto, pensou em se suicidar quando, depois da sua denúncia, os *Carabinieri* se envolveram numa troca de tiros com quatro *brigatisti* em Génova, matando-os todos, incluindo dois dos seus amigos mais próximos. Peci pagou outro preço terrível pelo seu arrependimento quando as Brigadas Vermelhas raptaram o seu irmão Roberto, o submeteram a um «julgamento proletário» e o assassinaram. Numa atitude horrífica, filmaram até a execução como um meio de intimidar outros. Esta crueldade desumana era impulsionada pela aversão que os arrependidos suscitavam naqueles que traíam. Os arrependidos eram mais do que delatores: eram *infami* — infames, ímpios, ignóbeis. Quando os mafiosos começaram a tornar-se *pentiti* como os terroristas tinham feito, as ambiguidades morais, as tensões psicológicas e a violência vingativa em torno do arrependimento judicial tornaram-se ainda maiores.

Os arrependidos das Brigadas Vermelhas que enfrentaram o ódio dos seus antigos camaradas encontraram um Estado mais bem preparado para tirar partido dos seus testemunhos do que alguma vez no passado. As polícias de Itália, sobretudo os *Carabinieri*, aprenderam a atuar em equipas especializadas e especialmente treinadas contra os terroristas, e saíram da luta com a reputação grandemente reforçada.

Durante os Anos de Chumbo, o sistema judiciário italiano também amadureceu. *Em teoria*, desde a promulgação da Constituição da República Italiana em 1948, os magistrados e os juízes eram funcionários independentes, livres de ingerências políticas e subordinados apenas ao seu próprio órgão dirigente. *Na prática*, a verdadeira independência judicial demorou muito mais tempo a impor-se. Durante os anos 60, a expansão do sistema educativo e a seleção de magistrados por meio de exames públicos tornaram uma carreira no sistema judicial uma opção para muitos jovens inteligentes de meios sociais diferentes. Consequentemente, a magistratura tornou-se menos numa casta e mais numa profissão livre.

Alguns dos magistrados que frequentaram a universidade nos anos 60 foram os funcionários da justiça que estiveram na linha da frente durante os Anos de Chumbo. Tal como os quadros superiores da polícia, corriam riscos terríveis: os seus movimentos eram constantemente seguidos por células terroristas à espera de uma oportunidade para atacar. Os êxitos que o Estado acabou por conquistar contra o terrorismo de esquerda deram ao sistema judiciário uma reserva de credibilidade a que o mesmo pôde recorrer, quando levou a luta para os bastiães do privilégio ilícito em Itália — os políticos corruptos e as máfias.

Na Sicília, o conflito no seio da Cosa Nostra que se arrastava desde 1978 explodiu na primavera de 1981, quando Totò Riina lançou o seu assalto à gema do tráfico de heroína. Entretanto, na Itália continental, a Nuova Camorra Organizzata e a Nuova Famiglia espalhavam cadáveres por toda a Campânia. Os primeiros arrependidos das organizações criminosas surgiriam destes morticínios.

A combinação fatal

Em qualquer outro lugar do mundo, Pio La Torre e Carlo Alberto Dalla Chiesa teriam sido inimigos: o primeiro era um militante comunista siciliano dedicado a mudanças sociais radicais; o segundo era um rigoroso militar do Norte dedicado a defender a sociedade de subversivos. A Cosa Nostra transformou-os em aliados. Depois, em 1982, matou os dois.

Poucas pessoas conheciam melhor a máfia siciliana do que Pio La Torre. Ele nasceu em 1927 na aldeia de Altarello di Baida, situada entre os pomares de limoeiros controlados pela máfia da Conca d'Oro de Palermo. A vida era dura. O pai criava alguns animais para complementar o que podia ganhar enquanto trabalhador agrícola. Com uma teimosia que o caracterizaria para o resto da vida, Pio estudou à luz da vela e trabalhou para pagar as suas despesas e ir para a universidade. Aí, em 1945, entrou para o Partido Comunista, tornando-se pouco depois líder local do sindicato comunista dos trabalhadores agrícolas. Ganhou a sua primeira experiência de ação política — e teve o seu primeiro recontro com a máfia — durante a luta camponesa pelo controlo das terras no pós-guerra. O chefe mafioso local, sempre à caça de talentos, abordou-o furtivamente durante uma campanha eleitoral: «És um moço inteligente. Vais longe. Só tens de ir connosco...» Pouco depois, a máfia fez uma proposta a Pio por intermédio do pai: ele podia tornar-se deputado imediatamente — bastava mudar de cor política. «Não suportamos esse partido. Lá na Rússia talvez... Mas em Itália, não fazemos esse tipo de coisas.» Quando La Torre recusou, o pai acordou certa manhã para encontrar a porta da vacaria em chamas. O aviso era claro: Pio tinha de escolher entre a sua casa e a sua política. Fez as malas.

Eram tempos extremamente perigosos para se ser militante de esquerda na Sicília ocidental. Dezenas de sindicalistas e ativistas políticos foram assassinadas por mafiosos ou pelo bando de salteadores de Salvatore Giuliano. Em março de 1948, Placido Rizzotto, um dirigente sindical do reduto da máfia em Corleone, desapareceu. La Torre foi ocupar o seu lugar. Em março de 1950, liderou vários milhares de camponeses da vizinha Bisacquino numa marcha para ocupar parte de uma herdade subexplorada. Foi detido juntamente com cento e oitenta outros homens, e acusado de conduta violenta com base no testemunho falso de um *carabiniere*. Passaria dezoito terríveis meses na prisão de Ucciardone em Palermo — confinado com membros do bando de Salvatore Giuliano, entre outros — antes de o seu processo chegar a tribunal.

Pio La Torre representava uma tradição de militância camponesa na Sicília, e de oposição à máfia, que remontava ao século XIX. Vezes sem conta, os camponeses, como La Torre, viram o seu desejo ardente de terra e de uma vida decente frustrado por uma aliança efetiva entre os latifundiários, a polícia e a máfia. Na luta pela justiça social, a lei era uma máscara para a repressão, e o Estado não era um aliado mas um inimigo.

Contudo, naqueles primeiros anos da sua carreira enquanto militante, Pio La Torre também conheceu outra face do Estado italiano, e uma tradição muito diferente de oposição à máfia — com raízes não nas aspirações radicais dos camponeses, mas nos instintos conservadores e patrióticos dos agentes da lei. Em 1949, quando La Torre foi servir a causa proletária para Corleone, descobriu que um jovem capitão dos *Carabinieri* também lá tinha sido colocado: Carlo Alberto Dalla Chiesa.

Há uma pequena cena que ilustra melhor do que qualquer descrição o sistema de valores no seio do qual Carlo Alberto Dalla Chiesa nasceu e cresceu — e a enorme distância cultural que o separava de Pio La Torre. Em 1945, ele e o seu irmão Romolo, ambos tenentes dos *Carabinieri*, ambos de uniforme, esperavam, ansiosos, que o comboio que trazia o seu pai entrasse na estação de Milão. A reunião não era um momento qualquer: o general Romano Dalla

Chiesa regressava a casa vindo de um campo de concentração. Em setembro de 1943, Itália rendera-se aos Aliados, e os nazis instalaram um regime-fantoche. Como muitos militares, o general tivera de escolher entre se alistar no lado alemão ou ser preso: optou pela prisão, e desde então nunca mais tinha visto a família.

Finalmente, o comboio chegou, e os irmãos Dalla Chiesa viram a figura magra do pai surgir entre a multidão no cais. Carlo Alberto bateu os calcanhares, pôs-se em sentido e levou a mão à pala do boné. Mas a emoção do momento levou a melhor sobre Romolo, que se atirou aos braços do pai.

No dia seguinte, o general Romano Dalla Chiesa enviou a Romolo uma nota disciplinar. Os regulamentos dos *Carabinieri* estipulam claramente que um agente de uniforme não pode abraçar ninguém em público.

Carlo Alberto Dalla Chiesa era um homem talhado da mesma sarja militar que o pai. Tal como ele, enfrentara um difícil dilema no terrível setembro de 1943. Na altura, estava aquartelado numa mansão no Adriático, incumbido de supervisionar a guarda costeira. Quando se recusou a participar na perseguição a guerrilheiros da Resistência, a SS decidiu prendê-lo. Avisado mesmo a tempo, Dalla Chiesa saltou de uma janela do primeiro andar e fugiu para o campo aberto. Organizou um bando de resistentes e depois, no inverno de 1943, atravessou as linhas de batalha para regressar ao serviço no Sul libertado.

Dalla Chiesa tinha uma ligação familiar à Sicília: o pai era um veterano das campanhas fascistas contra a máfia dos anos 20. Duas décadas depois, Carlo Alberto oferecia-se para ingressar na força especial criada para combater o bandidismo na ilha. Quando chegou a Corleone, prometeu à família do sindicalista desaparecido Placido Rizzotto que iria descobrir quem lhes assassinara o filho. Rizzotto, como Dalla Chiesa, era um antigo combatente da Resistência contra os nazis. Graças às investigações de Dalla Chiesa, o muro de *omertà* começou a desmoronar-se. Partes do corpo de Rizzotto foram recuperadas, e um relatório — citando um jovem mafioso chamado Luciano Liggio como o assassino — foi enviado às autoridades judiciais. Infelizmente, as duas principais testemunhas foram intimidadas e retrataram-se das suas declarações. Liggio foi libertado: uma repetição desalentadora de inúmeros julgamentos da máfia do passado, e uma antevisão de muitos mais ainda por vir.

Não obstante, a determinação de Dalla Chiesa permaneceria para sempre na memória dos camponeses de Corleone.

Depois de Corleone, os caminhos de Pio La Torre e Carlo Alberto Dalla Chiesa continuariam a cruzar-se. Depois de sair da prisão, La Torre foi eleito para a assembleia municipal de Palermo, na qual passou os anos do Saque de Palermo a denunciar as práticas corruptas do partido no poder, a Democracia Cristã. Enquanto sindicalista, também fez campanha contra a influência da máfia nas docas de Palermo, onde as grandes empresas recorriam a chefes mafiosos para recrutar trabalhadores temporários. Em 1962, foi eleito para a chefia regional do Partido Comunista na Sicília, e no ano seguinte conquistou um lugar na Assembleia Regional da Sicília. No final dos anos 60, assumiu um cargo nacional no seu partido. Em 1972, foi eleito para o parlamento, onde desempenhou um papel particularmente ativo nos últimos anos do inquérito parlamentar sobre a máfia siciliana.

Carlo Alberto Dalla Chiesa testemunhou perante a comissão de inquérito, por ter sido o comandante da legião dos *Carabinieri* em Palermo entre 1966 e 1973. Forneceu algumas das provas mais bombásticas do inquérito contra políticos apoiados pela máfia e compilou relatórios sobre, entre outros, Ciccio Vassallo, o «Rei do Betão».

Em 1974, Dalla Chiesa foi promovido a general e nomeado para um comando no noroeste de Itália, onde criou uma unidade antiterrorista especial para combater as Brigadas Vermelhas. Depois do rapto e assassínio do antigo primeiro-ministro Aldo Moro em 1978, Dalla Chiesa tornou-se na figura principal na luta contra o terrorismo de esquerda no país. Foi Dalla Chiesa quem convenceu Patrizio Pezi a tornar-se no primeiro *brigatista* arrependido. O general era o segundo na lista dos alvos a abater das Brigadas Vermelhas em Turim, a cidade da indústria automóvel — uma lista que Peci ajudara a elaborar. (O primeiro era o dinasta da FIAT Gianni Agnelli.) Ele sabia que Peci tentara matá-lo várias vezes, mas lidou com o seu prisioneiro de forma humana e profissional. Dalla Chiesa garantiu pessoalmente a segurança de Peci enquanto este esteve na prisão, e foi visitá-lo depois de as Brigadas Vermelhas torturarem e matarem o irmão do arrependido. Como recordou

Peci mais tarde: «O seu modo era severo mas delicado, autoritário mas generoso. Ele nunca te tratava com familiaridade, mas também não te fazia sentir reles... Passei a admirá-lo cada vez mais: pelo seu caráter, confiança, imaginação e capacidade de comando.»

As informações de Peci conduziram ao desmantelamento da maior parte da estrutura das Brigadas Vermelhas, e tornaram Dalla Chiesa, com o seu bigode grisalho entre bochechas vincadas, num rosto famoso e num herói nacional. No final de 1981, foi nomeado subcomandante dos *Carabinieri* no domínio nacional. Depois, em abril do ano seguinte, com os aplausos da nação ainda nos ouvidos, o general Carlo Alberto Dalla Chiesa foi enviado para a Sicília para derrotar a máfia tal como tinha derrotado as Brigadas Vermelhas.

Em Palermo, havia um banho de sangue: o golpe selvático de Riina prosseguia a bom ritmo, e os cadáveres ilustres continuavam a tombar. Um dos apoiantes mais entusiásticos da nomeação de Dalla Chiesa enquanto prefeito de Palermo foi Pio La Torre, que tinha também acabado de regressar à sua cidade natal, atraído pela crise da máfia e pela decisão do governo de permitir aos EUA instalarem novos mísseis de cruzeiro numa base aérea no sudeste da Sicília.

La Torre continuava a fazer campanha a favor da nova legislação antimáfia que ele tinha proposto no ano anterior. O projeto baseava-se na lei RICO (*Racketeer Influenced and Corrupt Organizations*), que causara tantos danos à máfia nos EUA desde que entrara em vigor em 1970. Os instrumentos fundamentais para combater o crime organizado que La Torre queria eram dois: penas pesadas para qualquer pessoa declarada culpada de pertencer a uma organização que recorresse à intimidação e *omertà* para controlar empresas e recursos públicos; e o poder de confiscar a riqueza adquirida pelas máfias de modo ilícito. A ironia política na proposta de La Torre era evidente: mais uma vez, eram os comunistas quem se mostrava mais interessado em aprender as lições da experiência dos EUA no combate ao crime organizado.

Pouco antes de assumir o seu cargo enquanto prefeito de Palermo, Carlo Alberto Dalla Chiesa escreveu aos filhos sobre o que julgava que iria acontecer. As suas esperanças eram elevadas: «Em dois anos, eu e La Torre deveremos ser capazes de levar a cabo as coisas mais importantes.» Perante a carnificina sem precedentes na Sicília, as duas grandes mas divergentes tradições de resistência ao poder da máfia estavam dispostas a unir forças, depois de mais de um século de mal-entendidos e desconfiança mútua. Os sicilianos honestos de todas as cores políticas veriam os seus heróis a trabalharem conjuntamente.

O primeiro ato oficial de Dalla Chiesa enquanto prefeito de Palermo foi comparecer no funeral de Pio La Torre. Em 30 de abril de 1982, La Torre foi apanhado no seu automóvel num ataque de metralhadora. O motorista, Rosario Di Salvo, conseguiu disparar quatro tiros inúteis contra os atacantes antes de morrer ao lado do seu grande amigo. Di Salvo não era um guarda-costas da polícia, mas um voluntário do Partido Comunista.

O assassínio de Pio La Torre suscitou o que já se havia tornado num ritual público horrendamente familiar em Palermo. Primeiro, nas manchetes dos jornais e noticiários da televisão, apareciam as imagens macabras das vítimas tombadas em posições desgraciosas numa poça de sangue ou num automóvel crivado de balas. Depois, seguiam-se as condenações previsíveis de políticos temporariamente distraídos dos seus jogos de poder e influência. Por fim, o funeral, com importantes estadistas — representantes de um Estado que obviamente não estava a cumprir o seu dever — obrigados a expor-se à cólera dos enlutados e do público. (Um eminente político siciliano que tentou falar no funeral de La Torre foi vaiado com gritos de «Vai-te embora, mafioso!».)

Para qualquer pessoa com olhos de ver, era evidente que os mafiosos sicilianos estavam a decapitar de forma sistemática aquele segmento do Estado que tentava impedir a sua ambição de poder. Se esta sucessão chocante de «cadáveres ilustres» tivesse surgido em qualquer outro lugar do mundo ocidental, as mais elementares leis da política teriam garantido que um herói nacional como o general Carlo Alberto Dalla Chiesa recebesse um mandato unânime e claro para liderar a retaliação do Estado. E quando surgiram os primeiros relatórios da sua missão, em março de 1982, as elementares leis da política pareciam estar em vigor: tanto o governo como a oposição comunista concordaram que Dalla Chiesa devia receber poderes alargados; não limitados a Palermo ou mesmo à Sicília. «Não deverá haver nenhuma dificuldade política», declarou um jornal nacional.

No entanto, quando Dalla Chiesa lamentava ainda a morte de Pio La Torre, as dificuldades políticas tornaram-se numa maior preocupação do que a máfia. Através de comunicados à imprensa e entrevistas, os agentes políticos de Roma começaram a enviar os seus recados públicos codificados sobre a nomeação de Dalla Chiesa. As manifestações de apoio, sem grande entusiasmo, misturavam-se com uma perplexidade educada. O combate à máfia siciliana era fundamental, mas não devia prejudicar o funcionamento da economia de mercado, diziam. Claro, a nomeação de Dalla Chiesa era uma boa medida. Mas os democratas italianos tinham de estar vigilantes, diziam. O general não devia ser o arauto de uma reviravolta autoritária: a Sicília não precisava de outro «Prefeito de Ferro». (A referência era ao prefeito Cesare Mori, que liderara o assalto do fascismo ao crime organizado nos anos 20.)

No dia 2 de abril, Dalla Chiesa escreveu ao primeiro-ministro exigindo um mandato claro e formal para combater a máfia. «É certo que estou condenado a ser objeto de resistência local, tanto subtil como brutal.» Chamou também a atenção para o facto de a «"família política" mais desonesta» da Sicília já estar a criar um burburinho sinistro em torno da sua pessoa.

A identidade dessa família política não era um mistério. O general referia-se obviamente à fação Andreotti da Democracia Cristã, chefiada pelo «Jovem Turco» Salvo Lima. Dalla Chiesa conhecia bem Andreotti. O mago da DC era chefe do governo quando o antigo primeiro-ministro Aldo Moro foi raptado e assassinado pelas Brigadas Vermelhas. Foi Andreotti quem concedeu poderes especiais a Carlo Alberto Dalla Chiesa para lidar com a ameaça terrorista.

Dalla Chiesa era um homem que acreditava profundamente nos valores do Estado — tinha a insígnia dos *Carabinieri* gravada na pele, como dizia muitas vezes. Mas não era ingénuo. Era um homem ambicioso e sabia muito bem como era fluido o poder em Itália; como este corria geralmente por meio de canais pessoais e caía nas mãos de súcias. Conhecia a arte de modular as relações com os seus chefes políticos através de uma palavrinha, uma carta, uma informação a um jornalista ou uma entrevista formal a um jornal. Quando a lista de membros da loja maçónica P2 foi descoberta em 1982, constou que o nome de Dalla Chiesa estaria na mesma. Ele explicou que pedira que fosse admitido, em parte por um desejo de investigar as atividades da loja, mas que o seu pedido não tinha sido aceite. O caso P2 ensombrou a reputação de Dalla Chiesa. No entanto, o seu sentido de dever afastou-o sempre das fações e esquemas duvidosos. Quando chegou a Palermo, as suas relações com Andreotti — homem no centro de muitos esquemas duvidosos — mostraram como essa condição de *outsider* o tornava vulnerável.

Em 6 de abril de 1982, Dalla Chiesa foi convocado para uma reunião com o próprio Giulio Andreotti. Esta reunião é mais um exemplo de como o poder em Itália podia ser individualizado: não residia nas instituições, mas nos homens e nas suas redes de amigos. A primavera de 1982 foi um dos raros momentos na história do pós-guerra em que Andreotti não esteve no governo do país. Não tinha, por isso, nenhuma justificação oficial para se intrometer na missão de Dalla Chiesa, nem para convocar uma reunião. Apesar disso, Dalla Chiesa respondeu à convocatória. Como de costume, o general não esteve com rodeios: declarou que não concederia favores especiais aos apoiantes de Andreotti na ilha. Mais tarde, contou aos filhos: «Fui ver Andreotti; e quando lhe disse tudo o que sei acerca da sua gente na Sicília, ele ficou branco.»

A resposta pública tipicamente codificada e sinuosa de Andreotti à ousada declaração de intenções de Dalla Chiesa surgiu na coluna de um jornal. O envio de Dalla Chiesa para a Sicília era uma iniciativa bem-vinda, escreveu. Mas o problema não seria mais grave em Nápoles e na Calábria do que na Sicília?

Esta pergunta retórica era concomitantemente desonesta e alarmante. Em termos estritamente numéricos, Andreotti tinha razão: naquele momento, o crime organizado estava a causar mais vítimas mortais fora da Sicília. No entanto, a grande diferença qualitativa dos alvos da violência da máfia na Sicília era evidente. Houve de facto alguns «cadáveres ilustres» na Campânia e na Calábria. Em 1980, a 'Ndrangheta matou dois políticos comunistas locais. No mesmo ano, a Camorra assassinou um presidente de câmara católico e um vereador comunista que estavam a tentar bloquear o acesso de mafiosos à mina de ouro da reconstrução pós-terremoto. Mas apesar de lamentáveis, estes crimes não tinham comparação com a longa lista de assassínios de polícias, juízes e políticos importantes na Sicília. Andreotti sabia disso. E sabia que toda a gente sabia disso. Portanto, ele só podia estar a fazer uma insinuação. O tipo de insinuação capaz de fazer estremecer até mesmo um homem corajoso como Dalla Chiesa.

Para os observadores estrangeiros da Itália do pós-guerra, a vida política do país parecia tão confusa, que podia tornar-se cómica: os mesmos fatos cinzentos brigando e fazendo as pazes, mudando constantemente de alianças para formar governos que se sucediam uns aos outros como partidas de um jogo de salão. O medo era um dos fatores ausentes destas impressões estrangeiras. Os homens que puxavam os cordelinhos na política italiana inspiravam verdadeiro pavor, porque tinham o poder de despedir, marginalizar, chantagear, caluniar, ou iniciar processos jurídicos kafkianos ou investigações fiscais. Na Sicília nos anos 70 e 80, a morte violenta tornou-se mais uma arma desse arsenal de poder.

(Quando Andreotti foi por fim levado a tribunal por associação à Cosa Nostra, o Supremo Tribunal concluiu que a relação do antigo primeiro-ministro com os chefes mafiosos se tornou mais ténue depois de 1980, quando o seu colega de partido Piersanti Mattarella foi assassinado. Andreotti, deliberou o tribunal, sabia que a Cosa Nostra estava a planear assassinar Mattarella, mas nada fez para o impedir. No entanto, foi ilibado de qualquer responsabilidade criminal no caso Dalla Chiesa. Apesar disso, devia arcar com uma enorme responsabilidade moral por ter contribuído para expor o general ao perigo e dar a entender ao público — e à máfia — que o novo prefeito de Palermo carecia de apoios.)

A descrição do cargo de Dalla Chiesa permaneceu pouco clara muito depois de ele ter passado a residir na elegante mansão neogótica onde funcionava a Prefeitura de Palermo. Em 9 de agosto de 1982 — um dia invulgarmente frio segundo os duros padrões do verão siciliano –, exprimiu as suas preocupações a um dos principais jornalistas de Itália. A entrevista tornou-se numa das mais famosas na história do jornalismo italiano. A manchete dizia: «Um homem sozinho contra a máfia».

Dalla Chiesa foi tão direto quanto tinha sido em todas as etapas da sua temporada em Palermo. Citando acontecimentos dos dias anteriores, contou como a máfia estava a alardear o seu desprezo pelas autoridades:

> Eles assassinam pessoas em plena luz do dia. Mudam os corpos de lugar, mutilam-nos e deixam-nos para que os encontremos entre a sede da polícia e a sede do governo regional. Deitam-lhes fogo no centro da cidade de Palermo às três horas da tarde.

O general explicou a sua resposta estratégica. Em primeiro lugar, o aumento de patrulhas da polícia para tornar o Estado visível aos cidadãos. Depois, o dinheiro da máfia tinha de ser investigado. A máfia deixara de ser um problema circunscrito à Sicília ocidental: ela investia em todo o país, e esses investimentos tinham de ser expostos.

Quando lhe perguntaram se tinha sido mais fácil combater o terrorismo, Dalla Chiesa respondeu: «Sim, de certo modo. Na altura tinha a opinião pública do meu lado. O terrorismo era uma prioridade para as pessoas influentes em Itália.» As palavras de Dalla Chiesa continham uma triste verdade. Podia haver «cadáveres ilustres» na Sicília — jornalistas, magistrados, políticos –, mas contavam menos do que as vítimas de categoria equivalente em Milão ou Roma.

O general explicou também os estratagemas subtis que a máfia usava para lhe minar a credibilidade. Os polícias honestos que tinham combatido a máfia desde os anos 70 do século XIX, mesmo perante a resistência do escol da ilha, teriam lido as suas palavras com um sorriso cúmplice e amargo.

> Recebo alguns convites. Um amigo, alguém com quem trabalho, perguntará, naturalmente: «Porque não vamos tomar café a casa de fulano?» O fulano tem um nome ilustre. Se eu não souber que a casa de fulano tem rios de heroína a atravessá-la por baixo e for tomar café, acabo por servir de cobertura. Mas se for tomar café sabendo de tudo, isso é sinal de que estou a aprovar o que se está a passar, pelo simples facto de lá estar.

Qualquer pessoa que se recusasse a entrar no jogo adquiria rapidamente a reputação de «deselegante», «antipática» e «presunçosa» nos círculos influentes de Palermo. E essa reputação era quase sempre o prelúdio do seu assassínio.

Porque tinha Pio La Torre sido assassinado? «Por causa de toda a sua vida. Mas a razão final e decisiva foi a sua proposta de lei antimáfia.»

Porque estava a máfia a assassinar tantos preeminentes representantes do Estado? «Penso que já percebi as novas regras do jogo. Qualquer pessoa numa posição de poder pode ser assassinada quando existe uma combinação fatal de duas coisas: ela torna-se demasiado perigosa e está isolada.»

Pelas suas conversas com Andreotti, o general Dalla Chiesa percebera muito bem que essa «combinação fatal» se aplicava a si mesmo. Ele era uma ameaça, estava isolado e a sua vida corria um perigo muito grande. Porque persistia então, quando, durante toda a sua história, a máfia sempre derrotara toda a gente enviada para a combater?

> Estou bastante otimista — desde que o mandato específico com que me enviaram para a Sicília seja confirmado o mais depressa possível. Confio no meu próprio profissionalismo... E aprendi a compreender uma coisa. Uma coisa muito simples, uma coisa que talvez seja decisiva. A maior parte das coisas que a máfia «protege», a maior parte dos privilégios pelos quais ela obriga os cidadãos a pagarem um preço exorbitante, nada mais são do que direitos elementares.

Por volta das vinte e uma horas e dez minutos de 3 de setembro de 1982, o professor universitário Nando Dalla Chiesa, filho do general Carlo Alberto, estava a ouvir música na rádio. O telefone tocou. «Um toque normal», recordou mais tarde. Era o seu primo, que lhe disse que tinha de ser muito, muito forte. «Aquilo que temíamos aconteceu.»

Na via Carini de Palermo, o general Carlo Alberto Dalla Chiesa, a sua nova mulher e o seu guarda-costas jaziam desfigurados pelo fogo das *kalashnikovs* da máfia siciliana. Alguém plantara um cartaz improvisado ao lado deles: «Aqui morreu a esperança de todos os sicilianos honestos».

Nos aposentos de Dalla Chiesa na residência do prefeito, o cofre do general foi aberto e esvaziado do seu conteúdo.

Mesmo em Itália, mesmo nos anos 80, a vergonha podia ter algum peso político. Dias depois do homicídio de Dalla Chiesa, as duas câmaras do parlamento de Itália aprovaram a legislação antimáfia pela qual Pio La Torre tanto tinha lutado: a lei Rognoni-La Torre, como se tornou conhecida.

Cento e vinte e dois anos se haviam passado desde a unificação italiana; anos em que a violência do crime organizado tinha sido um elemento constante da história do país. Os métodos das máfias — infiltrar-se no Estado e na economia fazendo uso da intimidação e da *omertà* — tinham sido sempre do conhecimento da polícia. No entanto, só depois de todo este tempo é que Itália aprovava legislação destinada a combater esses métodos. O atraso tinha sido exorbitante. O preço em sangue tinha sido terrível. Mas Itália tinha finalmente a sua lei RICO.

A lei Rognoni-La Torre tinha as suas limitações. Aplicava-se explicitamente «à camorra e às outras associações, quaisquer que sejam os seus nomes locais, que persigam fins correspondentes aos das associações de tipo mafioso». A 'Ndrangheta, tipicamente, não foi considerada digna de constar da lei. Mais grave parecia o facto de não terem sido aprovadas nenhumas medidas para regulamentar o uso de arrependidos das máfias depois do massacre da via Carini. Dalla Chiesa tinha combatido o terror das Brigadas Vermelhas com a ajuda de arrependidos incentivados por reduções das suas penas de prisão. Ele queria que os mesmos incentivos se aplicassem aos mafiosos. No entanto, por boas e más razões, a classe política de Itália continuava profundamente desconfiada daquilo que os arrependidos das máfias pudessem dizer. Se a orgia de sangue em curso no mundo do crime organizado alguma vez produzisse arrependidos, e se a polícia e os magistrados quisessem usar os seus testemunhos para pôr à prova a lei Rognoni-La Torre, então, o improviso seria o único recurso.

Como seria de esperar, menos de um mês após a lei Rognoni-La Torre ter sido promulgada, apareceu o primeiro arrependido. Não em Palermo, contudo, mas em Nápoles.

Pasquale Barra, «o Animal», foi o primeiro iniciado da Nuova Camorra Organizzata, o seu segundo-comandante e o carrasco-mor do sistema prisional italiano. Era amigo de infância de Raffaele Cutolo, o chefe da NCO, e o Professor dedicara um poema à sua destreza na luta com navalha. Em agosto de 1981, por ordem do Professor, «o Animal» assassinou mais um recluso, um bandido milanês. A vítima foi apunhalada sessenta vezes.

O problema era que o bandido em questão era também filho ilegítimo do Homem de Honra siciliano-americano Frank Coppola. A Cosa Nostra pediu explicações ao Professor pelo homicídio. Temendo um confronto aberto com Palermo, Cutolo traiu o seu amigo de infância: disse que o Animal tinha assassinado o filho de Frank Coppola por iniciativa própria.

O Animal tornou-se então num pária no submundo da prisão, perseguido por membros de todas as máfias, incluindo a sua. Evitava todos os contactos com os outros, preparava sempre a sua própria comida e bebidas, e passou a andar sempre com um canivete escondido no ânus. Por fim, a pressão e o seu sentimento de traição levaram a melhor sobre o seu laço de sangue à organização de Cutolo: o Animal pediu ajuda às autoridades. Contou aos investigadores toda a história da Nuova Camorra Organizzata, desde a sua fundação na prisão de Poggioreale.

Com a NCO a desintegrar-se depois de o Professor ter sido enviado para a ilha-prisão de Asinara, logo mais desertores se juntaram ao Animal. Em 17 de junho de 1983, juízes de vários pontos de Itália emitiram mandados para a detenção de pelo menos oitocentos e cinquenta e seis indivíduos, incluindo prisioneiros e criminosos conhecidos, funcionários da justiça, profissionais liberais e padres. Foram todos detidos ao abrigo da lei Rognoni-La Torre. A legislação antimáfia mais recente e mais importante de Itália, e os testemunhos valiosos dos arrependidos, seria finalmente posta à prova no julgamento da Nuova Camorra Organizzata.

Naperões e drogas

Uma bicicleta de exercício para astronautas. Uma engenhoca despertadora que deitava os mais dorminhocos para fora da cama. Uma cura drástica para o nevoeiro do vale do Pó.

Um pai trazido de avião do Irão para se juntar à sua jovem família no Natal. Uma solteirona napolitana idosa, mas exigente, unida em casamento ao dançarino de flamenco espanhol dos seus sonhos.

Crianças talentosas. Trajes de fantasia. Números de comédia. *Jazz* alegre. Boas causas. Um cenário concebido para parecer uma manta de retalhos gigante. E um papagaio verde desajeitado que se recusava terminantemente, apesar das artimanhas e lisonjas de dezenas de convidados no estúdio, a chalrar o próprio nome: *Portobello*.

Nas noites de sexta-feira, entre 1977 e 1983, vinte e cinco milhões de telespectadores italianos eram animados e levados às lágrimas por um programa de atualidades de interesse humano chamado, tal qual o papagaio, *Portobello*. Muitos milhares de pessoas comuns participavam no programa: os seus telefonemas eram atendidos por um painel de rececionistas de lábios brilhantes sentadas a um dos cantos do estúdio. O apresentador de *Portobello* usava com perícia os seus modos aristocráticos, dotes de comunicador e sorriso largo para gerir o espetáculo com desembaraço. O seu nome era Enzo Tortora; tinha nascido numa família remediada, na cidade de Génova em 1928, e *Portobello* tornou-o numa das três ou quatro personalidades da televisão mais populares do país. Entre a Itália acolhedora e afetuosa que *Portobello* construía à volta do honesto Tortora e o mundo violento e corrupto da Nuova Camorra Organizzata, a distância era astronómica.

O programa de Tortora devia o seu nome ao mercado londrino de antiguidades e objetos em segunda mão da Portobello Road. A ideia de base era montar um serviço de trocas de curiosidades através da televisão. E a ideia transformou-se rapidamente num sucesso. Embora a RAI, a televisão pública, lhes pedisse severamente que não o fizessem, os telespectadores enviavam todas as espécies imagináveis de bugiganga para troca ou leilão. O conteúdo dos sótãos do país depressa encheu os grandes armazéns do estúdio e se espalhou pelos corredores.

Algures, perdido entre aquelas pilhas de humildes tesouros, estava um embrulho enviado da prisão de Porto Azzurro, na ilha toscana de Elba; continha dezoito naperões de seda em croché, feitos à mão por um recluso chamado Domenico Barbaro que cumpria uma longa pena de prisão. Cinco anos depois, os naperões de Barbaro deram origem a um dos mais notórios e graves erros judiciais da história de Itália. Por causa deles, *Portobello* foi suspenso, e Enzo Tortora foi acusado de vender cocaína às estrelas e de ser um membro plenamente iniciado da Nuova Camorra Organizzata de Raffaele Cutolo. O mundo de *Portobello* e o mundo do crime organizado colidiram. A explosão resultante infligiu graves danos ao sistema judiciário italiano, precisamente quando o poder das máfias de Itália atingia o seu auge. Quando o Estado italiano adquiriu finalmente as armas de que precisava para combater o crime organizado, a sua legitimidade sofreu mais um golpe.

Tortora foi detido na madrugada de 17 de junho de 1983, no hotel de luxo em Roma que se havia tornado na sua segunda casa. Como tantas vezes acontece em Itália, fragmentos de algumas provas contra ele foram parar aos *media* quando decorria ainda o primeiro interrogatório, criando a pressuposição generalizada de que era culpado. Em 21 de agosto — muito antes de qualquer julgamento — o principal testemunho contra Tortora foi publicado na revista de atualidades *L'Espresso*. O seu principal acusador era outro prisioneiro e *camorrista*, Giovanni Pandico.

Pandico era um caso raro: um prisioneiro que sabia ler e escrever. Tinha até alguns conhecimentos jurídicos básicos, o que bastava para o tornar num jurista aos olhos dos outros presos. A sua aparência também proclamava a sua seriedade intelectual: feições suaves e pálidas escondidas atrás das pesadas armações pretas dos seus óculos. Mas Pandico era também instável e muito violento. Já durante a sua juventude, os psiquiatras haviam-no definido como paranoico e como tendo uma «personalidade agressiva fortemente influenciada por ilusões de grandeza». Em 1970, quando foi libertado de uma curta pena de prisão por roubo, Pandico decidiu que alguém tinha de ser responsável pelos seus problemas com a lei, e esse alguém tinha de ser importante — como o presidente de câmara local. Guiado por este raciocínio paranoico, entrou furioso pela câmara municipal, com uma *beretta* de 9 mm na mão, matou duas pessoas e feriu outras duas. O presidente da câmara só se salvou deitando abaixo a sua secretária e escondendo-se atrás dela.

Pandico iniciou então uma longa pena de prisão. Raffaele Cutolo, «o Professor», reconheceu-lhe os conhecimentos literários e jurídicos, e iniciou-o na NCO. Empregou-o depois enquanto secretário, um cargo que dava a Pandico acesso a muitas informações privilegiadas. De modo tipicamente exibicionista, Pandico afirmaria mais tarde que tinha sido o *consigliere* de Cutolo e, por conseguinte, chefe interino da NCO depois de o Professor ter sido transferido para a ilha-prisão de Asinara.

Pandico foi o segundo membro da NCO a tornar-se arrependido depois do Animal. Contou aos magistrados que o apresentador de *Portobello* era um traficante de cocaína e branqueador de dinheiro para a NCO. Com efeito, a estrela de televisão revelara-se um criminoso tão bem-sucedido, que tinha sido iniciado na irmandade em 1980. Mas algum tempo depois, segundo a narrativa de Pandico, a relação de Tortora com a NCO desfizera-se quando ele se recusara a pagar uma grande encomenda de cocaína. Pandico afirmou ter sido encarregado pelo próprio Cutolo da tarefa de recuperar o dinheiro. Disse também que Tortora recebia as suas drogas por junto através de Domenico Barbaro — o mesmo Domenico Barbaro que tinha enviado os naperões para *Portobello* em dezembro de 1977.

Tortora foi confrontado com estas acusações na histórica prisão romana de Regina Coeli. Reconheceu que tivera contactos indiretos com Barbaro. Durante 1978 e 1979, tinha recebido uma correspondência longa, indignada e palavrosa, exigindo saber o que tinha acontecido aos naperões. Mostrou as cartas aos investigadores, chamando a atenção para o seu conteúdo absurdo: acusavam Tortora de ter roubado os naperões e faziam ameaças exageradas de ação judicial. Uma das cartas que Tortora recebeu incluía o seguinte trecho:

> A minha condição atual de recluso ainda sujeito aos salutares princípios da honra, obrigar-me-ia a não lhe infligir perdas e danos, se viesse a comprovar que o senhor tenciona imediatamente, fornecendo provas claras disso mesmo, tratar da devolução do embrulho. Consequentemente, de acordo com os meus conselheiros jurídicos, decidi suspender a ação judicial planeada desde que o senhor dê provas da sua boa vontade.

Como revelam a sua pretensa linguagem jurídica, lógica incoerente, paranoia e violência mal contida, o semiletrado Barbaro não era o autor destas palavras. Elas eram obra de Giovanni Pandico, recluso na mesma prisão de Elba que Barbaro na altura do caso dos naperões. Pandico encarregara-se obviamente de exigir a devolução dos naperões com a sua persistência habitual e obsessiva.

Como popular apresentador de televisão, Tortora era muito zeloso na proteção da sua imagem pública, mesmo quando o público em questão se encontrava na cadeia. Por isso, como explicou aos seus interrogadores, escreveu pessoalmente uma resposta educada às queixas de Barbaro/Pandico, e pediu até ao gabinete jurídico da RAI que compensasse o prisioneiro com a generosa soma de oitocentas mil liras — cerca de trezentas libras esterlinas na altura.

> Caro Sr. Domenico Barbaro,
>
> Lamento ter de o informar de que nada sei acerca do embrulho que enviou e que nunca vi vestígio do mesmo. O que me preocupa é que o senhor esteja a tirar conclusões deste facto que em nada honram a minha pessoa, nem o respeito que tenho sempre mostrado a quem quer que fosse.

O pressuposto perfeitamente razoável de Tortora era de que estes documentos reforçassem a sua defesa. Na realidade, excertos dos mesmos tornar-se-iam numa peça central do argumento da acusação. Induzidos por Pandico, os procuradores decidiram que as cartas continham mensagens codificadas: «embrulho» queria dizer «encomenda de drogas»; «naperões» queria dizer «cocaína». E quando «honra» e «respeito» eram mencionados, isso era um indício de que as duas partes na transação obedeciam ao código ético do submundo criminoso.

O que pareceu dar a esta interpretação imaginosa o peso da verdade foi a série de desertores da NCO, incluindo o Animal, que confirmaram a história de Pandico. A NCO temia os arrependidos o suficiente para lhes lançar, e aos seus parentes, ataques violentos antes do julgamento. A mãe do próprio Pandico morreu numa explosão dias depois de ele ter sido interrogado em tribunal. Surgiram também duas testemunhas decisivas, um artista plástico e a sua mulher — nenhum deles prisioneiro nem *camorrista* –, afirmando ter visto Tortora a trocar uma pequena mala de dinheiro por um pacote de pó branco, num estúdio de televisão em Milão.

Em 17 de setembro de 1985, o longo processo contra a NCO de Cutolo chegou à sua conclusão: Enzo Tortora foi declarado culpado, e condenado a dez anos de prisão e a uma multa de cinquenta milhões de liras (sessenta mil euros em 2011). Por crimes semelhantes, o principal acusador de Tortora, Giovanni Pandico, foi condenado a uma pena de três anos. O parecer do juiz arrasava o caráter do apresentador de *Portobello*:

> Tortora demonstrou ser um indivíduo extremamente perigoso que durante anos conseguiu esconder as suas sinistras atividades e o seu verdadeiro rosto — o rosto de um cínico mercador da morte. A sua verdadeira identidade revela-se ainda mais perversa por ter sido disfarçada por uma máscara que transmite apenas cortesia e saber-fazer.

O veredicto contra Tortora parecia confirmar as suspeitas sobre a verdadeira natureza da vida pública — suspeitas fortemente enraizadas no espírito do país. Muitos dos milhões de italianos comuns que passavam as suas noites de sexta-feira a ver *Portobello* guardavam também uma crença meio escondida de que estavam a ver uma fachada. Atrás do mundo televisivo do entretenimento ligeiro, do desporto e sobretudo da política, existia uma realidade sórdida de favoritismo, corrupção, manobras políticas e — porque não? — crime organizado e tráfico de drogas. Na verdade, quanto mais polida e convincente a fachada, mais ardilosa e diabólica a verdade que escondia. Segundo este cálculo pernicioso, Enzo Tortora estaria sempre condenado pela sua afável imagem pública. O brilho sentimental que emanava de *Portobello* refletia-se no seu apresentador como a luz ofuscante e acusatória da lâmpada de um interrogador.

A verdade da vida privada de Tortora era tudo menos sórdida. Ele era excecionalmente sossegado e discreto para os padrões do círculo dos *media*. Não fumava, não bebia, era vegetariano e gostava de ler. O seu autor preferido era Stendhal e passava grande parte do seu tempo livre a ler Tito Lívio e Séneca em latim. Mas mesmo antes do início do julgamento, os jornalistas já tinham procurado — e encontrado — indícios de uma vida dupla que ele *com certeza* devia levar.

Para observadores britânicos como eu, o funcionamento do sistema judicial italiano pode por vezes parecer monstruoso. Isto é: para qualquer pessoa educada num sistema diferente que confere aos juízes a possibilidade de abandonarem um julgamento se a imprensa revelar alguma coisa capaz de influenciar as deliberações do júri, o burburinho que acompanha um processo importante em Itália pode ser perturbador. Muito antes das audiências decisivas, grande parte das provas que serão citadas pelos advogados das duas partes já se encontra disponível e discutida em público. Testemunhas e réus dão longas entrevistas. As várias investigações dos *media* correm paralelamente ao processo oficial. As opiniões dividem-se em fações antagónicas de *colpevolisti* e *innocentisti* (literalmente, «culpadistas» e «inocentistas»). A decisão do tribunal muitas vezes não é suficiente para mudar as opiniões mais intransigentes sobre o processo: é apenas uma opinião entre muitas.

O argumento mais importante em defesa do sistema italiano é que todas as fases de um julgamento, incluindo a preparação das provas, estão abertas ao escrutínio do público. Por outras palavras, o axioma «a justiça tem de ser vista para ser feita» aplica-se muito antes de a acusação e a defesa se esgrimirem perante um juiz. E este é um argumento muito forte num país como Itália, onde todos os tipos de influência indevida, de uma ditadura fascista à máfia, têm desequilibrado a balança da justiça ao longo dos anos.

Enzo Tortora tinha certamente as capacidades e a influência para se defender na batalha mediática que antecedeu o julgamento. Sete meses depois de ser preso, foi-lhe decretada prisão domiciliária para o resto do tempo que teria de aguardar até ao julgamento. Candidatou-se às eleições europeias de junho de 1984 pelo Partido Radical. (O Partido Radical tinha um forte programa de defesa dos direitos civis.) A sala de estar de Tortora foi transformada num estúdio de televisão para a campanha, e a sua eleição foi um êxito retumbante. Na Itália da altura, os deputados, quer estivessem em Roma quer em Estrasburgo, gozavam de imunidade judicial. Tortora renunciou publicamente à sua imunidade.

Depois de ser condenado, aproveitou um período de formalidades burocráticas para visitar a prisão de segurança máxima de Asinara, numa iniciativa do Partido Radical para chamar a atenção para as condições terríveis dos reclusos. Num encontro bizarro, Tortora trocou mesmo um aperto de mão com Raffaele Cutolo, «o Professor». «Muito prazer em o conhecer. Eu sou o seu tenente, lembra-se?», gracejou o chefe da NCO.

Tortora, que sabia que Cutolo apelidara Pandico de mentiroso publicamente, recebeu o gracejo com boa disposição. «Não, olhe, você é o chefe.»

Entre o Natal e o Ano Novo de 1985, Tortora renunciou ao seu mandato de deputado europeu. Diante de uma assembleia de milhares de apoiantes na vasta piazza Duomo de Milão, entregou-se à polícia, que o levou para a prisão.

Em setembro de 1986, quase um ano depois de Tortora ter sido declarado culpado, o Tribunal de Recurso revogou a sua condenação e devolveu-lhe o bom-nome.

À luz do parecer dos juízes do Tribunal de Recurso, o primeiro julgamento parecia o argumento de *O Rei da Comédia* rescrito por Franz Kafka. O principal acusador de Tortora, Giovanni Pandico, foi desmascarado, revelando-se um fantasista vingativo e megalómano. Deslumbrado com a atenção e o poder que a sua condição de arrependido lhe trouxera, vingara-se da estrela de *Portobello* por o ter «desprezado» por causa dos naperões. Os outros desertores da NCO, a maioria detida num quartel do exército para sua própria proteção durante as investigações, tinham simplesmente alinhado as suas histórias com a de Pandico. Descobriu-se também que o artista que afirmara ter visto Tortora a trocar dinheiro por cocaína num estúdio de televisão era, afinal, um conhecido difamador, ansioso por aproveitar a publicidade suscitada pelo caso para vender mais algumas das suas pinturas execráveis.

Portobello regressou à televisão em 20 de fevereiro de 1987. Tortora, visivelmente desgastado pela sua penosa experiência, abriu, no entanto, o programa com o seu habitual cavalheirismo: «Muito bem, então, onde é que tínhamos ficado?» O momento continua a ser um dos mais evocados na história da televisão italiana, marcado também por uma amargura indelével, porque Tortora morreria de cancro pouco mais de um ano depois.

O caso de Tortora comprometeu seriamente o apoio do público à luta contra o crime organizado. Os êxitos do processo contra a Nuova Camorra Organizzata foram completamente ofuscados. A imagem do *pentito* que permaneceria na mente do público era a de Giovanni Pandico em tribunal descrevendo o depoimento de Tortora como uma mera «encenação», e exigindo melodramaticamente ser submetido a um detetor de mentiras.

Mesmo antes da hora de almoço de uma segunda-feira, em 16 de julho de 1984, com a saga de Tortora ainda longe de estar concluída em Nápoles, outro arrependido do mundo do crime organizado foi submetido às formalidades do seu primeiro interrogatório numa cela da polícia em Roma.

> Eu sou Tommaso Buscetta, filho do falecido Benedetto e da falecida Felicia Bauccio. Nascido em Palermo em 13 de julho de 1928. Não fiz o serviço militar. Casado, com filhos. Empresário agrícola. Com cadastro.

Buscetta tinha sido em tempos um dos chefes mafiosos mais carismáticos e poderosos da Sicília, um barão da droga internacional com contactos nos dois lados do Atlântico, que lhe granjearam o cognome «Chefe dos Dois Mundos». Naquele momento, porém, parecia um farrapo. As suas feições morenas, que tinham a nobre impassibilidade de um príncipe asteca, estavam pálidas e esbatidas. Depois de ter saído em liberdade condicional e fugido de Itália em 1980, refugiara-se na sua fazenda de vinte e cinco mil hectares no Brasil. Daí, tinha assistido, impotente, à chacina dos seus amigos e vários membros da sua família por parte dos *corleonesi*.

Quando a polícia brasileira o capturou, decidiu torturá-lo: arrancaram-lhe as unhas dos dedos dos pés, eletrocutaram-no e, depois, levaram-no a passear de avião sobre São Paulo ameaçando atirá-lo para fora. Apesar disso, a única coisa que disse foi: «O meu nome é Tommaso Buscetta.» Mesmo antes de ser extraditado para Itália, Buscetta tentou suicidar-se engolindo estricnina. Quando chegou ao aeroporto de Roma, teve de ser ajudado a sair do avião. Pouco depois, pediu que lhe fosse permitido falar com Giovanni Falcone, que escutou atentamente todas as suas palavras. Quando lhe perguntaram se queria fazer uma declaração, Buscetta disse o seguinte:

> Antes de mais nada, quero salientar que não sou um delator, no sentido de que aquilo que digo não é ditado pelo facto de querer receber favores do sistema de justiça.
>
> E também não sou um «arrependido», no sentido de que as revelações que farei não são motivadas por cálculos miseráveis daquilo que terei a ganhar.
>
> Eu fui um mafioso, cometi erros e estou disposto a pagar a minha dívida à justiça por completo.
>
> Nos interesses da sociedade, dos meus filhos e dos jovens de modo geral, tenciono revelar tudo o que sei sobre esse cancro que é a máfia, para que as novas gerações possam viver de um modo mais digno e humano.

A história da máfia siciliana estava prestes a entrar em território desconhecido. Desconhecido, mas muito familiar.

m nobre e trágico bandido? Giuseppe Musolino era conhecido como «Rei do spromonte». A sua famosa história foi representada pela grande vedeta italiana medeo Nazzari, no filme de 1950 *Não Matei!*.

tretanto, o verdadeiro Musolino passava seus últimos anos de vida num hospital quiátrico de Régio da Calábria.

Os ricos visitantes italo-americanos que iam prestar-lhe homenagem talvez soubessem a verdade por trás do mito: Musolino era um assassino da 'Ndrangheta.

O frenesi mediático em torno da máfia. O bandido de origem calabresa Frank Costello depõe nas audiências Kefauver, Nova Iorque, 1951.

Amigos na política. O mafioso Gius
Genco Russo concorre às eleições c
candidato democrata-cristão (DC), no
dos anos 50. As ligações próximas en
DC e a máfia siciliana impediram uma v
italiana das audiências Kefauver.

enda de frutas e legumes. O mercado grossista em Nápoles era uma importante fonte
: rendimentos para a Camorra nos anos 50.

ɔiva da Camorra. Assunta Maresca *ıppeta*) casa-se com o seu «Presidente s Preços da Batata», Pasquale Simonetti *ıscalone 'e Nola*), em 1954. Pouco depois, ia também viúva e assassina.

O Monstro de Presinaci. Depois da sua campanha assassina em 1955, Serafino Castagna revelou às autoridades os segredos da Sociedade Honrada da Calábria.

Sophia Loren, no papel de uma vendedora de cigarros napolitana. O contrabando de tabaco, um negócio crucial para o crime organizado, é apresentado com condescendência no filme de 1963 *Ontem, Hoje e Amanhã*.

Luto silencioso. Palermo comparece em mass em 1963, no funeral de quatro *Carabinieri*, d engenheiros militares e um polícia assassinados p uma bomba da máfia siciliana.

O saque de Palermo. No final dos anos 50, a indústria da construção impeliu o cr organizado na Sicília e na Calábria a novos níveis de riqueza e poder.

Giuseppe Zappia, fotografado depois da sua detenção na cimeira da máfia calabresa em 1969, na qual fez o seu famoso apelo à união: «Aqui não há nenhuma 'Ndrangheta de Mico Tripodo! Aqui não há nenhuma 'Ndrangheta de 'Ntoni Macrì! Aqui não há nenhuma 'Ndrangheta de Peppe Nirta! Devíamos estar todos unidos!»

gio da Calábria em erupção. Em 1970, uma insurreição urbana assinalou um ponto viragem na história da 'Ndrangheta. A revolta acabou por ser reprimida com a ajuda tanques.

O rei dos raptos de Corleone. O chefe da máfia siciliana Luciano Liggio organizava raptos no norte de Itália com os seus amigos da 'Ndrangheta.

Vítima de rapto. John Paul Get foi raptado em julho de 197 Os seus captores da 'Ndranghe cortaram-lhe a orelha antes de libertar.

Nos anos 70, muitas pessoas armavam-se para se defender raptores das máfias. Aqui, jovem Berlusconi é fotografado uma pistola em cima da secre (num círculo).

Chefe de uma dinastia do crime, Girolamo «Mommo» Piromalli, fotografado em 1974, o ano em que deflagrou a Primeira Guerra da 'Ndrangheta. Don Mommo sairia vitorioso.

O rosto da nova 'Ndrangheta? Paolo De Stefano em 1982.

Sr. Champanhe. Gaspare Mutolo foi um dos principais intermediários do tráfico de roína da Cosa Nostra nos anos 80. Com ele (à esquerda, de gravata às riscas) está ris Giuliano, um excelente polícia assassinado mais tarde em 1979.

«Olhos de Gelo», início dos anos 80. Luigi Giuliano dirigia a sua família criminosa d
sua base no bairro de Forcella, em Nápoles – o berço histórico da Camorra na cidade.

O maior futebolista da época, Diego Armando Maradona, posando com *camorristi* do clã Giuliano, ansiosos por exibirem o seu gosto em mobiliário de casa de banho (meados dos anos 80).

Fundador na Nuova Camorra Organizzata, Raffaele Cutolo, «o Professor», foi o criminoso italiano mais influente do século XXI.

O assassino das prisões. Pasquale Barra, «o Animal», era o principal carrasco da Nuova Camorra Organizzata dentro do sistema prisional.

lpe fatal. O carro-bomba que conduziu à derrota da Nuova Camorra Organizzata. nzo Casillo, o chefe militar do Professor, foi assassinado em Roma em janeiro de 1983.

Aliados improváveis e mártires da luta contra a máfia: Pio La Torre, do Partido Comunist
Italiano, e Carlo Alberto Dalla Chiesa, dos *Carabinieri*.

La Torre num comício comunista
em Palermo, 1968.

O futuro general Dalla Chie
em Corleone, c. 1950.

La Torre e o seu guarda-cost foram assassinados em abril 1982. O seu legado foi a lei q sustenta até hoje a luta contra máfia.

«Aqui morreu a esperança de todos os sicilianos honestos.» Dalla Chiesa, a sua mulher e o seu guarda--costas foram mortos a tiro de metralhadora em setembro de 1982.

O «Tesoureiro da Cosa Nostra». O pior crime de Pippo Calò foi o atentado bombista que matou dezassete pessoas num comboio entre Florença e Bolonha em 1984. O seu confronto com Tommaso Buscetta foi um dos pontos altos do maxiprocesso de 1986.

delator mais importante na história do bmundo italiano. Tommaso Buscetta, Cosa Nostra, regressa a Itália em 1984, pois de sobreviver a uma tentativa de icídio.

réus enjaulados assistem aos trabalhos do histórico maxiprocesso contra a Cosa ›stra, Palermo, 1986–7.

Giovanni Falcone e Paolo Borselli fotografados em março de 19 numa das últimas vezes em que dois heroicos juízes foram vis juntos em público. A imagem fotógrafo Tony Gentile é hoje ícone do movimento antimáfia.

O massacre de Capaci, 23 de maio de 1992. Falcone, a sua mulher e três dos se guarda-costas foram assassinados por uma bomba colocada por baixo da autoestra que liga Palermo ao aeroporto da cidade.

O massacre da via d'Amelio, 19 de julho de 1992. Paolo Borsellino e cinco guarda-costas da polícia foram trucidados por um carro-bomba em Palermo.

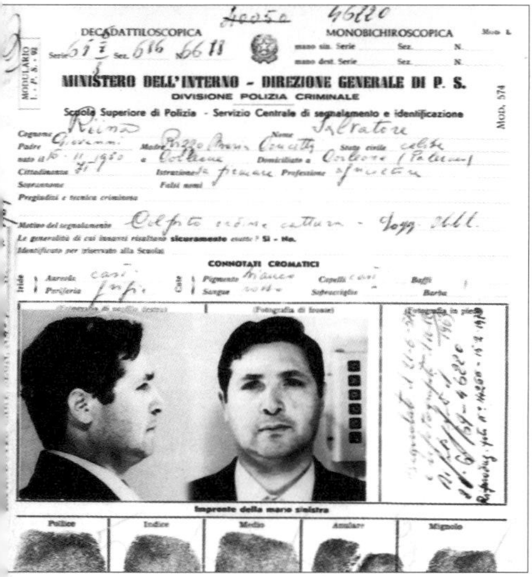

alvatore «Totò» Riina em 1970. O homem ue viria a exercer um domínio ditatorial obre a Cosa Nostra continuaria a «fugir» a justiça durante mais vinte e três anos.

Depois da sua captura em 1993, Riina é obrigado a posar em frente de uma fotografia de uma das suas vítimas mais ilustres, o general Carlo Alberto Dalla Chiesa.

rnardo Provenzano, «o Trator». O camarada e sucessor de Riina tentou reparar os nos causados à Cosa Nostra pela guerra de Riina contra o Estado. Provenzano foi pturado em 2006, depois de quarenta e três anos fugindo da justiça, um recorde soluto.

Imagens de uma câmara de vigilância mostram um assassino da Camorra liquidand
calmamente a sua vítima, Nápoles, 2009.

O pior projeto habitacional da Europa. A Camorra transformou as torres triangula
de Le Vele («As Velas») num centro comercial de drogas no início do século XXI.

lucro do lixo. A escandalosa má gestão do sistema de recolha e tratamento de lixo iou oportunidades lucrativas para a Camorra, Nápoles, 2008.

ntentores de cocaína. O colossal porto de transbordo em Gioia Tauro, na Calábria, é a importante porta de entrada para as drogas da 'Ndrangheta.

Renascimento da Comissão. Benedetto Capizzi esteve no centro dos esforços da Co Nostra para reinstituir o seu órgão dirigente, a Comissão de Palermo. Capizzi, candida a chefe de todos os chefes, foi preso em 2008.

Michele Zagaria, *capo* da Camorra, foi capturado num abrigo subterrâneo na sua terra natal de Casapesenna, 2011. A sua organização, os *casalesi*, tornou-se na mais poderosa no submundo da Campânia nos anos 90.

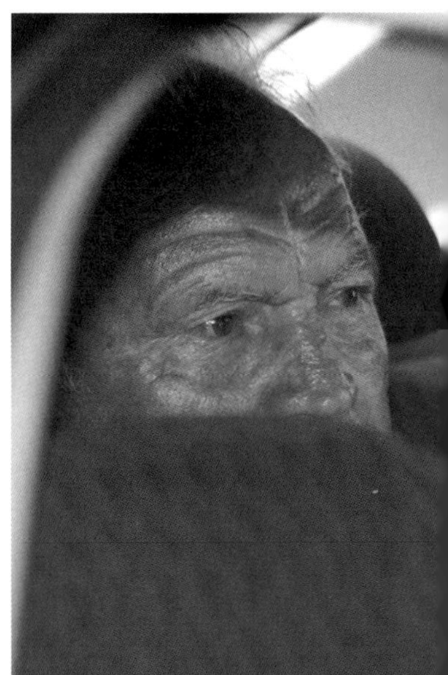

Chefe do Grande Crime? Dome Oppedisano, preso em 2010, sido eleito para o posto mais na 'Ndrangheta.

Cadáveres andantes

Na sua última entrevista, o general Carlo Alberto Dalla Chiesa falara da «combinação fatal» de se ser um perigo para a máfia e de se estar isolado. A mesma sensação de isolamento foi descrita de forma muito clara por um jovem magistrado em Trapani, no extremo ocidental da Sicília. Em 1982, um jornalista da televisão perguntou-lhe provocadoramente se estava a preparar uma «guerra privada» contra a máfia. O magistrado explicou calmamente que apenas certos magistrados se ocupavam de crimes da máfia e construíam o que ele chamou de uma «memória histórica» da mesma. Por essa razão, o que esses poucos magistrados estavam a fazer no interesse do público acabava por ter a aparência de uma cruzada particular. «Tudo conspira para individualizar a luta contra a máfia.» E era precisamente dessa maneira que os próprios mafiosos encaravam a luta: como um confronto entre Homens de Honra e alguns fanáticos na polícia e na magistratura. Para os mafiosos, as fronteiras entre o interesse privado e o interesse público são simplesmente invisíveis.

O jovem magistrado de Trapani que apresentara este argumento chamava-se Gian Giacomo Ciaccio Montalto. Era um homem franco, usava óculos e amava música clássica. Certa noite, apenas alguns meses depois da entrevista, ele e o seu *VW Golf* branco foram crivados de balas. A rua onde se esvaiu em sangue até morrer era estreita, e dezenas de pessoas nos apartamentos em redor deviam ter ouvido os tiros. Mas ninguém fez queixa do incidente até à manhã seguinte. Até à sua conclusão trágica, a batalha de Ciaccio Montalto foi efetivamente individual.

Com cada «cadáver ilustre» que tombava, parecendo confirmar a brutal supremacia da máfia sobre a Sicília, o grupo unido mas isolado de polícias e magistrados que combatia a Cosa Nostra encontrava mais vontade de continuar. Um dos piores golpes ocorreu no verão de 1983 com a morte do superior hierárquico de Falcone e Borsellino, o chefe do gabinete dos juízes de instrução, Rocco Chinnici. Chinnici foi um dos primeiros magistrados a perceber a importância de conquistar o apoio do público para a causa antimáfia, de sair do Palácio da Justiça para falar em sessões públicas e escolas. A sua morte chocante tinha como objetivo intimidar toda a ilha.

Mas quando o herói foi derrubado, outro apareceu para o substituir — um voluntário. Antonino Caponnetto era um homem discreto, perto da reforma, que renunciou a um cargo prestigiado em Florença para regressar à sua Sicília natal. Antes mesmo de se mudar para o quartel que seria a sua casa em Palermo, Caponnetto sabia o que queria fazer: adotar outra lição da guerra contra o terrorismo no norte de Itália. Perante a ameaça diária das Brigadas Vermelhas, os juízes de instrução tinham decidido trabalhar em pequenos grupos, ou «pools» (foi usada a palavra inglesa), para que a eliminação de um magistrado não prejudicasse toda uma investigação. Caponnetto queria usar o mesmo método contra a máfia. O grupo antimáfia de Palermo — Giovanni Falcone, Paolo Borsellino, Giuseppe Di Lello e Leonardo Guarnotta — partilharia as informações e os riscos, unindo os diferentes processos num único e grande inquérito. O sistema dos *pools* foi a resposta dos magistrados à «combinação fatal».

O grupo de Palermo fez progressos consideráveis. Por exemplo, o telefone de Gaspare Mutolo, «o Sr. Champanhe», foi posto sob escuta, e os trajetos do seu comércio de heroína com o Extremo Oriente foram reconstituídos. O fornecedor de Mutolo, Ko Bak Kin, foi preso na Tailândia, aceitando depois regressar a Itália para testemunhar. Testes balísticos revelaram que a mesma metralhadora *kalashnikov* foi usada numa série de assassínios da máfia — desde o de Stefano Bontate ao do general Carlo Alberto Dalla Chiesa. A arma era uma assinatura comum que começava a estabelecer padrões discerníveis no banho de sangue. Além disso, a Brigada Móvel produziu um relatório sobre cento e sessenta e dois mafiosos que incluía um esboço aproximado das linhas de batalha na guerra que conduzira ao extermínio de Stefano Bontate, Salvatore Inzerillo e dos seus seguidores. No entanto, os investigadores continuavam a depender de fontes internas secretas do mundo da máfia — homens demasiado assustados e demasiado desconfiados das autoridades para revelarem os seus nomes, e tampouco para prestarem depoimentos que pudessem ser usados em tribunal.

Depois, no verão de 1984, apareceu Tommaso Buscetta, o Chefe dos Dois Mundos. O testemunho do novo arrependido representou um enorme salto em frente. Buscetta começou do princípio, revelando o nome que os mafiosos usavam para a sua irmandade. «A palavra máfia é uma invenção literária», disse Buscetta a Falcone. «Esta organização chama-se "Cosa Nostra", como nos Estados Unidos.»

As conversas de Buscetta com Falcone continuaram, quase sem interrupções, até janeiro de 1985. Ele revelou toda a estrutura da Cosa Nostra, citando todos os nomes de que conseguia lembrar-se — dos soldados na base da pirâmide da organização até aos chefes da Comissão de Palermo no topo. Baseando-se em quase quatro décadas de experiência enquanto Homem de Honra (foi iniciado na Família de Porta Nuova em 1945), Buscetta explicou a Falcone o estranho funcionamento interno do mundo do máfia, os seus rituais, regras e mentalidade. Identificou os culpados de vários homicídios. Mais importante do que isso: explicou como esses homicídios se encaixavam no pensamento estratégico dos chefes que os haviam encomendado. Finalmente, toda a história da ascensão ao poder de Totò Riina no submundo siciliano começou a fazer sentido. A máfia siciliana não era um conjunto sem regras de bandos isolados. Era a Cosa Nostra: uma organização unificada e hierárquica que passara por um violento conflito interno.

Até então, Falcone e os seus colegas tinham estudado a máfia siciliana do exterior, como se estivessem a tentar desenhar a planta de um edifício espreitando pelo buraco da fechadura. Buscetta mudou tudo «ao abrir-nos a porta por dentro», como recordaria Caponnetto mais tarde. Falcone considerava que Buscetta «era como um professor de línguas que te permite ir à Turquia sem teres de comunicar com as mãos». Seguindo o exemplo de Buscetta, mais arrependidos começaram a falar. O mais importante foi Totuccio Contorno, o soldado da Família de Stefano Bontate que escapara, por pouco, a um ataque de *kalashnikov* em Brancaccio.

O *pool* conseguiu manter a colaboração de Buscetta em segredo durante meses. Por fim, em 29 de setembro de 1984, o segredo teve de ser revelado. De madrugada, foram emitidos mandados de captura para trezentos e sessenta e seis mafiosos: a operação ficou conhecida como Ataque Relâmpago do Dia de São Miguel. A polícia ficou sem algemas. E quando terminou o trabalho da polícia nesse dia, o grupo deu uma conferência de imprensa para anunciar ao mundo que a máfia siciliana *como tal* seria levada à justiça. Apropriando-se de uma palavra usada para descrever o processo gigantesco contra a Nuova Camorra Organizzata em Nápoles, a imprensa começou a falar do iminente «maxiprocesso» de Palermo. Nas ruas onde era falado o dialeto, o julgamento tornou-se simplesmente *'u maxi.* E a questão principal do «maxi» seria a alegação de Buscetta de que a Cosa Nostra era uma organização única, unificada e hierárquica — o «teorema de Buscetta», como foi depreciativamente chamado.

O Chefe dos Dois Mundos tinha perfeita consciência da dimensão histórica do julgamento que estava a ser preparado com base no seu testemunho. Na verdade, a consciência da sua própria missão histórica fizera provavelmente parte do conjunto de motivos que o levara a procurar Giovanni Falcone.

Quando saiu a notícia de que Tommaso Buscetta estava a ajudar os investigadores, muitos comentadores presumiram que ele era o primeiro mafioso siciliano a quebrar o código de *omertà*. Hoje, sabemos mais do que o suficiente sobre a história da máfia para ter a certeza de que os mafiosos sicilianos sempre falaram. Tanto os vencedores como os vencidos na luta constante pela supremacia no submundo siciliano tinham quebrado a *omertà* ao longo das décadas.

Os vencedores falavam com o fim de estabelecer uma parceria com a polícia: em troca de informações sobre os seus rivais no crime recebiam imunidade a perseguições. Ao nível das bases, para os polícias e *Carabinieri* que andavam ostensivamente de braço dado pela praça com o chefe mafioso local, este arranjo garantia uma vida tranquila. Mas a máfia siciliana especializou-se também numa parceria de nível superior com as autoridades: quando a máfia ameaçava tornar a Sicília ingovernável, «a cogestão do crime» (como lhe chamaram os mafiologistas italianos) podia transformar-se numa política oficial cínica e dissimulada.

Os vencidos da máfia quebravam o código de *omertà* por uma razão igualmente sórdida: vingança. Abandonados pelos seus amigos poderosos, derrotados no combate armado e no combate de ideias pelos seus rivais na máfia — e sem alternativa –, usavam a polícia como instrumento de vindicta.

Tommaso Buscetta, tal como gerações de mafiosos que quebraram o código de *omertà* antes dele, era um vencido. Pertencia ao Consórcio Transatlântico que traficava drogas entre a Sicília e os EUA. Como tal, sentiu a ira dos *corleonesi* antes e depois de decidir falar com Giovanni Falcone: entre 1982 e 1984, nove membros da sua família foram assassinados, incluindo dois filhos e um irmão. O Chefe dos Dois Mundos, como muitos dos vencidos da máfia antes dele, tinha muitas razões para se vingar fazendo uso da lei. Mas também como muitas outras testemunhas da máfia antes dele, revelou apenas uma parte daquilo que sabia: os seus amigos no tráfico de drogas mal foram beliscados pelas suas revelações.

O testemunho de Buscetta obedecia também a um guião, uma narrativa sobre a sua trajetória pessoal que muitos outros mafiosos derrotados antes dele tinham recitado. No passado, havia uma máfia boa, afirmava, uma Cosa Nostra que seguia os ideais verdadeiros e nobres da organização. Mas a Cosa Nostra tinha mudado. A honra já não existia e imperavam a ganância e a brutalidade. A máfia matava mulheres e crianças — e por isso ele, Tommaso Buscetta, enquanto verdadeiro Homem de Honra, não queria saber mais dela. Uma história enganadora e interesseira, evidentemente.

Mas se os mafiosos sempre falaram, e se Tommaso Buscetta era como os muitos mafiosos que falaram antes dele, porque foi ele tão importante? Porque é sempre descrito como o arrependido «que fez história»? A principal razão é que os desertores da máfia, quer esta os reintegrasse, intimidasse ou simplesmente matasse, raramente repetiam os seus depoimentos no momento que mais importava: perante um juiz. O que os advogados de acusação sabiam, não podiam provar. Quando os vencidos da máfia falavam, Itália recusava-se a acreditar neles. E um escol siciliano profundamente implicado nos assassínios da máfia desde a unificação de Itália não precisava de convite para encobrir o que os desertores da máfia diziam com a sua habitual série de disparates: a máfia não existia; era tudo uma questão de mentalidade siciliana; todos esses boatos sobre uma associação criminosa secreta eram o resultado dos preconceitos e paranoia do Norte; era tudo culpa dos invasores árabes, havia muitos séculos.

Entre falar com a polícia e depor em tribunal, havia uma caminhada longa e difícil. Para Falcone e o grupo antimáfia de Palermo, o desafio era ajudar o Chefe dos Dois Mundos a chegar ao fim da sua caminhada. Só então é que se poderia realmente dizer que ele tinha mudado o curso da história.

Falcone e Borsellino receberam uma ajuda crucial dos EUA nessa tarefa. As investigações sobre o tráfico de drogas que arrastaram Falcone para a luta contra a máfia ensinaram-lhe que os mafiosos dos dois lados do Atlântico estavam estreitamente ligados por laços familiares e comerciais. Falcone foi pioneiro ao perceber que os investigadores antimáfia tinham de ter a mesma visão internacional que o seu inimigo. Os magistrados e polícias sicilianos podiam ser duas vezes mais eficazes se procurassem a ajuda dos seus homólogos americanos. Buscetta, o Chefe dos Dois Mundos, era uma testemunha quase tão preciosa nos EUA quanto em Itália. E os Estados Unidos, ao contrário de Itália, tinham um programa de proteção de testemunhas para oferecer a Buscetta.

Muitos dias sombrios se passaram entre o momento em que Tommaso Buscetta se sentou pela primeira vez para falar com Giovanni Falcone e o seu encontro com o juiz. Os dias mais sombrios ocorreram em finais de julho e inícios de agosto de 1985.

Beppe Montana era um dos membros da Brigada Móvel que estiveram a trabalhar de perto com o *pool* — a sua especialidade era perseguir e capturar os muitos mafiosos que tinham fugido quando foram emitidos os mandados de detenção. Quando entrevistado pela imprensa, Montana resumira o espírito fatalista mas determinado da sua unidade: «Em Palermo, temos uns dez homens que constituem um verdadeiro perigo para a máfia. E os seus assassinos conhecem-nos todos. Infelizmente, somos alvos fáceis. Se os mafiosos decidirem matar-nos, podem fazê-lo facilmente.»

Em 25 de julho, dois assassinos surpreenderam Montana quando chegava à praia depois de uma viagem de barco com a namorada; morreu ainda de fato de banho, com apenas trinta e três anos. A combinação fatal voltara a fazer uma vítima.

Paolo Borsellino recordou ter dado uma boleia a Ninni Cassarà, o subcomandante da Brigada Móvel, a partir do local do homicídio de Montana. Cassarà também estava a trabalhar de perto com o grupo antimáfia, e Montana era muito mais do que apenas um colega para ele. Depois de uma viagem em silêncio, Cassarà, desolado, só conseguiu murmurar: «É melhor resignarmo-nos ao facto de sermos cadáveres andantes.» Dois dias depois, Cassarà recuperou a serenidade necessária para dar uma entrevista lúcida sobre o contexto político da morte de Montana. Na altura, o enorme processo contra a Nuova Camorra Organizzata estava a gerar um debate muito aceso sobre a condenação da vedeta de *Portobello*, Enzo Tortora:

> Nós acompanhamos muito de perto os acontecimentos preocupantes em torno não só dos trabalhos para o maxiprocesso de Palermo mas também do maxiprocesso contra a camorra. Em Nápoles, podemos ver exatamente o que está a acontecer dentro e fora do tribunal. Há um ataque frontal ao valor dos depoimentos dos arrependidos. Nós não sabemos como os nossos colegas napolitanos se comportaram. O que sabemos muito bem é que aqui procurámos provas meticulosas, rigorosas e até fastidiosas para confirmar todos os pormenores das acusações dos arrependidos.

O que Cassarà não mencionou foi que, em Nápoles, era uma organização criminosa em estado terminal que estava a ser julgada. O maxiprocesso de Palermo pretendia julgar uma máfia no seu auge, com a maioria dos seus líderes ainda a monte. Num momento mais pessoal no fim da entrevista, Cassarà acrescentou uma arrepiante nota final. «Mais cedo ou mais tarde, todos os investigadores que realmente levam o seu trabalho a sério acabam por ser assassinados.»

A morte cruel de Montana lançou os homens sob o comando de Cassarà do seu fatalismo determinado para uma fúria desesperada. Cinco dias depois, um jovem pescador e futebolista amador chamado Salvatore Marino foi detido para interrogatório. Testemunhas tinham visto Marino no local do crime; em sua casa a polícia encontrou uma camisa ensanguentada e trinta e quatro milhões de liras (cerca de quarenta mil euros atualmente) em notas, parcialmente embrulhadas numa folha de jornal exibindo a história do assassínio de Montana. (Arrependidos da máfia confirmaram mais tarde que Marino, embora não filiado na máfia, serviu efetivamente de vigia aos assassinos.)

Nada disso serve de desculpa para o que lhe fizeram. Durante o interrogatório, foi esmurrado, espancado e até mordido. De rosto para cima e cabeça inclinada para trás, foi depois amarrado a uma secretária; puseram-lhe um capuz na cabeça e meteram-lhe na boca a ponta de uma mangueira mergulhada num balde de água salgada. Com um polícia sentado no seu estômago, Marino foi obrigado a engolir vários litros. Esta tortura chamava-se *cassetta* («caixa»), e era um vestígio dos tempos da brutalidade policial do fascismo. Como muitas vítimas da *cassetta* antes dele, Marino acabou por morrer.

Em pânico, os homens responsáveis pela sua morte simularam um afogamento. Ninni Cassarà descobriu o que tinha acontecido, e decidiu apoiar o encobrimento desajeitado que os seus homens encurralados estavam a tentar montar. Foi a casa de Falcone a meio da noite pedir ajuda. Os dois homens trabalhavam juntos há vários anos, e Falcone tornara-se no amigo mais próximo de Cassarà. Debateram o problema durante horas, andando angustiados de um lado para outro na sala. Antes do amanhecer, as autoridades foram alertadas para o que realmente acontecera a Salvatore Marino.

No dia 5 de agosto, o caixão branco de Salvatore Marino, adornado com a camisola azul do seu clube de futebol, foi levado num circuito pela cidade ao grito de «polícias assassinos». No funeral, um padre carmelita proferiu uma homilia indignada dirigida à polícia. O líder do Partido Radical que oferecera ao apresentador de televisão Enzo Tortora um lugar no parlamento e uma plataforma para a sua luta pela justiça veio a Palermo condenar os assassinos de Marino. Surgiram rumores de que a morte do jovem suspeito não tinha sido um acidente, e de que a Brigada Móvel tinha uma política deliberada de «eliminação» de detidos da máfia. Os formadores de opinião de vários jornais do país começaram a redigir reflexões bem ensaiadas sobre se a luta contra a Cosa Nostra não estaria a pôr em perigo os direitos dos cidadãos. Nessa mesma noite, antes mesmo dos resultados da autópsia de Salvatore Marino terem sido divulgados, o ministro do Interior afastou o comandante da Brigada Móvel de Palermo e dois outros agentes superiores da polícia dos seus cargos. O mesmo ministério que hesitara durante meses em se deveria substituir os computadores desatualizados do grupo antimáfia de Palermo tinha sido levado a agir precipitadamente pela indignação causada pela morte de Marino.

Na tarde seguinte, Ninni Cassarà saiu do trabalho mais cedo para encontrar um pelotão de assassinos da máfia à sua espera, em duas posições de ataque diferentes, no prédio de apartamentos em frente de sua casa. Três *kalashnikovs* e várias outras armas dispararam duzentos tiros. A mulher de Cassarà, à espera em casa com três filhos menores, assistiu a tudo de uma janela. Ao lado de Cassarà morreu Roberto Antiochia, um rapaz romano de vinte e três anos que regressara mais cedo das suas férias depois do homicídio de Montana para servir de guarda-costas ao seu comandante.

A máfia e os políticos juntos conseguiram, assim, incapacitar completamente a Brigada Móvel, amputando o braço-direito do grupo antimáfia. Os membros sobreviventes da Brigada Móvel não conseguiam conter a raiva. Recusando-se a deixar que Antiochia permanecesse em câmara ardente na sede da polícia, roubaram o caixão, juntamente com os postes de latão e o cordão que tinham sido colocados em volta, e levaram-no para o átrio da sede da Brigada Móvel a cinquenta metros de distância. O ministro do Interior teve de ser protegido dos colegas dos homens assassinados quando se deslocou a Palermo para o funeral. Houve desacatos nas ruas com homens de outras forças. Mais uma vez, o governo foi levado pelo pânico a tomar medidas inapropriadas, enviando oitocentos polícias e *Carabinieri* para a ilha para montarem bloqueios de estrada, na sua maioria simbólicos.

A Brigada Móvel, como os magistrados antimáfia do *pool*, tinha boas razões para se sentir não só isolada, mas também mal representada. Nos meios de comunicação locais e nacionais, os amigos da máfia, ou apenas jornalistas preguiçosos à procura de um ângulo polémico, podiam facilmente transformar o isolamento assustador em que os membros da Brigada trabalhavam numa história muito diferente: os homens e as mulheres na linha da frente da luta contra a máfia comportavam-se como xerifes autonomeados e eram egoístas, obcecados, indisciplinados e solitários. Depois da morte de Cassarà, Vittorio Nisticò, um veterano do jornalismo de campanha contra a máfia na Sicília, atacou alguns jornalistas criminais irresponsáveis:

> Vocês conheciam Cassarà. E compreendiam. O erro que cometeram foi, enquanto ele estava vivo, não o mostrarem como ele era: um herói moderno. Teria sido uma maneira de o proteger. Agora, é tarde de mais para contar a sua história.

Enquanto tudo isto acontecia, dois outros heróis modernos, Giovanni Falcone e Paolo Borsellino, trabalhavam incansavelmente preparando a argumentação do Ministério Público para o maxiprocesso — um documento que, no fim, compreenderia oito mil seiscentas e sete páginas lucidamente arrazoadas. (Como era normal no sistema judicial italiano na altura, os juízes de instrução deixavam a outros a tarefa de defender esta argumentação durante o julgamento.) Duas semanas depois da atrocidade de Cassarà, Falcone e Borsellino foram transferidos com as suas famílias para uma prisão numa ilha, para poderem concluir a sua gigantesca tarefa. Ironicamente, a ilha escolhida para os receber era Asinara, ao largo da costa norte da Sardenha, precisamente as mesmas instalações de segurança máxima onde Raffaele Cutolo, «o Professor», se encontrava detido. Por uma vez, o isolamento dos magistrados antimáfia mantinha-os em segurança.

A capital da antimáfia

A prisão de Ucciardone em Palermo é um monumento a sonhos de reforma destruídos. Erguendo-se no que foi em tempos um campo aberto junto ao porto, é um polígono de tijolo vitoriano com torres enormes em cada ponta. Mas a sua aparência sinistra esconde as esperanças iluminadas que inspiraram a sua construção. Foi projetada na década de 30 do século XIX obedecendo às orientações do grande filósofo britânico Jeremy Bentham. Os condenados e os que aguardavam julgamento, os assassinos e os pequenos ladrões, os homens e as mulheres, os adultos e as crianças, deixariam de ser encarcerados juntos na verminosa promiscuidade das grandes masmorras. Na nova prisão, os reclusos seriam detidos em celas separadas onde as suas consciências dadas por Deus teriam finalmente uma oportunidade de regenerar as suas almas. A reabilitação nasceria do interior.

O mau planeamento, a escassez de recursos e a falta de vontade política depressa destruíram estes sonhos extravagantes, e transformaram a Ucciardone numa imunda e sobrelotada farsa do Estado de direito. Para a polícia, tornou-se num instrumento de chantagem no qual os suspeitos desapareciam, sem julgamento, durante meses a fio. Para o submundo, como descobriu um inquérito parlamentar nos anos 60 do século XIX, a Ucciardone era «uma espécie de governo» de onde emanavam as ordens em momentos de agitação política.

Um século depois, a prisão de Palermo ganhou o epíteto de «Grande Hotel Ucciardone»: os chefes da máfia entravam nas suas celas e saíam das mesmas em roupões de seda, comiam lagosta e bebiam champanhe, e faziam encomendas de assassínios e drogas. Grande parte do que Tommaso Buscetta contou a Giovanni Falcone sobre o pessoal da Cosa Nostra foi aprendido na prisão. Como explicou Buscetta nos primeiros interrogatórios do verão de 1984: «A presença de tantos Homens de Honra na Ucciardone ao mesmo tempo fortalece ainda mais as ligações entre eles, permitindo-lhes ajudarem-se e incentivarem-se uns aos outros.» A Ucciardone era o que sempre tinha sido desde o século XIX: *o* grande local de encontro para Homens de Honra de diferentes Famílias, um centro de poder criminoso.

Em 1985, foi construído um novo e amplo anexo na prisão — um tribunal com espaço para até mil advogados e testemunhas, e igual número de jornalistas. Foram derrubadas árvores. Expropriados edifícios. Bem mais de trinta mil milhões de liras (trinta e seis milhões de euros em valores de 2011) foram gastos na criação do que parecia um gigantesco abrigo antiaéreo. Por via das dúvidas, foi erguida uma vedação de aço com três metros de altura, no caso de as paredes de betão reforçado não serem suficientes para proteger os trabalhos do tribunal de um ataque de mísseis ou assalto armado. Passagens subterrâneas ligavam as celas da Ucciardone diretamente às jaulas dispostas em semicírculo no fundo da sala de audiências.

Ao contrário de tantos outros projetos caóticos de obras públicas nos anos 80, este ficou concluído em meses. Os empreiteiros foram rigorosamente fiscalizados para excluir qualquer pessoa com ligações à máfia. O «tribunal-búnquer», como é conhecido, foi construído para um julgamento: o maxiprocesso, em que quatrocentos e setenta e cinco homens seriam acusados de serem membros e líderes da Cosa Nostra, e o teorema de Buscetta seria posto à prova.

Tal como o maxiprocesso para o qual tinha sido construído, o tribunal-búnquer dividiu a cidade de Palermo. Para alguns, apesar do seu aspeto sinistro, era um símbolo de esperanças muito mais mundanas do que aquelas que haviam inspirado a construção da Ucciardone cento e cinquenta anos antes: esperanças de justiça.

O tribunal-búnquer mostrava claramente que o governo nacional, ou pelo menos parte dele, encontrara finalmente a vontade política de combater a Cosa Nostra. Em Roma, o apoio ministerial pendeu temporariamente para o grupo antimáfia: foram disponibilizados fundos não só para o tribunal-búnquer, mas também para a melhoria da segurança e da tecnologia de informação dos juízes de instrução.

Em Palermo, havia também muita gente que partilhava das esperanças materializadas na nova ala da Ucciardone. Em 1985, a cidade elegeu um novo presidente da câmara, Leoluca Orlando, cujo mentor político era Piersanti Mattarella, o democrata-cristão reformista assassinado à porta de sua casa em 1980. Orlando certificou-se de que quaisquer questões urbanísticas relacionadas com a construção do tribunal-búnquer fossem resolvidas em tempo recorde. Anunciou também que a câmara municipal seria autora civil no maxiprocesso: com efeito, estava a anunciar a intenção do seu governo de processar os chefes mafiosos. Enquanto inúmeros presidentes de câmara tinham alinhado no jogo habitual de negar a existência da máfia, ou de fingir que ela constituía apenas o tipo de crime organizado que se encontrava em qualquer lugar, Orlando não esteve com rodeios: «Palermo tem sido sempre a capital da máfia. Mas eu quero manifestar o meu orgulho na sua capacidade de ser também a capital da antimáfia.»

Esta declaração tinha fundamento. Comparativamente a outros centros de poder criminoso no sul da península italiana, a Sicília tinha de facto uma experiência muito mais profunda e variada na resistência à máfia. Já conhecemos as tradições encarnadas pelo líder comunista Pio La Torre e pelo general Carlo Alberto Dalla Chiesa. Os juízes de instrução Giovanni Falcone e Paolo Borsellino eram eles próprios, de certo modo, herdeiros dessas tradições divergentes de resistência à máfia: Falcone era um homem de esquerda, Borsellino simpatizava com a direita.

Os anos do pós-guerra conheceram outros exemplos, talvez mais esporádicos, de atividade antimáfia. Como o «Gandhi siciliano», Danilo Dolci, cuja campanha contra a pobreza nos anos 50 o levou a enfrentar uma das causas subjacentes dessa pobreza. Ou os corajosos jornalistas de investigação do jornal *L'Ora*, que denunciaram a máfia no meio do silêncio generalizado dos finais da década de 50. Ou a grande manifestação pública que acompanhou os funerais dos quatro *Carabinieri*, dois engenheiros militares e um polícia, assassinados pelo carro-bomba de Ciaculli em 1963. Os novos grupos da esquerda dissidente que surgiram depois de 1968 também tinham uma forte tendência antimáfia. Em 1977, um pequeno grupo de militantes fundou um centro de estudos em

Palermo que viria a ser uma presença constante em campanhas contra a máfia. Peppino Impastato, o jornalista de esquerda filho de um mafioso de Cinisi, perto do aeroporto de Palermo, acusou durante anos o *capo* local Tano Badalamenti — o chefe de todos os chefes em meados da década de 70. Impastato pagou com a vida pela sua dedicação à causa: em 1978 foi amarrado com uma bomba a uma via férrea. Durante muito tempo, as autoridades menosprezaram o incidente, considerando que a morte de Impastato tinha sido provocada por um atentado terrorista falhado.

Os anos sangrentos dos conflitos da máfia depois de 1979 assistiram ao aparecimento de formas novas e muito mais insistentes de resistência. Cerca de cem mil pessoas encheram a piazza Politeama de Palermo para o funeral de Pio La Torre em 1982. Depois da morte de Rocco Chinnici em 1983, houve um grande desfile à luz de tochas. As famílias das vítimas e os seus apoiantes formaram grupos de apoio e organizações de luta. Os estudantes organizaram manifestações de apoio à polícia. Os aniversários das piores atrocidades, nomeadamente a morte do general Carlo Alberto Dalla Chiesa, tornaram-se momentos para manifestações e outras iniciativas. Em 1972, um líder comunista siciliano queixara-se: «Porque somos nós [i.e. os comunistas] os únicos a falar da máfia?» Na altura em que o tribunal-búnquer foi construído, a sua queixa já não se justificava.

A própria história do presidente de câmara Orlando — um advogado próximo dos jesuítas — era sintomática de um sentimento antimáfia cada vez mais manifesto entre os católicos. Os padres começavam a falar sobre a máfia nos seus sermões. Grupos de ativistas católicos aderiram à causa antimáfia. Além disso, extraordinariamente, a ensanguentada Palermo assistia aos primeiros sinais de uma mudança verdadeiramente histórica na atitude da hierarquia da Igreja.

A Igreja dera-se muito bem com a Sociedade Honrada da Sicília durante mais de um século. Como sempre, as razões eram políticas. O Papado tinha sido um dos vencidos no processo que transformara Itália num país unificado com a sua capital em Roma: perdera todo o seu território, à exceção da cidade do Vaticano. Depois disso, o Papa proibira os católicos de votarem ou de se candidatarem a eleições em Itália. Afastados do Estado, e fiéis aos seus instintos profundamente conservadores, os bispos e os padres procuraram fontes alternativas de autoridade na sociedade à sua volta. E os mafiosos revelaram-se peritos em se fazer passar por uma fonte de autoridade tradicional. Na Sicília, tal como na Campânia e na Calábria, os dias dos santos e as procissões locais davam aos homens de violência a oportunidade de ostentarem o seu poder, parecendo atenuar ao mesmo tempo os seus aspetos mais cruéis.

No final da Segunda Guerra Mundial, a Igreja e o Estado já se haviam reconciliado. Durante a Guerra Fria, o catolicismo deixou de ser marginal ao sistema político italiano e tornou-se central. Um partido católico, a Democracia Cristã, dominou a cena política e formou um escudo contra as forças satânicas do comunismo. A máfia escondeu-se atrás desse escudo e encontrou sustento no fervor anticomunista de clérigos preeminentes. Um caso notório foi o de Ernesto Ruffini, o cardeal arcebispo de Palermo durante duas décadas: ele considerava qualquer menção à «chamada máfia» uma conspiração de esquerda para denegrir a Sicília.

Com o aumento da violência na Palermo dos anos 80, o sucessor de Ruffini, o cardeal arcebispo Salvatore Pappalardo, começou a emitir sinais muito diferentes. Em novembro de 1981, os políticos amigos da máfia reunidos na catedral de Palermo para a festa do Cristo Rei mostraram algum desconforto quando o ouviram descrever a sua cumplicidade nos homicídios:

> O crime de rua, praticado às claras, está quase inextricavelmente ligado, numa teia complexa, a manipuladores ocultos que realizam negócios duvidosos sob a capa de engenhosos protetores. Os trabalhadores braçais do homicídio estão ligados aos homens que instigam os seus crimes. Os rufiões em todas as esquinas e bairros da cidade estão ligados aos mafiosos cujo alcance e domínio são muito mais vastos.

No funeral do general Carlo Alberto Dalla Chiesa, em setembro de 1982, o cardeal Pappalardo criticou o governo por não ajudar Palermo. A sua denúncia indignada fez mesmo a manchete do diário comunista *L'Unità*.

Nessa altura, a máfia arranjou a sua própria maneira de dizer ao cardeal aquilo que pensava da sua campanha antimáfia. Na Páscoa do ano seguinte, Pappalardo quis cumprir um costume antigo indo a Ucciardone dizer missa com os reclusos. Mas quando chegou à capela da prisão descobriu que todos os bancos estavam vazios. Um jornalista descreveu o episódio:

Durante quase uma hora, o cardeal esperou debalde que os prisioneiros saíssem das suas celas. Por fim, chegou à amarga conclusão de que eles estavam ausentes, porque queriam enviar-lhe um sinal claro e hostil. Então, meteu-se no seu pequeno *Renault* e o seu assistente levou-o de volta à cúria.

No entanto, para muitos no seio da Igreja e em Palermo, a visão do tribunal-búnquer e o iminente espetáculo do maxiprocesso provocavam a inquietação e não a esperança. Talvez por causa da sua experiência na Ucciardone, ou talvez porque alguém no Vaticano lhe tivesse dado uma palavrinha, o cardeal Pappalardo deixou de se pronunciar explicitamente contra a máfia. Entrevistado antes do maxiprocesso, acusou os *media* de sensacionalismo relativamente à violência da máfia e disse: «a Igreja teme que a realização de um julgamento tão grande possa atrair demasiada atenção sobre a Sicília. Isso deixa-me ansioso e, de certo modo, assustado. Palermo não é diferente de outras cidades».

A Igreja Católica em Itália teve sempre a tendência para considerar a aplicação pública da justiça terrena uma demonstração grosseira do poder estatal. Como se o tribunal fosse de alguma maneira um rival sinistro da catedral. O cardeal Pappalardo, como muitos clérigos antes dele, refugiou-se na linguagem englobante do mal, do sofrimento e do perdão: os mafiosos eram apenas pecadores como todos nós. Apesar de todo o derramamento de sangue, e dos sacrifícios heroicos feitos até então, a Igreja ainda não estava preparada para tomar uma posição clara contra a Cosa Nostra e a favor do Estado de direito.

Continuaram a ouvir-se outras vozes de dúvida em Palermo antes do maxiprocesso. Alguns diziam que o acontecimento ia arruinar a imagem da cidade. Um político esperava que tudo acabasse e fosse esquecido depressa, para que o tribunal-búnquer pudesse ser transformado em algo útil, como um centro de conferências. O diário mais influente da Sicília, o *Giornale di Sicilia*, também não se mostrava muito entusiasmado com todo o espetáculo judicial, e o seu diretor era explicitamente cético no que concernia à questão fundamental da ligação entre a máfia e as instituições do Estado:

> Hoje em dia, a máfia não tem nenhuma ligação fundamental ao poder. Não acredito que possa dizer-se que existem ligações orgânicas entre

> o poder e a máfia; assim como não pode dizer-se que todos os homens corruptos na vida pública são necessariamente mafiosos.

Como que a provar esta afirmação, na véspera do maxiprocesso, o *Giornale di Sicilia* despediu um jornalista criminal que se mostrara particularmente diligente nas suas investigações sobre assuntos relacionados com a máfia.

Observando em silêncio o espetáculo envolvente havia uma maioria inquieta, indefinível e não completamente inocente da população da cidade. Algumas vozes acusavam os magistrados antimáfia de criarem desemprego na cidade. O argumento não tinha nenhum fundamento, evidentemente: a influência da máfia tinha causado ineficiências e desperdícios escandalosos durante gerações. Mas não deixava de ser verdadeiro para os arquitetos e engenheiros civis que tanto lucravam com o corrupto sistema da construção; para os banqueiros que não queriam saber de onde vinha o dinheiro dos seus clientes; para os donos das lojas e restaurantes chiques da via Libertà cujos negócios dependiam do dinheiro gerado pelo tráfico de drogas; para os ociosos que tinham recorrido a favores para arranjar um emprego no setor público, ou para os trabalhadores das indústrias da droga e do tabaco de contrabando.

Palermo continuava a ser uma cidade difícil de decifrar nos anos 80. Todas as declarações de uma figura pública eram esmiuçadas para ver se continham algum comentário codificado sobre o trabalho do grupo antimáfia. Giovanni Falcone fazia uma leitura decididamente otimista do estado de espírito da sua cidade natal. Falava das numerosas cartas de apoio e admiração que ele e os seus colegas recebiam. E de como os jovens que organizavam manifestações a favor dos juízes de instrução estavam a revelar grande maturidade: «Eles têm demonstrado que, na luta contra a máfia, os rótulos políticos e partidários são irrelevantes.» Os jornalistas que o entrevistavam insistiam em o interrogar sobre a sua fama crescente e as visões contraditórias do que ele estava a fazer.

> Você claramente não tem uma relação fácil com esta cidade. Há quem diga que tem tendência para levar as coisas demasiado longe, que quer arruinar a Sicília. Depois há pessoas que, embora em surdina, dizem, «Do que precisamos é mil Falcones». Qual é a sua resposta?

Falcone deu uma resposta tipicamente modesta, tentando contrariar a ideia comum e potencialmente perigosa de que a causa antimáfia era uma cruzada pessoal. «Gostaria de dizer a esta cidade: os homens vêm e vão. Mas depois as suas ideias e as coisas por que lutam ficam moralmente e continuam a andar nas pernas de outros.»

O maxiprocesso começou em 10 de fevereiro de 1986. As armas da Cosa Nostra calaram-se enquanto os seus chefes esperavam que subisse o pano para o espetáculo judicial.

Entretanto, como para lembrar aos Italianos o que estava em jogo no tribunal-búnquer de Palermo, a carnificina prosseguia inexorável noutros lugares — e com ela o domínio insidioso do crime organizado sobre o aparelho do Estado e o processo democrático concebido para o gerir. Palermo podia estar a viver um intervalo otimista antes do maxiprocesso, mas no resto do país o sistema político tornava-se ainda mais disfuncional: um «Estado de não-direito».

O Estado de não-direito

Na Campânia, a derrota militar e judicial da Nuova Camorra Organizzata do Professor implicou que a coligação formada para o combater, a Nuova Famiglia, ficasse com toda a região para si. Uma vez assegurada a vitória, a NF mergulhou imediatamente numa sangrenta luta interna pelo controlo da economia pós-terremoto. Os primeiros sinais dessa guerra surgiram em Marano, a vila mesmo a norte de Nápoles onde o clã Nuvoletta — os vice-reis da Cosa Nostra na Campânia — tinha a sua conhecida casa de quinta.

Em 10 de Junho de 1984, quatro automóveis atravessaram ruidosamente o centro de Marano, com os seus ocupantes disparando desenfreadamente uns contra os outros com metralhadoras e pistolas. Um transeunte, Salvatore Squillace, de vinte e oito anos, foi atingido na cabeça: mais uma vítima inocente da violência da Camorra. Os *Carabinieri* que investigaram a sua morte seguiram o rasto dos automóveis até um lugar que eles conheciam bem, porque já o tinham revistado várias vezes: a casa de quinta rodeada de árvores que era a base operacional da Família criminosa dos Nuvolettas. Aí encontraram o rescaldo de um grande tiroteio. A fachada da casa estava esburacada por balas, e havia cartuchos vazios espalhados por toda a parte. Continuando as buscas, numa alameda que os afastava da casa, encontraram o corpo de um homem com a testa desfeita por um tiro de pistola disparado à queima-roupa: era um dos irmãos Nuvoletta mais novos, Ciro. Surpreendentemente, alguém lançara um ataque frontal aos *camorristi* mais poderosos da região.

Os primeiros jornalistas a relatar o incidente, conhecendo bem o protagonismo dos Nuvolettas na resistência à Nuova Camorra Organizzata, especularam que os homens do Professor eram os responsáveis. Seria o ataque o sinal de um ressurgimento da NCO? O verdadeiro significado da batalha em Marano só surgiria mais tarde. A geografia do poder da Camorra estava a mudar. Com a NCO a caminho da derrota, a aliança vitoriosa, a Nuova Famiglia, começara a fragmentar-se. Os Nuvolettas, a mais antiga dinastia da Camorra, o pilar em torno do qual a Cosa Nostra construíra o seu protetorado campaniense, estavam prestes a eclipsar-se. E com esse eclipse, a influência da máfia siciliana na Campânia chegaria ao fim, a Camorra amadureceria, e o rosto de grande parte da região seria transformado.

O homem que organizou o ataque espetacular e conclusivo à casa de quinta dos Nuvolettas chamava-se Antonio Bardellino. Bardellino nasceu em San Cipriano D'Aversa, uma de três povoações agrícolas contíguas (as outras são Casapesenna e Casal di Principe) a norte da base dos Nuvolettas. Décadas de construção ilegal transformaram estas povoações num labirinto de casas de dois pisos e ruas desordenadas. A zona, conhecida pelas suas árvores de fruto e pela sua indústria de mozarela de leite de búfala, já gozava de má reputação havia mais de um século: a campanha repressiva de Mussolini contra a camorra rural nos anos 20 concentrara-se neste lugar.

Embora viesse de um território da Camorra muito tradicional, Bardellino não passava de um arrivista quando comparado aos Nuvolettas: começou a sua carreira assaltando camiões. Pertencia formalmente à organização dos Nuvolettas e submetera-se ao ritual de iniciação da Cosa Nostra na casa de quinta de Marano. No entanto, a guerra entre a NCO e a NF depressa criou tensões entre Bardellino e os seus chefes. Como já vimos, tanto Lorenzo Nuvoletta como Michele Zaza, *'o Pazzo*, mostraram alguma relutância em se empenhar na campanha contra o Professor. Bardellino, pelo contrário, optou por uma atitude muito mais agressiva. Comandou uma equipa dedicada de jovens assassinos que se tornou numa das forças de combate mais eficientes da Nuova Famiglia — capaz de fazer frente à NCO, numericamente superior. Um dos aliados de Bardellino na altura recordou que eles se sentiam «como os Israelitas enfrentando os Árabes».

À medida que a guerra se arrastava, cresciam as divergências entre os Nuvolettas e Bardellino. Os irmãos Nuvoletta tinham ligações próximas com Totò Riina e os *corleonesi*. Bardellino, por sua vez, era sócio de alguns dos inimigos de Riina no Consórcio Transatlântico e passava cada vez mais tempo com eles fora da Campânia, na rota das drogas da América do Sul. Assim, as mesmas linhas de batalha traçadas na Sicília durante a Segunda Guerra da Máfia em 1981–3 reproduziam-se nos territórios campanienses da Cosa Nostra.

Em 1984, os *corleonesi* já sabiam que Bardellino tinha continuado a trabalhar com Homens de Honra sobreviventes da fação vencida na guerra da Sicília, desafiando assim a nova hegemonia de Totò Riina sobre a Cosa Nostra. Bardellino e os seus aliados, em contrapartida, já tinham a certeza de que os Nuvolettas tinham adotado uma estratégia traiçoeira durante a guerra contra a Nuova Camorra Organizzata. Obedecendo a ordens de Corleone, os Nuvolettas tinham mantido a sua Família fora do conflito, enquanto Bardellino e os seus assassinos sofriam as consequências da guerra. A intenção dos Nuvolettas tinha sido esperar até que o Professor e Bardellino se neutralizassem através dos combates, deixando-os livres para controlar toda a região.

Quando percebeu que a guerra com os Nuvolettas era inevitável, Bardellino voltou da sua base de tráfico de drogas no México especialmente para liderar os seus homens no ataque à quinta de Marano. Confissões posteriores deixariam claro que o ataque de Bardellino podia ter sido absolutamente devastador para os Nuvolettas: o *capo*, Lorenzo Nuvoletta, tinha planeado realizar dois encontros na sua quinta nessa altura, um com os seus principais comandantes e outro com a irmã do Professor; uma alteração de planos de última hora salvou-lhe a vida.

Assim, o conflito Bardellino-Nuvoletta de 1984 era uma reedição da guerra siciliana de 1981–3, só que em solo napolitano. Desta vez, contudo, o resultado foi diferente.

Depois do sucesso do assalto à casa dos Nuvolettas, Antonio Bardellino regressou ao seu tráfico de drogas na América do Sul, deixando a campanha contra os Nuvolettas nas mãos do seu principal aliado, Carmine Alfieri, conhecido simplesmente como *'o Ntufato* — «o Sr. Zangado». Alfieri vinha de outro bastião histórico do crime organizado na Campânia, a vila de Nola, conhecida pelo seu mercado de gado e terra natal do bandido italo-americano Vito Genovese. O Sr. Zangado era um comerciante de carne e agiota que crescera no meio da violência de classe média que caracterizava as povoações rurais dos arredores de Nápoles: o pai tinha sido assassinado quando ele era ainda jovem. Conheceu Raffaele Cutolo na prisão e foi convidado a ingressar na Nuova Camorra Organizzata. Quando recusou, o Professor matou-lhe o irmão. Alfieri juntou-se, então, à Nuova Famiglia.

As ações do Sr. Zangado revelaram-se ainda mais espetaculares e cruéis do que as de Bardellino. O seu primeiro grande ataque a aliados dos Nuvolettas foi um dos piores massacres na história do submundo italiano. No final da manhã de 26 de agosto, um velho autocarro de turistas parou na rua principal de Torre Annunziata, mesmo à porta de um clube de pescadores. As ruas estavam cheias de pessoas a passearem, a tomarem café ou a saírem da igreja. Ninguém reparou no autocarro — afinal, Torre Annunziata, que fica entre o monte Vesúvio, Pompeia e a península de Sorrento, era uma paragem frequente para grupos de turistas. Catorze assassinos, armados de uma mistura de metralhadoras, caçadeiras e pistolas, desceram calmamente os degraus do autocarro e começaram a disparar contra os homens que estavam a jogar às cartas e a conversar no clube de pescadores. Oito pessoas foram mortas. O clube, veio a saber-se, era um ponto de encontro para os aliados locais dos Nuvolettas, o clã Gionta, cujo líder era outro *camorrista* iniciado na Cosa Nostra na casa de quinta de Marano.

Para Carmine Alfieri, «o Sr. Zangado», o massacre foi uma vitória militar. Planeado com a intenção de lesar o prestígio dos Nuvolettas da forma mais ruidosa e visível possível, conseguiu o seu objetivo. O clã Nuvoletta, que também estava a sofrer rudes golpes infligidos pela polícia, pediu paz. A autoridade da Cosa Nostra na Campânia desmoronou-se. Muitas empresas de construção sicilianas a operar na Campânia abandonaram imediatamente a região, algumas sem sequer esperar pelo término dos projetos em que estavam a trabalhar.

A guerra contra os Nuvolettas deixou Carmine Alfieri como o *camorrista* mais poderoso na Campânia. Mas o Sr. Zangado aprendera as lições do colonialismo da Cosa Nostra e da megalomania do Professor, e não tentou impor um domínio centralizado. A camorra de Alfieri era uma confederação, como explicaria mais tarde o seu tenente. «Toda a gente continuava autónoma. Não éramos como a máfia siciliana... Cada grupo tinha o seu chefe, com homens de confiança que eram os mais espertos e empreendedores.»

A autoridade de Alfieri garantiu finalmente algum equilíbrio ao instável submundo da Campânia, embora o mapa do crime organizado na região estivesse muito mais fragmentado do que no auge do poder do Professor. Em 1983, no final da guerra entre a Nuova Camorra Organizzata e a Nuova Famiglia, havia uma dúzia de organizações *camorristi* na Campânia. Cinco anos depois, em 1988, existiam trinta e duas, muitas delas fações dissidentes da NCO e da NF.

Uma vítima distinta desta convulsão na Camorra foi o aliado de Alfieri, Antonio Bardellino, que não viveu o suficiente para gozar dos frutos da vitória sobre os Nuvolettas. Em 1988, no Rio de Janeiro, pagou o preço por ter delegado a gestão do seu território quando um dos seus subalternos o matou a golpes de martelo. Os seus sucessores — os jovens «israelitas» na vanguarda da Nuova Famiglia durante a guerra contra o Professor — não teriam o mesmo gosto por rituais ao estilo da Cosa Nostra. O último vestígio da influência siciliana sobre o submundo campaniense extinguia-se. A partir de então, a Camorra teria de se defender sozinha.

A fragmentação de alguns clãs da Camorra em meados da década de 80 não implicou que a Camorra como um todo se tornasse menos poderosa. Muito pelo contrário. A Nuova Camorra Organizzata de Cutolo, com os seus cultos, e a sua rival Nuova Famiglia, com as suas fações, tinham efetivamente milhares de soldados e dominavam vastas extensões do território campaniense. Mas porque existiram apenas no início do crescimento súbito da construção pós-terremoto, nunca conseguiram penetrar na economia e no sistema político como conseguiriam os clãs mais territoriais que lhes sucederam.

Os novos grupos *camorristi* de meados e finais dos anos 80 beneficiaram também de uma nova fase na combinação de crescimento económico e caos político que tem caracterizado a história recente de Itália. A economia italiana voltou a crescer no início dos anos 80. A inflação baixou, e houve uma expansão bolsista súbita entre 1982 e 1987. O grande caso de sucesso da década era o nordeste e centro do país, onde empresas pequenas e geralmente familiares produziam artigos especializados para exportação: tecidos de luxo, aparelhos de alta qualidade, óculos, botas de esqui, etc. Em 1987, o ministro das Finanças já podia afirmar que Itália ultrapassara o Reino Unido para se tornar na quinta maior economia do mundo. Itália entrou na era do consumismo sem escrúpulos, impulsionado por um aumento enorme da publicidade em novos canais de televisão privados, que ofereciam um regime abundante de telenovelas, concursos, filmes de Hollywood, desporto e donas de casa fazendo *striptease*.

Atrás desta fachada reluzente nem tudo estava bem na economia italiana. A evasão fiscal era generalizada. O Sul mantinha os seus problemas crónicos de ineficiência administrativa, baixas qualificações, ensino de má qualidade e ausência de investimento interno. Havia empresas clandestinas, não reguladas e não tributadas por toda a parte. É verdade que as gentes do Sul compravam a sua parte de calças de ganga Levis e sapatos Timberland no *boom* consumista. Mas o que gastavam vinha geralmente de fundos públicos e não de uma atividade económica produtiva. Não por acaso, a dívida pública de Itália aumentou inexoravelmente durante os anos 80, embora o Sul não fosse a única região responsável pelo crédito sem limites.

Os principais responsáveis pela dívida eram os suspeitos do costume: o Estado e o sistema político que devia geri-lo. Os antigos vícios do favoritismo político, nepotismo e criação de clientelas agravaram-se nos anos 80 — em parte porque existiam menos restrições. O Partido Comunista conseguira a sua maior percentagem de votos de sempre nas eleições gerais de 1976. Depois disso, entrou em declínio, encalhado pelo recuo final da maré de militância sindical no início dos anos 80. O PCI só podia assistir aos acontecimentos das margens, com os seus líderes desconcertados pelas mudanças.

A década foi dominada por uma coligação de cinco partidos, girando em torno da DC e do Partido Socialista, que parecia gastar a maior parte do seu tempo a discutir por cargos governativos. Intermináveis negociações e lutas pelo poder roubaram ao executivo a sua capacidade de fazer reformas, de fazer planos para o futuro ou de travar a despesa pública. O alargamento da democracia local (os governos regionais de Itália foram criados em 1970) apenas serviu para espalhar os mesmos métodos pela sociedade. Os partidos, e as fações partidárias, avançaram para colocar os seus homens em todos os cargos de influência possíveis: de ministérios, estações de televisão nacionais e bancos nacionalizados a autoridades de saúde locais. Esta «partidocracia», como era chamada, tornou-se completamente interesseira, afastando a política e o Estado da sua função normal de refletir a vontade do povo e administrar serviços públicos. Nasceu uma nova casta de «políticos de negócios»: o funcionário de um partido ou administrador público que, de forma sistemática, concedia contratos públicos em troca de subornos. Os políticos de negócios desviavam depois esses subornos ou, o que era mais frequente, reinvestiam-nos em fontes de poder pessoal: um partido ou fação de partido, uma súcia de amigos ou colegas maçons. Parte do dinheiro servia para publicitar a sua influência política e ausência de escrúpulos através do consumo ostensivo: um grande automóvel, um fato vistoso ou o casamento sumptuoso de uma filha. Quando alguma investigação sobre corrupção fazia as manchetes dos jornais, as classes dirigentes uniam-se para acusar os magistrados de parcialidade política.

No Sul, mas não apenas no Sul, este sistema político degradado era presa fácil das ameaças e caprichos do crime organizado. No mundo sem ética da partidocracia, as organizações criminosas eram apenas mais um lóbi que tinha de ser comprado. Para qualquer grupo político, tal como para qualquer empresa que quisesse fazer negócios com o setor público, ter *camorristi*, *'ndranghetisti* e mafiosos como amigos tornou-se numa vantagem competitiva na luta para monopolizar recursos públicos. Ao mesmo tempo que se tornavam mais violentas do que nunca, mais viciadas nos lucros do tráfico de drogas, a máfia, a Camorra e a 'Ndrangheta infiltravam-se cada vez mais no Estado — um Estado que, por sua vez, dominava cada vez mais setores da sociedade e da economia.

O crime organizado tornou-se indispensável. Recordando o crescimento da Camorra nos anos 80, um inquérito parlamentar de 1993 explicou-o desta maneira:

> Nas zonas dominadas pela camorra, a sociedade, as empresas e os organismos públicos mostram geralmente uma tendência para se tornar dependentes da organização da camorra. A camorra torna-se na grande mediadora, num elo fundamental entre a sociedade e o Estado, ligando o mercado ao Estado e a sociedade ao mercado. Os serviços,

> recursos financeiros, votos ou a compra e venda de bens estão todos sujeitos à mediação da camorra. As atividades da camorra criaram um «Estado de não-direito» generalizado.

A fronteira entre os negócios criminosos e os negócios legais nunca tinha sido tão indefinida. No setor da construção, era difícil discernir qualquer fronteira. Os *camorristi* chegaram tarde ao jogo da construção, mas no início dos anos 80 todos os principais clãs já podiam ostentar as suas próprias obras de betão. Pagar subornos e receber generosas subempreitadas tornou-se numa rotina.

Nápoles e as cidades da Campânia foram reconstruídas à execrável imagem do crime organizado. Pianura, um bairro inteiro com sessenta mil habitantes, próximo de Marano, a capital dos Nuvolettas, foi construído com dinheiro da Camorra e sem uma única licença de construção. Toda a grande Nápoles, nas palavras do relatório do inquérito parlamentar,

> tinha sido transformada numa conurbação só comparável a algumas das metrópoles que cresceram de forma rápida e caótica na América do Sul ou no Sudeste da Ásia: inabitável e labiríntica. Este nível de desordem ajuda a camorra a prosperar e a tornar-se vigorosa.

A construção ilegal tem efeitos corrosivos de longo prazo. As pessoas que vivem em casas edificadas sem licença de construção, ou as empresas sediadas em imóveis construídos ilegalmente, constituem uma vasta e vulnerável clientela para as eminências pardas menos escrupulosas. Ficam dependentes de favores das altas esferas para ver as suas propriedades ligadas à rede elétrica, à rede de estradas ou ao abastecimento de água. Precisam de ser protegidas de qualquer político ou administrador que decida fazer cumprir a lei e iniciar processos de demolição. E procuram a ajuda de qualquer político ou administrador que lhes conceda uma licença de construção com efeitos retroativos. Essas pessoas são os clientes perfeitos do político *camorrista*.

A Camorra (e o mesmo poderia dizer-se da Cosa Nostra e da 'Ndrangheta) explorava as fraquezas políticas e sociais de Itália com uma fria racionalidade empresarial. O gestor dos negócios de Antonio Bardellino explicou mais tarde o pensamento estratégico do seu clã:

> Nos anos 80, percebemos que tínhamos de «industrializar as atividades mafiosas» como os Nuvolettas já tinham feito. Precisávamos de fazer isso por várias razões: para ter capital sempre disponível; para podermos planear as futuras atividades da organização; e para que não acabássemos como a Nuova Camorra Organizzata de Cutolo, que já não tinha dinheiro para pagar o que devia aos seus filiados na prisão. Foi então que criámos o CONVIN, um consórcio de agregados para a construção. Em 1982, eu e Antonio Bardellino criámos também o CEDIC, um consórcio de fornecimento de betão. Confiámos a gestão do CEDIC a um projetista qualificado, Giovanni Mincione. Antes de ser nomeado presidente, Mincione foi iniciado ritualmente na organização de Antonio Bardellino com uma picada no dedo, enquanto uma imagem do santo padroeiro da nossa aldeia era queimada.

A força das armas e, por meio dela, o estabelecimento do controlo territorial, faziam obviamente parte desse plano de negócios. Depois do massacre de Torre Annunziata, a tropa vitoriosa de Antonio Bardellino afastou os Nuvolettas das pedreiras que forneciam areia e cascalho à indústria da construção.

O controlo territorial de Carmine Alfieri, «o Sr. Zangado», em redor da sua terra natal de Nola era tão incontestado, que ninguém teria sonhado com a adjudicação de uma empreitada exceto através dos seus bons ofícios. Todas as mercadorias do moderno império mafioso passavam pelas mãos de Alfieri: subornos e votos, drogas e betão, contratos e armas. Em apenas uma operação contra um dos tenentes de Alfieri na zona de Sarno e Scafati, a sudeste do monte Vesúvio, a polícia prendeu um antigo presidente de câmara, um chefe de uma autoridade de saúde local e três gerentes de bancos.

O massacre do autocarro em Torre Annunziata, que confirmou a supremacia de Alfieri na Camorra em 1984, acontecendo numa zona de intensa atividade turística, foi motivo para os políticos e os *media* competirem novamente pelo protesto mais ruidoso. O Estado italiano parecia ter perdido o controlo das ruas, com o seu direito de governar usurpado por mafiosos que estavam a mergulhar grande parte do Sul e da Sicília num banho de sangue. Em tempos a pergunta tinha sido: «Quando é que tudo isto vai acabar?» Agora a imprensa perguntava: «Quando é que ainda vamos bater no fundo?»

Teriam de esperar algum tempo. Por toda a Calábria, os *'ndranghetisti* guerrearam-se durante toda a década de 80, numa sequência aparentemente interminável de disputas por território. Depois, em 1985, deflagrou outro grande conflito em Régio da Calábria pelo controlo do tráfico de drogas e da construção. A chamada Segunda Guerra da 'Ndrangheta começou com estrondo: em 11 de outubro de 1985, em Villa San Giovanni — um horrível porto de ferribotes a norte de Régio —, um *FIAT Cinquecento* cheio de dinamite explodiu matando três pessoas. O alvo pretendido, o chefe local Antonio Imerti, *Nano Feroce* («Anão Feroz»), sobreviveu. Mas o equilíbrio de poderes criminosos em vigor desde o fim da anterior guerra em 1976 foi destruído.

A Primeira Guerra da 'Ndrangheta deixara Paolo De Stefano enquanto chefe dominante na cidade de Régio da Calábria e arredores. A autoridade de De Stefano na cidade tinha a bênção das instituições regionais da 'Ndrangheta. Ele garantiu a um dos seus tenentes que «vivia para fazer justiça, porque era o enviado armado de Nossa Senhora de Polsi, que o usava para matar e eliminar toda a escumalha e todos os intriguistas desonrados na 'ndrangheta».

Foi De Stefano quem tentou matar Antonio Imerti. Dois dias depois, estava a andar de motocicleta perto de Archi, o novo e degradado bairro de Régio da Calábria que era a sua fortaleza, quando os assassinos o apanharam.

Depois da morte de Paolo De Stefano, o submundo de Régio da Calábria voltou a dividir-se em duas fações, e mergulhou numa guerra aparentemente interminável. Os chefes da 'Ndrangheta do Canadá tentaram intervir para estancar o derramamento de sangue, mas sem sucesso. Seis anos se passaram, e seiscentas vidas se perderam antes de se chegar a um compromisso. Quando os juízes tentaram reconstituir os acontecimentos da Segunda Guerra da 'Ndrangheta, a sua narrativa de como tudo começou parecia impregnada de uma indignação justificada: «Grandes flutuações de poder. Casamentos para selar pactos. Alianças secretas. Estes foram os sinais de aviso do conflito — um conflito entre personalidades criminosas antagónicas todas tão ardilosas como estupidamente determinadas a prosseguir com um massacre inútil.» No fim, segundo os mesmos juízes de instrução, «os protagonistas da guerra, que acabaram por ser dizimados, atingiam irracionalmente vítimas escolhidas ao acaso só para poderem demonstrar — talvez mais a si mesmos do que aos seus adversários — que ainda existiam».

A guerra das máfias tornara-se na sua própria causa. A Sicília, a Campânia e à Calábria corriam o risco de se transformar em «narcorregiões», grandes impérios de corrupção, farsas tenebrosas de uma Europa civilizada à qual diziam pertencer.

'U maxi

O maxiprocesso de Palermo começou em 10 de fevereiro de 1986, no meio de um mal disfarçado ceticismo na imprensa internacional. Os correspondentes estrangeiros pareciam perplexos com a escala do empreendimento: três mil polícias ocupando a zona do tribunal-búnquer; uma equipa suplente de juízes e jurados, na eventualidade de alguma coisa acontecer à primeira; quatrocentos e setenta e cinco réus, um quarto dos quais seria julgado *in absentia* — incluindo, claro, o próprio Totò Riina. O *New York Times* resumiu o «teorema de Buscetta» em termos que davam a entender que Falcone e Borsellino estavam a lutar contra moinhos de vento: «A acusação tentará provar como atos individuais faziam parte de uma vasta conspiração criminosa nascida há séculos e hoje capaz de se estender de Banguecoque a Brooklyn.»

No Reino Unido, o *Economist* referiu-se à Comissão de Palermo, o órgão dirigente da Cosa Nostra, como «semimítica». O *Observer* chamou ao maxiprocesso um «julgamento-espetáculo» cujos únicos precedentes remontavam à época fascista. O *Guardian* foi ainda mais desdenhoso, dizendo que todo o acontecimento fazia lembrar «uma produção de Barnum e Bailey» — ou seja, um circo ou um espetáculo de aberrações.

Estas opiniões escondiam obviamente uma série de lugares-comuns: o trabalho do grupo antimáfia, tal qual a campanha fascista contra a máfia que ocorria inevitavelmente à memória, era uma mistura tipicamente italiana do sinistro, do melodramático e do grotesco.

Contudo, os *media* estrangeiros não foram os únicos a basear-se em estereótipos. Em Itália, tal como no estrangeiro, a campanha antimáfia de Mussolini era frequentemente evocada como equivalente ao maxiprocesso de Falcone e Borsellino. Mas o que as pessoas queriam dizer com «fascismo» não era mais do que uma grosseira metáfora — a imagem de uma aliança diabólica entre a propaganda e a brutalidade do Estado. Por outras palavras, o fascismo da memória popular pouco tinha que ver com a realidade contraditória do que efetivamente tinha acontecido nos anos 20 e 30. As medidas repressivas de Mussolini na Sicília ocidental tiveram certamente o seu lado violento, mas foram também surpreendentemente fracas. Em 1932, só para dar um exemplo, muitos mafiosos condenados pouco tempo antes foram libertados numa amnistia concedida para celebrar o décimo aniversário da subida ao poder do Duce. A verdade é que o maxiprocesso só tinha comparação com o fascismo na mente dos seus inimigos.

No entanto, os céticos pareciam ver os seus preconceitos confirmados pela abertura excessivamente lenta dos trabalhos. O juiz demorou três horas só a ler as acusações; e dois dias a verificar se todos os réus tinham advogados. Como estavam habituados a fazer, os mafiosos tentaram desacreditar o tribunal: alguns alegaram insanidade mental ou doença; outros levantaram intermináveis questiúnculas processuais ou queixaram-se ruidosamente das condições da prisão. O juiz presidente, Alfonso Giordano, não deixou perturbar-se, mas também escutou todas as queixas razoáveis dos réus e dos seus advogados. Nos meses seguintes, mostraria reservas de paciência e bom senso que lhe granjeariam merecidos elogios. O maxiprocesso seria muitas coisas, mas não uma farsa.

Falcone, Borsellino e Caponnetto responderam aos muitos críticos e céticos numa série de entrevistas. Negaram veementemente que a acusação se baseara apenas em denúncias de antigos criminosos. Tinha sido reunida uma quantidade enorme de provas para corroborar o que Tommaso Buscetta, Totuccio Contorno e os outros arrependidos alegavam. Falcone e Borsellino orgulhavam-se de poder afirmar que o maxiprocesso incluía também a maior investigação de registos bancários na história italiana. Negaram que estivessem a tentar fazer justiça coletiva, ignorando as circunstâncias específicas de cada réu. Como argumentaram os dois magistrados, nenhum dos crimes individuais fazia sentido fora da conjuntura mais geral de uma luta pelo poder no seio de toda a Cosa Nostra; esses crimes eram batalhas locais travadas no contexto de uma estratégia de guerra. Acima de tudo, os magistrados garantiam que o maxiprocesso não era um espetáculo gigantesco. A natureza unitária da Cosa Nostra não podia ser comprovada sem o julgamento de um grande número de mafiosos ao mesmo tempo.

Falcone e Borsellino tinham evidentemente toda a razão em dizer o que diziam. Tinham também a astúcia política para o dizer. Qualquer cedência à ideia de que tinham escrito o guião para um extravagante espetáculo judicial podia expô-los à acusação dos seus inimigos de que eram apenas exibicionistas ambiciosos. No entanto, na Sicília, onde o poder da Sociedade Honrada fora até então tão temeroso quanto invisível, a visão de mafiosos sendo interrogados em tribunal contribuiu para ferir a aura de invencibilidade da máfia. Era por isso inevitável que o maxiprocesso fosse um espetáculo.

O espetáculo começou a sério em 3 de abril de 1986, quando o insistente ruído de fundo de discussão e conversa das jaulas dos réus foi finalmente silenciado pela declaração do juiz Giordano de que Tommaso Buscetta estava pronto para depor. O Chefe dos Dois Mundos ia cumprir a sua promessa histórica de não se retratar das suas confissões. Os acusados pareciam absortos quando ele falou — primeiro atrás de uma fila de polícias, e depois atrás de um escudo portátil à prova de bala que tinha sido uma exigência das autoridades dos EUA. Ao longo de uma semana, Buscetta confirmou a estrutura da Cosa Nostra tal como a havia explicado a Giovanni Falcone, e contou a história da ascensão dos *corleonesi*. Embora esta fosse a peça central da acusação, não era novidade para o público: diagramas da estrutura piramidal da máfia tinham aparecido em todos os jornais desde que o *pool* anunciara que Buscetta se havia «arrependido».

Extraordinariamente, um dos réus pediu a oportunidade de interrogar Buscetta cara a cara. Pippo Calò não era um mafioso qualquer. Iniciado na Família de Porta Nuova da Cosa Nostra pelo próprio Buscetta, subira na hierarquia para se tornar no representante da Família e se aliar a Totò Riina. No início dos anos 70, Calò tinha sido transferido para Roma, onde colaborou estreitamente com a Banda della Magliana, partilhando os seus contactos com terroristas de direita. Os investimentos que geria em nome dos chefes de Palermo levaram a imprensa a apelidá-lo de «Tesoureiro da

Cosa Nostra». No maxiprocesso, Calò era acusado de sessenta e quatro homicídios. Noutro processo, tinha também sido acusado de colocar uma bomba num comboio da linha Nápoles-Milão. (A acusação acabou por ser confirmada.) Em 23 de dezembro de 1984, uma bomba explodiu no túnel de uma montanha entre Florença e Bolonha; dezassete pessoas foram mortas, incluindo Federica Taglialatela (de doze anos) e toda a família De Simone, constituída por Anna e Giovanni (de nove e quatro anos respetivamente), e os pais. O objetivo de Calò ao planear esta chacina de pessoas inocentes era desviar a atenção do governo da Cosa Nostra e dirigi-la para o terrorismo. Os polícias que investigaram a «bomba do comboio de Natal» (como foi chamada) encontraram em casa de Calò um arsenal que incluía minas antitanque.

Pippo Calò, envergando uma camisa amarela e calças boca de sino fulvas, com o cabelo grisalho penteado para trás por cima das orelhas e do colarinho, cobrindo uma careca, atravessou a passos largos e rápidos o chão verde do tribunal-búnquer. O seu sorriso afetado denunciava a convicção suprema de que cento e cinquenta anos de impunidade da máfia siciliana não iriam terminar tão cedo. Buscetta «mentia com todos os dentes», declarou; tinha baseado o seu depoimento em *O Padrinho*, e não era de confiança por causa da sua vida familiar imoral. (O arrependido «que fizera história» tinha casado três vezes.)

A retaliação de Buscetta foi fulminante. Quanto a valores familiares, Calò participara nas reuniões da Comissão que tinham condenado à morte o irmão e o sobrinho do próprio Buscetta: o seu único «crime» tinha sido serem parentes do Chefe dos Dois Mundos. Buscetta acusou também Calò de estrangular outro membro da Família de Porta Nuova com as próprias mãos.

Em resposta, Calò titubeou visivelmente. Após negar conhecer a vítima do estrangulamento, foi obrigado a confessar que a conhecera na prisão. Depois deste recontro, nenhum outro réu ousou desafiar Buscetta diretamente.

Surgiram cada vez mais provas da barbaridade da Cosa Nostra. Particularmente chocante foi o depoimento de um pequeno criminoso dos bairros degradados de Palermo chamado Vincenzo Sinagra, que falou num dialeto quase incompreensível. A relação de Sinagra com a máfia tinha começado quando cometera o terrível erro de assaltar alguém com ligações à organização — um crime capital no sistema de valores da Cosa Nostra. Mas como tinha um primo que era Homem de Honra, Sinagra recebeu a oportunidade de trabalhar para a máfia durante a sua campanha de assassínios de 1981–3. Preso depois de ter falhado um assassínio, Sinagra fizera uma tentativa pouco convincente de se fingir de louco. Maioritariamente graças aos extraordinários poderes de empatia de Paolo Borsellino, esta figura miserável foi então persuadida a confiar no Estado e a confessar todos os seus homicídios. Explicou que recebera o equivalente a duzentos ou trezentos dólares por mês para ajudar um dos assassinos mais impiedosos de Riina a torturar e estrangular as suas vítimas, e depois a dissolver os corpos em ácido — um processo que descreveu ao tribunal com clareza singela e pormenores horríveis.

Comparadas com depoimentos como o de Sinagra, as palavras dos chefes mafiosos pareciam grotescamente afetadas, separadas por uma distância quase absurda das realidades das suas vocações. O *capo* cuja atuação permaneceria mais tempo na memória do público foi Michele Greco, «o Papa», o presidente nominal da Comissão na altura da Segunda Guerra da Máfia, mas na realidade um mero bode expiatório de Totò Riina. Favarella, a herdade de Greco em Ciaculli, tinha sido o palco de grande parte dos acontecimentos no início dos anos 80. Tinha abrigado uma refinaria de heroína, e as suas grandes adegas eram um refúgio seguro para assassinos em fuga. Recebera também muitas das reuniões da Comissão.No final de 1982, o Papa organizara o banquete no qual Saro Riccobono, o chefe da Família de Gaspare Mutolo, o «Sr. Champanhe», tinha sido estrangulado na sua cadeira enquanto os seus homens eram perseguidos e capturados entre as árvores de fruto.

Sentado de fato azul-escuro diante do microfone no amplo espaço do tribunal-búnquer, Greco insistiu em prefaciar o seu interrogatório com uma declaração lapidar: «A violência não faz parte da minha dignidade. Permitam-me que vos repita isso: a violência não faz parte da minha dignidade.» Greco proferiu estas palavras, cuidadosamente intercaladas por pausas graves, como se tivesse acabado de enunciar uma das leis fundamentais da física pela primeira vez na história. Tudo levava a crer que ele pensava que uma simples reafirmação do seu bom caráter bastaria em si para garantir uma absolvição. Depois, culpou o cinema por colocar ideias nas cabeças dos arrependidos. «Há certos filmes que são a ruína da espécie humana. Filmes violentos. Filmes pornográficos. São a ruína da espécie humana. Porque se [Totuccio] Contorno, em vez de ter visto *O Padrinho*, tivesse visto *Moisés*, por exemplo, não teria proferido tais calúnias.»

O interrogatório menos espetacular no maxiprocesso foi também um dos mais reveladores e intrigantes. Em 20 de junho de 1986, Ignazio Salvo entrou no tribunal-búnquer num elegante fato azul-claro e com uma mala na mão. Durante trinta anos, antes de ser arrastado para a ribalta da publicidade e da justiça pelo grupo antimáfia, Ignazio tinha controlado as concessões de cobrança de impostos em grande parte da Sicília com o seu primo Nino. Os lucros inflacionados do seu roubo legal eram investidos nas agroindústrias, turismo, imóveis e na compra de influência política no seio da DC, essencial a todo o negócio. Nino Salvo, que tinha morrido de cancro mesmo antes do julgamento, era um homem mais expansivo do que o primo. Quando foi chamado ao Palácio da Justiça, a sua voz ruidosa proferira uma confissão (e um ameaça velada) que ecoara pelo átrio de mármore e vidro do edifício: «Os Salvos pagaram a todos os partidos políticos. Dinheiro para todos eles: sem exceções.»

Ao contrário da maioria dos outros arguidos no maxiprocesso, Ignazio Salvo não tinha sido encarcerado na Ucciardone, encontrando-se em prisão domiciliária. Com os seus óculos de leitura a meio do nariz comprido, dirigiu-se ao juiz presidente com uma precisão descontraída. Começou por dar uma resposta, ponto por ponto, às alegações de Buscetta e depois lançou-se numa explicação longa e monótona das resmas de provas documentais que trazia na mala. «Parece entediado», disse a determinada altura ao juiz, com um pequeno sorriso de desdém; como se através da opressiva força do tédio, o homem mais rico e poderoso da Sicília esperasse ser esquecido e regressar aos bastidores do seu negócio.

Os Salvos eram bastante próximos de Stefano Bontate, o «Príncipe de Villagrazia», e de outros membros da nata traficante de drogas da Cosa Nostra. Essa amizade tinha saído cara aos primos. Em 1975, o sogro de Nino Salvo foi raptado pelos *corleonesi* e nunca mais voltou. Em 1981, os Salvos ficaram compreensivelmente aterrorizados quando Totò Riina começou a matar Bontate e os seus aliados. Para se proteger, Nino decidiu fazer uma longa viagem no seu iate. Entretanto, Ignazio permanecera em Palermo tentando freneticamente entrar em contacto com Tommaso Buscetta para saber o que se estava a passar e para organizar a resistência ao golpe de Totò Riina. Seria o princípio do fim do poder dos Salvos.

A resposta de Ignazio Salvo à narrativa do Ministério Público, além de procurar entediar e imobilizar o tribunal, foi um argumento de uma subtileza diabólica:

> Durante muitos anos, o Estado esteve praticamente ausente da luta contra a máfia. A conivência e a cumplicidade eram tão comuns, que os cidadãos ficaram indefesos ante o poder das organizações mafiosas. A única coisa que podíamos fazer era tentar sobreviver evitando as ameaças, sobretudo a membros da família, e sobretudo quando a nossa atividade enquanto homens de negócios nos colocava necessariamente em contacto com essas organizações. Eu nunca fui um mafioso. Mas sou um dos muitos empresários que, apenas para sobreviver, tiveram de fazer um acordo com estes *inimigos da sociedade*.

«Que podíamos fazer?», perguntava Ignazio Salvo. «Julgávamos que tínhamos feito cedências suficientes aos homens de violência para nos deixarem em paz. Infelizmente, estávamos enganados, e acabámos por ser alvos de um rapto. Não somos culpados, mas vítimas.»

Esta defesa era parcialmente confissão e parcialmente desculpa — ambas completamente desonestas. Várias gerações de latifundiários e empresários sicilianos tinham produzido *exatamente* o mesmo argumento quando as suas ligações aos mafiosos foram descobertas.

Buscetta e os outros arrependidos sabiam que Ignazio Salvo era um Homem de Honra da Família de Salemi da Cosa Nostra — o seu subchefe, na realidade. Já em 1971, o então coronel dos *Carabinieri* Carlo Alberto Dalla Chiesa tinha apresentado um relatório afirmando que Ignazio era um mafioso e que o pai deste, Luigi, tinha sido o *capo* da cidade. O trabalho de Falcone e Borsellino sobre registos bancários revelou que os Salvos exportavam capital ilegalmente — os lucros da máfia, muito provavelmente. Mas a verdadeira esfera de influência dos primos residia *fora* da irmandade criminosa. Nesse aspeto, a análise dos Salvos feita por Buscetta era uma lição sobre as relações subtis entre a máfia e o sistema económico e político da Sicília.

> O papel dos Salvos na Cosa Nostra é modesto. Mas a sua importância política é enorme, porque sei das suas relações diretas com deputados extremamente bem conhecidos, alguns dos quais de Palermo, cujos nomes não fornecerei.

«Cujos nomes não fornecerei» — o que Buscetta estava a dizer era que os Salvos constituíam a ligação entre a Cosa Nostra e a política. Mas não diria *que* políticos. Ele avisara Falcone, logo no início das suas conversas, de que considerava que Itália ainda não estava pronta para essas revelações, que teriam sido mais controversas, difíceis de provar e mais perigosas. Ignazio Salvo seria o mais próximo que o maxiprocesso conseguiria chegar do assunto sensível dos amigos «intocáveis» da máfia no seio das instituições do Estado. No entanto, a mensagem da presença de Ignazio Salvo no maxiprocesso era, apesar de tudo, clara: seguir-se-iam mais revelações de escândalo político.

Mesmo antes das vinte e uma horas de 7 de outubro de 1986, houve uma interrupção breve e terrivelmente cruel nas tréguas da máfia que tinham acompanhado o maxiprocesso. Claudio Domino era um rapaz de onze anos de San Lorenzo na Piana dei Colli, a faixa de terra a norte de Palermo onde o crescimento súbito da construção sustentado pela máfia plantara blocos de betão ao acaso no meio dos pomares de limoeiros e das vacarias. Claudio tinha ido buscar pão para o jantar da família quando um motociclista vestido de cabedal, numa ruidosa *Kawasaki*, o chamou. Enquanto Claudio olhava fascinado para a máquina, o homem sacou de uma pistola e baleou-o na testa a menos de um metro de distância.

Por todo o país, a dor e a ira competiam com a especulação nos *media*. A morte de Claudio estaria ligada ao facto de o pai ter sido contratado para limpar o tribunal-búnquer? O rapaz teria visto alguma coisa que não devia? Milhares de pessoas compareceram no funeral. Os jornais relataram o grito angustiado do irmão de Claudio: «E dizem eles que são Homens de Honra!»

No dia do funeral, da jaula número quinze do tribunal-búnquer, Giovanni Bontate pediu que lesse uma declaração escrita. Articulando metodicamente as suas palavras, o mafioso que denunciara o irmão aos *corleonesi*, dirigiu-se ao tribunal:

> Associamo-nos à família Domino no seu sofrimento. Refutamos a ideia de que um ato tão bárbaro possa ter alguma coisa que ver connosco. Rejeitamos as acusações e ataques indiscriminados que a imprensa tem lançado contra os réus. Estamos comovidos. Nós também temos filhos. Pedimos um minuto de silêncio.

A hipocrisia desta pose moral não é menos chocante agora que sabemos o que realmente aconteceu a Claudio. Um bando de traficantes de drogas a quem a Cosa Nostra subcontratara a distribuição na zona de San Lorenzo matou o rapaz, porque suspeitava de que ele tivesse fornecido informações à polícia. Por ordem da Comissão, o assassino de Claudio foi depois eliminado. Surgiram boatos não confirmados de que o pai de Claudio tinha sido metido na mala de um carro e levado para uma garagem isolada; aí, mostraram-lhe o que tinha acontecido ao assassino do filho e avisaram-no de que não fizesse mais ruído.

A declaração de Giovanni Bontate era uma tentativa de apresentar a máfia enquanto uma representante da ordem, uma força policial informal com raízes na comunidade: como os seus defensores ao longo da história tantas vezes a haviam descrito. Por outras palavras, o chefe mafioso fictício Turi Passalacqua, do filme *Em Nome da Lei*, parecia novamente erguer a sua voz. Mas desta vez a propaganda foi contraproducente. Bontate empregou uma palavra muito significativa na sua declaração: «nós». Isto é, «Nós, a Cosa Nostra». Ao tentar desvincular a sua organização do homicídio de Claudio Domino, Giovanni Bontate reconhecera implicitamente o que a acusação estava a tentar provar: que a máfia siciliana existia. Foi um erro desastroso que saiu muito caro a Bontate quando o maxiprocesso terminou. Depois de ser condenado, e enquanto aguardava o recurso, foi-lhe decretada prisão domiciliária devido a uma hérnia discal (imagine-se). Certa manhã, ainda de roupão, abriu a porta para receber dois amigos. Ofereceu-lhes café e eles aceitaram. Quando terminou a conversa, os amigos levantaram-se para sair e mataram Giovanni Bontate e a mulher a tiro.

Depois dos depoimentos dos principais chefes da máfia, o maxiprocesso prolongou-se ainda durante mais de um ano. Uma quantidade enorme de dados bancários e outras provas tiveram de ser averiguadas. Os parentes das vítimas da máfia também tiveram a oportunidade de depor. Era difícil dizer quem oferecia o espetáculo mais confrangedor: os que pediam, entre lágrimas, informações sobre o local onde os seus entes queridos tinham sido enterrados, ou os que, manifestamente aterrorizados, recitavam o refrão familiar: «Não vi nada. Não sei nada.»

Em abril de 1987, o Ministério Público recapitulou a sua argumentação: um processo que levou mais de duas semanas. Quando um dos dois delegados finalmente se sentou depois de oito longos dias de oratória, percebeu que não era capaz de voltar a levantar-se e teve de esperar pelo fim dos trabalhos para ser transportado em braços pelos *Carabinieri* para fora do tribunal.

Um a um, o exército de quase duzentos advogados de defesa tomou então a palavra para apresentar as suas alegações finais; um processo que durou meses.

Finalmente, em 11 de novembro de 1987, os juízes e o júri retiraram-se para deliberar. Mas mesmo antes de o fazerem, Michele Greco, «o Papa», fez saber que queria dirigir-se a eles. O seu breve discurso viria a ser o mais famoso de todo o maxiprocesso.

> Desejo-vos paz, Meritíssimo. Desejo-vos a todos paz. Porque a paz, a tranquilidade e a serenidade de espírito e consciência... São para a tarefa que vos aguarda. A serenidade é a base fundamental para o julgamento. Não são palavras minhas: são palavras de Nosso Senhor, o Seu conselho a Moisés. Que haja serenidade total quando tiverem de julgar. É a base fundamental. Além disso, Meritíssimo, desejo que essa paz vos acompanhe para o resto da vida.

Uma ameaça, evidentemente. Mas encoberta na linguagem nauseante que caracterizara toda a defesa do Papa: ele era um homem de família, um produtor de citrinos e cristão devoto que nada sabia acerca de máfia e de drogas.

Imperturbável como sempre, o juiz Giordano respondeu apenas: «É o que também desejamos.»

Cinco semanas depois, cerca de vinte e dois meses após o início dos trabalhos, foi pronunciado o veredicto. Prisão perpétua para dezanove homens, incluindo Totò Riina, Michele Greco, «o Papa», e três chefes que, sem que o resto do mundo soubesse, já tinham sido punidos pela justiça mais célere da própria Cosa Nostra. Pippo Calò foi condenado a vinte e três anos de prisão. O cobrador de impostos Ignazio Salvo foi condenado a seis anos por ser membro pleno da Cosa Nostra — um «inimigo da sociedade», para usar as suas próprias palavras.

Tão impressionantes quanto as penas pesadas foram as absolvições: cento e catorze no total. Até o mentor *corleonese* de Totò Riina, Luciano Liggio, foi absolvido, porque o tribunal concluiu que não existiam provas suficientes de que ele estivesse a dar ordens aos seus homens de dentro da prisão desde meados dos anos 70. Os dois mil seiscentos e sessenta e cinco anos de prisão distribuídos pelos culpados representavam menos dois mil e dois do que o total pedido pelo Ministério Público. Mesmo aqueles que se haviam mostrado céticos em relação ao maxiprocesso tinham de reconhecer que este manifestamente *não* administrara uma justiça sumária em massa.

O resultado foi motivo de celebração. Foi considerado por quase todos uma vitória para a justiça. A veracidade dos depoimentos dos arrependidos foi reconhecida. A descrição da Cosa Nostra e da sua estrutura feita por Buscetta foi confirmada. Por outras palavras, a máfia siciliana existia.

Ou existiu pelo menos durante algum tempo. Falcone e Borsellino tinham avisado de que o maxiprocesso era apenas o princípio. Teriam de aguardar o resultado do recurso. E depois a decisão do Supremo Tribunal. Havia ainda muito tempo para a Cosa Nostra ripostar, e depois voltar a desaparecer nas brumas da história.

Um passo em frente, três para trás

Logo nas suas primeiras conversas com Giovanni Falcone em 1984, Tommaso Buscetta, «o Chefe dos Dois Mundos», pôs o magistrado de sobreaviso:

> Estou a avisá-lo, juiz. Depois deste interrogatório, vai tornar-se numa celebridade. Mas eles tentarão destruí-lo física e profissionalmente. Farão o mesmo comigo. Não se esqueça de que a Cosa Nostra terá sempre uma conta para ajustar consigo enquanto for vivo.

A profecia de Buscetta começou a concretizar-se nos meses e anos que se seguiram à conclusão do maxiprocesso em 1987. O que Falcone tinha pela frente não era apenas uma nova ameaça de violência. (Como se descobriria mais tarde, os planos da Cosa Nostra para o matar atingiram uma fase avançada em vários momentos entre 1983 e 1986; Totò Riina encomendara até testes de bazucas.) O perigo também não vinha apenas dos apurados métodos de espionagem, intriga e desinformação da máfia siciliana. Além disso, Falcone teve de enfrentar resistências no seio do próprio sistema judicial. O resultado foi uma experiência concomitantemente humilhante e aterrorizadora.

Hoje em dia, Giovanni Falcone é recordado como um ícone nacional. Qualquer país ficaria feliz por o ter entre os seus heróis. Todavia, o frívolo culto do herói a que ele é hoje inevitavelmente submetido, e as falsas homenagens que lhe são prestadas até pelos políticos mais duvidosos, ainda provocam algum ressentimento entre aqueles que o apoiaram durante os seus dias mais sombrios. Estes estão decididos, justamente, a assegurar que Falcone e Borsellino permaneçam figuras controversas na morte tal qual foram em vida. Pois enquanto as máfias de Itália continuarem a existir, e enquanto houver convivência institucional com as máfias, Falcone e Borsellino devem preservar a sua carga contraditória.

No final dos anos 80, Falcone, particularmente, foi arrastado para uma série de enervantes querelas institucionais que teriam destruído um homem mais fraco. O grupo antimáfia e o maxiprocesso melindraram alguns instintos conservadores profundamente enraizados entre os juízes. O sistema do *pool* punha em causa a estimada visão do magistrado enquanto figura solitária, responsável apenas perante a sua consciência e a lei. Alguma da resistência a Falcone era, por isso, bem-intencionada: estava em jogo a própria natureza da vocação do magistrado. Mas se o conservadorismo tivesse sido tudo o que Falcone tivesse tido de enfrentar, não teria passado por tão grandes provações. Forças mais nefastas uniram-se para criar um atoleiro de oposição: a inveja profissional; conflitos territoriais entre fações; uma atitude mesquinha de apego a regras e rotinas; e o medo enraizado do talento em todas as instituições italianas. Em suma, os inimigos de Falcone foram, no mínimo, responsáveis por uma completa incapacidade de avaliar os perigos que Falcone e o seu trabalho corriam depois da conclusão do maxiprocesso. Não conseguiram perceber a ameaça que a Cosa Nostra representava, e como eram ardilosos os seus esforços para marginalizar Falcone e desmantelar o que tinha sido alcançado até então, com um custo tão terrível em sangue. Os inimigos de Falcone também não perceberam como ele estava exposto à «combinação fatal» definida pelo general Carlo Alberto Dalla Chiesa antes do seu assassínio em 1982: o magistrado que representava o maior perigo para a Cosa Nostra seria inevitavelmente prejudicado por qualquer sugestão de que se encontrava isolado.

Muitos dos inimigos de Falcone e Borsellino recorreram às ideias do escritor mais célebre da Sicília. Em 10 de janeiro de 1987, com o maxiprocesso ainda a decorrer, Leonardo Sciascia publicou uma crítica a um livro no *Corriere della Sera*, o jornal do sistema. O livro em questão era um estudo do fascismo e da máfia siciliana por um jovem historiador britânico, Christopher Duggan, que apresentava uma tese altamente controversa: a máfia não existia, mas Mussolini tinha empolado os boatos de uma organização criminosa secreta com o fim de atacar os seus inimigos políticos na ilha. Muito mais controversos eram os paralelismos que Sciascia estabelecia com a atualidade: a antimáfia tornara-se novamente num «instrumento de poder», afirmava. O romancista citava dois exemplos. Um era Orlando, o presidente da câmara de Palermo, que passava tanto tempo a apresentar-se enquanto líder da campanha antimáfia, que negligenciava os deveres mais básicos de gestão da cidade, dizia Sciascia. Ninguém ousava contrariá-lo com medo de ser rotulado de mafioso. O outro exemplo era Paolo Borsellino, que acabara de ser nomeado procurador-chefe em Marsala, apesar de ter servido muito menos tempo na magistratura do que outros candidatos ao cargo. Como dizia Sciascia na cínica conclusão do seu artigo: «Se quiserem progredir na magistratura na Sicília, não há melhor maneira de o fazer do que participar em julgamentos da máfia.»

Borsellino, por outras palavras, era um simples carreirista. Como seria de esperar, a crítica de Sciascia causou uma enorme polémica.

Os factos desmentiam claramente a insinuação de Sciascia. Teria sido mais correto dizer que não havia melhor maneira de um magistrado acabar num caixão do que participar em julgamentos da máfia. Desde 1979, quatro magistrados da linha da frente tinham sido assassinados pela Cosa Nostra, e um quinto pela 'Ndrangheta. Outros tiveram a sorte de sobreviver a tentativas de assassínio. Mas mais iriam morrer. O que levou Borsellino a mudar-se para Marsala, em Trapani, a província mais ocidental da Sicília, não foi certamente a ambição. Ele sabia que a província de Trapani era uma importante base de poder dos *corleonesi* e o local onde funcionou, até 1985, a maior refinaria de heroína alguma vez descoberta em Itália. A promoção de Borsellino baseou-se, invulgarmente para o país, no mérito e não na antiguidade — na sua «competência profissional específica e muito particular no setor do crime organizado», como dizia a explicação oficial para a sua promoção. No entanto, Sciascia citara este trecho na sua crítica como se o mesmo fosse evidentemente uma razão para lançar a dúvida sobre a legitimidade da transferência de Borsellino.

Sciascia viria a arrepender-se mais tarde da sua crítica, que se revelou um passo final desastroso na sua carreira enquanto porta-

-voz da dissidência intelectual. Ele merece ser lembrado pelas páginas incisivas que escreveu sobre a máfia nos anos 60, quando a maioria dos outros escritores se recusava a abordar o assunto. Mas o arrependimento surgiu tarde de mais. Sciascia dera voz às antigas suspeitas sicilianas sobre o Estado; e o título da sua recensão crítica — «*Professionisti dell'antimafia*» ou «Profissionais da antimáfia» — dera aos inimigos de Falcone e Borsellino o seu *slogan*.

O golpe seguinte contra a causa de Falcone e Borsellino foi talvez o mais devastador. O *slogan* de Sciascia passou a ouvir-se nos corredores romanos do Consiglio Superiore della Magistratura (Conselho Superior da Magistratura), o órgão que protegia a independência dos juízes contra o governo, decidia sobre nomeações e administrava a disciplina dentro do sistema judicial. No final de 1987, Antonino Caponnetto, o chefe de Falcone e Borsellino e o homem que tinha orientado o nascimento do grupo antimáfia, passou à reforma. Havia ainda muito trabalho a fazer. Dois outros maxiprocessos estavam a ser preparados. Desde a primavera de 1987, Falcone fazia voos semanais para Marselha, onde um importante novo arrependido, Antonino Calderone, estava a confessar tudo. Falcone era a escolha natural para substituir Caponnetto, garantindo assim a continuidade do trabalho dos magistrados antimáfia.

Mas o Conselho Superior da Magistratura tinha uma opinião diferente. Em 19 de janeiro de 1988, por uma pequena maioria, decidiu *não* conceder o cargo de Caponnetto a Falcone. O posto foi para Antonino Meli, um magistrado vinte anos mais velho do que Falcone, mas com muito menos experiência em processos contra a máfia e nenhuma simpatia pelos métodos do grupo antimáfia. Explicando a sua decisão num jargão jurídico opaco, os membros do Conselho faziam referência ao «protagonismo distorcido» de Falcone e ao «culto de personalidade» que o rodeava.

Pouco depois, o Conselho Superior da Magistratura voltou a rejeitar Falcone quando ele se candidatou ao cargo de Alto-Comissário para a Luta contra a Máfia. O cargo, criado no pânico político que se seguiu ao assassínio do general Carlo Alberto Dalla Chiesa, era o de um superinvestigador supervisor. Falcone sabia que o cargo implicava ser uma espécie de para-raios para a condenação pública da inatividade do governo relativamente ao problema das máfias. Mesmo assim, julgava que podia fazer alguma coisa com os poderes ao seu alcance. A sua candidatura foi rejeitada — apesar (ou talvez por causa) de ser, de longe, o candidato mais qualificado.

Em Palermo, a nomeação de Antonino Meli revelou-se mais destrutiva do que Falcone e os seus amigos haviam temido. Uma vez empossado, Meli começou a ignorar o grupo antimáfia. Os processos contra a máfia foram entregues a magistrados sem nenhuma experiência e sem ligações formalizadas a outros magistrados que trabalhavam nessa área. Falcone e os seus colegas foram sobrecarregados com investigações de crimes comuns. Todas as vantagens cruciais que o *pool* trouxera — a acumulação e partilha de conhecimentos, a visão panorâmica da paisagem criminosa siciliana, a mitigação de riscos — estavam a ser desperdiçadas. No trabalho prático dos juízes de Palermo, a Cosa Nostra já deixara de existir como uma só organização.

No verão de 1988, Borsellino pôs em risco a sua carreira ao queixar-se publicamente em Marsala da maneira como Meli geria os juízes de instrução de Palermo. «Fico com a impressão de que está em curso uma grande manobra para desmantelar definitivamente o *pool* antimáfia.» O Presidente da República pediu ao Conselho Superior da Magistratura que investigasse. Meli exigiu a cabeça de Borsellino. Falcone confirmou as queixas de Borsellino e pediu que fosse transferido. Numa audição prolongada e esgotante do Conselho Superior, surgiram mais insinuações ao estilo de Sciascia sobre Falcone: «Ninguém é insubstituível... não existem semideuses.» No fim, chegou-se a um compromisso mal-arranjado: Borsellino recebeu apenas uma reprimenda, e Falcone retirou o seu pedido de transferência.

Dos dois lados do Atlântico, a Cosa Nostra seguia atentamente as manobras arcanas no seio do Conselho Superior da Magistratura. Joe Gambino, um dos Gambinos de Cherry Hill, telefonou a um amigo em Palermo e pediu atualizações sobre Falcone:

– Ele demitiu-se?
– As coisas em Palermo continuam más. Ele retirou a demissão e voltou para onde estava, para fazer o mesmo que estava a fazer antes.
– Merda.

No entanto, a máfia também tinha razões para estar otimista: Antonino Meli permaneceu no seu posto e continuou a desmantelar o *pool*. Além de não acreditar que a Cosa Nostra fosse uma organização unificada e única, o modo como distribuía os processos relacionados com a máfia refletia a sua visão atomizada da mesma — uma visão que já estava desatualizada nos anos 70 do século XIX, e muito mais nos anos 80 do século XX. Entretanto, a Cosa Nostra tomava as suas próprias precauções. Em setembro de 1988, Antonino Saetta, um juiz que parecia indicado para tomar conta do recurso do maxiprocesso, foi morto a tiro juntamente com o filho.

Em junho de 1989, a campanha contra Falcone assumiu um tom muito mais sinistro. Cartas anónimas acusavam-no falsamente de usar um arrependido da máfia para matar alguns dos *corleonesi*. A misteriosa fonte das cartas, apelidada de «o Corvo» pela imprensa, surgira claramente do interior do Palácio da Justiça de Palermo, uma vez que existiam pormenores suficientes nas acusações para dar à calúnia um toque de veracidade. Falcone foi novamente arrastado para o Conselho Superior da Magistratura.

Posteriormente, em 21 de junho de 1989, com o escândalo das cartas do Corvo ainda no ar, um saco de desporto contendo cinquenta e oito cartuchos de dinamite foi encontrado nas rochas abaixo da casa de férias de Falcone em Addaura, na costa perto de Palermo. Riina e outros mafiosos foram mais tarde declarados culpados de colocar a bomba, mas vários aspetos do atentado de Addaura permanecem inexplicáveis até hoje. Dois polícias que estiveram no local, e que talvez fossem agentes secretos protegendo a vida do magistrado, foram assassinados meses depois. Alguns boatos dizem que elementos dissidentes dos serviços secretos foram os culpados. Falcone não era dado a teorias de conspiração, mas estava convencido de que «mentes extremamente refinadas» estavam por trás do atentado, e que as cartas do Corvo faziam parte do plano. O seu raciocínio tinha uma fundamentação impecável nos padrões de comportamento da máfia ao longo de um século e meio: primeiro desacreditam-te, depois matam-te. Os inimigos do magistrado tinham uma explicação mais simples. Afirmavam que o atentado era uma simulação e que o próprio Falcone o organizara para promover a sua carreira.

Estes foram os dias mais sombrios e inquietos da vida de Falcone. Durante os dezoito meses anteriores, descobrira que tinha muitos amigos falsos. Em maio de 1986, Falcone casara-se com o amor da sua vida — uma juíza academicamente notável chamada Francesca

Morvillo. O casal já tinha decidido não ter filhos: «Não quero trazer mais órfãos ao mundo», disse Falcone. Mas depois do atentado de Addaura, considerou seriamente a ideia de se separar de Francesca, não querendo que ela partilhasse do seu inevitável destino. Como disse à irmã: «Sou um cadáver andante.»

O estado de espírito de Falcone melhorou ligeiramente nos meses seguintes. A procuradoria foi restruturada no âmbito de uma reforma mais abrangente do sistema judicial. Falcone foi promovido. Mas logo entrou em desacordo com o seu novo chefe. Como confessou numa conversa confidencial com um jornalista: «Trabalhar aqui é impossível. Um passo em frente, três para trás: é assim que corre a luta contra a máfia.»

Falcone também continuava a ser fustigado nos *media*. Em maio de 1990, o presidente de câmara antimáfia Leoluca Orlando aproveitou um programa de discussão política na televisão para acusar Falcone de impedir que políticos com ligações à máfia fossem processados — e de manter processos sensíveis «escondidos na gaveta da sua secretária». Mais uma calúnia traiçoeira. Em Itália, existia a crença comum de que a lei só apanhava as fileiras inferiores do submundo; de que o «peixe graúdo», ou a «verdadeira máfia», ou o chamado «terceiro nível», nunca era apanhado. Essa crença era impossível de refutar e acompanhava uma aversão à política que tingia o tecido da opinião pública italiana.

Falcone exigiu, indignado, que Orlando provasse as suas alegações, e explicou que se não tinha acusado nenhum político de ter ligações à máfia era pela elementar razão jurídica de não ter provas suficientes. Como comentou Falcone, Orlando estava a tentar, cinicamente, parecer mais antimáfia do que o campeão da causa antimáfia. O episódio era também pessoalmente doloroso, porque Falcone considerara Orlando um amigo: este tinha presidido à cerimónia de casamento do magistrado em 1986. No entanto, Orlando insistiria nas suas acusações durante meses, acusando Falcone de ceder ao poder corrupto de Roma.

Mais grave do que todos estes ataques pessoais era a progressiva erosão do trabalho de Falcone e Borsellino no maxiprocesso. No início de 1989, apenas sessenta dos trezentos e quarenta e dois homens que tinham sido condenados no maxiprocesso ainda estavam na prisão. Muitos foram libertados, porque o sistema judicial italiano não considera ninguém culpado antes de o seu caso ter passado por todas as possíveis fases processuais, até ao Supremo Tribunal. Mesmo os que ainda estavam na prisão tinham conseguido arranjar maneira de viver confortavelmente. Pippo Calò, o bombista do comboio que enfrentara Buscetta no tribunal-búnquer, tinha conseguido um diagnóstico de asma e vivia comodamente num hospital de Palermo.

Mas o pior estava para vir. Em dezembro de 1990, o Tribunal de Recurso deu o seu parecer sobre os veredictos do maxiprocesso. Sete das dezanove penas perpétuas foram anuladas. As explicações de Falcone e Borsellino para alguns homicídios de pessoas importantes, incluindo o general Carlo Alberto Dalla Chiesa, também foram rejeitadas. O «teorema de Buscetta» e o valor dos testemunhos dos arrependidos foram postos em dúvida. O processo seguiria pouco depois para o Supremo Tribunal, que já mostrara a sua profunda desconfiança no que dizia respeito aos métodos dos magistrados de Palermo e à teoria de que a máfia italiana era uma só organização. Depois de ser revelada em toda a sua bárbara complexidade pelo maxiprocesso, a máfia voltava a cobrir-se com o manto da lei, como fizera no último século e meio.

Falcone vai para Roma

No fundo, debaixo do calor da sua violência terrorista, das suas crises constantes e instáveis governos de coligação, a Itália do pós-guerra era um país imobilizado pela Guerra Fria. Eternamente na oposição, o Partido Comunista Italiano recebia apoio financeiro de Moscovo; eternamente no governo, a Democracia Cristã recebia dinheiro da CIA. A corrupção espalhava-se no ar estagnado da política: em todos os cantos do Estado, fações e cabalas secretas lutavam pelos proveitos do poder. Num paradoxo muito italiano, as relações entre os palácios do poder e o país «real» tornaram-se ao mesmo tempo completamente distantes e opressivamente íntimas. *Distantes*, porque a obsessão com a promoção de aliados e amigos, e a ocupação de «centros de poder», tornavam as reformas quase impossíveis. Os verdadeiros direitos e necessidades do povo italiano — entre eles o Estado de direito — não eram satisfeitos. Mas também *íntimas*, porque à medida que o Estado ocupava cada vez mais segmentos da sociedade, os cidadãos tinham de fazer aliados e amigos políticos para arranjar um emprego ou fazer alguma coisa. Tínhamos por isso um povo que odiava os políticos, mas estava mais dependente da política do que qualquer outra nação da Europa. Um Estado que as máfias podiam facilmente infetar, e um partido no governo com poucos anticorpos contra a infeção das máfias. Uma sociedade em que qualquer pessoa a trabalhar como deve ser, qualquer pessoa a tomar a iniciativa, se arriscava a ser olhada de lado com desconfiança, se não mesmo com indisfarçada hostilidade. A história das provações de Giovanni Falcone no final dos anos 80 era uma metáfora da experiência de inúmeros outros cidadãos honestos.

A queda do Muro de Berlim em novembro de 1989, e o fim de quarenta e dois anos de Guerra Fria, desestabilizariam profundamente o sistema. O seu efeito mais direto foi levar o Partido Comunista Italiano a mudar de nome e mergulhá-lo numa crise de identidade que o tornaria praticamente inoperante. O grande papão da política italiana desaparecera. A princípio, os democratas-cristãos e os seus aliados pareciam incólumes, vitoriosos. Mas o seu sistema perdera a sua principal razão de ser: afastar os comunistas. A DC tinha também os seus dias contados.

O homem que personificava os aspetos mais cínicos e duvidosos do domínio democrata-cristão, Giulio Andreotti, foi primeiro-ministro entre 1989 e a primavera de 1992. Até mesmo Andreotti e os outros barões do antigo sistema perceberam que o governo tinha de tomar a iniciativa. A sede de reformas e a mal contida aversão pública à classe política italiana procuravam vazão. Nos redutos democratas-cristãos do nordeste, a Liga Norte, lançando insultos racistas às gentes do Sul e vulgares invetivas contra a «ladra Roma», começou a ganhar votos. O combate ao crime era uma forma útil de os políticos que tinham governado Itália durante tanto tempo poderem ganhar nova legitimidade.

Em fevereiro de 1991, Giovanni Falcone aceitou a oferta de um cargo superior no Ministério da Justiça: a sua missão era reformular toda a abordagem de Itália ao crime organizado. Da parte do governo, esta foi uma reviravolta surpreendente. Como toda a gente já então sabia, Andreotti recebera apoio político de Salvo Lima e da «"família política" mais desonesta» da ilha desde o final dos anos 60. Como toda a gente hoje sabe, Andreotti teve relações próximas com a Cosa Nostra até 1980. No entanto, ele decidiu entregar o poder de decisão sobre importantes aspetos do sistema judiciário ao maior inimigo da Cosa Nostra. A nomeação de Falcone era não só muito bem-vinda mas também cinicamente conveniente.

Muitos em Palermo, de mafiosos a alguns dos apoiantes de Falcone, estavam convencidos de que o campeão da antimáfia trocara a sua causa por uma rica poltrona num grandioso gabinete romano. Os anos de atritos, escândalos e desilusões desde o maxiprocesso haviam-no neutralizado. Andreotti apanhara mais uma presa.

Na véspera da sua partida para Roma, Falcone respondeu a estas acusações numa esclarecedora entrevista num restaurante na Catânia. Empregou uma humilde metáfora para explicar os seus feitos passados e planos futuros na luta contra a máfia. Em Palermo, ele tinha construído uma assoalhada, disse. Mas chegara o momento de construir o edifício inteiro. E para fazer isso tinha de ir para Roma.

Com o avançar da entrevista, Falcone não conseguiu esconder a mágoa que sentia por ser obrigado a abandonar Palermo. Aquilo que mais o magoava era a insinuação de que o atentado bombista de Addaura lhe tirara a coragem e que, ao ir para Roma, estava a fugir. A resposta de Falcone foi uma invulgar demonstração de raiva. «Não tenho medo de morrer. Sou siciliano», declarou. Pegando no botão do casaco com tanta força, que quase o arrancou, continuou: «Sim, sou siciliano. E para mim, a vida vale menos do que este botão.»

Uma vez em Roma, Falcone começou a trabalhar com o seu dinamismo habitual. O resultado foi uma réplica espantosa a todos os que julgavam que ele se tornara inofensivo. Projetou toda uma série de leis para intensificar a luta contra todas as máfias, de todo o país. Havia medidas para impedir a lavagem de dinheiro e manter os réus de julgamentos das máfias atrás das grades durante todo o desenrolar dos seus processos. O governo teria o poder de dissolver as assembleias municipais que tivessem sido corrompidas pelo crime organizado. Foi criado um novo fundo para apoiar as vítimas de esquemas de extorsão. Os políticos e burocratas condenados por crimes relacionados com a máfia seriam proibidos de exercer cargos públicos. E, finalmente, foi aprovada uma lei para regulamentar os incentivos que podiam ser oferecidos a arrependidos em troca de informações fidedignas.

Mais importantes do que qualquer uma destas leis foram os planos de Falcone para estruturas completamente novas que investigariam e levariam a tribunal a Cosa Nostra, a Camorra, a 'Ndrangheta e as outras organizações mafiosas de Itália. A Direzione Investigativa Antimafia (Direção de Investigação Antimáfia), ou DIA, era uma espécie de homóloga italiana do FBI: orientaria as várias forças policiais de Itália na sua guerra contra o submundo. Para a magistratura, Falcone pegou no modelo do grupo antimáfia de Palermo e propôs replicá-lo. Equipas especializadas de magistrados dedicadas exclusivamente à luta contra as máfias seriam criadas em todas as procuradorias do país. Estas seriam denominadas Direzioni Distrettuali Antimafia (Direções Distritais Antimáfia) ou DDA. O sistema do *pool* desmantelado em Palermo tornou-se então no modelo nacional. As DDA seriam coordenadas pela Direzione Nazionale Antimafia (Direção Nacional Antimáfia), ou DNA, chefiada por um magistrado superior que a imprensa logo apelidou de «Superprocurador». Novas e enormes bases de dados guardariam os milhares de nomes, rostos e contactos das máfias de Itália.

Falcone tinha sido marginalizado em Palermo, e os esforços pioneiros do grupo antimáfia, realizados no meio de uma violência terrível, tinham sido progressivamente travados. No entanto, com extraordinária lucidez e coragem, Falcone aproveitara um momento fugaz de oportunidade política para aplicar as lições da sua amarga experiência de Palermo e transformar por completo a luta contra as máfias no país. Seria o seu maior triunfo, o seu legado ao país que nunca o compreendeu como devia.

Durante cento e trinta anos, a resposta de Itália às máfias tinha sido irresoluta e esporádica, na melhor das hipóteses. Ninguém no poder julgara conveniente encarar as três históricas organizações criminosas — a Cosa Nostra, a Camorra e a 'Ndrangheta — como uma questão *nacional*, como três faces do mesmo conjunto fundamental de problemas. Mas mais inquietante foi o esquecimento de Itália. Cada nova geração de polícias, magistrados, políticos e cidadãos tivera de redescobrir as máfias. Os planos de Falcone para a DIA, a DNA e as DDA trouxeram enormes melhorias, e uma nova continuidade à campanha antimáfia. A partir de então, quando Itália investigasse os crimes da Cosa Nostra, da Camorra e da 'Ndrangheta, fá-lo-ia usando o método de Falcone. Pela primeira vez na sua vida enquanto estado unificado, Itália tinha sido dotada de uma memória institucional referente aos crimes das máfias. Falcone quebrou finalmente a maldição da amnésia e permitiu que o seu país começasse a aprender.

Assistindo aos acontecimentos em Roma com horror, os mafiosos sicilianos sabiam que o veredicto do Supremo Tribunal sobre o maxiprocesso, esperado no início de 1992, seria crucial para o seu destino. Um veredicto que confirmasse o teorema de Buscetta estabeleceria um importante precedente jurídico, validando finalmente a existência da Cosa Nostra como uma única organização criminosa. Os chefes da Comissão de Palermo tinham também fortes razões pessoais para seguir de perto as deliberações do Supremo Tribunal: a maioria corria o risco de ser condenada a uma irreversível pena perpétua. Um mau resultado do maxiprocesso, do ponto de vista da máfia siciliana, seria também desastroso para o governo ditatorial de Totò Riina na Sociedade Honrada. Dez anos de morticínios sem precedentes expuseram a Cosa Nostra ao risco da sua pior derrota judicial de sempre. Esperavam-se por isso contramedidas.

Em 9 de agosto de 1991, o magistrado calabrês Nino Scopelliti regressava a casa vindo da praia quando caiu numa emboscada numa estrada sobranceira ao estreito de Messina. Scopelliti estava prestes a apresentar o argumento da acusação no maxiprocesso ao Supremo Tribunal. Até hoje, o seu homicídio continua por resolver, embora a hipótese mais provável seja a de que a Cosa Nostra tivesse pedido à 'Ndrangheta que o matasse como um favor. Julga-se que a paz que finalmente pôs fim à Segunda Guerra da 'Ndrangheta por volta desta altura terá sido mediada pela Cosa Nostra como parte do acordo. Hoje, um monumento assinala o local onde o *BMW* de Scopelliti foi travado: mostra um anjo alado de joelhos, segurando a balança da justiça.

Totò Riina fez promessas aos seus homens. Disse-lhes que os políticos domados pela Cosa Nostra, nomeadamente o «Jovem Turco» Salvo Lima, puxariam todos os cordelinhos para garantirem que a fase final do maxiprocesso corresse a favor dos acusados. Assegurou que o processo seria entregue a uma secção do Supremo Tribunal presidida pelo juiz Corrado Carnevale, cuja tendência para anular condenações de mafiosos com base em minuciosos pormenores técnico-jurídicos lhe granjeara notoriedade mediática como o «Assassino de Veredictos». O juiz Carnevale não escondia o seu desdém pelo teorema de Buscetta.

Apesar destas promessas, no final de 1991 a Cosa Nostra já sabia que iria perder a batalha em torno do maxiprocesso. Em outubro, Falcone conseguiu que a audiência do maxiprocesso fosse afastada da secção do «Assassino de Veredictos» no Supremo Tribunal. Riina chamou os seus homens de toda a Sicília para uma reunião perto de

Enna, no centro da ilha, com o objetivo de preparar a resposta da organização ao parecer do Supremo Tribunal. Chegara o momento de pegar em armas, declarou. O plano era «fazer primeiro guerra ao Estado para depois ditar a paz». As sentenças de morte latentes contra Giovanni Falcone e Paolo Borsellino foram reafirmadas. Como sempre, a Cosa Nostra preparava-se para negociar com o Estado de arma na mão. Mas desta vez os riscos seriam muito mais elevados.

Em 30 de janeiro de 1992, o Supremo Tribunal emitiu o seu parecer e confirmou o veredicto original do maxiprocesso. O teorema de Buscetta tornara-se num facto. A Cosa Nostra existia aos olhos da lei italiana. Quando saiu a notícia, Giovanni Falcone estava numa reunião no Ministério da Justiça com um magistrado que tinha vindo do longínquo Japão para lhe pedir conselhos. Falcone sorriu e explicou o que significava o resultado final do maxiprocesso: «O meu país ainda não digeriu o que aconteceu. Isto é algo histórico: este resultado destruiu o mito de que a máfia não pode ser punida.»

O significado do veredicto do Supremo Tribunal era também evidente para os inimigos de Falcone. A brutalidade de Totò Riina afastara a Cosa Nostra dos seus protetores políticos. A sua liderança seria posta em causa, e a sua vida inevitavelmente comprometida. O chefe de todos os chefes declarou que a Cosa Nostra tinha sido traída e que tinha direito a vingar-se. O principal assassino de Riina contou mais tarde aos juízes que a Cosa Nostra decidira «destruir a fação política de Giulio Andreotti [na Sicília] liderada por Salvo Lima». Sem Lima e a Sicília, Andreotti perderia grande parte da sua influência dentro da DC. Deste modo, menos de seis semanas depois do parecer do Supremo Tribunal sobre o teorema de Buscetta, Salvo Lima recebeu a sua recompensa por quarenta anos de serviço à Cosa Nostra quando foi abatido a tiro por dois homens numa motocicleta em Mondello, um subúrbio no litoral de Palermo.

Falcone percebeu as consequências devastadoras da execução de Lima. Como disse a um magistrado que estava com ele quando soube da notícia: «Não percebes? Tens de compreender que foi quebrado um equilíbrio, e que o edifício inteiro pode desabar. A partir de agora, não sabemos o que irá acontecer, no sentido de que qualquer coisa pode acontecer.»

Com a criação da DIA, da DNA e das DDA, a confirmação do teorema de Buscetta, a orfandade política da Cosa Nostra e, por fim, a morte de Salvo Lima, os breves meses de Falcone no Ministério da Justiça assistiram ao nascimento de uma época completamente nova na longa história da relação de Itália com as máfias. A época que ainda vivemos. Uma época nascida ao som de bombas.

6

A QUEDA DA PRIMEIRA REPÚBLICA

Sacrifício

Às dezassete horas, cinquenta e seis minutos e quarenta e oito segundos de 23 de maio de 1992, no observatório geológico do monte Cammarata, perto de Agrigento no sul da Sicília, os ponteiros do sismógrafo saltaram ao mesmo tempo. Dezasseis segundos antes, a sessenta e cinco quilómetros de distância, um troço da autoestrada entre o aeroporto e a cidade de Palermo tinha sido atingido por uma explosão colossal.

No local da explosão, três agentes da polícia, Angelo Corbo, Gaspare Cervello e Paolo Capuzza, sentiram uma onda de pressão e calor antes de serem sacudidos e lançados para a frente quando o seu carro parou sob uma cascata de detritos. Estavam no terceiro veículo que escoltava Giovanni Falcone e a mulher no seu regresso a Palermo para o fim de semana. Atordoados pelo impacto, olharam horrorizados para a devastação. Depois, lembraram-se de repente de que poderia haver um segundo ataque, um esquadrão da morte que viria liquidar o homem que eles deviam proteger. Capuzza procurou a sua pistola-metralhadora M12, mas as mãos tremiam-lhe tanto, que não conseguiu agarrá-la. Então, tal como os outros, optou pela sua pistola de serviço. Os três saíram aos tropeções para o asfalto. O *FIAT Croma* branco de Falcone estava a alguns metros de distância, voltado para eles, na borda de uma cratera com quatro metros de profundidade. Falcone estava sentado no lugar do condutor, atrás de uma porta blindada que se recusava a abrir. Gaspare Cervello recordou mais tarde a cena: «A única coisa que conseguia fazer era chamar o juiz Falcone. "Giovanni, Giovanni". Ele voltou-se para mim, mas tinha uma expressão vazia e abandonada nos olhos.»

Giovanni Falcone e Francesca Morvillo morreram na mesa de operações do hospital naquela noite. Três dos seus guarda-costas, Vito Schifani, Rocco Dicillo e Antonio Montinaro, já estavam mortos: seguiam no primeiro carro da escolta que sofrera o pleno impacto da explosão.

Que faz um herói? Onde foi buscar Falcone a sua coragem? Depois de tantos reveses, de tanto terror? O Estado italiano era encarado com desprezo por muitos dos seus cidadãos; os seus recursos humanos e materiais eram tratados por demasiados políticos como mero fomento para o nepotismo. Mas foi por esse mesmo Estado que Falcone decidiu dar a sua vida.

A resposta definitiva a essas perguntas encontra-se em profundezas psicológicas que nenhum historiador conseguirá alcançar. Mas as perguntas não são fúteis. Na verdade, são historicamente muito importantes. Porque Falcone não estava sozinho. A sua causa era partilhada por muitos outros — a começar pela sua mulher e pelos seus guarda-costas. Depois de Falcone, muitos outros inspirar-se-iam na sua história, assim como ele se inspirara no exemplo dos que morreram antes dele.

Quando perguntamos aos amigos e familiares de Falcone o que o movia, eles falam na educação, patriotismo e consciência do dever que lhe foram incutidos desde muito cedo. Estes fatores são, sem dúvida, importantes. Mas a descrição mais perspicaz dos motivos de Falcone foi feita pelo homem que partilhou do seu destino.

Na noite de 23 de junho de 1992, exatamente um mês depois de Giovanni Falcone lhe morrer nos braços, Paolo Borsellino levantou-se na sua igreja local, Santa Luisa di Marillac, para recordar o grande amigo. Quando se dirigiu ao púlpito, as centenas de pessoas que tinham enchido o edifício iluminado por velas levantaram-se espontaneamente para o aplaudir. No exterior, ouviram-se outras centenas de pessoas a bater palmas. Sete minutos depois, com a voz embargada, Borsellino começou um dos discursos mais comoventes da história italiana:

Ao realizar o seu trabalho, Giovanni Falcone tinha perfeita consciência de que um dia o poder do mal, a máfia, o mataria. Ao permanecer ao lado do seu homem, Francesca Morvillo tinha perfeita consciência de que conheceria o mesmo destino. Ao proteger Falcone, os seus guarda-costas tinham perfeita consciência de que também eles conheceriam a mesma sorte. Giovanni Falcone não podia esquecer-se, e não se esquecia, do grande perigo que enfrentava — porque demasiados colegas e amigos seus que tinham trilhado o mesmo caminho que ele escolhera para si já tinham sido assassinados. Porque não fugiu? Porque aceitou aquela terrível situação? Porque não ficou perturbado?...

Por causa do amor. A sua vida foi um ato de amor para esta sua cidade, para a terra onde nasceu. O amor, essencialmente, e acima de tudo, significa dar. Por isso amar Palermo e as suas gentes significava, e significa ainda, dar algo a esta terra, dar tudo o que as nossas capacidades morais, intelectuais e profissionais nos permitem dar, para melhorar não só a cidade mas também o país à qual ela pertence.

Falcone começou a trabalhar aqui de forma diferente. Com isso não me refiro apenas aos seus métodos de investigação. Pois ele também tinha consciência de que os esforços feitos pelos magistrados e investigadores tinham de estar em sintonia com o que toda a gente sentia. Falcone acreditava que a luta contra a máfia era o primeiro problema que tinha de ser resolvido na nossa bela e desgraçada terra. Mas essa luta não podia ser apenas uma iniciativa isolada e repressiva: tinha de ser também um movimento cultural, moral e até religioso. Toda a gente tinha de estar envolvida, e toda a gente tinha de se habituar ao fresco odor da liberdade quando comparado ao fedor da cedência moral, da indiferença — de viver ao lado da máfia e, por conseguinte, de ser cúmplice da mesma.

Ninguém perdeu o direito, ou melhor, o sacrossanto dever, de prosseguir com essa luta. O corpo de Falcone pode estar morto, mas o seu espírito continua vivo, como nos ensina a nossa fé. Se as nossas consciências ainda não acordaram, então têm de acordar. A esperança recebeu vida nova com o seu sacrifício, com o sacrifício da sua mulher, com o sacrifício dos seus guarda-costas... Eles morreram por todos nós, pelos injustos. Temos uma grande dívida para com eles e temos de pagar essa dívida com alegria dando continuidade ao seu trabalho, cumprindo o nosso dever, respeitando a lei — mesmo quando a lei nos exige sacrifícios. Temos de recusar receber quaisquer benefícios que talvez possamos receber do sistema da máfia (incluindo favores, uma

> palavrinha a alguém, um emprego). Temos de colaborar com a justiça, afirmando os valores nos quais acreditamos — nos quais somos obrigados a acreditar –, mesmo quando estamos em tribunal. Temos de cortar imediatamente todas as relações comerciais ou monetárias — mesmo as que poderão parecer inócuas — com qualquer pessoa que represente os interesses da máfia, grandes ou pequenos. Temos de aceitar plenamente esta pesada mas bela herança espiritual. Desse modo, podemos mostrar a nós próprios e ao mundo que Falcone continua vivo.

Quando proferiu estas palavras, Borsellino sabia que seria o próximo a morrer. Sabia que Falcone era o seu escudo contra a Cosa Nostra. A sua família ouviu-o dizer muitas vezes: «Ele será o primeiro, depois serei eu.» Quando Falcone foi para o Ministério da Justiça em Roma, Borsellino mudou-se de Marsala para Palermo para continuar o trabalho do amigo. Na altura, corria o boato de que Borsellino era o principal candidato ao cargo que Falcone criara: «Superprocurador», à frente da Direção Nacional Antimáfia, coordenando as investigações ao crime organizado no país. Borsellino tinha preparado o maxiprocesso com Falcone. A Sicília escolhera-o, querendo ou não, para ser o herdeiro de Falcone enquanto símbolo da luta contra a Cosa Nostra. E ele tinha sido informado de que os explosivos para o matar já se encontravam em Palermo.

Tudo isto torna a sua coragem ainda mais espantosa, e a incapacidade do Estado italiano de o proteger ainda mais escandalosa.

Em 19 de julho de 1992, um *FIAT 126* carregado com explosivos foi detonado à porta da casa da mãe de Paolo Borsellino na via Mariano d'Amelio. O magistrado tinha acabado de tocar à campainha quando foi literalmente desmembrado.

Com Borsellino morreram os seus cinco guarda-costas, todos voluntários: Agostino Catalano, Vincenzo Li Muli, Walter Eddie Cosina, Claudio Traina e uma agente de vinte e quatro anos da Sardenha chamada Emanuela Loi. Várias vezes durante os cinquenta e seis dias anteriores, Borsellino saíra sozinho para comprar cigarros na esperança de que fosse abatido a tiro, evitando assim que qualquer outra pessoa morresse com ele.

A pedido da mulher, o funeral de Borsellino foi privado, realizado precisamente na mesma igreja onde pronunciara o seu próprio epitáfio em 23 de junho.

As honras fúnebres dos seus cinco guarda-costas realizaram-se na Catedral de Palermo. O acontecimento quase se transformou num motim. As ruas em redor foram bloqueadas, e um cordão da polícia tentou impedir o acesso das pessoas — por razões que ninguém conseguiu perceber muito bem. No meio da grande multidão de cidadãos enlutados impedidos de entrar estavam familiares dos agentes mortos. Houve gritos, cuspidelas e empurrões. Polícias lutaram contra polícias, ao som de gritos como: «Eles não nos deixam velar os nossos mortos.» Como comentou uma testemunha ocular:

> O Estado parecia um pugilista bêbedo lançando os punhos na direção errada, contra o povo. As dezenas de milhares de palermitanos que tinham aparecido na praça para protestar contra a máfia estavam a ser tratadas como se fossem um gigantesco problema de ordem pública.

Por fim, o cordão rompeu-se e a multidão invadiu a catedral. Os caixões dos guarda-costas de Borsellino foram saudados com um coro de «*GIUS-TI-ZIA*, *GIUS-TI-ZIA*». Justiça. Justiça. Justiça.

A desintegração da velha ordem

O verão de 1992 em Palermo foi um período de raiva, desespero e incredulidade. Foi também um período de enorme energia cultural e política da parte saudável da cidade que procurava transmitir os seus sentimentos. Houve manifestações, desfiles à luz de tochas, correntes humanas... A árvore à porta da casa de Falcone na via Notarbartolo tornou-se num monumento à memória dos heróis. As varandas por toda a cidade exibiam lençóis com *slogans* anti-máfia: «FALCONE VIVE!»; «MÁFIA FORA DO ESTADO»; «PALERMO EXIGE JUSTIÇA»; «REVOLTA E DOR — ATÉ QUANDO?»

Os ecos de Palermo repercutiam-se numa paisagem política nacional no auge de um terremoto. Uma crise multifacetada preparava-se para desacreditar completamente o sistema que estivera em vigor desde 1949. O fim da Guerra Fria estava a produzir os seus efeitos retardatários.

Falcone morreu em 23 de maio de 1992, no meio de um vazio de poder em Roma. As últimas eleições gerais tinham assistido a uma grande diminuição de votos na DC. «Queda do muro da DC», dizia a manchete de um jornal. Depois das eleições, o início de um novo ciclo parlamentar de cinco anos coincidiu com o início de um novo mandato de sete anos para o Presidente da República. O novo governo de coligação ainda não tinha sido formado, e os recém-eleitos deputados e senadores continuavam a discutir sobre quem seria o próximo Presidente da República. Giulio Andreotti, como sempre, fazia um jogo astuto, esperando que os outros candidatos fossem eliminados antes de avançar. As chaves do Quirinale, o palácio do Chefe de Estado em Roma, seriam o maior triunfo da sua longa carreira.

A vergonha e horror em torno da morte de Falcone, porém, tornaram a candidatura de Andreotti impensável. Nos meses seguintes, o político mais poderoso da Itália do pós-guerra seria progressivamente marginalizado. Oscar Luigi Scalfaro, um respeitado estadista democrata-cristão sem qualquer «cheiro a máfia», foi eleito presidente.

Todavia, Itália não teve tempo de se recompor depois de 23 de maio. Na noite do assassínio de Borsellino, vinte e oito milhões de pessoas seguiram o noticiário especial na televisão pública RAI, e outros doze milhões assistiram ao desenrolar do horror nos canais privados. «A máfia declara guerra ao Estado», dizia a manchete de um jornal nacional no dia seguinte. A guerra, na verdade, tinha sido declarada havia mais de uma década. E parecia agora que o Estado estava prestes a *perder* essa guerra. Além disso, o próprio país parecia estar a desintegrar-se.

Em 16 de setembro de 1992, após meses de pressões nos mercados monetários internacionais, a lira foi forçada a sair do Mecanismo de Taxas de Câmbio (MTC) — o precursor da planeada moeda única europeia. As dívidas acumuladas pela partidocracia tinham destruído a credibilidade financeira de Itália.

No dia seguinte à saída da lira do MTC, a Cosa Nostra matou outro elemento importante do que tinha sido em tempos a máquina da DC na Sicília: Ignazio Salvo, o cobrador de impostos derrubado pelo maxiprocesso, foi abatido a tiro à porta da sua mansão. Tal como Salvo Lima, Ignazio Salvo pagou o preço por não ter conseguido proteger a Cosa Nostra de Falcone e Borsellino.

Entretanto, surgira um enorme escândalo de corrupção, com investigações ao Partido Socialista em Milão. Os meses de verão e outono viram cada vez mais políticos e funcionários de partidos visados pelas investigações reunidas sob o nome «Operação Mãos Limpas». O escândalo continuou a ganhar força até dominar por completo a debilitada «partidocracia». No final de 1993, cerca de duzentos deputados já estavam a ser investigados. Em janeiro de 1994, o partido Democracia Cristã foi formalmente dissolvido. A Primeira República, como hoje é conhecida, morreu. A Cosa Nostra ajudara a liquidá-la.

Mas precisamente porque o antigo regime se estava a desmoronar, Itália encontrou ânimo para reagir à indignação pública e ripostar. Ao assassinar Falcone e Borsellino, Totò Riina e o seu séquito fizeram cair a retaliação do Estado não só sobre si mesmos mas também sobre todo o submundo italiano. Durante um breve e extraordinário período, entre a morte de Borsellino em julho de 1992 e a primavera de 1994, as instituições de Itália pediram finalmente contas às máfias por mais de uma década de carnificina. Até os números brutos registaram a transformação. Entre 1992 e 1994, cinco mil trezentas e quarenta e três pessoas foram detidas ao abrigo da lei antimáfia Rognoni-La Torre. Em 1991, ocorreram seiscentos e setenta e nove homicídios relacionados com as máfias em Itália; em 1994 o número já tinha diminuído para duzentos e dois.

Logo após o assassínio de Borsellino, sete mil soldados foram enviados para a Sicília com o propósito de aliviar a polícia das suas obrigações mais triviais. Novas leis antimáfia foram aprovadas rapidamente no parlamento — leis que chegaram com mais de um século de atraso, mas que apesar disso eram bem-vindas. Foi criado um programa de proteção de testemunhas. Igualmente importante foi o novo e rigoroso regime prisional imposto aos chefes do submundo. Finalmente, Itália tinha os meios para impedir que prisões como a Ucciardone se transformassem em centros de comando para o crime organizado.

A luta contra a máfia foi também intensificada na frente internacional. Em setembro de 1992, o clã Cuntrera-Caruana, membro importante do Consórcio Transatlântico traficante de heroína, sofreu um sério golpe: três irmãos Cuntrera, Pasquale, Paolo e Gaspare, foram extraditados da Venezuela para Itália.

O novo procurador-chefe de Turim, Gian Carlo Caselli, ofereceu-se para ser colocado na zona de guerra de Palermo. A coragem e absoluta integridade profissional de Caselli não eram as únicas coisas que o tornavam no homem perfeito para o cargo. Tinha uma distintíssima folha de serviços de investigação às Brigadas Vermelhas no fim dos anos 70 e início dos anos 80. Tinha também experiência em lidar com arrependidos e nos rigores da vida sob escolta armada. Além disso, apoiara Falcone em todas as fases da sua batalha com o Conselho Superior da Magistratura. Os magistrados de Palermo nunca se haviam sentido tão estimulados.

Em janeiro de 1993, precisamente no dia em que Caselli chegou à Sicília, Totò Riina foi capturado quando ele e o seu motorista contornavam uma rotunda na estrada de circunvalação de Palermo. Riina andara fugido desde 1970. Mas como no caso de todos os outros foragidos da justiça da Cosa Nostra, «fugido» era uma metáfora completamente inadequada. Durante os seus vinte e três anos de fuga à justiça, Riina tinha não só organizado e levado a cabo o seu golpe de estado na Cosa Nostra, gerido o seu império económico e assassinado vários representantes heroicos da lei, mas também casado na igreja, gerado e educado quatro filhos, e recebido os melhores cuidados médicos que o dinheiro podia pagar.

A prisão de Riina resultara de informações privilegiadas fornecidas pelo seu antigo motorista. Desde a morte de Borsellino, os magistrados tinham recebido várias denúncias semelhantes. O número de arrependidos aumentou também exponencialmente. Alguns foram incentivados pelas novas medidas para os proteger; outros tinham medo do novo regime prisional; e outros houve que se sentiram genuinamente chocados com o que acontecera a Falcone e Borsellino. Gaspare Mutolo, «o Sr. Champanhe», o intermediário do tráfico de heroína que gostava de *Ferraris*, tornara-se testemunha do Estado em maio de 1992, após meses de gentil persuasão por parte de Giovanni Falcone. Foi o último homem a ser interrogado por Borsellino. A bomba da via d'Amelio retirara-lhe as últimas reservas, e a partir de então Mutolo não escondeu nada. Como tinha convivido com chefes mafiosos próximos de Riina na prisão até à primavera de 1992, pôde fornecer a primeira descrição privilegiada da estratégia da Cosa Nostra depois do parecer do Supremo Tribunal sobre o maxiprocesso. Também forneceu provas que conduziram à detenção, na véspera do Natal de 1992, de Bruno Contrada, antigo comandante da polícia de Palermo e subchefe do serviço de informações internas de Itália. Contrada acabaria por ser condenado por conluio com a Cosa Nostra.

Contudo, o mais sensacional estava para vir: o testemunho de Mutolo foi também usado contra o sete vezes primeiro-ministro Giulio Andreotti. Quando Tommaso Buscetta conhecera Falcone em 1984, avisara-o de que Itália não estava pronta para o que ele tinha a dizer sobre as ligações da Cosa Nostra à política. Os trágicos acontecimentos de 1992 convenceram Buscetta de que tinha chegado o momento certo: também ele implicou Andreotti. Outro arrependido, o refinador de heroína Francesco «Mozarela» Marino Mannoia, contou aos juízes que tinha visto Andreotti numa reunião com Stefano Bontate, o Príncipe de Villagrazia, nos primeiros dias de 1980. Na agenda de trabalhos estava o plano da Cosa Nostra para matar o presidente do governo regional da Sicília, Piersanti Mattarella. Andreotti opôs-se ao plano, segundo Marino Mannoia. Mas Bontate ignorou-o e decidiu avançar com o assassínio de Mattarella. Os juízes declarariam mais tarde que esta reunião marcou o momento a partir do qual Andreotti se distanciaria cada vez mais da Cosa Nostra. Mas não deixa de ser um episódio chocante. Andreotti soubera antecipadamente de que a máfia estava a planear matar o seu colega de partido Mattarella, mas nada fez para o impedir.

A Cosa Nostra tentou silenciar os arrependidos fazendo uso do terror. Santino Di Matteo, capturado algumas semanas depois de Riina, foi um dos primeiros homens do grupo que tinha planeado e executado o atentado bombista contra Giovanni Falcone a confessar. Como consequência, o filho de onze anos de Di Matteo, Giuseppe, foi raptado e mantido numa cave durante mais de dois anos, antes de ser estrangulado e dissolvido em ácido.

No entanto, mais arrependidos se apresentaram — incluindo alguns do círculo íntimo de Riina. Em setembro de 1992, um jovem traficante de drogas chamado Vincenzo Scarantino foi detido e acusado de pôr a bomba que matou Paolo Borsellino e os seus guarda-costas. Também ele confessaria.

A Sicília respirava um ar de revolução. A Igreja Católica sempre fora a instituição mais resistente à mudança em Itália. Além disso, no que dizia respeito ao crime organizado, mostrara-se indigna da fé manifestada por crentes como Paolo Borsellino, para não falar dos padres que pagaram com a vida por terem desafiado a máfia ao longo das décadas. Mas nem mesmo o Papa podia deixar de ser influenciado pelo clima que irradiava de Palermo em 1992–3.

Em maio de 1993, o Papa João Paulo II visitou a Sicília pela primeira vez numa década. No estádio de futebol de Agrigento, pouco depois de se encontrar com a família de um jovem magistrado chamado Rosario Livatino, que tinha sido assassinado em 1990, o pontífice desviou-se do seu discurso escrito para proferir uma queixa contra a máfia e a sua «cultura da morte». «Convertam-se! Porque o dia do juízo do Senhor virá!» O Vaticano abandonara as suas dúvidas tradicionais em relação à causa antimáfia. A Cosa Nostra, finalmente, era uma anátema.

A Camorra sofreu quase tanto como a Cosa Nostra com as bombas na Sicília e com o desmoronamento do que se começava a chamar Primeira República.

O chefe *camorrista* Pasquale Galasso era um caso exemplar do que pode implicar ser burguês nos centros do crime organizado do sul de Itália. Ele era filho de um «homem de respeito» de uma pequena cidade entre Nápoles e Salerno. O pai era proprietário rural, comerciante de produtos agrícolas, vendedor de tratores e escavadoras, e aliciador de eleitores para os potentados locais da DC. Pasquale já conduzia um *Ferrari* quando mal tinha saído da adolescência, e matriculou-se na universidade para estudar Medicina. Em 1975, aos vinte anos, matou a tiro dois homens. Com a ajuda dos advogados do pai, acabaria por ser absolvido alegando legítima defesa. Mas entretanto tinha sido enviado para a prisão de Poggioreale. Aí, Galasso tornou-se num dos protegidos de Raffaele Cutolo, «o Professor».

Quando eclodiu a guerra contra a Nuova Famiglia no final dos anos 70, Galasso recebeu em sua casa uma visita do Professor, que lhe pediu que se juntasse à Nuova Camorra Organizzata. Galasso recusou e, para se vingar, Cutolo matou-lhe um dos irmãos. Em vez de se juntar à NCO, Galasso aliou-se à Nuova Famiglia e, particularmente, a outra pessoa que conhecera na prisão: Carmine Alfieri, «o Sr. Zangado». O antigo estudante de Medicina seria o braço-direito de Alfieri durante o resto da guerra; juntos, dominariam o submundo da Campânia. Quando a mansão da família Galasso foi finalmente revistada em outubro de 1991, os *Carabinieri* encontraram um tesouro de objetos de arte roubados, incluindo o trono dourado que pertencera em tempos ao último rei Bourbon de Nápoles.

Em maio de 1992, Galasso foi preso quando presidia a uma reunião entre empresários da construção e membros do seu clã. Suspeitando de que seria traído pelos seus amigos políticos, «arrependeu-se» no final desse ano e confessou quarenta homicídios.

O seu testemunho permitiu à polícia reconstituir toda a história da Nuova Famiglia, do seu surgimento à sua dissolvição depois da vitória sobre a Nuova Camorra Organizzata.

A denúncia de Galasso também conduziu à prisão do próprio Alfieri, depois de nove anos em fuga. Os investigadores avaliaram a sua riqueza em 1500 mil milhões de liras — o maior património na história do crime italiano, equivalente a cerca de 1200 milhões de euros em 2011. Os jornais deram muito destaque ao facto de haver livros de Dante e Goethe cheios de anotações nas estantes de Alfieri, e de ele gostar de ouvir Bach enquanto aceitava subornos e encomendava homicídios. Este sereníssimo e poderoso *camorrista* foi enviado para a temerosa ilha-prisão de Pianosa, ao largo da costa da Toscana. Aí, depois de ver o Papa denunciar a máfia siciliana na televisão, resolveu também contar tudo. Consequentemente, a organização *camorrista* dominante na Campânia desintegrou-se.

Juntos, Carmine Alfieri e o seu tenente Pasquale Galasso também contribuiriam para destruir o sistema da DC do qual tinham feito parte: revelaram os nomes de vários políticos com quem afirmaram ter tratado. Muitos desses políticos faziam parte da máquina política do democrata-cristão Antonio Gava, antigo ministro das Finanças e do Interior.

Tal como a Cosa Nostra, a Camorra reagiu com ferocidade à ameaça dos arrependidos. No dia em que «o Sr. Zangado» compareceu pela primeira vez em tribunal, em 8 de abril de 1994, um grupo de assassinos foi à procura do seu filho de vinte e cinco anos, Antonio. Foi-lhes dito que ele estava em casa dos pais de um amigo. Eles irromperam pela sala de estar, apontando as suas armas e exigindo saber onde estava o filho de Alfieri. Frustrado, um dos assassinos pulverizou um quarto escurecido ao lado com tiros de metralhadora. Quando finalmente se convenceram de que a família não sabia do paradeiro do seu alvo, foram-se embora, mas não antes de dispararem contra os joelhos de um parente afastado de Alfieri que estava presente. Só mais tarde se descobriu que tinha havido outra vítima inocente do ataque. Maria Grazia Cuomo estava a dormir no quarto que tinha sido atingido por tiros de metralhadora. Solteira, com cinquenta e cinco anos, raramente saía de casa, porque tinha vergonha do sinal de nascença roxo que lhe cobria grande parte do rosto.

O filho de Alfieri acabaria por ser assassinado em setembro de 2002. O irmão foi morto a tiro em dezembro de 2004.

A crescente pressão das autoridades também foi sentida pela 'Ndrangheta. Também aqui houve uma nova série de arrependidos cujos testemunhos desencadearam importantes julgamentos e iluminaram retrospetivamente a história da 'Ndrangheta e do seu funesto domínio psicológico. Eis dois exemplos.

Giacomo Lauro era filho de um escultor que fazia estátuas e relevos para túmulos em Brancaleone. Foi iniciado na 'Ndrangheta aos dezoito anos em 1960, nos tempos em que a Sociedade Honrada realizava as suas reuniões à noite, à luz das velas, e o triúnviro don 'Ntoni Macrì era a figura dominante na costa jónica. Depois de combater na Primeira Guerra da 'Ndrangheta entre 1974 e 1977, Lauro foi preso e depois enviado para exílio interno — por incrível que pareça — no norte da Campânia. Aí, Lauro associou-se aos chefes da Nuova Famiglia, Antonio Bardellino e Carmine Alfieri, «o Sr. Zangado», e tornou-se num dos intermediários entre a 'Ndrangheta e a Camorra. Foi também conselheiro de Antonio Imerti durante a Segunda Guerra da 'Ndrangheta de 1985–91. Acabou por ser detido na Holanda, onde tinha ido receber um pagamento por um carregamento de cocaína. No seu bolso foi encontrado um bilhete de avião para a Colômbia. Quando Falcone e Borsellino foram assassinados, contactou a embaixada italiana e disse que queria falar. O testemunho de Lauro seria decisivo para a reconstituição de toda a história da máfia calabresa desde a cimeira dos «apanhadores de cogumelos» em Montalto em 1969. Também esclareceu alguns factos sobre o assassínio político mais notável da 'Ndrangheta — o do democrata-cristão corrupto Ludovico Ligato, em 1989.

Giovanni Riggio nasceu nos arredores do sul de Régio da Calábria. O seu pai era um humilde trabalhador da construção civil. Em 1981, quando Riggio tinha onze anos, o seu irmão de seis anos foi morto num acidente de atropelamento e fuga. Riggio viu o condutor. Toda a gente no bairro também sabia quem ele era. Mas ninguém falou. O pai de Riggio, transtornado pela dor, recorreu às autoridades, mas não recebeu nenhuma ajuda. Certo dia, perguntou ao *carabiniere* local se podia ajudá-lo. O homem apenas encolheu os ombros fardados e disse, expressamente, que só o chefe local podia resolver as coisas. O pai de Riggio chorou em desespero.

A partir desse momento, o filho que lhe restou nutriria um ódio feroz contra a polícia, e um forte fascínio pelos criminosos arrogantes que frequentavam o bar local.

Na adolescência, Riggio começou também a frequentar o bar. Depois de vários pequenos crimes, a linguagem tóxica do «respeito» e da «honra» entrou-lhe no sangue. Em setembro de 1987, foi iniciado com o ritual de Osso, Mastrosso e Carcagnosso. Na primavera seguinte, quando Riggio encontrou por acaso o homem que tinha atropelado o irmão mais novo, matou-o a tiro no momento. «Toda a gente me viu, e eu pensei imediatamente: agora vão prender-me. Mas não me prenderam. Ninguém disse nada. Ninguém falou. Pelo contrário: no dia seguinte, as pessoas estavam a sorrir para mim, dando-me a entender que eu tinha feito a coisa certa.»

Por essa altura, o Local de Riggio foi arrastado para um conflito territorial. No final do mesmo, ele tinha cometido quatro homicídios e participado noutros dez. Tinha vinte e um anos de idade.

Riggio tornou-se testemunha do Estado em setembro de 1993, depois de se apaixonar por uma rapariga de Rovigo que viria a ser sua mulher. O seu depoimento pôs o seu antigo chefe e a maioria dos membros do Local atrás das grades. Quando lhe perguntaram se tinha mudado de opinião em relação aos polícias, respondeu: «Hoje, sinto-me como se fosse completamente um deles porque, se formos a ver, estamos todos a correr os mesmos riscos e a lutar pela mesma causa.»

Estes arrependidos, além do aumento da pressão da polícia, surtiram sem dúvida os seus efeitos, já que foi nessa altura que a 'Ndrangheta finalmente decidiu que os raptos atraíam demasiados polícias para os barrancos arborizados do maciço do Aspromonte. A determinação de uma mulher também contribuiu para a sua decisão. O filho de Angela Casella, Cesare, foi raptado pela 'Ndrangheta em janeiro de 1988. Várias vezes durante o período de setecentos e quarenta e três dias de cativeiro do filho, ela fez a viagem para a Calábria de sua casa em Pavia, perto de Milão. Na imprensa ganhou a alcunha de «Mãe Coragem», por ousar pedir ajuda às pessoas do Aspromonte; chegou mesmo a acorrentar-se a gradeamentos nas praças de várias aldeias. Quando o filho foi finalmente libertado em janeiro de 1990, o seu caso já se havia tornado tão conhecido quanto o rapto de Getty. No início dos anos 90, os mafiosos calabreses abandonaram o tráfico de reféns no qual tinham sido a força dominante entre as organizações criminosas italianas — o negócio que ajudara a lançá-los no tráfico de drogas e na construção.

Terminava assim uma fase importante da história da 'Ndrangheta. Mas das três máfias, a calabresa foi a menos prejudicada pela repressão do início dos anos 90. Uma medida disso mesmo é o número de arrependidos. Em 1995, trezentos e oitenta e um membros da Cosa Nostra estavam registados como testemunhas do Estado. Houve muito menos arrependidos da Camorra no mesmo ano: cento e noventa e dois. No entanto, antigos chefes como Carmine Alfieri, «o Sr. Zangado», infligiram à organização danos incalculáveis. O total de cento e trinta e três desertores da 'Ndrangheta era o mais baixo das três organizações criminosas históricas.

Relativamente incólume, a 'Ndrangheta podia então colher os frutos da longa história de invisibilidade que a distinguira da Camorra e da Cosa Nostra. A sua decisão de recusar o convite de Totò Riina para se juntar à Cosa Nostra na sua guerra contra o Estado também foi compensadora. Depois de 1992, apenas a 'Ndrangheta entre as organizações criminosas guardaria o seu mistério, com a sua estrutura interna ainda apenas parcialmente conhecida, e a sua existência enquanto uma só organização criminosa — e não enquanto um conjunto pouco coeso de clãs locais — ainda por confirmar.

Negociar pela bomba: o início da Segunda República

O choque dos assassínios de Falcone e Borsellino foi sentido de forma mais intensa na magistratura: pelos seus colegas, naturalmente, mas também por jovens magistrados que só podiam admirar os dois heróis a distância, e tentar portar-se à altura do espírito de sacrifício que eles personificavam. Um desses jovens magistrados resumiu os sentimentos de uma geração dos seus pares: «Depois da segunda bomba estávamos todos genuinamente prontos para ser assassinados. Mas de modo nenhum nos havíamos resignado ao poder da máfia.» As bombas de 1992 abriram um fosso profundo entre os representantes do Estado de direito por um lado e o sistema do poder criminoso por outro. A era do diálogo, do compromisso e da conivência entre o Estado e a máfia, que produziu magistrados como Giuseppe Guido Lo Schiavo, que inspirou o filme *Em Nome da Lei*, terminara de vez.

Ou pelo menos devia ter terminado. Desde 1992, os magistrados na Sicília e noutros lugares têm sido perseguidos por perguntas que se recusam a desaparecer. Totò Riina estabelecera objetivos claros para a sua organização quando o parecer do Supremo Tribunal sobre o maxiprocesso lhe fora desfavorável: «Fazer primeiro guerra ao Estado para depois ditar a paz.» A Cosa Nostra estava a tentar negociar pela bomba. Mas com quem estava a negociar? Alguém tentou apaziguar os assassinos de Falcone e Borsellino? Alguma vez se fez um acordo? Hoje, passados vinte anos, os magistrados acreditam que já podem vislumbrar as respostas a essas perguntas.

A guerra da Cosa Nostra contra o Estado não terminou com os assassínios de Giovanni Falcone e Paolo Borsellino em 1992. E a prisão de Totò Riina em janeiro de 1993 também não interrompeu os atentados bombistas. Na verdade, mais tarde nesse ano, os seguidores mais fiéis de Riina na Cosa Nostra — os chefes que ficaram conhecidos como «ala pró-massacre» — lançaram uma série de ataques terroristas a alvos importantes na península italiana.

Em 14 de maio de 1993, um carro-bomba explodiu na via Fauro, em Roma. O alvo previsto era Maurizio Costanzo, um influente apresentador de programas de entrevistas na televisão que condenara veementemente os crimes da Cosa Nostra. Por sorte, embora muitas pessoas tivessem ficado feridas, o carro de Costanzo escapou à explosão e ninguém morreu: por pouco tinha sido evitado um massacre.

Treze dias depois, quando um monovolume FIAT armadilhado explodiu sem aviso junto da Galleria degli Uffizi em Florença, não houve a mesma sorte. Cinco pessoas morreram, incluindo uma rapariga de nove anos. O motor do veículo foi encontrado embutido num muro na margem oposta do rio Arno, e três quadros na Uffizi ficaram irremediavelmente danificados.

Em 27 de julho, morreram mais cinco pessoas na via Palestro em Milão. Pouco depois das vinte e três horas, três bombeiros, um agente da polícia e um homem que dormia num banco na rua foram todos apanhados na explosão de outro carro-bomba.

Menos de uma hora depois, Roma foi a cidade seguinte a ser atingida pelos carros-bombas da Cosa Nostra. A Igreja Católica pagava o seu preço pela denúncia da Cosa Nostra feita pelo Papa meses antes. Uma explosão danificou a fachada da sede oficial do Papa na cidade, a Arquibasílica de São João de Latrão — a enorme praça em frente recebe muitos comícios políticos. Uma segunda explosão destruiu o pórtico da Igreja de São Jorge em Velabro. Não houve vítimas nos dois incidentes.

Roma podia também ter sido o palco da pior chacina de toda a campanha. Em 31 de outubro de 1993, um *Lancia Thema* cheio de dinamite estava estacionado junto do Estádio Olímpico, onde decorria um jogo de futebol entre a Lazio e a Udinese. Ativada por controlo a distância, a bomba destinava-se aos adeptos que saíam do recinto e aos *Carabinieri* que vigiavam a multidão. O dispositivo, que podia ter matado dezenas de pessoas, não detonou.

Os anais do crime organizado italiano não contêm precedentes para os atentados de 1992–3. Ao longo destes dois anos horríveis, as intenções da «ala pró-massacre» manter-se-iam: «Fazer primeiro guerra ao Estado para depois ditar a paz.» As exigências de Riina eram elevadas: queria não só neutralizar as armas mais eficazes do Estado contra o crime organizado (os arrependidos, a lei Rognoni-La Torre), mas também inverter os resultados judiciais que essas armas tinham conseguido (o maxiprocesso de Falcone e Borsellino).

À medida que os massacres se sucediam, a necessidade de negociar da Cosa Nostra tornava-se ainda mais urgente, e a lista de exigências mais extensa. Depois da morte de Falcone, o governo impôs um novo regime prisional, conhecido universalmente como 41-*bis* («Artigo 41a»), que se destinava a impedir mafiosos importantes de comunicarem com o mundo exterior, e desse modo gerirem os seus impérios. (Esta foi mais uma das ideias de Falcone.) A meio da noite de 19 para 20 de julho, horas depois do assassínio de Paolo Borsellino, o Artigo 41a foi posto em prática, quando aviões militares levaram cinquenta e cinco chefes mafiosos da Ucciardone para se juntarem a cento e um outros criminosos ilustres na tenebrosa colónia penal da ilha de Pianosa, ao largo da costa toscana. A abolição do novo regime prisional foi rapidamente acrescentada à lista de objetivos de guerra da Cosa Nostra.

A narrativa do período de massacres da máfia em 1992–3 permanece inquietantemente obscura em alguns aspetos cruciais. Por exemplo, existem suspeitas de que a negligência não foi o único fator em jogo quando a proteção de Paolo Borsellino foi descurada de forma tão vergonhosa depois do assassínio de Falcone.

Logo após a morte do próprio Borsellino, o seu diário vermelho, contendo alguns dos seus apontamentos mais secretos, desapareceu do local do massacre. (O irmão mais novo de Borsellino, Salvatore, adotou o diário vermelho enquanto símbolo da sua busca pela verdade.)

Quando Totò Riina foi capturado em 1993, a sua mansão permaneceu desprotegida o tempo suficiente para que os mafiosos pudessem entrar, retirar bens e documentos comprometedores, e até redecorar. Nunca ninguém explicou de forma satisfatória como isso pôde acontecer. O episódio levou muita gente a suspeitar de que alguém dentro da Cosa Nostra denunciara Riina às autoridades em troca de favores.

Em 2008, surgiram revelações importantes sobre as negociações da Cosa Nostra com o Estado quando Gaspare Spatuzza começou a falar. Spatuzza, conhecido pela alcunha de *u Tignusu* («o Careca»), era um Homem de Honra da Família de Brancaccio que já se encontrava a cumprir uma pena de prisão perpétua pela sua participação na campanha bombista da Cosa Nostra na Itália continental. Spatuzza explicou que Vincenzo Scarantino, o jovem traficante de drogas preso havia já uma década e meia por ter colocado o carro-bomba que matou Borsellino, não podia ser culpado — pela simples razão de que ele, Spatuzza, era o responsável. As provas que Spatuzza forneceu para sustentar a sua revelação foram tão convincentes, que Scarantino foi entretanto libertado e a sua inocência confirmada. (Ele sempre afirmara que não era culpado, alegando ter sido torturado para confessar.)

Outro mistério sobre os massacres de 1992–3 foi assim revelado. Teria Scarantino sido tramado por polícias excessivamente zelosos e ansiosos por obter qualquer tipo de resultado no clima de emergência que se seguiu às mortes de Falcone e Borsellino? Ou teria sido a injustiça chocante que ele sofrera parte de um plano muito maior e mais ardiloso?

O testemunho de Spatuzza deu novo alento àqueles que procuram a verdade sobre as negociações entre a Cosa Nostra e o Estado no início dos anos 90. Têm surgido outros fragmentos de provas preocupantes. Alguns *Carabinieri* confirmaram que tentaram entrar em contacto com a Cosa Nostra no verão de 1992 para tentar pôr termo aos massacres, mas negam que tenham existido quaisquer negociações.

No verão e outono de 1993, enquanto Spatuzza fazia explodir carros-bombas em Florença, Milão e Roma, quatrocentos e oitenta mafiosos foram isentados do regime prisional do Artigo 41a pelo ministro da Justiça Giovanni Conso. Conso explicou recentemente que o seu ato de clemência foi uma iniciativa puramente pessoal, com o objetivo de enviar um sinal de compromisso.

Mais inquietante é o facto de ter sido entretanto confirmado que Paolo Borsellino descobriu que tinham sido feitas propostas de paz à Cosa Nostra nos dias seguintes à morte de Falcone — propostas às quais ele se opôs veementemente. O principal assassino de Totò Riina revelou que a Cosa Nostra avançou com o seu plano para matar Borsellino precisamente para o impedir de interferir nas negociações: «As negociações em curso foram a principal razão para que o plano para eliminar Borsellino fosse antecipado.»

Um dos dois homicídios mais importantes de toda a história do crime organizado italiano continua assim por esclarecer. Os testemunhos de Spatuzza e outros levantam a hipótese arrepiante de que Borsellino tenha sido deliberadamente sacrificado. Algumas testemunhas falam de envolvimento dos serviços secretos não só nas negociações entre a máfia e o Estado mas também no assassínio de Paolo Borsellino.

À data da publicação deste livro, vários chefes da máfia, incluindo Totò Riina, já tinham sido acusados de tentar chantagear o Estado em 1992–3. Três agentes superiores dos *Carabinieri* e dois polícias enfrentam também acusações relacionadas com o caso. Um antigo ministro do Interior foi acusado de prestar declarações falsas sobre as negociações. O seu julgamento, porém, mal começou, e a presunção de inocência não pode ser uma mera formalidade num processo tão complexo e controverso.

As acusações apresentadas pelos juízes de instrução traçam o quadro de uma negociação que se desenvolveu ao longo de várias fases, e implicou ligações entre a Cosa Nostra e alguns políticos e funcionários do Estado, nem todos entre os arguidos do novo processo. O que os juízes alegam é que, para alcançar os seus fins em 1992–3, a Cosa Nostra teve de encontrar novos parceiros políticos — precisamente na altura em que os partidos políticos italianos da Guerra Fria começavam a desintegrar-se, e o país fazia a transição tumultuosa entre a Primeira República e a Segunda República (como agora lhes chamamos). Entre os protagonistas das negociações do lado do Estado encontramos políticos de três tipos diferentes, segundo as acusações ainda não confirmadas. Em primeiro lugar, temos os políticos da Primeira República, próximos da Cosa Nostra, que se sentiram ameaçados pela fúria de Riina. Em segundo lugar, temos os estadistas sem ligações à máfia siciliana que procuravam ajudar Itália a superar a sua crise económica e política, mas que poderão ter feito ou aprovado tentativas insensatas de apaziguar a «ala pró-massacre». E por fim, temos os novos políticos que tentavam afirmar-se no caos do desmoronamento da Primeira República. Homens como Marcello Dell'Utri, o braço-direito siciliano de um empresário dos *media* que viria a ser a figura dominante e mais controversa da Segunda República, Silvio Berlusconi.

Berlusconi soube aproveitar da melhor maneira as amizades políticas que conquistou durante a Primeira República: o líder do Partido Socialista e primeiro-ministro Bettino Craxi foi padrinho no seu segundo casamento. O desmoronamento da velha ordem política representava uma ameaça grave para os seus interesses empresariais. Julga-se que, em junho de 1992 (isto é, entre os assassínios de Falcone e Borsellino), os homens de Berlusconi já estivessem a fazer sondagens para fundar um novo partido político. Os juízes alegam que, enquanto os planos políticos de Berlusconi ganhavam forma, Dell'Utri se apresentou à Cosa Nostra enquanto parceiro de negociação, prometendo satisfazer alguns dos seus pedidos em troca de apoio. A Segunda República nasceu em março de 1994, quando Berlusconi conduziu o seu novo partido, Força Itália, à vitória eleitoral. Foi nessa altura, segundo os juízes, que «o novo pacto de coabitação entre o Estado e a máfia foi finalmente selado».

Marcello Dell'Utri é um velho conhecido dos leitores destas páginas. Foi ele quem contratou o mafioso Vittorio Mangano em 1974 para proteger de raptores Berlusconi e a sua família. Dell'Utri está envolvido desde 1996 num processo aparentemente interminável relacionado com a máfia. Tem atualmente uma condenação pendente por colaborar com a Cosa Nostra e uma pena de nove anos de prisão por cumprir. Mas continua a ser um homem livre, porque os veredictos são provisórios: um dos seus recursos foi anulado e será reavaliado. Até agora, os juízes têm rejeitado explicitamente a alegação de que a relação de Dell'Utri com a Cosa Nostra ainda se mantinha no início dos anos 90, quando se julga que terão começado as negociações entre a máfia e o Estado. Mas também isso poderá mudar. Convém também salientar que uma investigação baseada na teoria de que Berlusconi e Dell'Utri tiveram um papel na encomenda da campanha bombista da Cosa Nostra foi arquivada por falta de provas em 2002. Berlusconi nunca foi acusado de nenhum crime relacionado com os atentados da Cosa Nostra. Também não está envolvido no julgamento mais recente, exceto enquanto vítima de uma alegada extorsão por parte do seu amigo Marcello Dell'Utri, um dos dois políticos acusados de ajudarem a Cosa Nostra na sua estratégia de negociações.

Em todos os períodos da história da máfia siciliana existem incertezas. Os historiadores vivem com o risco permanente de ver o seu trabalho desfeito quando surge algum novo documento dos arquivos, ou um novo arrependido decide começar a falar. Os anos de transição de 1992–4 estão invulgarmente cobertos de incertezas. Só o tempo — o tempo excessivamente lento do sistema judicial italiano — dirá se existe alguma verdade em todas as acusações relativas ao plano da Cosa Nostra de negociar pela bomba.

Mesmo que as piores suspeitas sobre as negociações entre a máfia e o Estado se revelassem verdadeiras, seria extremamente imprudente concluir que o principal objetivo de Berlusconi no governo era satisfazer as vontades da Cosa Nostra, ou que um pacto com a Cosa Nostra explicava o seu sucesso político. O fenómeno Berlusconi envolve muito mais do que as suas alegadas ligações à Cosa Nostra.

Dito isto, a prioridade de Berlusconi enquanto esteve no poder foi proteger os seus interesses empresariais daquilo que ele chamou de uma conspiração judicial. Ao proteger-se, prejudicou a causa antimáfia. Na perspetiva de Berlusconi, a popularidade e o sucesso eleitoral isentavam-no do Estado de direito. Muitas das medidas que introduziu, ou tentou introduzir, revelavam uma incapacidade evidente de perceber a fronteira entre os seus interesses pessoais, por um lado, e os do Estado e do povo italiano, por outro. Tentou repetidamente tornar-se imune a processos judiciais. Aprovou amnistias para pessoas que tentaram reimportar dinheiro que tinha sido ilegalmente exportado para contas bancárias estrangeiras ou *offshores* (normalmente para se evadirem à lei ou às autoridades fiscais). Descriminou a falsificação de contabilidade e tornou mais difícil aos magistrados obterem dados de instituições financeiras noutros países. Aprovou uma lei dirigida especificamente a Gian Carlo Caselli, o procurador-chefe que tinha ido para Palermo depois das mortes de Falcone e Borsellino e que conseguiu resultados tão extraordinários. A lei modificou ligeiramente os requisitos de idade para o cargo de Procurador Nacional Antimáfia, e tinha como objetivo impedir que Caselli ficasse com o cargo para o qual era o melhor candidato. Os mafiosos, *camorristi* e *'ndranghetisti* não eram os beneficiários específicos destas e outras mudanças, mas por certo tê-las-ão recebido com um largo sorriso.

A retórica de Berlusconi sobre o assunto do crime organizado era muitas vezes irresponsável. A um jornalista britânico, disse que pensava que os magistrados antimáfia eram «loucos». «Para fazer esse trabalho precisas de ser mentalmente perturbado, precisas de ter distúrbios psíquicos», afirmou. O partido de Berlusconi atraiu o apoio eleitoral das máfias. Em 1994, numa audiência pública, Giuseppe Piromalli, o chefe da 'Ndrangheta, declarou: «Vamos todos votar em Berlusconi.» De certo modo, este facto não é em si escandaloso: as máfias são atraídas pelo poder, por quem quer que o detenha. Mas Berlusconi pouco fez para repudiar ou desencorajar este tipo de apoiantes.

Quer estivesse na oposição quer no governo (como aconteceu em 1994–5, 2001–6 e 2008–11), Silvio Berlusconi era impossível de ignorar, inspirando ao mesmo tempo adulação e repúdio. Visto do estrangeiro, o seu domínio dava à cena política italiana durante os anos de 1994–2011 uma enganadora aparência de clareza. Se olharmos além dessas aparências, encontramos o mesmo contexto desanimadoramente familiar de confusão e paralisia política que tem sempre impedido Itália de adotar as reformas de que precisa, e enfraquecido o Estado ante a ameaça do crime organizado.

O fim da Guerra Fria inaugurou uma nova série de oportunidades e perigos para Itália, tal como para os seus vizinhos e outros países desenvolvidos. Houve o alargamento e aprofundamento da União Europeia, com a criação do Euro e a sua subsequente crise. A globalização introduziu Itália à migração interna em massa e à maré de mercadorias chinesas baratas. A ascensão da sociedade de informação obrigou as economias de todo o mundo a adaptarem-se. O fim das ideologias da Guerra Fria deixou muitos sistemas políticos à procura de novas formas de cativarem eleitores distraídos. Velhos problemas — como o equilíbrio entre a solidariedade social e o individualismo económico — exigiam novas soluções.

Itália, especialmente, tinha uma longa e urgente lista de coisas para fazer que herdara da Primeira República: o seu deficiente sistema de ensino; o estado lamentável das suas finanças públicas; um dos piores registos de desemprego juvenil e evasão fiscal no continente; o desequilíbrio crónico entre o Norte e o Sul; uma grave carência de investimento na investigação e desenvolvimento; um sistema de pensões insustentável; e finalmente, o domínio que as organizações criminosas exerciam sobre uma boa parte do território nacional. A queda da Primeira República ofereceu a todas as correntes políticas italianas a oportunidade de começarem de novo na tarefa de oferecerem soluções coletivas para novos e velhos problemas, nacionais e locais. Após duas décadas de Segunda República, na maioria dos aspetos, e para a maioria dos observadores, os resultados são lamentáveis.

Na Primeira República, o parlamento e o Senado tinham sido dominados ao centro pela vasta, informe e inamovível «baleia branca» da DC. Os extremos da esquerda (Partido Comunista) e da direita (os neofascistas) estavam perpetuamente excluídos do poder. Mas a baleia branca desapareceu. Os católicos de Itália, em tempos reunidos na DC, dispersaram-se um pouco por todos os quadrantes políticos. A maioria dos comunistas converteu-se a uma forma ou outra de social-democracia, e a maioria dos neofascistas apresentou-se como um convencional partido europeu de centro-direita. Ninguém *a priori* estava excluído do jogo de formar governos de coligação. Até a Liga Norte — um movimento ruidoso que queria a independência para um país fictício chamado «Padânia», e que era dado a impropérios racistas inaceitáveis em qualquer outro país europeu — se tornou numa aliada cobiçada.

O que muitas pessoas esperavam no início da Segunda República era que houvesse uma nova clareza. Para dar a Itália um verdadeiro governo, um consenso formado em torno do chamado «bipolarismo»: a ideia de que duas forças opostas de centro-direita e centro-esquerda pudessem competir pela lealdade dos eleitores, e formar um governo ou uma oposição consoante ganhassem ou perdessem as eleições. Os políticos italianos, por outras palavras, teriam de se habituar a ganhar *e* a perder eleições. Os governos imperariam com a consciência de que seriam afastados pelo eleitorado se não cumprissem. Ninguém poderia ocupar o poder como fizera a DC durante quase meio século. A esquerda deixaria de ter o monopólio sobre o aproveitamento político de acusações de corrupção ou cumplicidade com o crime organizado.

A teoria era boa. A prática, contudo, foi a confusão: em parte por causa de leis eleitorais mal elaboradas e destinadas a promover a bipolaridade, mas sobretudo por causa do familiar espetáculo italiano de conflitos políticos sectários. Partidos menores, capazes de chantagear os maiores ameaçando retirar o seu apoio, continuaram a proliferar. Os católicos e os ex-comunistas continuavam a procurar, vãmente, uma identidade política. Os interesses do Norte e do Sul, o laicismo e o catolicismo, a região e a nação continuaram a dividir todas as alianças eleitorais — para não falar das fontes mais tradicionais de desacordo político sobre medidas económicas e sociais, ou de instabilidade provocada por arrogantes ambições pessoais. Foram feitos vergonhosos acordos de conveniência entre políticos que anteriormente haviam trocado insultos violentos. Em 1998, o líder da Liga Norte, Umberto Bossi, disse que não poderia haver «nenhum acordo com o *mafioso*». Referia-se a Berlusconi, que depois iria apoiar resolutamente durante o tempo em que os dois foram parceiros de coligação.

Cada eleição gerava uma panóplia confusa de novos acrónimos e símbolos; efémeras «marcas» políticas para partidos e coligações formados à pressa. Todas as coligações de partidos de centro-direita ou centro-esquerda que se apresentavam às eleições começavam a desfazer-se mal eram eleitas, incapazes de resolver as suas divergências. Os políticos abandonavam previsivelmente as coligações de governo assim que surgiam as primeiras dificuldades. Os governos continuavam a distribuir nomeações pelos seus amigos políticos. De forma ainda mais flagrante, os canais de televisão públicos, sem qualquer tradição de independência, continuavam a ser dominados pelos partidos no governo, e continuavam a produzir noticiários tendenciosos e enfadonhos, que pareciam apostados em afastar de vez os jovens da democracia.

O fim das velhas ideologias eliminara alguns dos poucos anticorpos de Itália contra as velhas maleitas políticas do compadrio, clientelismo e corrupção. Os representantes eleitos da nação pareciam assemelhar-se cada vez mais à sua própria caricatura: eram uma «casta» interesseira, escondida da população atrás dos vidros tingidos das suas limusinas de luxo azuis, compradas com dinheiros públicos. Entretanto, os problemas do país ficavam por resolver.

Na Segunda República, a luta contra as máfias continua a ser travada apesar do sistema político, e não por causa dele. O curioso é que apesar de tudo têm sido alcançados alguns sucessos extraordinários. E os mais extraordinários têm ocorrido na Sicília.

Se foi *de facto* celebrado um pacto entre a Cosa Nostra e o Estado entre 1992 e 1994, então quase todos os chefes que negociaram esse pacto estão hoje esquecidos em prisões de segurança máxima. A captura de Totò Riina mergulhou a Cosa Nostra na pior crise de toda a sua história.

7

A SEGUNDA REPÚBLICA E AS MÁFIAS

Cosa Nostra: a cabeça da Medusa

Desde a captura de Totò Riina em 1993, os magistrados antimáfia, a polícia, os *Carabinieri* e a *Guardia di Finanza* (Guarda Fiscal) da Sicília conseguiram uma série de vitórias sobre a Cosa Nostra sem nenhum precedente histórico. Em comparação, as campanhas fascistas contra a máfia siciliana nos anos 20 e 30 foram desastradas, superficiais e esporádicas. A Cosa Nostra continua a pagar um preço muito elevado pela sua guerra contra o Estado entre 1979 e 1993.

Todo o mafioso reconhece que passar uma temporada na prisão é um risco inerente ao seu ofício. No entanto, é capaz de tudo para evitar ser condenado: desde intimidar testemunhas a puxar cordelinhos para que os juízes tomem decisões «anómalas». Se tiver o azar de receber um veredicto de culpado, o mafioso tem ainda a opção de se tornar num fugitivo. Mas como já vimos, poucos fugitivos da máfia siciliana fogem de facto. A maioria continua a viver na clandestinidade no seu próprio feudo, assumindo uma identidade falsa, e continua a gerir os seus negócios criminosos como antes. No início dos anos 90 havia centenas destes fugitivos na Sicília; entre eles, os chefes responsáveis pelos piores crimes da Cosa Nostra. O seu carisma era reforçado pela sua invisibilidade. Eles pareciam adquirir uma aura — percetível não só entre os outros mafiosos mas também entre a população geral. Eram uma proclamação viva da incapacidade do Estado italiano de fazer cumprir a lei, de converter as sentenças pronunciadas em tribunal em penas efetivamente cumpridas na prisão.

Mesmo antes do maxiprocesso, a Cosa Nostra sabia que qualquer tentativa séria de capturar os fugitivos seria um desafio muito grave à sua autoridade. Foi por isso que os chefes mafiosos mandaram matar o agente da Brigada Móvel Beppe Montana em 1985. Este homicídio — ele foi morto quando aproveitava o seu tempo livre para descobrir pistas sobre os fugitivos da máfia — lembra não só a dedicação mas também a vulnerabilidade das forças que lutaram contra a Cosa Nostra nos sangrentos anos 80.

Gian Carlo Caselli foi o procurador-chefe piemontês que assumiu o perigoso posto de Palermo depois do assassínio de Paolo Borsellino em 1993. Caselli continuaria no seu cargo até 1999. A captura de fugitivos da Cosa Nostra foi a sua prioridade. Ele tinha uma lista desses fugitivos na gaveta da sua secretária e, quando um era preso, riscava o nome com tinta verde. No final do seu mandato em Palermo, mais de trezentos nomes tinham sido riscados. Os arrependidos forneceram informações que conduziram à captura de chefes mafiosos que andavam fugidos, e alguns destes tornaram-se também arrependidos, fornecendo mais pistas valiosas.

A sucessão de deserções não era a única arma no arsenal das autoridades. Nos anos 90, a perseguição aos fugitivos da Cosa Nostra tornou-se cada vez mais tecnologicamente sofisticada: começaram a ser usados novos dispositivos de escuta e localização, e a polícia e os *Carabinieri* adquiriram cada vez mais perícia na sua utilização. Antes de morrer, Giovanni Falcone transformou a sua experiência no *pool* de magistrados de Palermo num modelo para as novas organizações nacionais que investigariam e processariam o crime organizado. Depois da morte de Falcone, Palermo continuou a ser o modelo para o resto do país; tornou-se numa escola de elite para equipas de caçadores de mafiosos.

Um dos muitos fugitivos de vulto capturados foi Leoluca Bagarella, o cunhado de Totò Riina. Bagarella foi o primeiro chefe mafioso a ocupar o enorme vazio de liderança criado pela prisão do autoritário Riina. O poder de Bagarella era sobretudo militar: ele herdou o comando dos esquadrões da morte da Cosa Nostra. Também herdou a guerra de Riina contra o Estado italiano, uma guerra que Bagarella decidiu continuar, organizando os atentados terroristas da Cosa Nostra na Itália continental em 1993.

Perseguir e capturar um fugitivo como Bagarella implicava conhecer tudo o que havia a conhecer sobre o seu território e a sua rede de contactos, reunindo fragmentos de informações sobre a sua vida pessoal e psicologia. Depois de os fugitivos serem capturados, as suas histórias de vida forneciam aos sociólogos e psicólogos valiosas informações sobre o «mundo dentro de um mundo» que é a Cosa Nostra. A cultura interior da máfia siciliana parecia muito estranha e distante da nossa própria experiência, devido ao medo constante da traição e a uma familiaridade natural com a morte violenta. Contudo, ao mesmo tempo, a vida dos mafiosos era sinistramente trivial, repleta de histórias comuns de amor e perdas. Como tantas outras vezes, as observações de Giovanni Falcone sobre a mentalidade da máfia revelavam-se corretas. Os mafiosos não eram monstros, salientara Falcone:

> Conhecer mafiosos influenciou profundamente o modo de me relacionar com outras pessoas, e também as minhas convicções. Aprendi a reconhecer a humanidade mesmo naqueles que são aparentemente os piores dos seres. Aprendi a ter um respeito pelas opiniões de outras pessoas que é verdadeiro e não apenas uma questão de forma.

A história de Bagarella é um bom exemplo. Casou-se com Vincenzina Marchese em 1991. Os parentes dela eram membros da Família de Corso dei Mille da Cosa Nostra, portanto o casamento foi uma união clássica de dinastias mafiosas, festejada sumptuosamente com centenas de convidados. Bagarella mandou gravar a música do genérico de *O Padrinho* nos vídeos do casamento. Mas ao mesmo tempo, o casamento era sem dúvida uma aliança de amor, e os dois foram companheiros dedicados. Alguns arrependidos contaram entretanto que, se Vincenzina telefonasse a Bagarella para dizer que o jantar estava quase pronto, ele era até capaz de interromper o estrangulamento de alguém para estar com ela à mesa.

No entanto, os Bagarellas tinham uma angústia secreta. Vincenzina não conseguia engravidar e ter o filho que tanto desejava. Acabou por se convencer de que isso era um castigo divino pelo que a Cosa Nostra tinha feito a Giuseppe Di Matteo — o filho menor de um arrependido, sequestrado durante mais de dois anos, que acabaria por ser estrangulado e dissolvido em ácido. Ela perguntava repetidamente ao marido o que tinha acontecido ao rapaz, e recebia garantias constantes (que eram verdadeiras na altura) de que ele ainda estava vivo. Mas Vincenzina não se deixou convencer. Então, na noite de 12 de maio de 1995, enforcou-se no esconderijo do casal. Porque andava fugido da justiça, Bagarella não pôde dar-lhe um funeral decente. Teve inclusive de a mudar de uma campa rasa para outra. O seu corpo nunca foi encontrado. Durante um mês de luto, Bagarella recusou-se a participar em quaisquer homicídios por respeito à sua amada. Quando foi capturado em 24 de junho de 1995, seis semanas depois da morte da mulher, já estava a planear um regresso ao ativo. Trazia a aliança de casamento da mulher num fio ao pescoço.

Outros membros da Comissão da Cosa Nostra em Palermo ainda em fuga caíram na rede. Em 20 de maio de 1996 foi a vez do homem que matou Falcone. Giovanni Brusca era conhecido nos meios da máfia como «o Degolador de Cristãos», ou simplesmente como *'u Verru* — «o Porco». Foi ele quem teve a ideia de se deitar de barriga num *skate* para empurrar os barris de explosivos destinados a Falcone para um túnel de escoamento de águas debaixo da autoestrada. Em 23 de maio de 1992, foi Brusca quem premiu o detonador. «O Porco» tinha cometido tantos homicídios, que lhes perdera a conta: entre cem e duzentos era a sua estimativa perturbadoramente vaga. Quando por fim se tornou testemunha do Estado, os magistrados tiveram de lhe fazer uma lista de todas as mortes e desaparecimentos suspeitos na Sicília ocidental, nos vinte anos anteriores, para que ele pudesse assinalar quais tinham sido obra sua.

Quando a polícia começou a apertar o cerco a Brusca, ele foi obrigado a mudar várias vezes de esconderijo. Em fevereiro de 1996, os investigadores descobriram um abrigo subterrâneo que Brusca pedira a um amigo empreiteiro que construísse. Do exterior, parecia o casebre dilapidado de um camponês. Mas no interior, no chão de mármore da cozinha dispendiosamente equipada, havia uma entrada secreta digna do vilão de um filme de James Bond. Quando Brusca pressionava um comando a distância, uma secção do chão descia como um elevador, cinquenta metros abaixo da terra, para um apartamento de duas divisões. Uma das divisões tinha uma porta de metal com um óculo de inspeção, como na cela de uma cadeia. Foi aí que Giuseppe Di Matteo, o filho do arrependido, esteve preso, e onde Brusca acabou por o estrangular e mergulhar num banho de ácido. Do apartamento, outro túnel secreto conduzia a um grande tanque de metal onde os investigadores descobriram o maior depósito secreto de armas da história italiana. Um cordão humano de *Carabinieri* esteve várias horas a retirar do local mais de quatrocentas pistolas, dezenas de caçadeiras de repetição e metralhadoras, explosivos de todos os tipos (incluindo semtex), várias bazucas, vários caixotes de granadas e dez RPG-18 — os mísseis antitanque portáteis conhecidos como «martelo de Alá», porque os talibãs os usavam contra os helicópteros russos no Afeganistão. Havia até algumas peças de colecionador, como uma pistola-metralhadora Thompson com carregador circular, igual àquelas que vemos nos filmes de bandidos da época de Al Capone. O arsenal de Brusca foi apenas um de muitos descobertos nesses anos.

O último esconderijo de Brusca ficava longe do seu território, na província de Agrigento no sul da Sicília, e ele acabou por ser traído pela nostalgia que sentia da sua terra. Fazia telefonemas regulares para encomendar salsichas e carne a um talho da sua aldeia natal, San Giuseppe Jato — telefonemas que os *Carabinieri* escutaram. Brusca estava a ver um programa de televisão sobre Giovanni Falcone quando ouviu um estrondo e a polícia lhe invadiu a casa.

A captura de chefes como Bagarella e Brusco assinalou o fim da fase mais perigosa da história da máfia siciliana. Tal como toda a liderança da Cosa Nostra, estes homens tinham aprovado a estratégia de Totò Riina de fazer guerra ao Estado. Tinham também pertencido a um grupo mais restrito de chefes (a «ala pró-massacre») que insistira na continuação dessa guerra depois de Riina ser capturado em 1993. Mas com todas estas detenções, a «ala pró-massacre» perdeu o controlo da organização, e a Cosa Nostra entrou numa crise de liderança ainda mais grave. Em resposta a essa crise, foi instaurada uma nova estratégia de «submersão».

O chefe responsável pela estratégia de submersão foi Bernardo Provenzano. Provenzano estava longe de ser um pacificador por vocação. Durante a maior parte da sua carreira criminosa, manteve uma parceria sólida com Totò Riina em qualquer questão relacionada com a política interna da Cosa Nostra. Eram ambos *corleonesi* e discípulos de Luciano Liggio. A perseguição implacável de

Provenzano aos seus inimigos granjeara-lhe desde cedo a alcunha «o Trator». Ele era tão responsável pelos horrores dos anos 80, e pelos assassínios de Falcone e Borsellino, como qualquer outro membro da Comissão de Palermo. Mas Provenzano tinha também outra alcunha indicativa de qualidades diferentes: «o Contabilista». À sua parceria com Riina ele emprestou maior acuidade comercial e uma capacidade mais refinada de criar laços com políticos.

Os arrependidos da máfia contam-nos que, quando a «ala pró-massacre» da Cosa Nostra procurou intensificar a sua campanha terrorista em 1993 (planearam até fazer explodir a Torre de Pisa), Provenzano começou a procurar a discrição. As divisões internas que tinham sido contidas por Riina começaram a ressurgir. O processo de centralização a que a Cosa Nostra tinha sido submetida quando os *corleonesi* montaram o seu golpe começou a inverter-se. Os chefes de circunscrição adquiriram mais autonomia — e mais poder para criar problemas. Por mais que tentasse apresentar-se como imparcial, o Trator era encarado com desconfiança pela «ala pró-massacre». Em 1995, teve de travar uma guerra por procuração com o cunhado de Riina, Leoluca Bagarella, pelo domínio da povoação de Villabate nos arredores de Palermo. Com ou sem razão, muitos na Cosa Nostra também estavam convencidos de que Provenzano denunciara Totò Riina às autoridades em 1993.

Provenzano foi o foragido da justiça mais experiente da história da máfia siciliana, tendo vivido na clandestinidade desde 1963. Durante grande parte desse tempo, surgiram vários boatos de que ele tinha morrido. Quando assumiu a liderança da Cosa Nostra, abandonou o desafio direto ao Estado italiano lançado por Riina, e tentou reparar os danos que a organização estava a sofrer como consequência da reação aos massacres de 1992 e 1993. A sua estratégia de submersão — «andar com sapatos almofadados», como ele a descreveu — tinha como objetivo manter a Cosa Nostra fora das manchetes dos jornais. Consequentemente, o número de homicídios diminuiu drasticamente. O Trator pôs fim às atrocidades cometidas contra os arrependidos e as suas famílias. Em alternativa, a Cosa Nostra aumentou o apoio a mafiosos presos e às suas famílias na esperança de que os arrependidos se retratassem dos seus testemunhos. A torrente de arrependidos da Cosa Nostra, que atingira o número máximo de quatrocentos e vinte e quatro em 1996, quase estancou. Uma das consequências foi a rede de apoio de o Trator revelar-se muito mais difícil de desmantelar do que as de chefes como Bagarella e Brusca.

Provenzano deu um novo impulso ao cultivo das amizades tradicionais e secretas da máfia siciliana com elementos corruptos do Estado e do mundo dos negócios. Os esquemas de extorsão eram absolutamente cruciais para a estratégia de submersão. A extorsão é o crime menos visível mas mais importante da máfia siciliana. Cada empresário ou criminoso que cede ao chefe local uma percentagem dos seus rendimentos está não só a fornecer à máfia o seu sustento diário, mas também a reconhecer a sua soberania e o seu direito de intervir da máfia. É por meio da extorsão que o chefe mafioso recolhe informações sobre o seu território e consegue entrar nos negócios legais. Tal como o sistema de impostos é indispensável ao estado democrático, os esquemas de extorsão são indispensáveis às máfias — o estado-sombra do sul de Itália.

Com a sua estratégia de submersão, Provenzano conseguiu certamente ganhar algum tempo. Mas os desafios que enfrentava eram provavelmente insuperáveis. Em primeiro lugar, a tendência dos políticos para quebrar as suas promessas, um velho problema para a máfia siciliana, voltava a manifestar-se. O italiano risivelmente mau que Provenzano usava nas mensagens datilografadas à sua rede é quase impossível de traduzir. Mas espero que o excerto seguinte de uma mensagem de 1997 ofereça alguma ideia sobre as preocupações do Trator com as amizades na política:

> Agora dizes-me que tens um contacto político de bom nível, que te permitiria gerir muitas obras grandes, e antes de avançares queres saber o que eu penso? Se eu não o conheço, não posso dizer-te nada. Terias de saber os nomes? E saber como estão organizados? Porque hoje não podes confiar em ninguém. Serão vigaristas? Serão polícias? Serão agentes infiltrados? Serão empatas? Serão grandes intriguistas? Se não conheces a estrada em que tens de viajar, não podes partir — por isso não posso dizer-te nada.

Neste caso, como em muitos outros, Provenzano não tomou uma decisão clara. A verdade é que o seu poder de estabelecer uma política própria estava severamente limitado. A sua autoridade continuava a depender maioritariamente do prestígio de Riina. O Trator nunca presidiu à Comissão, que não tinha sido convocada desde a prisão de Riina. Como explicaram os juízes de instrução sicilianos:

> Provenzano nunca foi submetido a uma investidura formal pelos outros chefes de circunscrição. Por isso exercia a supremacia em substância, mas não oficialmente, e fazia-o apenas em virtude de ser considerado «a mesma coisa» que Riina.

Por outras palavras, o Trator era um *primus inter pares*, mas não um *capo di tutti i capi*. Tinha autoridade para *aconselhar*, mas não para *mandar*. No fim, simples conselhos não seriam suficientes para salvar a liderança da Cosa Nostra — nem para a salvar das persistentes divisões no seio da organização, ou dos caçadores de mafiosos.

O primeiro do círculo íntimo de Provenzano a ser apanhado foi o seu número dois, Pietro Aglieri, o chefe de Santa Maria di Gesù. A história de Aglieri revelava ainda mais sobre o estranho mundo da Cosa Nostra, e particularmente sobre as crenças religiosas que têm ajudado os mafiosos a esconder a verdadeira natureza do seu poder ao longo da história. Na sua juventude, Aglieri estudara Teologia num seminário. Os investigadores localizaram-no seguindo um padre carmelita, Mario Frittitta. (O mesmo carmelita que proferira a homilia no funeral do futebolista-pescador suspeito de ser o vigia da máfia no assassínio do agente da Brigada Móvel Beppe Montana, em 1985.) O padre Frittitta, soube-se mais tarde, era o confessor de Aglieri. Na quinta-refúgio do *capo*, além da habitual parafernália de criminosos, como armas e um rádio para escutar comunicações da polícia, havia uma verdadeira capela com altar, crucifixo, turíbulo, bancos e almofadas para os joelhos.

A fé de Aglieri era genuína? Em última instância, apenas o próprio Todo-Poderoso poderá dar-nos a resposta a essa pergunta. Manifestamente, aquilo em que Aglieri acreditava era uma versão deturpada do cristianismo que, de alguma forma, julgava compatível com a sua vocação de criminoso profissional. Talvez encontrasse nela algum tipo de justificação para o mal que fazia.

O que nos parece indiscutível é que a religião de Aglieri era estrategicamente útil naquele momento da história da Cosa Nostra. Aglieri, tal qual o seu mentor Provenzano, procurava formas de reparar os danos à legitimidade da Cosa Nostra causados pelas mortes de Falcone e Borsellino, e pela tardia condenação papal da cultura da máfia. Emitir sinais religiosos — de humildade e piedade — talvez ajudasse os chefes mafiosos a reatarem os seus laços com os membros e amigos da organização alienados por episódios como o atroz homicídio de Giuseppe Di Matteo, o jovem filho do arrependido. Os bilhetes datilografados que Provenzano usava para comunicar com os outros chefes, e com os seus amigos nos negócios, estão cheios de referências religiosas: «Graças a Deus», «Se Deus quiser, estarei inteiramente ao seu dispor». Quer exprimissem quer não algum tipo de devoção, a linguagem de Provenzano revelava um estilo político que contrastava de forma flagrante com o do seu velho amigo Riina.

Na primavera de 2000, o «devoto» chefe Pietro Aglieri — então na prisão — foi um de um pequeno grupo da fação de Provenzano na Cosa Nostra que propôs dissociar-se da organização. A ideia era confessarem os seus crimes e repudiarem a máfia, mas sem se tornarem testemunhas do Estado nem denunciarem antigos companheiros de armas. Em suma, Aglieri e os seus aliados arrepender-se-iam aos olhos de Deus, mas não aos olhos do Estado.

Mas como seria de esperar de qualquer proposta da máfia, havia um senão: a dissociação só aconteceria se as condições nas prisões fossem aliviadas e algumas das novas leis antimáfia de Itália revogadas. Pouco depois, ficou claro que membros da 'Ndrangheta e da Camorra também apoiavam a proposta. A vida atrás das grades tinha criado uma frente comum entre alguns dos chefes mafiosos mais temidos do sul de Itália.

Os juízes de instrução perceberam imediatamente que aceitar a «dissociação» seria desvantajoso para o Estado. Além disso, suspeitavam de que a proposta fizesse parte de um plano para engendrar uma solução negociada para a guerra entre o Estado e a Cosa Nostra — uma solução que deixaria a Cosa Nostra incólume, e abriria caminho a um regresso à parceria tradicional entre as autoridades e o estado-sombra da máfia siciliana. Por outras palavras, a proposta de dissociação encaixava perfeitamente na estratégia de submersão de Provenzano. No entanto, foi muito bem recebida num artigo publicado no *Il Giornale* de Silvio Berlusconi, o que parecia preocupante. Mas mais preocupante ainda foi o facto de o magistrado que mais se opôs ao acordo da dissociação ter sido subitamente afastado do seu cargo pelo ministro da Justiça de Berlusconi em 2001.

No fim, a proposta de dissociação de Aglieri não foi aceite, graças ao trabalho perspicaz dos jornalistas de investigação e à pressão política dos magistrados antimáfia. No entanto, voltaria a surgir de vez em quando nos anos seguintes, lembrando a capacidade da Cosa Nostra de estabelecer um diálogo ardiloso com elementos do Estado italiano.

Entretanto, a perseguição aos fugitivos da máfia continuava. Em abril de 2002, a polícia capturou Antonino Giuffrè, conhecido como *Manuzza* («Mãozinha»), porque a sua mão direita tinha sido mutilada num acidente de caça. Ao contrário do devoto Pietro Aglieri, Giuffrè apresentou-se logo como arrependido, fornecendo aos investigadores importantes e novas informações sobre a maneira como Bernardo Provenzano, «o Trator», estava a restruturar a Cosa Nostra e a restabelecer as suas ligações ao mundo dos negócios. Quando foi capturado, Giuffrè foi encontrado com um saco de compras cheio de cartas para Provenzano de mafiosos e empresários da sua rede.

Mas seriam precisos mais quatro longos anos de investigação para que o sistema logístico do Trator fosse desmantelado e para que o próprio Provenzano fosse descoberto. Em abril de 2006, jornalistas incrédulos de todo o mundo afluíram à Sicilia para filmar a cabana perto de Corleone onde o grande estratego da Cosa Nostra, que andara fugido da justiça durante quarenta e três anos, foi finalmente capturado. Seria possível que um homem tão poderoso quanto Provenzano tivesse realmente vivido em condições tão humildes, alimentando-se de queijo ricota e chicória como um qualquer camponês de outrora? A verdade é que ele não era um camponês qualquer: era um criminoso profissional. E a sua terra natal de Corleone foi um último reduto, um lugar para o qual tinha sido obrigado a retirar-se quando todas as outras bases operacionais lhe haviam sido negadas pelas autoridades.

A captura do herdeiro de Riina não fez parar os caçadores de mafiosos. Dois meses depois, prenderam mais quarenta e cinco mafiosos no decorrer de uma operação que forneceria novas informações sobre as fissuras políticas que tinham colocado a Cosa Nostra à beira da guerra civil, mesmo enquanto o Estado apertava o cerco aos seus líderes. As fissuras tinham as suas origens no conflito mais violento da história da Cosa Nostra: a guerra de extermínio levada a cabo por Riina contra os principais barões da droga da máfia em 1981–3. Durante essa guerra, alguns mafiosos das Famílias perdedoras, nomeadamente os membros do clã de Inzerillo (que tinham relações de parentesco com a Família Gambino da Cosa Nostra americana), tinham fugido para o exílio nos EUA. Mas com o esvaziamento das fileiras da organização, surgiu uma iniciativa para permitir o regresso dos exilados e reconstruir a linha transatlântica de fornecimento de estupefacientes.

A proposta para fazer regressar os exilados já circulava desde a captura de Totò Riina, e estava condenada a ser controversa. Vinte e um membros do vasto clã Inzerillo tinham sido assassinados pelos *corleonesi*. Outros tinham sido obrigados a comprar a própria vida denunciando os seus parentes mais próximos a Riina. Uma *borgata* inteira, Ciaculli, tinha sofrido uma «limpeza étnica» às mãos dos vencedores da guerra. Só um acordo mediado por poderosos chefes americanos impedira os *corleonesi* de continuarem a perseguir os seus inimigos depois de estes fugirem para os EUA. Com os *corleonesi* entretanto enfraquecidos, o regresso dos exilados iria com certeza provocar um ajuste de contas. E como Provenzano não tinha autoridade para impor uma solução, o problema agravou-se. A Cosa Nostra dividiu-se em dois campos armados: um a favor do regresso dos exilados, e outro contra. Com a captura do Trator, desapareceu o último obstáculo à guerra civil.

O proponente mais entusiástico do regresso dos exilados era Salvatore Lo Piccolo, iniciado na mesma *cosca* de Partanna-Mondello da Cosa Nostra que Gaspare Mutolo, «o Sr. Champanhe», e com ligações próximas à Família Gambino nos Estados Unidos.

O plano de Lo Piccolo era contestado por Antonino Rotolo, que pertencia à geração mais velha de chefes a quem o Trator confiara as funções de liderança no âmbito da sua estratégia de submersão. Rotolo encarava o regresso dos exilados com indisfarçável pavor: enquanto fiel apoiante de Totò Riina, participara pessoalmente na chacina dos exilados, e sabia que pagaria com a vida se eles fossem autorizados a voltar. Em 2006, Rotolo estava a cumprir uma pena de prisão perpétua. Pelo menos em teoria: já que conseguira simular problemas cardíacos e conquistara o direito de cumprir a sua pena no ambiente bastante mais confortável de sua casa em Villagrazia. Sempre que queria reunir-se com os seus homens, chamava-os a uma modesta garagem do outro lado do muro do seu jardim. A garagem, contudo, tinha sido equipada com aparelhos de escuta, e a polícia ouviu Rotolo a explicar o seu plano para assassinar Lo Piccolo. Foi preso antes de o plano poder ser concretizado.

Lo Piccolo tornou-se então no chefe mais poderoso da província. Mas não por muito tempo: em novembro de 2007, também foi preso. Os investigadores encontraram uma profusão de provas num saco de cabedal que ele trazia sempre consigo, incluindo uma lista de empresas que pagavam «dinheiro de proteção»: os montantes mensais extorquidos variavam entre os quinhentos euros para uma loja e os dez mil euros para uma firma de construção. Encontraram também bilhetes com informações sobre assassínios e amizades políticas, um mapa atualizado das Famílias da zona de Palermo e uma imagem sagrada com o juramento proferido pelos mafiosos quando são iniciados na organização: «Juro ser fiel à Cosa Nostra. Se alguma vez a trair, que o meu corpo arda como arde agora esta imagem.»

Lo Piccolo tinha também consigo um papel mal impresso intitulado «Direitos e Deveres», uma espécie de «dez mandamentos» da Cosa Nostra. A regra número um, por exemplo, estipulava que «Não podes apresentar-te [como mafioso] sozinho ou a outro amigo sem a presença de um terceiro [i.e. um Homem de Honra conhecido de ambos] para o fazer». Várias outras regras proíbem condutas «imorais»: nenhum mafioso pode olhar para as mulheres dos «nossos amigos» ou desrespeitar a própria mulher; e ninguém pode ser iniciado na Cosa Nostra se tiver «traições sentimentais» na sua família próxima. Como sempre, a máfia siciliana queria garantir que os assuntos do coração não interferiam nos assuntos das armas. Embora hoje tenhamos a certeza de que regras semelhantes sempre existiram na máfia siciliana, tanto quanto sei nunca tinha sido apreendida uma versão escrita das mesmas. Este parecia mais um sinal da crise sem precedentes em que a Cosa Nostra se encontrava.

Essa crise tornou-se ainda mais profunda em fevereiro de 2008, quando uma operação conjunta do FBI e da polícia italiana levou à detenção de noventa mafiosos nos dois lados do Atlântico. Muitos pertenciam aos clãs exilados nos anos 80, que Salvatore Lo Piccolo esperava trazer de volta para a Sicília. A operação, com o nome de código «Old Bridge» («Ponte Velha»), impediu a Cosa Nostra americana de atravessar o oceano para ir salvar a sua associação congénere siciliana como já fizera tantas vezes no passado. Até no seu nome, a operação mostrava que as lições da história tinham sido aprendidas: a estreita colaboração transatlântica na luta contra o crime organizado traz grandes vantagens para a justiça.

O ataque à Cosa Nostra foi implacável. Na primavera de 2008, os *Carabinieri* que seguiam o chefe mafioso Giuseppe Scaduto viram-no a dirigir-se a uma reunião da máfia numa garagem no centro da cidade. Com as suas capacidades de vigilância então mais apuradas, os agentes puseram dispositivos de escuta e até câmaras na garagem. Mais tarde, entre 6 de maio e 27 de junho, assistiram calmamente às reuniões conspirativas dos chefes da Cosa Nostra. Descobriram que, depois da prisão de Provenzano, os chefes ainda em liberdade decidiram que chegara o momento de se reorganizarem — de instaurar o tipo de estrutura coordenadora que a Cosa Nostra sempre tivera quando funcionava no seu melhor: «uma Comissão para tratar das coisas sérias, das situações, e assim ficamos todos amigos», como explicou um *capo*.

> Se fizermos todos as nossas próprias coisas, como fazem os napolitanos... se fizermos as coisas como eles fazem nunca chegaremos a lado nenhum... Em vez disso, toda a gente vai tratar da sua circunscrição e depois resolvemos as coisas amigavelmente. E no fim reunimo-nos todos e tentamos criar uma espécie de Comissão como nos velhos tempos.

Uma *espécie* de Comissão: a incerteza desta formulação é significativa. Os homens que empreendiam esta nova iniciativa constitucional eram, sem dúvida, os mafiosos mais poderosos de Palermo. No entanto, quinze anos depois da prisão de Riina, continuavam a sentir que não tinham autoridade política para reconstituir a Comissão *oficial*. Apesar de ser *u Curtu*, Riina projetava ainda uma longa sombra sobre os assuntos internos da Cosa Nostra.

A *espécie* de Comissão nunca se reuniu. Na madrugada de 16 de dezembro de 2008, após quase nove meses de minuciosas investigações, cerca de mil e duzentos *Carabinieri* lançaram rusgas coordenadas a dezenas de moradas em Palermo e em toda a Sicília ocidental.

Deram à operação o nome de Perseu, o herói da mitologia grega que decapitou a hedionda Medusa, uma vez que o objetivo era precisamente decapitar a Cosa Nostra. Entre os noventa e nove homens detidos encontravam-se os chefes de dezanove Famílias, inclusive de territórios da máfia cujos nomes surgem periodicamente ao longo da história da organização, como Santa Maria di Gesù, Monreale, Corleone, Uditore e San Lorenzo. Também foram detidos onze chefes de circunscrição — os homens que chefiavam três ou quatro Famílias e que representavam os interesses destas na Comissão. E, claro, o *capo dei capi* eleito também foi detido: Benedetto Capizzi, de sessenta e quatro anos. A escolha de Capizzi indicava que, depois de «andar com sapatos almofadados» sob o comando de Provenzano, a Cosa Nostra estava pronta para voltar a calçar as suas botas ferradas. Capizzi era um antigo membro do esquadrão da morte de Giovanni Brusca, «o Porco». Entre muitos outros crimes, Capizzi ajudou a planear o rapto de Giuseppe Di Matteo, o filho do arrependido que acabou num banho de ácido. Capizzi era um homem de ação, capaz de lidar militarmente com qualquer um que discordasse da nova ordem. Um pequeno problema era que ainda estava a cumprir várias penas de prisão perpétua. No entanto, como tantos outros chefes mafiosos, conseguiu que lhe fosse decretada prisão domiciliária por razões de saúde, adquirindo assim a liberdade de que precisava para se reunir com os seus amigos criminosos.

A Operação Perseu foi um sucesso espantoso, que recebeu muito menos atenção mediática no estrangeiro do que merecia — sem dúvida menos do que a prisão de Bernardo Provenzano, «o Trator», dois anos e meio antes. Deixou a Cosa Nostra fragmentada. Os mafiosos que continuam em liberdade não têm a experiência nem o carisma para empreender qualquer restruturação de dimensões semelhantes à iniciada por Benedetto Capizzi. A sua prioridade agora é a sobrevivência: encontrar rendimentos criminosos suficientes para sustentar o pesado fardo dos prisioneiros e seus familiares, e manter intacta a estrutura das Famílias.

Os danos infligidos à Cosa Nostra durante a última década ajudaram a criar espaço para movimentos populares contra o seu regime de extorsão. O objetivo é atacar o poder da máfia na sua base, e o seu potencial é verdadeiramente revolucionário. Tal como muitos dos avanços positivos na Sicília contemporânea, o movimento antiextorsão tem as suas raízes nas tragédias dos anos 80 e início dos anos 90.

Libero Grassi era um empresário que geria uma fábrica de pijamas em Palermo. Quando se mudou para um novo local à sombra do monte Pellegrino em 1990, começaram a surgir pedidos de dinheiro — uma contribuição «para os rapazes presos na Ucciardone». Grassi foi à polícia, e três dos homens que tinham visitado a sua fábrica a exigir dinheiro foram presos. As exigências tornaram-se então mais ameaçadoras. Grassi respondeu com uma carta aberta à imprensa que dizia:

> Caro extorsionista,
>
> Quero dizer ao nosso extorsionista anónimo que pode poupar os seus telefonemas ameaçadores e o seu dinheiro para comprar espoletas, bombas e balas, porque não estamos dispostos a contribuir e colocámo-nos sob a proteção da polícia. Construí esta fábrica com as minhas próprias mãos e não tenho nenhuma intenção de fechar portas.

Infelizmente, a causa de Grassi recebeu muito pouco apoio. Os empresários no bairro disseram-lhe que lavasse a sua roupa suja em privado como toda a gente. Ele recebeu apenas uma carta de outro homem de negócios manifestando a sua solidariedade. No entanto, em abril de 1991, a campanha de Grassi fê-lo chegar aos ecrãs da televisão nacional, em que os milhões de telespectadores de um popular programa de entrevistas políticas ouviram a sua lúcida explicação de como funcionava o sistema de extorsão e *omertà* que o assediava de todos os lados. Ele começava a tornar-se num símbolo ameaçador da resistência antimáfia, revelando assim a fraqueza do chefe mafioso em cujo território se situava a sua fábrica. Em 29 de agosto de 1991, Libero Grassi foi baleado cinco vezes no rosto quando saía de casa para ir trabalhar.

Depois deste atroz assassínio, muita gente decidiu que mais ninguém que enfrentasse os extorsionistas devia voltar a sentir-se isolado. No mesmo ano, a associação nacional de comerciantes, a

Confesercenti, fundou um grupo de apoio antiextorsão em Palermo chamado «SOS Empresa». Em 1997, um parecer do Supremo Tribunal deixou claro que pagar «dinheiro de proteção» era um crime. Toda a gente tinha a obrigação de pedir ajuda às autoridades contra os extorsionistas, e ninguém podia dar a desculpa de que tinha sido forçado a pagar. Em 2004, o legado de Libero Grassi e outros pioneiros do movimento antiextorsão foi continuado por um grupo de jovens palermitanos que fundou uma organização denominada Addiopizzo («Adeus, Extorsão»). A ideia era nova e muito simples: os empresários, lojistas, donos de restaurantes e de hotéis assinariam um compromisso público de não pagar «dinheiro de proteção»; e os consumidores assinariam um compromisso público de apoiar os negócios e frequentar os estabelecimentos que não pagassem. O objetivo era criar uma aliança de reforço mútuo entre empresas limpas e consumidores honestos.

Outros seguiram o exemplo da Addiopizzo. Em setembro de 2007, a secção siciliana da Confindustria (a associação dos patrões) anunciou que expulsaria qualquer membro que pagasse «dinheiro de proteção» ou não colaborasse com as autoridades. O tempo em que os homens de negócios sicilianos se queixavam de que a luta contra a máfia estava a arruinar a economia da ilha parecia estar a chegar ao fim.

Organizar-se para combater a extorsão não é um gesto vão: funciona de facto. Um arrependido da máfia da Família de Santa Maria di Gesù explicou recentemente por que razão os mafiosos não tentavam extorquir dinheiro às empresas que proclamavam a sua oposição:

> Se um comerciante é membro da Addiopizzo ou de uma associação antiextorsão, nós simplesmente não vamos lá, não pedimos nada. É mais por causa dos problemas que isso traz do que por causa do dinheiro. Se eles fazem queixa à polícia, depois temos investigações, dispositivos de escuta, e por isso é melhor evitá-los.

A revolta contra a extorsão é potencialmente mortífera para a Cosa Nostra. No fim de novembro de 2007, os mafiosos mostraram como estavam preocupados com a nova atitude da Confindustria executando um clamoroso ato de intimidação: os escritórios da organização dos patrões na cidade de Caltanissetta, no centro da Sicília, foram vandalizados, e alguns CD com os nomes e moradas dos seus membros foram roubados.

Apesar das ameaças, iniciou-se um círculo virtuoso em Palermo. Quanto mais empresas se queixam à polícia depois de receber exigências de dinheiro, mais mafiosos são presos, e as autoridades e as organizações antiextorsão podem demonstrar a sua crescente capacidade de proteger as pessoas que resistem — com o resultado de que mais empresas ganham coragem para recorrer à polícia quando são vítimas de extorsão.

Além disso, como tantas vezes na nossa história, o exemplo de Palermo foi seguido noutros lugares. As associações antiextorsão que nasceram na Sicília expandiram-se. Por exemplo, em janeiro de 2010, a Confindustria adotou uma política *nacional* de expulsar todos os membros que colaborassem com mafiosos.

A caça aos foragidos da justiça na Sicília também teve repercussões importantes na Campânia e na Calábria. Alguns dos chefes mais poderosos da Camorra e da 'Ndrangheta começaram a construir abrigos subterrâneos, na esperança de evitar caçadores de mafiosos cada vez mais determinados e engenhosos. Alguns destes búnqueres são apenas pequenos compartimentos secretos numa casa, onde um fugitivo se pode esconder quando toca a campainha da porta. Outros são extraordinariamente engenhosos e elaborados — pequenos apartamentos com canalizações, bombas de ar e câmaras de vigilância. A maioria encontra-se escondida entre casas normais, edifícios de quintas ou zonas industriais, implicando passagens secretas e paredes móveis. A 'Ndrangheta é especialista em búnqueres. O clã Bellocco de Rosarno decidiu enterrar contentores marítimos inteiros, perfeitamente equipados e mobilados no interior, e camuflados com vegetação em cima. O subsolo da cidade de Platì, na Calábria, encontra-se atravessado por centenas de metros de túneis, ligando as casas dos chefes a um complexo de búnqueres e saídas de emergência. A 'Ndrangheta chegou mesmo a abrir um buraco numa rua para construir a sua rede secreta de búnqueres; ninguém na cidade ousou protestar.

Seja qual for a sua forma, os atuais búnqueres das máfias não são apenas refúgios: são centros de comando construídos invariavelmente no território de um chefe, onde ele pode contar com uma rede privilegiada de familiares e amigos que lhe satisfaz as necessidades diárias e, fundamentalmente, que entra e sai com ordens e pedidos. O controlo territorial continua a ser indispensável aos chefes das três principais organizações criminosas. Como explica um caçador de mafiosos dos *Carabinieri*:

> A primeira regra para um chefe é nunca abandonar o seu território. Partir para fugir da justiça noutro lugar é um sinal de fraqueza. Se o trono é deixado vago, os rivais de um chefe entram em frenesi, maquinando e conspirando para ocupar o seu lugar.

La presenza è potenza, como dizem os mafiosos: a presença é poder.

Os búnqueres onde alguns chefes mafiosos tentam hoje manter a sua presença territorial não são uma novidade na história das máfias: na Sicília, no tempo do fascismo, a polícia descobriu uma série de engenhosos compartimentos secretos e abrigos subterrâneos. Mas os búnqueres são um sinal importante e inequívoco da pressão a que as máfias se encontram hoje sujeitas. Até aos anos 80, os temidos Piromallis de Gioia Tauro podiam ainda ser vistos a ostentar a sua autoridade na praça da cidade. Esses tempos acabaram. O Estado mostra-se mais sério do que nunca na sua intenção de combater o crime organizado, e por isso o submundo passou à clandestinidade.

A Sicília continua a ser o lugar onde a guerra contra a máfia está mais avançada. E a diminuição do número de homicídios é apenas o indicador mais evidente desse facto. Ocorreram dezanove homicídios relacionados com a máfia em 2009 na ilha, oito em 2010 e apenas três em 2011. Estes são mínimos históricos. O incrível morticínio dos anos 80 parece hoje a séculos de distância.

Camorra: uma geografia do submundo

Em setembro de 2011, jornalistas da revista *L'Espresso* filmaram secretamente uma demonstração de poder criminoso em Barra, um subúrbio de Nápoles. Para qualquer pessoa com alguma noção da história da Camorra, o filme oferece uma confirmação deprimente da continuidade ao longo do tempo.

O cenário era a Festa dos Lírios, uma de várias festas religiosas semelhantes na região. Os «lírios» em questão são, na verdade, obeliscos de vinte e cinco metros de altura feitos de madeira e decorados com esculturas de cartão-pedra. São construídos e depois transportados em ombros por orgulhosas equipas de voluntários, chamadas «tripulações», patrocinadas por um barão local conhecido como «Padrinho». As tripulações competem para atrair multidões ao seu lírio com um mestre de cerimónias, música e dança. O filme publicado no sítio da revista *L'Espresso* mostrava atividades em torno de um lírio particular construído pela tripulação que se autodenominava *Insuperabile*. Primeiro, o pai do chefe local da Camorra chegava num antigo descapotável branco ao som de um saxofone tocando o tema de *O Padrinho*. Enquanto a multidão aplaudia, o mestre de cerimónias saudava o chefe Angelo Cuccaro (que acabara de sair da prisão), cantava-lhe uma canção intitulada «És fantástico» e, por fim, pedia uma salva de palmas «Para todos os nossos mortos». Entretanto, o próprio chefe, de *T-shirt* azul e boné branco da tripulação *Insuperabile*, era beijado por apoiantes entusiásticos.

As investigações dos *Carabinieri* descobriram posteriormente que a Festa dos Lírios tinha sido uma tribuna para o clã de Barra durante muito tempo: eles extorquiam dinheiro a empresas sob o pretexto de o gastar no obelisco; os «Padrinhos» da tripulação *Insuperabile* eram escolhidos entre os empresários próximos dos chefes; a festa era usada para celebrar publicamente os novos pactos da Camorra. Quando a cidade vizinha de Cercola passou a ser dominada pelo clã de Barra, os lojistas foram obrigados a exibir as cores azul e vermelha da tripulação *Insuperabile* nas suas montras.

Em setembro de 2012, o obelisco da tripulação *Insuperabile* foi confiscado e destruído, porque, segundo o juiz que autorizou a medida,

> A mensagem que transmite, o significado oculto daquela madeira e cartão-pedra, vale mais do que um arsenal inteiro para o clã. Utilizá-lo no dia da festa significa muito mais do que uma vitória numa batalha, ou do que o extermínio físico de um rival: é um sinal de autoridade.

Usar as festas religiosas da comunidade como oportunidade de ostentar o poder é tradicional no submundo de Nápoles. No século XIX, os *camorristi* costumavam controlar a peregrinação primaveril ao Santuário de Montevergine. Cada chefe, com a mulher ao lado trajada de seda, ouro e pérolas, conduzia o seu pónei e caleche em direção às montanhas, à frente dos seus sequazes. O avanço dos peregrinos era intercalado com patuscadas, corridas, lutas com navalhas mais ou menos estilizadas e cimeiras da Camorra com os clãs do interior.

(Atividades semelhantes caracterizavam o quotidiano das máfias na Calábria e na Sicília. Nas vilas e aldeias dominadas pela 'Ndrangheta e pela Cosa Nostra, o controlo territorial dos criminosos era proclamado por meio da participação nos festejos do dia do santo padroeiro da terra. Barra não é o único lugar onde a tradição continua até aos dias de hoje. Em Sant'Onofrio, em 2010, a 'Ndrangheta reagiu, indignada, quando o padre local tentou fazer cumprir a ordem do bispo de proibir os mafiosos de desempenharem o papel principal num desfile pascal de estátuas de Nossa Senhora: o chefe da congregação que presidia à festa recebeu um aviso quando dois tiros foram disparados contra a porta de sua casa. A festa foi suspensa por uma semana e só se realizaria com a presença em força dos *Carabinieri*.)

Nada mudou então na Campânia? A Camorra continua a ser a força que era em tempos? Um «mapa de homicídios» ligados ao submundo nas últimas décadas teria certamente os seus pontos concentrados na mesma ampla zona contaminada pela Camorra desde o século XIX: a cidade de Nápoles e um semicírculo com um raio de aproximadamente quarenta quilómetros, que se estende às vilas e aldeias do interior. Existe de facto um padrão persistente e inconfundível. Mas quando olhamos de perto para os pormenores do nosso mapa do poder da Camorra, percebemos claramente que as continuidades são menos persistentes do que pareceriam à primeira vista. Menos persistentes, sem dúvida, do que na Sicília e na Calábria, onde os microterritórios demarcados por *cosche* da máfia têm permanecido quase idênticos. Lugares como Rosarno e Platì ('Ndrangheta), ou Villabate e Uditore (Cosa Nostra), têm uma má reputação que dura há bem mais de um século. Na Campânia, pelo contrário, a geografia do submundo assistiu a algumas transformações importantes nos últimos anos.

A Camorra fragmentou-se depois da guerra no início dos anos 80 entre Raffaele Cutolo, «o Professor», e os clãs aliados da Nuova Famiglia. Em 1988 existiam cerca de trinta e duas organizações *camorristi*; em 1992 esse número já tinha aumentado para cento e oito. Os anos da Segunda República não têm assistido a qualquer inversão dessa fragmentação. As estimativas mais recentes indicam que continuam a existir cerca de uma centena de organizações criminosas com algum peso na Campânia, onde o submundo tem revelado um padrão de comportamento mais instável. Os clãs *camorristi* aparecem e desaparecem, unem-se e desintegram-se, entram em guerra e formam alianças de paz. A maioria destas camorras tem, por isso, um período de vida muito curto quando comparado com o das extraordinariamente persistentes maçonarias criminosas, a Cosa Nostra e a 'Ndrangheta. Na Campânia, as linhas no mapa do poder da Camorra mudam constantemente de lugar, à medida que a polícia faz detenções, que eclodem lutas por território e que os clãs se dividem e unem. O aumento da violência é a consequência inevitável desta instabilidade fundamental: a Camorra continua a matar mais gente do que a máfia siciliana ou a 'Ndrangheta. Ocorreram vários picos significativos na taxa de homicídios em anos recentes: mais de cem homicídios ligados à Camorra por ano entre 1994 e 1998; depois novamente em 2004, e outra vez em 2007.

Nápoles é uma cidade portuária. Este simples facto tem condicionado a história da Camorra desde as décadas de 50 e 60 do século XIX, quando a camorra de Salvatore De Crescenzo fazia passar ilegalmente roupa importada pela alfândega e extorquia dinheiro aos barqueiros que transportavam passageiros dos navios para terra. Foi do porto de Nápoles que grandes quantidades de material de guerra dos Aliados desapareceram durante a Segunda Guerra Mundial, para depois reaparecerem no mercado negro. Nos anos 50 do século XX, os caixeiros-viajantes conhecidos como *magliari*, que geralmente eram pouco mais do que burlões, partiam do porto de Nápoles para introduzir as rudes práticas do comércio de roupa napolitano no norte da Europa. Posteriormente, Nápoles foi uma porta de entrada para cigarros de contrabando e drogas. Atualmente, o porto é mais um terminal mecanizado de contentores como o de Felixstowe ou Roterdão. Adquiriu nova importância enquanto porta de entrada para Itália de produtos do Extremo Oriente que entram no Mediterrâneo através do canal de Suez. Alguns destes produtos — sapatos, roupas e malas de mão, aparelhos elétricos, telemóveis, máquinas fotográficas e consolas de jogos — são versões contrafeitas de marcas líderes de mercado. A tradição napolitana da contrafação globalizou-se. Às vezes, a etiqueta «Made in Italy» ou «Made in Germany» esconde uma realidade diferente: «Falsificado na China». E no lugar dos *magliari*, existem agentes permanentemente colocados no estrangeiro para encontrar mercados para produtos contrafeitos. A dimensão deste setor, e que partes do mesmo são dominadas por *camorristi* e não por comuns empresários desonestos, é ainda objeto de investigação.

Nápoles é um lugar extraordinário por várias razões. Enquanto os históricos bairros pobres de muitas outras cidades europeias já foram demolidos ou renovados há muito tempo, o centro de Nápoles tem ainda muitas das mesmas concentrações de pobreza que o caracterizaram no século XVIII. Forcella, o bairro «casbá» que já visitámos algumas vezes nesta história, é um bom exemplo. A Camorra nasceu nos seus becos malcheirosos e sobrepovoados no início do século XIX. Embora muitas coisas sejam hoje diferentes em Forcella, nomeadamente o saneamento, ganhar a vida neste bairro continua a ser uma atividade precária, quase sempre ilegal e, às vezes, perigosa. Nenhum visitante consegue entrar sem a nítida sensação de estar a ser observado. Neste e noutros bairros, a alçada territorial da Camorra continua a manifestar-se por meio dos miúdos que exigem dinheiro por lugares de estacionamento, e dos adolescentes empertigados nas suas lambretas que servem de vigias para os traficantes de drogas.

Apesar da grande transformação económica do último século e meio, em lugares como Forcella a Camorra continua a recrutar entre uma população exposta pela lei à miséria e à desconsideração geral, como acontecia no século XIX. Em 2006, calculou-se que vinte e dois por cento das pessoas com alguma ocupação na Campânia trabalhavam na chamada «economia negra» — à margem dos bancos, dos impostos e das leis de segurança e do trabalho. É provável que uma maioria significativa dos empregos em pequenas ou médias empresas seja ilegal.

As recentes mudanças económicas parecem ter agravado a situação. Na Campânia, como em grande parte do Sul, o novo mantra económico do emprego flexível significa geralmente apenas uma maior economia negra. Desde 2008, as dificuldades económicas da Europa fizeram aumentar a capacidade da Camorra (e também da Cosa Nostra e da 'Ndrangheta) de penetrar na economia, e de prender a região a um círculo vicioso de insucesso económico. No verão de 2009, Mario Draghi, então governador do Banco de Itália, disse o seguinte:

> As empresas estão a ficar sem fluxo de caixa, e os seus ativos a diminuir em valor de mercado. Estes dois desenvolvimentos facilitam o ataque do crime organizado... Nas economias em que existe uma forte presença criminosa, as empresas pagam preços mais elevados por empréstimos, e a contaminação da política local contribui para uma ruinosa destruição de capital social: os jovens emigram mais, e quase um terço desses jovens é constituído por licenciados que se mudam para o Norte em busca de melhores oportunidades.

Em tempos difíceis, não são apenas os negócios menos escrupulosos que se tornam presas fáceis de agiotas e extorsionistas, de mafiosos à procura de um ponto de venda para mercadorias roubadas ou de uma maneira de branquearem os lucros do tráfico de drogas. Pela natureza do negócio das drogas, os mafiosos são ricos em dinheiro

— e precisamente numa altura em que os empresários do sul de Itália lutam mais do que quaisquer outros para obterem crédito. Quando os tempos são difíceis, o dinheiro é *capo*.

O poder inalterado da Camorra para se aproveitar das fraquezas da economia napolitana tem ajudado a reconfigurar a paisagem da influência política. No passado, quando Nápoles era uma cidade industrial, os operários fabris tinham uma tradição de organização sindical e ideais socialistas que lhes davam uma resistência intrínseca à contaminação da Camorra. Hoje em dia, com a maioria das fábricas encerrada, a Camorra estende-se a bairros como Bagnoli, onde a unidade siderúrgica cessou atividade nos anos 90.

Além disso, atualmente, a economia urbana da Camorra já não gira em torno dos velhos bairros degradados do centro da cidade. As maiores concentrações de pobreza e ilegalidade mudaram-se da Nápoles que os turistas conhecem. Até a Camorra de Forcella sentiu a pressão da modernidade. O clã Giuliano (amigo de Diego Maradona) tinha sido destruído por assassínios, arrependidos e prisões. Os clãs mais poderosos e perigosos surgem hoje da desordenada periferia da cidade, dos bairros que cresceram de forma anárquica nos anos 70 e depois do terremoto de 1980. As oficinas de artesãos do labirinto do centro da cidade não conseguem competir com as fábricas clandestinas dos subúrbios na produção de DVD piratas e vestuário de marca contrafeito. Com a modernização da rede rodoviária e dos transportes públicos de Nápoles, tornou-se mais barato para os toxicodependentes procurar fornecedores nos grandes supermercados de drogas a funcionar nos blocos de apartamentos brutalistas de Secondigliano ou Ponticello do que visitar os pequenos traficantes do Bairro Espanhol.

A primeira imagem de paisagem urbana que hoje nos ocorre quando a palavra «camorra» é mencionada já não é a dos becos de Forcella, mas a de uma urbanização construída de forma desastrosa no subúrbio de Scampia. Conhecida como «Le Vele» (As Velas), consiste numa fila de blocos de apartamentos enormes e triangulares construídos nos anos 60 e 70, destinados a reproduzir em vários pisos a vida comunitária dos becos do centro da cidade. O resultado, com os seus espaços interiores escuros, feios e pouco seguros, parece mais uma prisão de alta segurança sem guardas. Os prédios foram muito mal construídos: os elevadores não funcionavam, o betão esboroava-se, os telhados deixavam entrar água e os vizinhos conseguiam ouvir tudo o que se passava a três apartamentos de distância. Estes problemas já tinham relegado Le Vele para a categoria de bairro degradado quando refugiados do terremoto de 1980, desesperados, ocuparam ilegalmente apartamentos vazios — alguns dos quais nem sequer tinham sido terminados. Não tardou muito para que os residentes se sentissem cercados por uma minoria de *camorristi* traficantes de drogas. A presença policial consistia em rondas esporádicas e, na sua maioria, simbólicas. Os residentes contavam que alguns polícias recebiam subornos para deixarem os traficantes de drogas em paz. Uma antiga campanha para a evacuação e demolição de Le Vele tem recebido respostas políticas muito pouco entusiásticas. À data da publicação deste livro, quatro dos sete blocos de apartamentos originais estavam condenados, mas ainda de pé — e parcialmente ocupados.

Na década de 90 do século XX e na primeira década do século XXI, a distribuição de drogas em Le Vele era controlada pelo clã Di Lauro. O seu chefe fundador foi Paolo Di Lauro, conhecido como «Ciruzzo, o Milionário». A sua base era em Secondigliano, um bairro ao lado de Scampia na periferia norte de Nápoles, com urbanizações dos anos 70 e 80 do século XX, mas que no século XIX tinha sido uma fila de grandes e elegantes mansões ladeando a estrada que saía da cidade. O Milionário chefiava uma organização centralizada e construída em torno das exigências do negócio das drogas. A sua equipa de adjuntos mais próximos incluía dois dos seus filhos e o seu cunhado. Abaixo deles na hierarquia estavam os chamados «delegados», que tratavam da compra e distribuição das drogas. Tudo o resto abaixo deste nível superior do clã funcionava numa espécie de sistema de *franchising*, que mantinha a atividade arriscada e desagradável do tráfico a uma distância segura. Vinte «chefes de zona» tinham autorização para gerir as vendas em várias zonas do território do Milionário, e comandar os passadores de drogas, vigias e assassinos assalariados que ocupavam o escalão mais baixo da organização. Um passador ganhava dois mil euros por mês, os assassinos apenas dois mil e quinhentos por assassínio. Apenas cerca de duzentas pessoas eram consideradas membros formalmente reconhecidos do clã, mas muitas mais estavam ao seu serviço. No auge do poder do Milionário, estimativas inverificáveis avaliavam o rendimento da organização oriundo do tráfico de drogas em mil milhões de euros por ano.

Em 2002, o Milionário foi obrigado a fugir da justiça, e a gestão diária da organização passou para os filhos, que tiveram alguma dificuldade em controlar as ambições dos «delegados». O resultado, durante o inverno de 2004–5, foi a mais violenta das recentes guerras da Camorra, conhecida como «Rixa de Sangue de Scampia».

O clã Di Lauro foi uma das organizações *camorristi* mais hierarquicamente estruturadas da geração mais recente. Nos anos 70, os *camorristi* aprenderam as vantagens de se organizarem enquanto uma maçonaria criminosa com membros da Cosa Nostra e da 'Ndrangheta interessados em encontrarem parceiros comerciais na Campânia. Depois da dissolução da Nuova Camorra Organizzata e da Nuova Famiglia nos anos 80, práticas como os rituais de iniciação caíram em desuso em toda a Campânia. Desde então, os clãs da Camorra têm inventado as suas próprias estruturas de acordo com as suas próprias necessidades. No entanto, apesar da diminuição da influência do crime organizado siciliano e calabrês na Campânia, os dois princípios fundamentais da organização *camorrista* são os mesmos aplicados pelas Famílias mais formais da Cosa Nostra ou pelas *'ndrine* e Locais da 'Ndrangheta. Por um lado, um clã da Camorra precisa de uma rígida estrutura de comando, sobretudo no seu centro, para travar guerras e defender território. Por outro lado, um clã também precisa de ser suficientemente flexível para permitir aos seus chefes estabelecerem uma rede mais vasta, aproveitando qualquer oportunidade criminosa que surja no país ou no estrangeiro. Nos limites estabelecidos por estes dois princípios, várias estruturas são possíveis. O termo «camorra» tem vindo a abarcar tudo: desde o tipo de quadrilhas de rua que podemos encontrar a passar droga nas zonas degradadas de muitas cidades ocidentais a grandes consórcios com fortes ligações ao sistema político e à economia legal.

Como acontecia no clã Di Lauro, os laços de sangue contribuem geralmente para unir os membros nucleares de qualquer organização *camorrista*. Os chefes da Camorra são quase sempre criados numa tradição familiar de violência e «saber-fazer criminoso» (para usar a expressão de um especialista italiano). Os casamentos entre famílias *camorristi* de territórios adjacentes ajudam a consolidar a autoridade e a transmitir esse saber-fazer às gerações futuras. Um exemplo é o clã Mazzarella, centrado em três sobrinhos de Michele Zaza, *'o Pazzo*, o contrabandista de cigarros e membro da Cosa Nostra que nos anos 60 e 70 ajudou a transformar o tabaco de contrabando na «FIAT do Sul». Em 1996, um dos irmãos Mazzarella, Vincenzo, viu aumentar o prestígio da sua família quando o seu filho adolescente se casou com a filha de Lovigino Giuliano, o chefe de Forcella.

A importância dos laços de parentesco no seio dos clãs da Camorra ajuda a explicar por que razão as mulheres mais próximas do grupo central de um clã podem, por vezes, assumir papéis de destaque. Os casos de Assunta Maresca e da irmã mais velha do Professor, Rosetta Cutolo, mostram-nos que, mesmo antes dos anos 90, algumas mulheres da Camorra desempenhavam papéis de maior relevo do que as mulheres na órbita da máfia siciliana ou da 'Ndrangheta. Mas nas últimas duas décadas as mulheres na Camorra tornaram-se muito mais visíveis. Há duas razões para isso. A primeira é que as autoridades perderam os velhos preconceitos que as impediam de perceber os talentos criminosos das mulheres. A segunda é que, devido ao aumento da pressão policial, os clãs têm delegado maiores poderes às mulheres quando os seus homens são obrigados a fugir ou são presos. Os efeitos destas tendências também se fizeram sentir na Sicília e na Calábria, onde a estrutura maçónica machista das irmandades criminosas tende a levantar mais entraves ao poder das mulheres. Em 1998, Giusy Vitale assumiu a gestão corrente da Família de Partinico da Cosa Nostra quando o irmão, o chefe, foi preso. Entretanto, tornou-se arrependida.

Mas não é por acaso que foi uma *camorrista*, Teresa De Luca Bossa, a primeira mulher em Itália a ser submetida ao novo e rigoroso regime prisional criado depois dos assassínios de Falcone e Borsellino em 1992. De Luca Bossa foi não só mãe mas também amante de líderes de clãs, mostrando notáveis capacidades militares, organizacionais e diplomáticas ao manter unida a organização quando os seus homens foram presos.

A Sicília e a Calábria também não conheceram nada semelhante à feroz batalha travada entre as mulheres dos clãs Graziano e Cava em 2002. Em 26 de maio desse ano, um pelotão de fuzilamento dos Grazianos, incluindo três mulheres, perseguiu e abalroou um automóvel que transportava cinco mulheres dos Cavas. No banho de sangue que se seguiu, quatro mulheres dos Cavas foram abatidas a tiro e uma quinta ficou paralisada. Tanto do lado das vítimas como dos atacantes, várias gerações de mulheres estiveram envolvidas. A mulher do chefe dos Grazianos, Chiara Manzi, de sessenta e dois anos, coordenou o ataque por telemóvel; entre os atiradores estavam a sua nora (de quarenta anos) e duas sobrinhas (de dezanove e vinte anos respetivamente). Nas gravações das suas conversas telefónicas antes do ataque, ouvem-se estas mulheres a lançarem insultos aos seus alvos: «ciganas», «porcas».

A Camorra é também única entre as grandes máfias ao permitir que filiados de minorias sexuais alcancem posições de destaque. Anna Terracciano pertence a uma família de doze irmãos do Bairro Espanhol de Nápoles — onze deles envolvidos no crime organizado. Conhecida como *'o Masculone* (qualquer coisa como «Machão»), era uma lésbica arrapazada que andava sempre armada e participava em ações militares do seu clã. Foi presa em 2006. Três anos depois, a polícia prendeu Ugo Gabriele, que as autoridades afirmam ser o primeiro *camorrista* transsexual de que há registo. Conhecido como «Ketty», Gabriele é o irmão mais novo de um clã que se separou da organização do Milionário durante a Rixa de Sangue de Scampia em 2004–5. Segundo a polícia, quando o irmão foi promovido, Ketty deixou de passar cocaína aos seus clientes (era prostituto) e ascendeu a um cargo mais diretivo na rede de tráfico de drogas. Além da dependência da Camorra dos laços de parentesco, a promoção de Ketty talvez também se deva à tradicional tolerância da cultura popular napolitana para com os transsexuais masculinos — os chamados *femminielli*.

Nenhuma excursão pela geografia do atual crime organizado campaniense estaria completa sem uma visita à vasta e fértil planície a norte da cidade, por vezes denominada Terra di Lavoro (Terra de Trabalho). Num poema de 1956, o escritor e cineasta Pier Paolo Pasolini evocou as suas sinistras belezas vistas de um comboio:

> Agora a Terra di Lavoro aproxima-se:
> Algumas manadas de búfalos, algumas casas
> Aglomeradas entre filas de tomateiros,
>
> Espirais de hera, e modestas paliçadas.
> De vez em quando, junto do terreno,
> Negro como um tubo de esgoto,

> Um ribeiro escapa às garras
> Dos ulmeiros carregados de trepadeiras.

Esta paisagem característica tem sido o cenário de alguns dos acontecimentos mais importantes da história do crime organizado campaniense ao longo do último século e meio. No século XIX, quando grande parte da zona era um ermo pantanoso conhecido como os Mazzoni, a produção de queijo mozarela com leite de búfala tinha fama de ser controlada por empresários violentos. Nos terrenos agrícolas drenados a sul e sudeste dos pântanos, várias quadrilhas impunham a sua proteção às quintas, exploravam os trabalhadores, tributavam os mercados grossistas de frutas, legumes e carne, e controlavam os caminhos pelos quais os produtos eram transportados para a cidade.

Se Pasolini estivesse vivo e pudesse atravessar novamente a Terra di Lavoro, encontraria uma paisagem radicalmente transformada pela chegada das fábricas nos anos 60, e pelo declínio industrial e crescimento súbito da construção pós-terremoto dos anos 80. Mas talvez mais do que estas transformações visíveis, seria um novo cheiro que impressionaria Pasolini. Em muitas zonas a norte de Nápoles, um fedor a lixo impregna o ar — lixo que se tornou na nova e mais importante fonte de riqueza da moderna Camorra.

Camorra: uma Chernobil italiana

Quando começou a Segunda República, Nápoles e a região da Campânia encontravam-se no meio de uma crise de lixo. Nenhum plano para reciclar os resíduos de habitações e lojas conseguira ainda ser implementado. Os aterros estavam a transbordar, e tinham começado a surgir sinais preocupantes de problemas de saúde entre a população vizinha.

No início de 1994, o governo declarou uma emergência e nomeou um Comissário para gerir a recolha e eliminação diária de resíduos, enquanto o governo regional preparava uma solução de longo prazo. Mas não surgiu nenhuma solução de longo prazo: verificou-se a história habitual de inércia e confusão políticas. Nessa altura, em 1996, o Comissariado recebeu a incumbência de planear uma saída para a situação de emergência na Campânia, e o poder de ignorar as habituais restrições urbanísticas e diretivas do governo local para levar a cabo o seu plano.

O plano resultante parecia sofisticado. O lixo municipal seria tratado e eliminado por etapas. Em primeiro lugar, os materiais recicláveis seriam selecionados no ponto de recolha. Depois, haveria outra seleção centralizada para extrair materiais biodegradáveis e quaisquer substâncias perigosas. A fase seguinte implicava triturar e compactar o que restava em chamados «ecofardos», que podiam ser usados enquanto combustível. E finalmente esses ecofardos seriam queimados para gerar energia limpa. Teriam de ser construídas sete fábricas para produzir ecofardos e dois novos incineradores-geradores. Quando estes estivessem em funcionamento, afirmava-se, a Campânia teria um ciclo perfeito de recolha e reutilização de resíduos amigo do ambiente. Ninguém ouviu os peritos em gestão de resíduos que disseram que o plano era irrealista e baseado em princípios que já tinham falhado noutros lugares.

A solução para a crise do lixo da Campânia transformou-se rapidamente num desastre ambiental. O ciclo de recolha de lixo era disfuncional em todas as suas fases.

Dezoito consórcios foram criados nos anos 90 para gerir a recolha e a reciclagem em diferentes zonas da região. Mas por várias razões não fizeram o seu trabalho: o lixo entrava no sistema de gestão de resíduos em estado não diferenciado.

Neste ponto do ciclo surgiram os problemas mais graves. Uma aliança de quatro empresas, conhecida como FIBE, ganhou o contrato para construir as fábricas de ecofardos e os incineradores-geradores. As principais razões para a escolha da FIBE foram o baixo custo e a celeridade das suas propostas: afinal, tratava-se de uma emergência. A FIBE recebeu um contrato do governo regional da Campânia que continha cláusulas de penalização inadequadas.

As empresas da FIBE prometeram que teriam os incineradores-geradores a funcionar até ao fim do ano 2000. Mas nessa data, ainda nem sequer tinham conseguido o alvará de construção. Apenas um dos incineradores-geradores tinha sido construído no final de 2007. Os planos para o segundo foram finalmente cancelados em 2012.

As empresas da FIBE receberam também grande liberdade de ação para escolher onde construir as suas unidades. O primeiro incinerador-gerador foi construído em Acerra, no norte da Campânia, a apenas algumas centenas de metros de um grande hospital pediátrico. O segundo devia ter sido construído a apenas vinte quilómetros do primeiro. Esta era uma zona do país famosa por ser o centro de produção de mozarela de leite de búfala. Contudo, mesmo antes de o primeiro incinerador-gerador ter sido construído, a zona já tinha recebido mais do que a sua justa parte de lixeiras legais e ilegais, e foi descoberto envenenamento por dioxinas em animais e produtos agrícolas. O incinerador-gerador que foi efetivamente construído depressa revelou graves deficiências, disseminando gases num raio de dez quilómetros.

As sete fábricas de ecofardos revelaram-se ainda piores: um inquérito parlamentar descobriu que os ecofardos produzidos eram apenas grandes cubos de lixo indiferenciado envolvidos em plástico e demasiado húmidos e tóxicos para serem incinerados, mesmo que os incineradores estivessem a funcionar. A única solução era amontoá-los. Por toda a Campânia, começaram a surgir enormes zigurates cinzentos e brancos de ecofardos. O comissário regional dos resíduos disse ao parlamento, em 2004, que *todos os meses* quarenta mil metros quadrados de terreno eram ocupados para depositar os ecofardos.

Periodicamente, durante os primeiros anos do século XXI, o ineficiente sistema de tratamento de resíduos da Campânia deixava de funcionar por completo. No pior momento em 2007–8, centenas de milhares de toneladas de lixo de habitações e lojas acumularam-se nas ruas. As autoridades responderam com a reabertura forçada de aterros sanitários que já tinham sido considerados demasiado cheios. As pessoas que viviam nas proximidades destes aterros, justificadamente preocupadas com as consequências para a sua qualidade de vida, organizaram protestos indignados. As televisões de todo o mundo transmitiram as imagens não só dos protestos mas também das montanhas de lixo, causando danos incalculáveis à reputação de Nápoles, da Campânia e de Itália. Aparentemente, só nos últimos anos é que as autoridades começaram a controlar a situação, embora muitas pilhas de ecofardos continuem a manchar a paisagem.

O escândalo da *monnezza* (o termo napolitano para lixo) continua a ser objeto de ações judiciais: alguns políticos, empresários e administradores foram acusados de fraude e negligência. Independentemente das responsabilidades criminosas de cada um, estamos perante mais uma história de incúria política, negócios irresponsáveis (incluindo negócios do Norte), mau planeamento, má gestão e supervisão inadequada. Os problemas começaram no topo: o Comissariado que devia supervisionar todo o sistema é acusado de favoritismo e despesas inflacionadas, além de uma incapacidade manifesta de verificar se o ciclo de tratamento de resíduos funcionava de facto.

O caso da *monnezza* tem muitas semelhanças com o caos da reconstrução que se seguiu ao terremoto de 1980. Ambos criaram boas oportunidades para o crime organizado. A Camorra entrou tarde na indústria da construção, comparativamente à Cosa Nostra e à 'Ndrangheta. Enquanto os mafiosos sicilianos se envolveram profundamente no crescimento súbito da construção nos anos 50 e 60, e os calabreses lhes seguiram o exemplo nos anos 60 e 70, só depois do terremoto de 1980 é que os *camorristi* começaram a ganhar dinheiro a sério com o betão. Mas no que toca ao lixo, os clãs da Camorra foram pioneiros e protagonistas. «Ecomáfia» é um termo inventado por ambientalistas italianos para se referirem aos danos que o submundo inflige aos recursos naturais e outros de Itália — desde a construção ilegal ao tráfico de tesouros arquitetónicos. O setor do lixo é a atividade «ecomafiosa» mais lucrativa, e um dos negócios criminosos de maior crescimento nas últimas duas décadas.

Como fizera com a construção, a Camorra infiltrou-se no sistema de resíduos de várias formas, começando com os dezoito consórcios criados para gerir a reciclagem em diferentes zonas da Campânia. Muitas das pessoas empregadas nesses consórcios vinham de lóbis militantes de desempregados. Alguns desses grupos de pressão, cuja origem remonta aos anos 70 do século XX, têm sido associados à Camorra: existem indícios de que os seus líderes exigem subornos dos membros em troca da promessa de um emprego; alguns dos membros têm cadastro. Em 2004, o comissário regional para os resíduos disse a um inquérito parlamentar que: «Seria um milagre se mesmo 200 das 2316 pessoas [empregadas pelos consórcios da reciclagem] trabalhassem efetivamente.» Calcula-se que, no final de 2007, mais de quarenta camiões comprados para transportar lixo reciclado já tivessem sido roubados.

A Camorra intrometeu-se também na adjudicação das subempreitadas e sub-subempreitadas para deslocar os ecofardos. Desde os tempos do crescimento súbito da construção pós-terremoto que a Camorra detém um quase monopólio sobre a remoção de terras. Existem provas de que os *camorristi* exploraram muitos dos acordos que foram feitos à pressa para comprar terras onde os ecofardos pudessem ser armazenados.

Nalguns lugares, nomeadamente em redor de Chiaiano, jovens *camorristi* dirigiram os protestos contra a reabertura de velhos aterros sanitários. Inevitavelmente, as manifestações acabavam em violência. Existiam provavelmente duas razões para o envolvimento da Camorra. Em primeiro lugar, os seus chefes tinham interesse económico em perpetuar o estado de emergência. E em segundo lugar, queriam apresentar-se enquanto líderes da comunidade, campeões dos protestos públicos. Grande parte dos problemas concentrou-se num aterro perto de Marano, a base do clã dos Nuvolettas. Uma faixa foi erguida à entrada da cidade: «O estado está ausente, mas nós estamos presentes». Todos sabiam a quem o «nós» se referia.

Mondragone, a capital da mozarela de leite de búfala na costa norte da Campânia, foi sede de uma empresa de gestão de resíduos chamada Eco_4, que esteve no centro de uma infiltração do ciclo de tratamento de lixo pelos clãs da Camorra: um circuito ilícito de votos, empregos, faturas inflacionadas, contratos viciados e subornos uniu políticos, administradores, empresários e *camorristi*. No verão de 2007, um dos diretores da Eco_4 implicados no caso, Michele Orsi, começou a testemunhar ante os magistrados. No seguinte mês de maio, saiu com a sua filha menor para comprar uma garrafa de *Coca-Cola* e foi abatido com dezoito tiros. Em 2009, outra testemunha no processo contra a Eco_4 implicou um importante político próximo de Silvio Berlusconi. Nicola Consentino era ministro-adjunto das Finanças e coordenador do partido de Berlusconi na região da Campânia quando os magistrados pediram ao parlamento autorização para o processar por colaboração com a Camorra. A maioria afeta ao governo de Berlusconi recusou o pedido. No ano seguinte, o parlamento negou uma autorização aos investigadores para usarem escutas telefónicas enquanto prova contra Consentino, embora ele se demitisse do seu cargo no governo, mais tarde nesse ano, quando se viu envolvido noutro escândalo. Em janeiro de 2012, o parlamento voltou a protegê-lo, impedindo que fosse detido por acusações relacionadas com a Camorra. Consentino afirmou que era vítima de «agressão mediática, política e judicial».

No entanto, o aspeto mais preocupante dos crimes da ecomáfia na Campânia não está diretamente relacionado com a crise do lixo e o caso dos ecofardos. No início da década de 90, começaram a surgir provas de que os *camorristi* estavam a vazar ilegalmente em vários locais milhões de toneladas de resíduos tóxicos de hospitais e várias indústrias como a siderurgia, tintas, fertilizantes, couro e plástico. Os resíduos incluíam substâncias tóxicas como o amianto, arsénico, chumbo e cádmio. As ocorrências foram confirmadas pela investigação conhecida como Operação Cassiopeia, entre 1999 e 2003. Embora os camiões da Camorra transportassem e depositassem os resíduos na Campânia, constituíam apenas a última fase de um esquema nacional. Os agentes de firmas de gestão de resíduos apoiadas pela Camorra percorriam o norte e o centro do país, oferecendo-se para tratar da eliminação dos derivados perigosos das empresas por um décimo do custo dos métodos legais. Prestáveis políticos e burocratas ao longo do trajeto dos resíduos tóxicos certificavam-se de que toda a papelada estava em ordem. Os *camorristi* despejavam os resíduos em qualquer lugar do território que controlavam, desde lixeiras municipais a valas nas bermas das estradas. Alguns dos resíduos tóxicos eram misturados com outras substâncias para fazer «composto». Em muitos casos, os resíduos eram depositados em cima de uma camada de pneus de automóveis e queimados para destruir as provas, poluindo assim o ar além do solo e dos lençóis freáticos. A Camorra também depositava resíduos tóxicos nas pedreiras situadas nas zonas mais altas da Terra di Lavoro, das quais extraía a areia e brita para as suas centrais de betão. Muitas destas pedreiras também eram ilegais. Em 2005, um juiz descreveu o desaparecimento de montanhas inteiras no que descreveu como um «efeito de meteorito». Assim, aos danos de um crime ambiental eram acrescentados os de outro.

Os lucros deste comércio eram enormes. Um negociante de resíduos tóxicos que se tornou testemunha do Estado entregou aos juízes uma carteira de imóveis que incluía quarenta e cinco apartamentos e um hotel, avaliados em cinquenta milhões de euros.

Muitos dos acusados no processo que resultou da Operação Cassiopeia confessaram. Apesar disso, em setembro de 2011, um juiz decidiu não dar seguimento ao processo, porque atrasos excessivos no mesmo tinham resultado na prescrição dos crimes: de acordo com a lei italiana, aconteceu tudo há demasiado tempo para que alguém possa ser declarado culpado. Os resíduos tóxicos espalhados pela Terra di Lavoro não reconhecem essas limitações temporais. Várias gerações de cidadãos a viver nesta região contaminada pagarão o preço por aquilo que o magistrado à frente da Operação Cassiopeia denominou «Chernobil italiana».

Gomorra

O auge da crise do lixo de Nápoles em 2007–8 coincidiu com o sucesso espantoso de um livro que tornou a Camorra mais conhecida em todo o mundo do que alguma vez tinha sido desde antes da Primeira Guerra Mundial. *Gomorra* (o título é um trocadilho) foi publicado em 2006 por um escritor e jornalista pouco conhecido de vinte e seis anos chamado Roberto Saviano.

Antes de *Gomorra*, a fragmentada Camorra tornara-se, mais uma vez, objeto de uma indiferença desconcertante fora da Campânia. Os jornalistas que tentavam manter o público informado sobre surtos de violência como a Rixa de Sangue de Scampia descobriram que os rostos, nomes e ligações do submundo eram demasiado prolíferos para serem tolerados mesmo pelos leitores mais teimosos.

À primeira vista, *Gomorra* não se afiguraria um livro capaz de redespertar o interesse do público pelo caos evidente na Campânia. É um híbrido: um conjunto de ensaios perturbadores que misturam autobiografia, jornalismo de investigação, análise política e história. Mas apesar de empolgantes, nenhum destes ingredientes sustenta *Gomorra*. O segredo do seu domínio implacável sobre os leitores italianos reside na forma como Saviano põe a sua própria sensibilidade no centro da história. O seu testemunho pessoal, caleidoscópico e direto, baseia-se numa raiva e repulsa viscerais. Ele não se contenta com observar os buracos abertos num vidro blindado por uma AK-47; é levado por um desejo mórbido a esfregar o dedo nas arestas até o ver sangrar. Sente o fluxo salgado da náusea subir-lhe à garganta quando mais um rufia adolescente é arrastado de uma poça de sangue na rua para um saco preto durante a Rixa de Sangue de Scampia. A ira agarra-se-lhe ao peito como asma quando o enésimo operário da construção morre num estaleiro ilegal. O chão ferve-lhe debaixo dos pés quando explora uma paisagem contaminada durante décadas por depósitos ilegais de substâncias cancerígenas.

Saviano tinha todo o direito de dar tanta importância aos seus sentimentos na sua descrição da Camorra (ou do «Sistema», como ensinou os Italianos a chamar-lhe). Ele é originário de Casal di Principe, no coração da zona mais famosa da Terra di Lavoro. Depois do eclipse de Carmine Alfieri, «o Sr. Zangado», em 1992, o clã local, os *casalesi*, tornou-se na força dominante na Camorra. O grupo central dos *casalesi* era constituído por uma equipa de assassinos altamente eficientes que tinha sido mobilizada contra a Nuova Camorra Organizzata nos anos 80 — os «israelitas» contra os «árabes» do Professor. O grupo transformou-se numa federação de quatro famílias criminosas. Em 1988, os *casalesi* afastaram o seu próprio chefe, Antonio Bardellino. Depois de uma sangrenta guerra civil, conseguiram apoderar-se dos seus negócios de betão e cocaína. Também se expandiram para a fraude agrícola e para o queijo mozarela de leite de búfala. Os *casalesi* estabeleceram um monopólio local sobre a distribuição de algumas importantes marcas de produtos alimentares. Além disso, a empresa de gestão de resíduos Eco_4 era uma das suas empresas de fachada. Os *casalesi* foram também o clã responsável por criar uma «Chernobil italiana» no seu próprio território com o seu tráfico de lixo tóxico. Segundo um arrependido dos *casalesi*, quando um dos membros do clã expôs as suas dúvidas ao chefe, recebeu uma resposta desdenhosa: «Quero lá saber se poluímos o lençol freático! Nós bebemos água mineral!»

Em setembro de 2006, *Gomorra* já tinha ganho vários prémios e dezenas de milhares de leitores, sobretudo entre os jovens. Nessa altura, Saviano regressou à sua terra natal para participar numa manifestação a favor do Estado de direito. Falando na praça, de uma mesa elevada em frente de um pano de fundo azul-celeste, sentiu-se impelido a chamar os chefes pelo nome: «Iovine, Schiavone, Zagaria — vocês não valem nada!» Depois, dirigiu-se à multidão: «O poder deles baseia-se no vosso medo! Eles têm de sair desta terra!» Ninguém devia subestimar a coragem destas palavras: como sabia Saviano, os parentes dos chefes *casalesi* estavam a observá-lo da praça.

Dias depois, as autoridades receberam denúncias daquela que seria a primeira de várias ameaças credíveis à vida de Saviano. Desde então, ele tem vivido sob escolta armada. Em contrapartida, a sua difícil situação fez aumentar as vendas: as últimas estimativas indicam que *Gomorra* já vendeu bem mais de dois milhões de exemplares em Itália, e foi traduzido para cinquenta e duas línguas. Em 2008, uma dramatização cinematográfica de *Gomorra* — que na minha opinião é ainda melhor do que o livro — venceu o Grande Prémio no Festival de Cinema de Cannes, e levaria a iconografia de Saviano a um público ainda maior. O autor de *Gomorra* é hoje uma grande celebridade: milhões assistem às suas palestras televisionadas, e os seus artigos aumentam a tiragem de qualquer jornal que os publique.

Gomorra e o seu autor têm sido alvo de críticas e até de denúncias. Algumas das vozes céticas («Ele fez tudo pelo dinheiro!») são manifestamente de apoiantes da Camorra, de pessoas que invejam o seu sucesso ou do coro habitual que preferiria um silêncio decoroso sobre o crime organizado. Mais difíceis de ignorar completamente são os que dizem que o estilo de *Gomorra* é empolado e por vezes pretensioso, que contém exageros e que mistura factos, fantasia e boatos não confirmados. O próprio Saviano define a sua obra como um «romance de não-ficção», mas a maioria dos seus leitores recebe-a como a verdade absoluta. *Gomorra* baseia-se sem dúvida em documentos de investigação, como o processo Cassiopeia sobre o comércio de resíduos tóxicos ou o processo Spartacus lançado contra os líderes dos *casalesi*. Mas de vez em quando surgem também histórias que não vêm de fontes fidedignas — como a impressionante cena inicial do livro, que descreve os cadáveres congelados de imigrantes chineses ilegais caindo de um contentor içado sobre o porto de Nápoles. Outros críticos receiam que a abordagem personalizada de Saviano tenha contribuído para o transformar numa autoridade ou guru. (Saviano não é a figura ímpar que os *media* fora de Itália costumam apresentar: só nos primeiros nove meses de 2012, duzentos e sessenta e dois jornalistas italianos foram ameaçados no exercício do seu trabalho, muitos deles por mafiosos.)

Em última análise, a maioria dos argumentos é claramente a favor de Saviano e contra os seus detratores. Na sequência do seu sucesso, muitas outras vozes antimáfia conquistaram o tipo de público que de outro modo não teriam encontrado. Um exemplo é o juiz Raffaele Cantone, originário de Giugliano, no território dos *casalesi*. Os seus livros destilam os conhecimentos que adquiriu entre 1999 e 2007 quando realizou investigações sobre a Camorra, e seguiu a pista dos negócios dos *casalesi* no Norte. Depois de *Gomorra*, os *casalesi* granjearam a má fama que mereciam, e isso prejudicou certamente um cartel criminoso que anteriormente se esforçara por passar despercebido. Nos anos depois da publicação de *Gomorra*, as autoridades registaram alguns sucessos contra os *casalesi*, reduzindo-lhes radicalmente o poder. Em dezembro de 2011, o último chefe histórico dos *casalesi*, Michele Zagaria, foi capturado após uma década e meia como um dos criminosos mais procurados de Itália. Mesmo a propósito, no seu búnquer, foi encontrado um exemplar de *Gomorra*.

Em suma, o livro de Saviano transformou novamente a Camorra naquilo que sempre devia ter sido: um escândalo nacional. Só podemos adivinhar o que os futuros historiadores de Itália pensarão do fenómeno Saviano. A minha opinião é que a sua forma invulgar de celebridade é apenas o sinal mais claro de que, por toda a Itália, uma geração de cidadãos demasiado jovem para se lembrar das certezas ideológicas da política da Guerra Fria está a encontrar novas formas de exprimir a sua participação cívica, e a sua intolerância para com a corrupção e o crime organizado. Os jovens leitores de Saviano são a melhor esperança para o futuro da Campânia.

’Ndrangheta: tempestade de neve

A heroína foi a mercadoria ilegal preferida das máfias nos anos 70 e 80, mas nos anos 90 a cocaína já a havia ultrapassado.

A partir dos finais do século XIX, a cocaína seguiu uma trajetória semelhante à da heroína: de medicamento a vício e lucrativo negócio ilegal. Depois de ser extraída pela primeira vez com sucesso de folhas de coca na década de 60 do século XIX, tornou-se num tónico: o Papa Leão XIII era um consumidor assíduo de uma bebida feita com cocaína chamada Vin Mariani, permitindo até a presença da sua imagem em anúncios. No início do século XX, a droga foi proibida no seu maior mercado de consumidores, os EUA. A partir de então, tornou-se numa fonte de lucros para o submundo. Mas só no final do século XX é que um círculo virtuoso de maior oferta, preços mais baratos e consumo mais generalizado tornou a cocaína mais popular do que qualquer outro estupefaciente, exceto a canábis. Os preços da cocaína caíram o suficiente para que a mesma deixasse de ser uma droga de nicho para ricos. Em 2005, um instituto de investigação farmacológica em Milão desenvolveu uma técnica para medir o consumo de cocaína, analisando os resíduos de droga deixados nos esgotos da cidade. As estimativas resultantes indicaram que o consumo era duas vezes mais elevado do que se julgava: em cada mil jovens, trinta tomavam uma dose por dia. Os operários da construção civil, por exemplo, cheiravam droga para conseguir fazer horas extraordinárias e depois sair à noite. Em 2012, descobriu-se que os habitantes de Bréscia, uma cidade com menos de duzentos mil habitantes na Lombardia, cheiravam o equivalente a seiscentos e vinte e cinco mil euros de pó branco por dia. E Bréscia é apenas um microcosmo.

A cocaína é uma droga menos debilitante do que a heroína (pelo menos a curto prazo); pode ser consumida sem a desagradável injeção; é socialmente mais aceitável e tem até a falsa reputação de não causar dependência. Por mais que tentem, as autoridades não conseguem criar a mesma sensação de emergência em torno da cocaína que existia em torno da heroína. A Cosa Nostra, a Camorra e a 'Ndrangheta encontraram uma nova e inesgotável fonte de dinheiro.

Os mafiosos das três principais organizações criminosas italianas dedicam-se a traficar cocaína e, desde pelo menos os anos 80, têm constituído muitas parcerias comerciais para o fazer. Giacomo Lauro, um arrependido da 'Ndrangheta profundamente implicado no tráfico internacional durante os anos 80, descreveu as suas relações comerciais com mafiosos sicilianos e *camorristi* do calibre de Antonio Bardellino. Já nessa altura, os barões da droga italianos garantiam o sucesso das suas operações comerciais por intermédio da troca de reféns com os produtores sul-americanos. Uma família eminente ligada ao cartel de Calì residia permanentemente na Holanda, servindo não só de reféns mas também de agentes comerciais para os colombianos.

Nos anos 90, quando começou realmente a época de consumo em massa de cocaína, a 'Ndrangheta tornou-se no maior operador no setor. Com efeito, é sobretudo à cocaína que a 'Ndrangheta deve a sua reputação enquanto máfia mais rica da Itália de hoje. Três investigações policiais sobre o tráfico de drogas na atualidade contam-nos a história de como a 'Ndrangheta ultrapassou a Cosa Nostra como a maior potência traficante de Itália.

Na noite de 6 para 7 de janeiro de 1988, um navio mercante de bandeira panamense chamado *Big John* foi intercetado ao largo da costa ocidental da Sicília. Escondidos no seu carregamento de fertilizante estavam quinhentos e noventa e seis quilogramas de pura cocaína colombiana — exatamente o que um informador da rede traficante responsável dissera a Giovanni Falcone. A Cosa Nostra, veio a saber-se, pagara cerca de doze milhões de dólares pela droga, depositando o dinheiro no emissário do cartel de Medelim em Milão. A investigação ao *Big John* revelou que a Cosa Nostra, dominada com punho de ferro por Totò Riina, estava a tentar transformar a Sicília naquilo que Espanha tinha sido até então: o principal porto de entrada para as drogas sul-americanas destinadas ao mercado europeu. A apreensão da carga do *Big John* representou não só uma enorme perda financeira para os mafiosos sicilianos, mas também um enorme embaraço. Quando saiu a notícia, a Cosa Nostra americana fez saber à sua organização congénere siciliana que a havia excluído do comércio de cocaína, e estava a negociar diretamente com os produtores colombianos. A partir de então, os intermediários do tráfico de cocaína no Novo Mundo procurariam parceiros comerciais mais fidedignos.

O segundo caso exemplificativo envolve a descoberta, em março de 1994, de cinco mil e quinhentos quilogramas de cocaína, oitenta e dois por cento pura, num camião de contentores perto da cidade de Turim, no norte de Itália. O homem que exportou a droga da América do Sul tinha um nome familiar: Alfonso Caruana, do clã Cuntrera-Caruana — os mafiosos sicilianos que se haviam mudado para as Américas e tornado membros importantes do Consórcio Transatlântico, durante a expansão súbita do comércio de heroína nos anos 70. No entanto, a cocaína de Caruana não se destinava aos seus amigos sicilianos. A Cosa Nostra atravessava uma grave crise depois dos assassínios de Falcone e Borsellino, do ataque de Riina ao Estado italiano e de uma vaga sem precedentes de arrependidos. O carregamento de droga tinha sido pago e importado por um clube de investimentos constituído pelas maiores famílias criminosas da Calábria. Com a Cosa Nostra parecendo cada vez menos confiável aos seus parceiros internacionais no tráfico de drogas, e com a maior parte dos grandes clãs da Camorra a desintegrar-se, a 'Ndrangheta viu-se numa posição ideal para aproveitar a maior oportunidade comercial que o crime organizado internacional tinha visto surgir em anos.

Em 2002, investigadores da guarda fiscal italiana, a *Guardia di Finanza*, intercetaram as comunicações codificadas usadas por uma rede internacional de tráfico de cocaína constituída por mafiosos sicilianos e calabreses. As conversas gravadas contam a história de dois intermediários. O primeiro era um siciliano chamado Salvatore Miceli: um Homem de Honra da Família de Salemi — e o agente da Cosa Nostra. O segundo era um calabrês chamado Roberto «Bebè» Pannunzi, criado entre as antigas redes criminosas italianas no Canadá — e o agente da 'Ndrangheta. Os nomes dos dois homens já tinham surgido várias vezes ligados a negócios internacionais de cocaína. Os dois eram velhos amigos e sócios no negócio: o calabrês tinha sido padrinho do filho do siciliano. Mas as escutas telefónicas revelaram que, nos primeiros anos do século XXI, o siciliano tinha conseguido perder três diferentes carregamentos de cocaína nas rotas sinuosas entre a América do Sul, Grécia, Espanha, Holanda, Namíbia e Sicília. Compreensivelmente, todos os outros envolvidos no negócio ficaram furiosos. O siciliano perdera a sua credibilidade e arriscava-se a perder a vida. Os investigadores intercetaram um telefonema que ele fez ao filho: «Perdemos a face aqui... perdemos tudo... a qualquer momento eles vão tentar matar-me... toda a gente me abandonou.»

Pouco depois, o siciliano foi raptado e detido numa plantação nas profundezas da floresta sul-americana. Os colombianos queriam o seu dinheiro de volta. A vida dele só foi poupada graças às garantias dadas pelo calabrês, Roberto «Bebè» Pannunzi. Mas a partir de então a 'Ndrangheta decidiu excluir de vez a Cosa Nostra dos seus negócios. Em 2002, o agente calabrês mudou-se para Medelim, para se juntar a alguns *'ndranghetisti* que já lá tinham estabelecido a sua base. As conclusões desta história eram claras para todos. Em primeiro lugar, a cocaína era enviada diretamente da Colômbia para o mercado europeu. Em segundo lugar, a Cosa Nostra tornara-se, na melhor das hipóteses, numa parceira secundária nos negócios com os barões da cocaína da América do Sul.

Entretanto, na Calábria, a 'Ndrangheta recebeu um enorme incentivo às suas operações de tráfico de drogas no início dos anos 90, quando as obras para o gigantesco porto de transbordo de contentores em Gioia Tauro foram finalmente concluídas. O porto foi o único legado concreto do «pacote Colombo» — o pacote de investimento industrial prometido depois da revolta urbana de Régio da Calábria em 1970. Apesar de fortes medidas de segurança, a cocaína tem continuado a passar pelo porto de Gioia Tauro desde a sua abertura. Na sequência de um aumento da fiscalização, mais de dois mil quilogramas de cocaína foram apreendidos em 2011. No entanto, só podemos adivinhar o que este número representa no volume total de importações de cocaína.

Contudo, o porto de Gioia Tauro é apenas uma de muitas alternativas para os *'ndranghetisti* que procuram introduzir a sua cocaína na Europa. A 'Ndrangheta colocou os seus homens em todos os principais portos europeus, nomeadamente em Espanha, na Bélgica e na Holanda. Por volta de 2003, quando as autoridades europeias tentaram travar as importações da América do Sul, os calabreses começaram a usar vários países africanos como portos de escala para o seu tráfico de cocaína. Grandes carregamentos seguiam por via marítima para o Senegal, Togo, Costa do Marfim ou Gana, e depois eram divididos em embalagens mais pequenas para serem transportadas para Itália por navio, avião ou correios de droga.

A 'Ndrangheta também tem redes de distribuição locais. Como já vimos, desde os anos 50, a 'Ndrangheta tem sido a mais bem-sucedida das máfias do sul de Itália a estabelecer colónias no norte do país. Atualmente, estima-se que existam cinquenta Locais da 'Ndrangheta no norte de Itália. Uma vez que segundo as regras da máfia calabresa são necessários pelo menos quarenta e nove Homens de Honra para formar um Local, devem existir pelo menos dois mil quatrocentos e cinquenta *'ndranghetisti* no Norte. Da angariação ilegal de trabalhadores, construção e raptos, estes Locais do Norte evoluíram para o tráfico grossista de cocaína, aumentando ao mesmo tempo a sua penetração nos governos e economias locais.

Mas esta expansão não se circunscreve a Itália. Desde os anos 60, milhares de calabreses têm emigrado para outros países da Europa à procura de trabalho. Escondidos entre a maioria honesta, seguiram *'ndranghetisti* que estabeleceram uma rede de células que nenhuma outra máfia consegue igualar. Todavia, a demonstração mais flagrante da influência da 'Ndrangheta na Europa não está diretamente relacionada com a cocaína: é a história de Gaetano Saffioti, um homem de negócios especializado no betão que, depois de pagar «dinheiro de proteção» à máfia calabresa durante anos, se revoltou em 2002 e forneceu provas em vídeo aos investigadores que puseram dezenas de *'ndranghetisti* atrás das grades. Desde então, Saffioti tem vivido sob escolta armada e não conseguiu uma única empreitada na Calábria. Quando tentou trabalhar fora da sua região natal, foi impedido de o fazer. Sete dos seus camiões foram incendiados em Carrara, na Toscana. Ainda mais pérfido foi o boicote silencioso que teve de enfrentar em todos os lugares de Itália onde tentou estabelecer-se: clientes potenciais eram «aconselhados» a não serem vistos com o delator calabrês. Saffioti procurou negócios fora do país. Em 2002-3, as suas máquinas foram incendiadas em França e em Espanha. Noutros países europeus enfrentou a mesma campanha de ameaças. Hoje, faz a maior parte dos seus negócios no mundo árabe, onde, na sua opinião, existe maior liberdade comercial para alguém como ele.

O alcance da 'Ndrangheta também não se circunscreve ao velho continente. A presença de mafiosos calabreses no Canadá tem sido ininterrupta desde antes da Primeira Guerra Mundial. Em 1911, Joe Musolino — o primo de Giuseppe Musolino, o «Rei do Aspromonte» — foi preso por chefiar uma quadrilha de extorsionistas em Ontário. Outro exemplo é a Austrália: a 'Ndrangheta está presente neste país desde antes da Segunda Guerra Mundial. No início da década de 30, os mafiosos calabreses que se haviam infiltrado nas prósperas plantações de cana-de-açúcar em North Queensland mandaram vir um assassino de Sídnei, a cerca de dois mil e quinhentos quilómetros de distância. Isso seria o equivalente a enviar alguém de Régio da Calábria a Londres para cometer um homicídio. Escusado será dizer que estes contactos internacionais de longa data fornecem também aos *'ndranghetisti* de hoje oportunidades únicas de branquear e investir os seus lucros do tráfico de cocaína.

Considerando a rede global de células da 'Ndrangheta, não admira que os jornalistas italianos se refiram muitas vezes à mesma como uma «multinacional de cocaína» ou uma «*holding* internacional». Mas isso é uma simplificação excessiva. Como acontecia com a Cosa Nostra na época áurea do tráfico de heroína nos anos 70 e 80, o negócio de cocaína da 'Ndrangheta não é um empreendimento comercial isolado. Não existe um centro único de onde o comércio de droga é gerido, nem um rei absoluto da cocaína. Com efeito, se existissem, as forças policiais de todo o mundo teriam muito menos dificuldades em os combater. Os negociantes de estupefacientes têm de manter o seu negócio o mais secreto possível; mudam constantemente de rotas e rotinas quando as autoridades apertam o cerco ou quando surgem novos rivais. Investigações recentes indicam que as operações de tráfico da 'Ndrangheta são ainda mais flexíveis e variadas do que as da Cosa Nostra nos tempos da Conexão Piza. Os mafiosos calabreses criaram um sistema intricado e mutável de células e redes, e de consórcios e parcerias mais ou menos temporários. No início da década de 80, os homens de Totò Riina travaram a guerra civil mais sangrenta na história da máfia pelo controlo da rota de heroína para os EUA. Até hoje, não houve nenhum conflito semelhante na Calábria. Uma das razões para esse facto é que o negócio de cocaína se encontra demasiado diversificado para permitir que qualquer chefe calabrês, por mais poderoso que seja, sonhe sequer em o monopolizar.

No entanto, a 'Ndrangheta na Calábria, no resto de Itália e no mundo, não é uma organização sem norte ou centro. Uma das investigações mais importantes na história da 'Ndrangheta deu-nos recentemente a certeza disso. Em 2010, os *Carabinieri* conseguiram filmar secretamente o Grande Crime...

’Ndrangheta: o Grande Crime

Itália nunca teve escassez de informações sobre a máfia siciliana. O ruído do debate público — às vezes excessivo, e em geral pouco produtivo — tem sido uma companhia constante de todas as fases da história do crime organizado na ilha. Houve apenas um período em que o silêncio absoluto foi a regra: a última década do fascismo, quando Mussolini proibiu toda a cobertura jornalística de histórias da máfia. O período pós-guerra viu a quantidade de informações aumentar exponencialmente. Entre 1963 e 1976, o primeiro inquérito parlamentar sobre a máfia siciliana já tinha gerado um relatório final constituído por três livros enormes, e outros trinta e quatro volumes de provas de sustentação. Hoje em dia, ficaria surpreendido se os vários órgãos antimáfia locais e nacionais criados por Giovanni Falcone não produzissem uma quantidade ainda maior de informações. Atualmente, no que diz respeito a assuntos da máfia, como em todas as outras facetas da sociedade, encontramo-nos numa época de abundância de informações. Foram precisos seis anos, entre 1986 e 1992, para que a recusa histórica de Itália em aceitar a existência da máfia siciliana fosse ultrapassada nos tribunais pelo maxiprocesso de Giovanni Falcone e Paolo Borsellino. Atualmente, a polícia e os *Carabinieri* demonstram a existência da mesma sem nenhuma preocupação, todos os dias, em todas as casas de Itália, publicando vídeos empolgantes das suas operações no YouTube. Toda a gente pode ver e ouvir o que os *Carabinieri* da Operação Perseu viram e ouviram quando os chefes de Palermo se reuniram para reinstituir a *espécie* de Comissão em 2008.

Também não existe qualquer escassez de notícias, comentários e documentos sobre a Camorra. Depois de a Nápoles do pós-guerra ter vencido a sua relutância em usar a palavra começada por cê (*c*), as ações dos *camorristi* começaram a ser amplamente divulgadas — pelo menos localmente, ou para os que se interessavam. Durante algum tempo, na primeira década do século XXI, graças a Roberto Saviano e ao seu livro *Gomorra*, as histórias do submundo napolitano foram notícia de primeira página em todos os jornais de Itália.

Mas nem tudo aquilo que chega ao domínio público sobre a Camorra deve ser levado a sério. Como sempre, os dramas da Camorra são geralmente representados em público, e a sua cultura confunde-se com algumas tendências da cultura napolitana. Alguns dos jornais locais na Campânia têm sido criticados por funcionarem como placares informativos dos clãs. E depois temos os cantores «neomelódicos», cuja obra é por vezes uma apologia descarada da Camorra. Em 2010, o músico neomelódico Tony Marciano gravou «Não Podemos Rendermo-nos», personificando um foragido da justiça queixando-se dos arrependidos que «perderam a sua *omertà*» e «fizeram cair um império». Em julho de 2012, Marciano foi detido por suspeita de tráfico de drogas. O mandado de detenção descreve-o como muito próximo do clã Gionta, «de tal modo que ele era constantemente convidado para festas privadas organizadas pelos apoiantes e membros dessa organização». O único comentário de Marciano quando os *Carabinieri* o prenderam foi: «Não teria tantas câmaras de televisão se estivesse a dar um concerto.»

Durante grande parte da sua história, a 'Ndrangheta tem sido a parente esquecida das máfias: nunca conseguiu atrair a atenção constante do público. Alguns factos básicos ajudam a explicar esse esquecimento. A Calábria é comparativamente pequena: a Sicília tem uma população de 5,05 milhões e a Campânia de 5,8 milhões, enquanto na biqueira da bota italiana vivem apenas 2,2 milhões de pessoas. A Calábria é também politicamente marginal, e os seus *media* fragmentados: o principal jornal da região, a *Gazzetta del Sud*, nem sequer é publicado na Calábria, mas no outro lado do estreito de Messina, na Sicília. Durante muito tempo, vista de Turim ou Trieste, a violência cíclica entre os clãs da 'Ndrangheta na Calábria foi menosprezada e considerada algo atávico, incurável e irrelevante. A vaga de raptos nos anos 70 e 80 só gerou algum interesse pelo crime organizado na Calábria porque muitas das vítimas eram do Norte. Tirando os raptos, o espaço que havia para histórias das máfias nos noticiários nacionais era ocupado por acontecimentos em Palermo ou Nápoles. Entretanto, a 'Ndrangheta prosperava com o esquecimento.

Um dos avanços mais significativos dos últimos anos foi a habitual indiferença do país para com a ameaça da 'Ndrangheta ter começado a dissipar-se. As próprias ações da 'Ndrangheta têm desempenhado um papel crucial nessa tendência. Em outubro de 2005, o vice-presidente da Assembleia Regional da Calábria, Francesco Fortugno, foi assassinado em Locri: o político mais importante a ser assassinado por qualquer uma das máfias no século XXI.

Os acontecimentos na cidade industrial alemã de Duisburgo em 2007 atraíram ainda mais as atenções. Na madrugada de 15 de agosto, seis homens de origem calabresa, o mais jovem com dezasseis anos, foram assassinados dentro de um automóvel e de uma carrinha à porta de um restaurante italiano. As suas mortes foram o último ato de uma guerra de dezasseis anos entre dois ramos da 'Ndrangheta, ambos de San Luca, no Aspromonte. A contenda extravasara para fora de Itália para incluir os satélites dos clãs na Alemanha. Nunca tinha havido um massacre das máfias desta dimensão fora dos EUA e de Itália.

Por mais cruel que pareça dizê-lo, o massacre de Duisburgo aconteceu numa boa altura e num bom lugar. Com a prisão de Provenzano no ano anterior, a Cosa Nostra descera na lista de interesses dos *media*, abrindo espaço para a história da 'Ndrangheta. Para a maioria dos Italianos, a ideia de que a 'Ndrangheta se alastrara para lá das encostas arborizadas do Aspromonte foi uma surpresa; saber que tinha fortes bases na Alemanha foi um choque.

Surgiram outros importantes indicadores do novo interesse de Itália pela 'Ndrangheta. Em 2008, um político calabrês de centro-esquerda tornou-se no autor do primeiro relatório completo de um inquérito parlamentar sobre a 'Ndrangheta — cerca de cento e trinta anos depois de esta ter saído das prisões. A visibilidade da máfia calabresa no resto do mundo também tinha aumentado: em junho do mesmo ano, o Presidente Bush incluiu-a no *Foreign Narcotics Kingpin Designation Act*, uma espécie de lista negra de traficantes.

O ano de 2010 foi relevante não só devido a atos de intimidação de nível elevado por parte da 'Ndrangheta mas também a uma resposta do Estado italiano. Em janeiro, uma bomba explodiu à porta da procuradoria de Régio da Calábria — ninguém ficou ferido. Dezoito dias depois, um carro cheio de armas e explosivos foi encontrado na manhã de uma visita do Presidente da República a Régio da Calábria. Seguiram-se outros avisos, incluindo uma bazuca abandonada perto do gabinete do procurador. Mais tarde em 2010, o texto da lei Rognoni-La Torre, o equivalente à legislação RICO dos EUA, foi modificado para incluir uma referência explícita à 'Ndrangheta.

Finalmente, a 'Ndrangheta era notícia. Em 1979, apenas um livro tinha sido publicado em italiano com a palavra «'ndrangheta» no título. Em 1980, não houve nenhum. Em 2010 e 2011, o total já ultrapassava os vinte. Até já ouvi pessoas a queixarem-se de que hoje existem *demasiados* livros publicados sobre o crime organizado calabrês. Como são curtas algumas memórias! Os historiadores pioneiros, e os corajosos magistrados e jornalistas calabreses que durante décadas procuraram documentar a emergência da 'Ndrangheta, e que hoje finalmente estão a conseguir os leitores que merecem, não se encontram entre os queixosos.

Os juízes de instrução da Direção Distrital Antimáfia de Régio da Calábria (o «*pool* antimáfia», por outras palavras) começaram a produzir resultados correspondentes à renovada curiosidade do público. Tal como na Sicília, o extraordinário trabalho de vigilância realizado pelos *Carabinieri* pode ser visto por todos no YouTube. O filme historicamente mais significativo mostra um grupo de homens, na sua maioria de meia-idade, a caminhar numa estrada, todos vestidos como se se dirigissem apenas a um jogo de cartas e a um copo de vinho no seu *circolo* local. Depois, fazem uma pausa diante de uma pequena estátua branca da Virgem com o Menino empoleirada numa coluna de pedra de dois metros de altura. Para qualquer pessoa que já tenha passado por Polsi, o local é inconfundível: é o santuário medieval de Nossa Senhora do Monte no Aspromonte. Segundo os procuradores — e até agora os tribunais têm apoiado o seu argumento —, o que acontece a seguir é um momento sagrado no ciclo de vida da 'Ndrangheta. Todos os anos, no início de setembro, os «chefes do bastão» de toda a Calábria juntavam-se aos peregrinos no santuário para ratificar a nomeação dos cargos superiores da máfia calabresa. Depois de se reunirem todos diante da estátua de Nossa Senhora, os homens no vídeo formam lentamente um círculo, e escutam atentamente o mais velho do grupo a expor as suas credenciais:

> O que temos aqui simplesmente não existiria se não fosse por mim... Recebi a Santa quatro anos antes de qualquer outro. Depois, deram-me o Vangelo... Existe uma regra: os *postos* não podem ser concedidos sempre que quisermos, mas apenas duas vezes por ano, e temos de o fazer juntos. Temos de estar todos juntos! O Grande Crime não pertence a ninguém: pertence a todos!

A Santa e o Vangelo são as «flores» ou «dotes» superiores da 'Ndrangheta — distintivos permanentes de prestígio, cada um assinalado por um ritual de iniciação específico. (A instituição da Santa, ou Mamma Santissima, provocou a Primeira Guerra da 'Ndrangheta em 1974.) Estes «dotes» dão ao seu titular acesso aos lugares, ou *postos*, no órgão dirigente da 'Ndrangheta, o Grande Crime, também conhecido como Crime ou Província. O homem filmado a dirigir-se ao círculo de *'ndranghetisti* em Polsi, em setembro de 2009, era Domenico Oppedisano. Tinha setenta e nove anos de idade e acabara de ser eleito *capocrimine* (chefe do Crime), o posto mais alto na 'Ndrangheta. (Oppedisano foi entretanto julgado e condenado a dez anos de prisão. Está a aguardar a decisão sobre o seu recurso.)

Que faz o Grande Crime, exatamente? E qual é o verdadeiro poder do *capocrimine*? Segundo o Ministério Público e os juízes que acompanharam o processo até agora, as comparações com a Comissão da Cosa Nostra ou com um superchefe ditatorial como Totò Riina não fazem nenhum sentido. Domenico Oppedisano não é *u Curtu*. O seu novo cargo, como todos os outros no Grande Crime, dura apenas um ano, e não toda a vida. Oppedisano foi escolhido por ser um sábio ancião, um especialista na tradição e em questões processuais, um mediador de conflitos. Fazendo uma comparação, os seus poderes combinam os do presidente da Assembleia da República, do ministro da Justiça e do Presidente da República. O Grande Crime tem o poder de suspender um Local da organização, de reconhecer um novo Local, ou de decidir entre dois candidatos rivais ao posto de «chefe do bastão» num Local. Como explica um arrependido recente da 'Ndrangheta, o Grande Crime não tem nenhum poder para intervir na gestão corrente das atividades criminosas:

> Na Calábria eles reúnem-se, mas não para dizer «Que vamos fazer?» ou «Mandamos vir aquele carregamento da Colômbia?» Eles reúnem-se apenas para escolher os postos... Mas não para decidir o que devemos fazer, ou quem devemos matar. Essas decisões são tomadas pelas vilas e aldeias, pelos Locais.

A 'Ndrangheta tem uma vida política e protocolar interna ainda mais complicada do que a Cosa Nostra. Os *Carabinieri* conseguiram gravar longas e sérias discussões sobre que lugares no Grande Crime deviam ser atribuídos a que Locais. No entanto, todos os envolvidos reconheciam que era justo e conveniente que os cargos superiores circulassem entre as três circunscrições em que o território criminoso na província de Régio da Calábria se encontra dividido: a planície de Gioia Tauro, a costa jónica e a cidade de Régio da Calábria. Domenico Oppedisano, portanto, era um candidato de compromisso — escolhido porque tinha pouco poder pessoal e não ofendia ninguém.

Uma das particularidades mais notáveis da Operação Crime, e do conjunto de outras investigações nela centradas, é que mostram como a vida política da 'Ndrangheta inclui os filiados espalhados por toda a Itália. Com uma ou duas exceções, cada Local no norte de Itália é o «clone» de um Local na Calábria. Um arrependido forneceu uma imagem interessante para essa relação: «uma mulher dá à luz, mas o cordão umbilical nunca é cortado». Esse «cordão umbilical» consiste nos estreitos laços de parentesco entre membros dos mesmos clãs. Mas a ligação também é constitucional. Os Locais fora da Calábria têm de recorrer ao Grande Crime para resolver disputas, obter aprovação para atribuir «flores» superiores e autorizar novos Locais. (Os Locais não autorizados são conhecidos como Bastardos.)

Os Locais na Lombardia, a região mais populosa e economicamente dinâmica de Itália, têm a sua própria assembleia representativa, conhecida como «Lombardia». Em 2008, Carmelo Novella, o chefe da Lombardia, tentou romper com o Grande Crime, concedendo flores superiores sem aprovação e estabelecendo novos Locais. Em 14 de julho de 2008, pagou o preço pela sua declaração unilateral de independência quando foi morto a tiro no seu bar preferido. O Grande Crime criou então um órgão temporário, designado Câmara de Controlo, para ajudar a Lombardia a sair da crise. O homem escolhido para presidir à Câmara de Controlo, Pino

Neri, era um maçom e traficante de droga condenado que nasceu na Calábria, mas estudou Direito na Universidade de Pavia, perto de Milão. A sua dissertação de licenciatura foi sobre, imagine-se, a 'Ndrangheta. Em 31 de outubro de 2009, a vila de Paderno Dugnano, perto de Milão, foi o local escolhido para uma reunião na qual Neri apresentou uma solução para os problemas constitucionais da Lombardia. Num centro cultural honrado com o nome de Giovanni Falcone e Paolo Borsellino, os chefes da Lombardia levantaram todos a mão para aprovar o plano. Os *Carabinieri* fizeram um filme de toda a reunião que se encontra agora, inevitavelmente, no YouTube. À data da publicação deste livro, Pino Neri já tinha sido condenado a dezoito anos de prisão pelo seu papel de destaque na 'Ndrangheta da Lombardia. Não se sabe ainda se irá recorrer da sentença.

Há muitas coisas que ainda precisam de ser esclarecidas sobre a vida política interna da 'Ndrangheta. Os investigadores acreditam, por exemplo, que os Locais dispersos pelo mundo recorrem regularmente ao Grande Crime. O caso mais surpreendente é o mais distante: julga-se que na Austrália existam nove Locais. Um deles situa-se em Stirling, uma cidade com duzentos mil habitantes perto de Perth. Em 2009, segundo as autoridades italianas, o chefe do Local de Stirling, um promotor imobiliário e antigo presidente de câmara chamado Tony Vallelonga, foi alvo de escutas telefónicas quando regressou à Calábria para pedir conselhos a um membro do Grande Crime. Vallelonga declarou-se indignado e perplexo com as alegações do seu envolvimento na 'Ndrangheta, que foram tornadas públicas em 2011. Até à data, ainda não foi extraditado.

As investigações recentes revelaram não só alguns aspetos anteriormente desconcertantes do sistema político interno da organização, mas também novos dados sobre as mulheres da máfia calabresa. Algumas mulheres da 'Ndrangheta podem ter grande influência no seio das *'ndrine*, as células da organização. As *'ndrine* centram-se em famílias, em grupos de homens com parentesco de sangue ou por afinidade. As mulheres que pertencem a estes grupos familiares nucleares podem receber algum poder «emprestado», por assim dizer, dos seus parentes masculinos. Esse poder ultrapassa a função habitual das mulheres de incitarem os seus homens à vingança e educarem os filhos no culto da violência, e pode até implicar mais do que esconder armas e levar mensagens a prisioneiros. Algumas mulheres da 'Ndrangheta gerem o fundo comum do grupo. Existem também indícios de que uma ou duas mulheres particularmente empreendedoras alcançaram uma posição especial na 'Ndrangheta, e com ela o título de «irmã de *omertà*».

Apesar de exercerem alguma influência sobre a 'Ndrangheta, as mulheres estão completamente *ausentes* das estruturas de comando reconhecidas pela Operação Crime: não há mulheres nos Locais, por exemplo. Também não podem ser iniciadas ritualmente na organização. Dito de outra forma, as mulheres podem nascer numa família criminosa calabresa ou entrar nela por meio do casamento, mas não podem fazer parte da 'Ndrangheta enquanto organização.

Tal qual as outras duas máfias, a 'Ndrangheta tece os seus laços familiares e organizacionais de uma forma especial. A 'Ndrangheta está profundamente centrada nas famílias tal como a Camorra; mas como a Cosa Nostra, é também uma irmandade secreta de criminosos masculinos, uma maçonaria de delinquência muito bem estruturada. Esta combinação peculiar de características parece tornar as mulheres na órbita da 'Ndrangheta extremamente vulneráveis: aparentemente, estão sujeitas a sofrer ainda mais abusos do que as suas pares na Campânia ou na Sicília. Baseando-se nos depoimentos de mulheres próximas da 'Ndrangheta que confiaram na justiça, os magistrados em Régio da Calábria começaram recentemente a rever cerca de vinte investigações de homicídio relativas a mulheres que desapareceram, ou cujas mortes foram consideradas inexplicáveis ou suicídios. Uma história oculta de crimes de honra na 'Ndrangheta poderá estar prestes a ser revelada. Uma das vítimas foi Maria Teresa Galluci. Em 1994, na cidade portuária de Génova, homens armados irromperam pelo seu apartamento e mataram-na a tiro, juntamente com a mãe e uma sobrinha que, por acaso, a visitava na altura. Maria Teresa era viúva de um *'ndranghetista*. O crime dela, aos olhos da máfia, foi ter ofendido a memória do marido ao iniciar uma relação com outro homem.

Um caso igualmente perturbante diz respeito a Domenica Legato, que foi encontrada a morrer na rua em frente da casa da família em 2007. Ela caiu da varanda, disse a família. Uma arrependida da 'Ndrangheta pensa que este foi um homicídio dissimulado. Os ferimentos de faca encontrados nas mãos de Domenica poderão sugerir que estava a resistir a uma agressão mesmo antes de morrer. Domenica era também uma viúva da 'Ndrangheta que tinha encontrado um novo amor. No entanto, o caso foi tratado como um suicídio na altura, e até à data ainda não foi ordenada nenhuma nova investigação.

Talvez o caso mais chocante de todos seja o de Maria Concetta Cacciola, mãe de três filhos cujo marido era um *'ndranghetista* que cumpria uma longa pena de prisão. Maria Concetta pediu ajuda aos *Carabinieri* em Rosarno em maio de 2011, depois de ter sido espancada pelo pai, que descobrira que ela tinha iniciado uma relação platónica com outro homem através da Internet. Maria Concetta acabou por ser encontrada a sofrer de dores violentas, depois de ter ingerido ácido clorídrico. Suicídio, afirmou a família. O pai, irmão e mãe de Concetta estão atualmente a ser julgados pelos maus-tratos que resultaram na sua morte, mas *não* pelo seu homicídio. Tem havido um grande debate público sobre se a acusação reflete verdadeiramente o que aconteceu a Concetta.

Tragédias como estas suscitam inevitavelmente algumas questões históricas. Durante quanto tempo, antes do despertar do interesse judicial pelos papéis das mulheres das máfias nos anos 90, é que tais horrores fizeram parte da vida quotidiana da 'Ndrangheta? Na primeira fase da história da máfia calabresa, o proxenetismo era um negócio fundamental. Quando a 'Ndrangheta nasceu, portanto, muitas das mulheres mais próximas das *cosche* eram prostitutas. O espancamento, a desfiguração e o homicídio eram as armas preferidas do mafioso calabrês para gerir as suas mulheres. Entre as duas guerras mundiais, a 'Ndrangheta percebeu que seria do seu interesse de longo prazo abandonar o proxenetismo e usar as mulheres de maneiras diferentes: nomeadamente enquanto peões no tabuleiro de xadrez do casamento dinástico. A avaliar pelos casos de Maria Teresa Gallucci, Domenica Legato e Maria Concetta Cacciola, essa transformação a longo prazo dos papéis das mulheres na 'Ndrangheta não as livrou da ameaça de serem maltratadas, desfiguradas ou assassinadas em nome da honra masculina.

Outras questões históricas são levantadas pela Operação Crime. Durante quanto tempo nós, ou o mundo inteiro, vivemos na ignorância enquanto a 'Ndrangheta existia nesta forma? Serão necessários anos de investigações para encontrarmos a resposta. Todos os documentos sobre a 'Ndrangheta reunidos ao longo dos últimos cento e quarenta anos terão de ser reexaminados para percebermos se este novo diagrama da estrutura da 'Ndrangheta coincide com o passado recente e o passado mais distante.

A minha opinião, se serve de alguma coisa, é que as provas da Operação Crime são convincentes. Além disso, tenho quase a certeza de que o Grande Crime não é uma inovação, e que a 'Ndrangheta foi *sempre* uma irmandade criminosa, com uma rica vida política interna centrada na coordenação das instituições (quando as circunstâncias permitiam que essas instituições funcionassem). Desde a década de 80 do século XIX, todas as células da 'Ndrangheta na Calábria têm tido mais ou menos a mesma estrutura e usado rituais reconhecidamente semelhantes. A explicação mais provável para esse facto é que a 'Ndrangheta sempre teve um Grande Crime, ou algo parecido. Parece hoje seguro, por exemplo, que um órgão chamado *Criminale* existiu entre a Primeira e a Segunda Guerras Mundiais. Uma geração antes, no início do século XX, a polícia alegou que o pai de Giuseppe Musolino, o «Rei do Aspromonte», tinha um lugar num «conselho supremo» da máfia calabresa.

As filmagens do Grande Crime feitas pelos *Carabinieri* em 2009 bastam para arrepiar qualquer historiador. Nunca tinha havido um registo semelhante da cimeira anual da 'Ndrangheta. No último século e meio, surgiram algumas provas fragmentárias e muitos boatos sobre a cimeira de Polsi. Em 1969, a cimeira em Montalto foi mesmo alvo de uma rusga, e os «apanhadores de cogumelos» detidos. O testemunho mais antigo de uma reunião de *'ndranghetisti* de toda a Calábria, em Polsi, que encontrei nos arquivos data de 1894. Mas antes da Operação Crime ninguém tinha conseguido perceber com exatidão a função constitucional do órgão que se reunia regularmente nas terras altas do Aspromonte. Até hoje, não existe nenhum precedente judicial em Itália que afirme inequivocamente que a 'Ndrangheta existe de facto, como uma só irmandade, com uma só estrutura e um só órgão coordenador, e não como um conjunto pouco coeso de quadrilhas que de vez em quando forma alianças temporárias. O objetivo fundamental da Operação Crime é precisamente estabelecer esse precedente. Por outras palavras, a 'Ndrangheta aguarda ainda o tipo de descrição judicial definitiva do seu funcionamento que o maxiprocesso de Falcone e Borsellino produziu para a Cosa Nostra. Como aconteceu com a máfia siciliana nos anos 80, só recentemente Itália começou a reconhecer de maneira adequada a existência de uma conspiração criminosa que, afinal, já existe há mais de um século.

A 'Ndrangheta é sem dúvida a máfia mais poderosa da Itália contemporânea. Depois de beneficiar de anos de esquecimento por parte do Estado e da opinião pública, hoje controla implacavelmente o seu território natal e tem uma capacidade sem igual de colonizar outras regiões e outros países, e vastas reservas de narcorriqueza que lhe permitem penetrar na economia legal e nas instituições financeiras. No entanto, continua a ser um território amplamente inexplorado pelos investigadores. A Calábria tem ainda de desenvolver a rica cultura antimáfia que hoje prospera na Sicília. O número de empresários que se revoltou contra os esquemas de extorsão é ainda muito pequeno. De várias maneiras, a Calábria está com uma geração de atraso em relação à Sicília, no que diz respeito à luta contra o crime organizado.

Bem-vindos à zona cinzenta

Há ainda um membro da «ala pró-massacre» da Cosa Nostra que continua em liberdade — um chefe cujo poder remonta à ascensão dos *corleonesi*. O seu nome é Matteo Messina Denaro. Com cinquenta anos de idade, anda fugido da justiça há vinte anos. Segundo o Ministério do Interior, é procurado por «associação à máfia, homicídio, massacre, devastação, posse de explosivos, assalto e outros crimes». Messina Denaro, filho de um grande *capo*, pertence à aristocracia da máfia. No entanto, em certos aspetos, é um mafioso menos convencional. Tem uma relação estável com uma namorada austríaca, e algumas das suas comunicações intercetadas revelam que não professa nenhuma religião. A sua base fica em Trapani, a província mais ocidental da Sicília. Esse facto impede-o de dirigir a Cosa Nostra na sua capital, Palermo. Mas sempre teve uma rede de apoiantes na cidade, sobretudo na circunscrição de Brancaccio. E durante a Operação Perseu tornou-se claro que Messina Denaro era uma influência importante nos debates dentro da Cosa Nostra sobre o estabelecimento da *espécie* de Comissão em Palermo. No entanto, é ainda difícil dizer se Messina Denaro é o último dos velhos chefes da Cosa Nostra ou o primeiro de uma nova casta.

Nos últimos anos, os Sicilianos habituaram-se ao espetáculo que acompanha a captura de um importante fugitivo da máfia. Polícias e *Carabinieri* de máscaras e coletes à prova de bala aparecem com grande alarde na cidade e fazem soar as sirenes quando levam os prisioneiros para a base. A multidão reúne-se à porta da sede da polícia para aplaudir e entoar «Nós somos a verdadeira Sicília». Depois, surge o próprio prisioneiro, pestanejando de forma impassível sob os flaches dos fotógrafos, enquanto toda a gente compara mentalmente o seu rosto ao retrato-robô.

Espera-se que estas cenas se repitam brevemente para festejar a captura de Matteo Messina Denaro, pois, quando o chefe de Castelvetrano for finalmente capturado, esse facto assinalará sem dúvida mais uma vitória histórica sobre um velho mal.

Histórica, mas certamente não definitiva. Os Sicilianos terão todo o direito de se regozijar com o fim da carreira de Messina Denaro. Mas apesar de todas as boas notícias desde as tragédias de 1992, poucos na ilha se iludem pensando que a máfia siciliana desapareceu de vez. As razões — como em toda a história do crime organizado na Sicília — residem em parte na força da máfia siciliana e em parte na fraqueza de Itália.

A cada seis meses, a Direção de Investigação Antimáfia (um equivalente ao FBI criado por Giovanni Falcone) publica um relatório cheio de dados sobre a situação da luta contra o crime organizado. Um dos dados menos conspícuos, mas mais significativos, é o número de atos de «vandalismo seguidos de fogo posto» — um sinal revelador de que os extorsionistas continuam a atuar, e uma proclamação da capacidade da Cosa Nostra de cumprir as suas ameaças sem recorrer ao homicídio. Em 2011, ocorreram dois mil duzentos e quarenta e seis casos de vandalismo seguidos de fogo posto na Sicília: o número mais elevado em qualquer região italiana, e um aumento relativamente aos anos anteriores.

É evidente que estes números não refletem a verdadeira dimensão do esquema de proteção da Cosa Nostra. Algumas operações de extorsão escondem-se entre os números de muitos outros tipos de crime: um assalto a um armazém, por exemplo, é muitas vezes apenas um convite ao dono para procurar a pessoa certa a quem pagar. No entanto, ficamos com uma ideia de como é difícil para a Sicília livrar-se do domínio dos extorsionistas.

O movimento antiextorsão, Addiopizzo, como os seus coordenadores bem sabem, continua principalmente circunscrito aos bairros mais abastados de Palermo. O seu impacto nos subúrbios e nas povoações limítrofes onde a máfia siciliana nasceu e continua a ser mais forte tem sido muito mais limitado. O número de empresas que assinaram o compromisso do Addiopizzo tem vindo a aumentar desde 2004. Mas no momento em que escrevo este livro, situa-se nos setecentos e vinte e três. Há ainda um longo, longo caminho a percorrer.

Por que razão a atual fraqueza da Cosa Nostra não desencadeou uma revolta plena contra a extorsão? O medo faz parte da resposta. Os Sicilianos sabem muito bem que qualquer falha de concentração das autoridades permitirá à Cosa Nostra reagrupar-se, como fez depois das duas vagas de repressão fascista, por exemplo, ou novamente no final dos anos 60. Quando um dos últimos chefes da «ala pró-massacre» foi preso em 1998, Guido Lo Forte, um juiz envolvido na captura, lançou uma nota de advertência que continua válida nos dias de hoje:

> A experiência dos últimos vinte anos ajudou-nos a perceber que nunca há um momento para triunfalismo. A Cosa Nostra é uma organização cuja estrutura foi criada para dominar território independentemente do papel de cada indivíduo, e tem uma enorme capacidade de se regenerar e transformar.

Quando um chefe da máfia é capturado, o seu substituto está quase sempre pronto para assumir o lugar. Quando trinta chefes são capturados, como na Operação Perseu, surgem novos líderes entre as fileiras inferiores. Os soldados da Cosa Nostra são todos generais do crime, como disse certa vez Giovanni Falcone. Mesmo quando toda uma geração de chefes e soldados é capturada e presa durante algum tempo, os seus filhos e sobrinhos — rapazes educados nos valores da violência e honra — estão ansiosos por mostrar o seu valor. E quando os velhos chefes terminam as suas penas de prisão, também eles podem regressar a cargos de liderança. Nenhuma organização criminosa venera tanto a experiência como a Cosa Nostra. Na lista dos homens identificados na Operação Perseu enquanto possíveis membros da restabelecida *espécie* de Comissão estava o lendário Gerlando Alberti, de oitenta e um anos. Alberti tem sido uma presença constante nos noticiários do crime desde os anos 60. Foi ele quem proferiu a famosa e insolente graça: «A máfia? Que é isso? Uma marca de queijo?»

Uma das fontes de vigor geralmente invisíveis da Cosa Nostra é o seu domínio sobre os criminosos comuns. A máfia governa e tributa o crime. Os mafiosos vivem da extorsão de dinheiro não só a comerciantes e empresas de construção mas também a assaltantes e traficantes de drogas. O domínio do submundo começa na prisão e estende-se às ruas: o *capo* local recebe uma percentagem de tudo, sob pena de morte. Há um costume na Sicília de que alguém que assalta um veículo pesado de mercadorias tem de esperar vinte e quatro horas enquanto os mafiosos verificam o espólio; se este pertencer a uma firma com as ligações certas, então tem de ser devolvido. O crime comum não desaparecerá da Sicília, como não desaparecerá de qualquer outro lugar no mundo, e a autoridade da Cosa Nostra sobre os criminosos de rua demorará muito tempo a erradicar.

O medo nunca foi o único recurso a que a Sociedade Honrada da Sicília pôde recorrer. E a máfia também nunca foi apenas um clube de assassinos. Em 1876, um sociólogo pioneiro chamou aos mafiosos «criminosos de classe média» — pessoas que ascendiam na escala social e que eram prudentes na sua utilização da violência. Estes criminosos de classe média eram peritos em redes corruptas que controlavam alguns dos setores mais avançados da economia siciliana, e podiam contar com o apoio passivo e ativo da sociedade à sua volta. A Cosa Nostra deve a sua capacidade de se regenerar principalmente ao facto de alguns dos seus membros e aliados terem sido sempre capazes de se integrarem bem na nata económica, profissional e política, e de construírem uma espécie de consenso para a sua autoridade. O mais recente *slogan* jornalístico para este tipo de pessoas é «zona cinzenta»: uma área da sociedade em que a cumplicidade com os chefes mafiosos é difícil de detetar, e em que a parceria entre esses chefes e os homens de negócios, ou entre a pistola e o computador portátil, nem sempre favorece mais os primeiros. A zona cinzenta é ao mesmo tempo invisível e penetrante: não pode ser vista no YouTube.

Michele Aiello, um empresário da construção que se tornou no principal fornecedor de unidades hospitalares na Sicília, surgiu diretamente da zona cinzenta. Foi um dos testas de ferro de Bernardo Provenzano, «o Trator», e quando foi condenado em 2011, a sua colossal fortuna de oitocentos milhões de euros foi apreendida. (No entanto, meses depois de começar a cumprir a sua pena de quinze anos, foi-lhe decretada prisão domiciliária com base no argumento de que era alérgico a feijões.)

Outro criminoso de classe média é um amigo de Aiello: Giuseppe Guttadauro, médico eminente e chefe da circunscrição de Brancaccio da Cosa Nostra. Existe uma longa lista de médicos da máfia — homens que não veem nenhuma incompatibilidade entre o Juramento de Hipócrates e os juramentos que os Homens de Honra prestam quando são iniciados na Cosa Nostra. A infiltração do sistema de saúde semiprivatizado de Itália tem sido uma das principais fontes de rendimento do crime organizado siciliano nas duas últimas décadas.

O homem mais recente da zona cinzenta foi desmascarado em 2010. Quando Salvatore Lo Piccolo foi preso em 2007, os seus soldados escolheram Giuseppe Liga para lhe suceder enquanto chefe da circunscrição de San Lorenzo da Cosa Nostra. A alcunha de Liga nos círculos da máfia é «o Arquiteto» — pela razão prosaica de ser arquiteto. Liga começou recentemente a cumprir uma pena de prisão de vinte anos.

A política tem feito parte da zona cinzenta da máfia siciliana desde 1860. Seria ingénuo pensar que os homens da fação Andreotti da Democracia Cristã — os «Jovens Turcos» como Lima e Ciancimino — foram os únicos a estar de conluio com a Cosa Nostra. O mais provável é que muitos dos aliados políticos dos mafiosos nos «maus velhos tempos» dos anos 80 tenham escapado impunes. Além disso, há décadas que os políticos da máfia vêm introduzindo os seus amigos e conhecidos na máquina do Estado.

Nos últimos anos, temos assistido a algumas ações judiciais bem-sucedidas contra políticos italianos com ligações à máfia. O caso mais notável é o de Salvatore Cuffaro, outro médico e líder do governo regional da Sicília entre 2001 e 2008. Cuffaro está hoje a cumprir uma pena de sete anos de prisão por «auxílio e cumplicidade agravada com a Cosa Nostra», enfrentando também outras acusações. Um dos crimes que levou à sua condenação foi o de escolher candidatos eleitorais sugeridos pelo *médico-capo* Giuseppe Guttadauro. Cuffaro foi também considerado culpado de fornecer informações secretas sobre inquéritos criminais aos negócios de Guttadauro, informações essas obtidas de uma rede de *Carabinieri* corruptos a trabalhar na procuradoria de Palermo. Apesar de investigações bem-sucedidas como esta, a conivência com a máfia continua a ser um crime difícil de provar. Só podemos imaginar quantos mais Cuffaros existem ainda à solta.

A Cosa Nostra é também difícil de destruir devido à sua capacidade de conquistar apoiantes na economia legal. Ao longo de várias gerações, o dinheiro e a influência da máfia têm tingido grande parte do tecido económico da ilha de vários tons de cinzento. Ninguém sabe quantas empresas em atividade atualmente foram criadas com dinheiro da máfia. Ou têm mafiosos como sócios comanditários. Ou lucram com contratos vantajosos e acordos de cartel negociados sob a tutela da Cosa Nostra. Ou cujos funcionários devem os seus empregos à palavra amiga de um *capo*.

Toda esta influência política e comercial dá aos mafiosos enorme poder para comprarem apoios. Vale a pena recordar as palavras que o chefe «devoto», Pietro Aglieri, disse ao juiz que coordenou a sua captura:

> Quando vai às nossas escolas falar de justiça e do Estado de direito, os nossos miúdos escutam-no e seguem-no. Mas quando esses mesmos miúdos crescem e começam a procurar um emprego, uma casa, um pouco de ajuda com a saúde ou as finanças, a quem é que recorrem? A si ou a nós?

Nas suas margens, a zona cinzenta torna-se mais clara, estendendo-se aos setores da economia, política e sociedade que não são controlados diretamente pela máfia. Há milhares de empresas que operam nos limites da lei. As remunerações dos trabalhadores não são declaradas, os impostos não são pagos, as contas são falsificadas e os regulamentos são contornados. O recurso a bancos *offshore* e paraísos fiscais é prática comum entre alguns segmentos da burguesia. Uma grande percentagem da indolente economia da Sicília depende do setor público, no qual o nepotismo e a corrupção são vícios profundamente enraizados. Os chefes mafiosos adoram propor as suas próprias regras a um sistema de acumulação de riqueza ancilosado e sem lei. A «economia paralela», tal como a política do nepotismo, é inerentemente suscetível à influência da máfia.

Mesmo quando não é conivente com a Cosa Nostra, uma grande parte da economia da Sicília, como grande parte do seu sistema político e aparelho do Estado, é constitucionalmente avessa à transparência. Seja qual for o seu tom de cinzento, ninguém quer a lei a olhar de perto para o que está a fazer. Ivan Lo Bello é o presidente da Confindustria (a confederação dos patrões) da Sicília que introduziu a política de expulsar membros que pagavam «dinheiro de proteção». Hoje, vive sob escolta armada e mandou os filhos estudarem no estrangeiro. Refletindo sobre a sua experiência no final de 2011, disse o seguinte:

> Preocupo-me menos com a reação das organizações criminosas do que com a reação dos políticos. Na Sicília, enfrentamos uma hostilidade silenciosa. Temos a sensação de que não somos amados por conselheiros municipais, vereadores, líderes partidários e funcionários públicos que estão interessados em manter o *statu quo*.

Existe uma ampla secção da sociedade siciliana — do comerciante mais humilde ao banqueiro mais astuto — para quem a luta contra o crime organizado é, na melhor das hipóteses, extremamente inconveniente.

Tal qual a Cosa Nostra, a Camorra e a 'Ndrangheta têm uma longa história que confirma a sua capacidade de se adaptar a novas circunstâncias e recuperar da adversidade. Tal qual a Cosa Nostra, mas de formas subtilmente diferentes, baseiam-se em tradições organizacionais e conhecimentos familiares para traçar o seu caminho para o futuro. Além disso, tudo o que disse sobre a zona cinzenta na Sicília aplica-se também à Campânia e à Calábria. Os escândalos do lixo e dos resíduos tóxicos mostram como a má gestão e a má política abrem a porta à Camorra. A 'Ndrangheta não seria a 'Ndrangheta sem os seus próprios «criminosos de classe média» e a sua própria zona cinzenta. Com efeito, na Calábria, onde o movimento antiextorsão ainda é fraco e obscuras organizações maçónicas se encontram notoriamente ramificadas, a zona cinzenta estende-se a muito mais setores da sociedade do que na Sicília. Quando a Confindustria, a associação patronal, começou a tomar medidas contra empresas com ligações às máfias, outras organizações seguiram-lhe o exemplo. Uma delas foi a filial de Palermo da ANCE, a associação de empresas de construção. Quando a filial de Régio da Calábria da mesma organização organizou uma conferência sobre o Estado de direito em junho de 2010, os delegados aproveitaram para *protestar contra* toda uma série de leis que visava proibir as relações entre mafiosos e homens de negócios.

Historicamente, a 'Ndrangheta, entre todas as máfias, talvez tenha sido também a mais indiferente a ideologias. Sempre entendeu que a zona cinzenta não tem nenhuma cor política. As antigas bases da 'Ndrangheta no norte de Itália demonstram também que a zona cinzenta não reconhece fronteiras entre regiões. Os políticos e homens de negócios corruptos fazem acordos com *'ndrangbetisti* em qualquer ponto do país.

Mesmo nalguns setores da economia nacional não diretamente atingidos pelos tentáculos do crime organizado, abundam as práticas desonestas e a corrupção — e encontram-se muito além do Sul e da Sicília. Em 2011, o chefe da Direção Nacional Antimáfia, Pietro Grasso, referia-se a toda a Itália quando disse o seguinte:

> O método da máfia, que implica promover privilégios ilícitos e anular a concorrência, tem sido clonado nalgumas zonas de fronteira da política e da economia em que têm surgido súcias predatórias de oportunistas.

O Estado italiano também está a contribuir para alienar os cidadãos que ainda conseguem viver de acordo com a lei. O sistema judicial de Itália encontra-se num estado lamentável. O tempo médio de um processo é de quatro anos e nove meses. Há muitos exemplos na história que contei neste livro de processos relacionados com as máfias que se arrastaram durante anos, com veredictos anulados a cada sucessivo escalão do sistema até ao Supremo Tribunal. Estes atrasos são monstruosos para os arguidos, e desacreditam continuamente a justiça. Os atrasos também podem funcionar a favor dos criminosos. Dificilmente se poderia culpar os cidadãos por considerarem que os tribunais oferecem quase impunidade a qualquer criminoso de colarinho branco com meios para pagar os advogados necessários para fazer arrastar os processos até que os seus crimes prescrevam.

As máfias colaram-se ao Estado nos seus pontos mais fracos. As prisões foram sempre um dos setores mais caóticos do Estado italiano e, por isso, têm sido sempre locais de atividade mafiosa. Com efeito, a Camorra e a 'Ndrangheta nasceram ambas atrás das grades. Desde o século XIX, os reclusos em condições pouco seguras e sobrelotadas têm recorrido às organizações mafiosas na esperança de proteção, permitindo aos mafiosos imporem o seu domínio arbitrário e brutal nas prisões. As prisões de Itália são hoje as mais sobrelotadas de qualquer país europeu, com exceção da Sérvia. A taxa de suicídio é quase vinte vezes mais elevada do que no exterior. Não admira que nos dias de hoje, como no século XIX, cumprir uma primeira pena de prisão seja um ritual de passagem para aspirantes a mafiosos, e que a maioria das iniciações na Camorra ainda ocorra nas prisões.

O Estado pode ajudar a empurrar cidadãos honestos para a zona cinzenta. Por exemplo, tem-se revelado completamente incapaz de impor a honestidade e transparência na economia nacional. Um caso elucidativo é o dos tribunais cíveis, que tratam de disputas entre cidadãos e empresas, e que se encontram num estado ainda pior do que os tribunais criminais. Em 2011, o Banco Mundial classificou Itália em 158.º lugar entre 183 países num índice de eficiência do sistema judicial para fazer cumprir contratos, abaixo do Paquistão, Madagáscar e Kosovo, e três lugares acima do Afeganistão. No fim de junho de 2011, existiam 5,5 milhões de processos em atraso nos tribunais cíveis. O tempo *médio* de um processo é de sete anos e três meses. Na Alemanha, quando um fornecedor leva um cliente a tribunal pelo não-pagamento de uma entrega, tem de esperar muito tempo para obter uma decisão de um juiz — 394 dias. Em Itália, a espera é de 1210 dias. O que representa uma *vida* para uma empresa: em que poderia ir várias vezes à falência. Não admira que alguns empresários se sintam tentados a procurar formas menos pacíficas de recuperar os seus créditos. Os mafiosos recebem esses empresários de braços abertos e com um sorriso de crocodilo.

Grande parte de Itália é disfuncional. O aparelho do Estado encontra-se atolado em ineficiência, nepotismo e corrupção. Uma grande fatia da economia não passa pelo sistema financeiro, sendo por isso invisível para a lei; áreas inteiras da economia visível são afetadas pela ineficiência e corrupção. A sociedade italiana parece incorrigivelmente dependente dos mesmos vícios. Também não existe grande esperança de que os Italianos elejam um governo honesto, determinado e com autoridade suficiente para implantar as reformas de que o país necessita. Enquanto Itália permanecer nesta situação, a vitória definitiva sobre a Cosa Nostra, a Camorra e a 'Ndrangheta permanecerá inatingível.

A Guerra Fria ofereceu às máfias um escudo político. Atrás dele, elas pilharam, prosperaram e colocaram Itália à beira do abismo.

Mas as máfias já existiam antes da Guerra Fria, e sobreviveram ao seu fim. A violência mediática da longa década de 80 poderá ter acalmado, mas o crime organizado continua a ser uma emergência e uma vergonha nacionais.

Contudo, Itália tem mais razões para se sentir otimista atualmente do que em qualquer outro período do passado. Os magistrados antimáfia e as forças policiais de Itália são mal pagos, têm poucos recursos e falta de pessoal. Operam em circunstâncias muito hostis. Os juízes em zonas dominadas pelas máfias continuam a precisar de escoltas armadas permanentes, e levam uma vida monástica com receio de poderem ser involuntariamente fotografados na companhia de elementos suspeitos. Porém, devido à dedicação, coragem e profissionalismo que tantos deles demonstram, as irmandades criminosas de Itália sentem que nunca tiveram a vida tão dificultada. Os mafiosos são alvo de escutas telefónicas. São perseguidos e capturados quando fogem da justiça. Mesmo nos confins do Aspromonte, a 'Ndrangheta já não pode fazer tudo à sua maneira. Uma unidade de operações de montanha dos *Carabinieri*, os *Cacciatori* («Caçadores»), foi criada no início dos anos 90 e equipada com helicópteros para combater os raptos. Desde que a 'Ndrangheta abandonou a indústria dos raptos, os *Cacciatori* têm tido notável sucesso em negar aos mafiosos calabreses o pleno uso dos seus tradicionais redutos de montanha.

Apesar de o sistema de justiça italiano continuar a ser demasiado brando e a proteger em demasia os direitos dos arguidos, a longa história de impunidade das máfias parece ter terminado. Os mafiosos podem hoje esperar ser justamente condenados quando são presentes a tribunal. Apesar do funcionamento horrivelmente lento do sistema judicial, mafiosos, *camorristi* e *'ndranghetisti* estão hoje a cumprir milhares de anos de prisão. Além disso, milhares de milhões de euros da sua riqueza roubada têm sido apreendidos. E até começam a ser feitas incursões na zona cinzenta.

Olhando para trás, para a história da relação de Itália com as máfias desde a Segunda Guerra Mundial e, na verdade, desde as origens das máfias no século XIX, a mudança mais significativa e positiva é que a polícia e a magistratura estão finalmente a fazer o seu trabalho.

Agora cabe ao povo italiano fazer o seu.

Agradecimentos

A falta de tempo é uma das principais razões por que até hoje ninguém tentou escrever uma crónica do crime organizado italiano das suas origens ao tempo presente. *A República da Máfia*, tal como a sua prequela *Irmandades de Sangue*, é o resultado de um longo período de pesquisa e trabalho que me teria sido impossível iniciar, e muito menos concluir, sem o apoio de duas instituições. A minha sentida gratidão vai para o Departamento de Italiano da University College London, onde os meus colegas criaram um ambiente estimulante e animado para o ensino e investigação; e para o Leverhulme Trust, que me concedeu uma Bolsa de Pesquisa entre 2009 e 2011 — um período crucial no desenvolvimento dos dois livros.

Agradeço também aos meus editores e agentes que esperaram enquanto o meu prazo de entrega era constantemente adiado, e o único volume que inicialmente planeara se transformava em dois. A minha grande esperança é que este livro constitua uma recompensa pela paciência de santo de Rupert Lancaster, Giuseppe Laterza, Peter Sillem, Marc Parent, Haye Koningsfeld, Catherine Clarke e George Lucas. Gostaria também de agradecer a Kate Miles e Juliet Brightmore da Hodder & Stoughton pelo seu apoio entusiástico.

Em *A República da Máfia* procurei ir além do estudo académico para explicar a um maior número de leitores possível o que podemos (e não podemos) saber acerca da história das máfias. Aos meus colegas da academia, só posso pedir a sua indulgência por ter sacrificado muitas convenções da escrita académica nesta causa. Como sempre, pedi a uma equipa de amigos que lesse versões do livro na esperança de o tornar mais acessível. Os seguintes merecem um reconhecimento especial pela sua generosa dedicação a essa árdua tarefa: David Brown, Stephen Cadywold, Caz Carrick, Robert Gordon, John Foot, Prue James, Doug Taylor.

Os funcionários de várias bibliotecas e arquivos ajudaram-me muito ao disponibilizar as fontes que consultei. Sinto-me particularmente obrigado a mencionar os seguintes: Salvatore Maffei da Emeroteca Vincenzo Tucci em Nápoles; Maresciallo Capo Salerno e o coronel Giancarlo Barbonetti do Arquivo dos *Carabinieri*; Linda Pantano do Istituto Gramsci em Palermo; e, mais uma vez, o pessoal da Humanities 2 na British Library. Uma longa lista de pessoas ajudou-me com conselhos ou localizando fontes: ter-me-ia perdido sem Salvo Bottari, Mark Chu, Vittorio Coco, Fabio Cuzzola, Patrick McGauley, David Forgacs, Manuela Patti, Nino Sapone, Diego Scarabelli, Fabio Truzzolillo, Chris Wagstaff, Thomas Watkin e Francesco Messina. Nick Dines merece uma menção especial pelo seu astuto e criativo trabalho de pesquisa.

As orientações de Gabriella Gribaudi foram muito importantes nas fases iniciais das minhas investigações sobre a Camorra no pós-guerra; e as minhas conversas com Enzo Ciconte também foram extremamente proveitosas. Gostaria também de agradecer a Chiara Caprì, uma das fundadoras do *Addiopizzo*, e ao inspirador Gaetano Saffioti pela sua paciência em ser entrevistado duas vezes. Em vários momentos, recorri de várias formas a vários jornalistas com profundos conhecimentos das máfias: Lirio Abbate, Peppe Baldessarro, Attilio Bolzoni, Salvo Palazzolo. Muitas pessoas na Campânia me ajudaram durante uma excursão a vários dos lugares mencionados neste livro: Alfonso De Vito, Marcello Anselmo, Egidio Giordano e Vittorio Passeggio.

A Cosa Nostra, a Camorra e a 'Ndrangheta mostram Itália no seu pior. Mas o maior privilégio que advém de estudar a história das máfias é o de conhecer algumas das pessoas extraordinárias que se dedicam a combatê-las, mostrando assim Itália no seu melhor. Gostaria de lhes agradecer a ajuda preciosa e contribuições de toda a espécie. A lista começa com Nicola Gratteri da *Direzione distrettuale antimafia* em Régio da Calábria. O capitão Giuseppe Lumia dos *Carabinieri* mostrou-se incansável, e o coronel Jacopo Mannucci-

-Benincasa, diretor do *Ufficio Criminalità Organizzata* de Arma, extremamente esclarecedor. Michele Prestipino, da *Direzione distrettuale antimafia* em Régio da Calábria, merece um agradecimento especial: as conversas que tive com ele figuram entre os momentos mais fascinantes da minha busca para compreender e explicar a 'Ndrangheta. Nas fases finais da escrita do livro, tive a sorte de conversar demoradamente com Alessandra Cerreti (*Direzione distrettuale antimafia*, Régio da Calábria), Catello Maresca (*Direzione distrettuale antimafia*, Nápoles), o coronel Claudio Petrozziello e o capitão Sergio Gizzi (*Guardia di Finanza*), o vice-comandante Alessandro Tocco e o comissário Michele Spina (*Polizia di Stato*), o coronel Pasquale Angelosanto (*Carabinieri*), o coronel Patrizio La Spada, o tenente Angelo Zizzi e os homens do *Squadrone Cacciatori* em Vibo Valentia. Os meus encontros com estes servidores da lei foram não só tremendamente encorajadores mas também extremamente úteis para confirmar ou alterar o que eu pensava acerca da situação atual das máfias. Devo salientar que eles não podem ser responsabilizados por qualquer interpretação errada que eu possa ter feito das suas palavras, e que aquilo que escrevi nestas páginas reflete as minhas próprias opiniões.

Por último, mas não menos importante, o meu amor e gratidão vão para a minha mulher, Sarah Penny, e para os meus filhos, Elliot e Charlotte, por me terem mantido são de espírito durante toda a viagem.

Créditos das ilustrações

© ANSA: 7 em cima à esquerda, 8 em cima, 9 em cima à direita e em baixo, 10 em baixo à esquerda. Archivio Carabinieri, Palermo: 13 em cima à esquerda e à direita, 16 em cima. Archivio Fotografico Pietro Oliveri, Corleone: 10 em cima à direita. Cortesia do Archivio Unità: 2 em baixo à esquerda. © AP/Press Association Images: 5 em baixo, 6 em cima à esquerda/Raul Fornezza, 13 em baixo/Luca Bruno, 14 em cima/ Polícia italiana, 15 em cima e 16 em baixo à esquerda/Salvatore Laporta, 15 em baixo e 16 em baixo à direita/Adriana Sapone. © Bettmann/Corbis: 2 em cima e centro, 3 em baixo à esquerda. © Enzo Brai/Pubblifoto, Palermo: 4 em cima à direita e em baixo. Cortesia do arquivo de Pasquale Capellupo: 5 em cima. Cortesia do Centro di Studi ed Iniziative Culturali Pio La Torre, Palermo: 10 em cima à esquerda. © Contrasto/eyevine: 9 em cima à esquerda/Angelo Palma, 10 em baixo à direita/Shobha. © Corbis: 11 em cima à esquerda/ANSA, 12 em baixo/Antoine Gyori/Sygma. © John Dickie: 14 em baixo. Alessandro Fucarini/Agenzia Fotografica Labruzzo, Palermo: 7 em baixo, 11 em cima à direita. © Eric Gaillard: 7 em cima à direita. © Tony Gentile: 12 em cima. © Getty Images: 3 em cima/Mondadori, 4 em cima à esquerda/Gamma-Keystone, 6 em cima à direita/ Popperfoto, 12 centro/Gamma-Rapho. Lux Films/RGA: 1 em cima. Coleções Privadas: 1 em baixo à esquerda e à direita, 3 em baixo à direita. © Rex Features/Contrasto: 11 em baixo. © Alberto Roveri/Rosebud2: 6 em baixo.

Gostaria de agradecer aos seguintes pela sua ajuda na localização das fotografias: Chiara Augliera da Cineteca di Bologna; o major Antonio Coppola do Nucleo investigativo — reparto operativo dos *Carabinieri*, Palermo; Fabio Cuzzola; Nick Dines; Cecilia Ferretti do Archivio Unità; o capitão Giuseppe Lumia e o ROS em Gioia Tauro; Vito Lucio Lo Monaco do Centro Pio La Torre, Palermo; Gabriele Morabito; Nino Sapone; Fabio Truzzolillo.

Foram feitos todos os esforços razoáveis para encontrar os titulares dos direitos de autor, mas se existirem quaisquer erros ou omissões, a Hodder & Stoughton terá todo o prazer em incluir o devido reconhecimento em edições posteriores.

Notas sobre as fontes

Na Sociologia, tornou-se comum tratar as principais organizações criminosas de Itália como diferentes aspetos do mesmo conjunto de problemas. Os historiadores demoraram a acompanhá-la. Todos os principais historiadores do crime organizado em Itália oferecem geralmente apartes comparativos muito úteis. Mas a comparação sustentada é de facto muito rara. *A República da Máfia*, como o seu antecessor *Irmandades de Sangue*, pretende explorar o que podemos aprender ao deixar que as histórias das três máfias se desenrolem paralelamente umas às outras. É uma tarefa que levanta muitos desafios, nomeadamente no que diz respeito à organização da narrativa. Mas apesar disso o objetivo é fundamentalmente simples: uma crónica.

A República da Máfia destina-se não só aos leitores italianos mas também a leitores fora de Itália, para quem a palavra «máfia» evoca visões de Al Pacino e não dos rostos de Luciano Liggio, Raffaele Cutolo ou dos irmãos De Stefano. O que espero fazer é dissipar alguma da confusão gerada por filmes como *O Padrinho* e pela palavra abrangente «máfia». Num esforço para tornar *A República da Máfia* o mais acessível possível, não usei notas de rodapé nem notas de fim de texto. Os leitores universitários com a sorte de poder fazer da leitura um modo de vida esquecem-se facilmente dos esforços tremendos que muitas pessoas têm de fazer para arranjar tempo para ler — e sobretudo para ler obras não ficcionais. Talvez o mínimo que possamos fazer para ajudar e incentivar estes leitores seja produzir uma narrativa não sobrecarregada de referências bibliográficas, alusões a obscuros debates académicos e verificações de nomes de aliados e oponentes académicos.

Dito isto, as notas de rodapé cumprem muitas funções e proporcionam muitos prazeres. As páginas seguintes poderão não constituir um substituto adequado. Mas espero que sirvam pelo menos de estímulo a outras leituras, de reconhecimento a muitas contribuições intelectuais, de indicação das fontes que usei para formular e sustentar os meus argumentos, e de pista para questões interessantes que não tive tempo de explorar ou desenvolver plenamente.

Não posso deixar de exprimir a minha especial gratidão e admiração por aqueles que, antes de mim, escreveram sínteses narrativas da história das diferentes organizações criminosas de Itália. Estes são os livros que me acompanharam permanentemente durante a escrita de *A República da Máfia*. *Storia della mafia* (Roma, 1993), de Salvatore Lupo, é um dos livros que qualquer pessoa interessada nas máfias deve ler e reler. (Se não souberem italiano, fiquem avisados de que este texto, já por si difícil, se encontra muito mal servido por uma má tradução inglesa: *History of the Mafia*, Nova Iorque, 2011.) O livro mais recente de Lupo, *Quando la mafia trovò l'America. Storia di un intreccio intercontinentale, 1888–2008* (Turim, 2008), oferece uma perspetiva histórica «transatlântica» da máfia na Sicília e nos Estados Unidos. Em vários capítulos neste livro, procurei seguir as pistas de Lupo sobre a relação multifacetada entre os dois ramos da Cosa Nostra, e tirei também proveito da sua análise do antigo diálogo de surdos entre Itália e os Estados Unidos em assuntos relacionados com a máfia. O «Consórcio Transatlântico» é um termo meu para o que Lupo, baseando-se em fontes em primeira mão, chama de a «terceira máfia». Uma vez que já existiam três máfias na minha história, considerei melhor escolher outro nome para evitar confusões.

No seu rigor e clareza, *Storia della camorra* (Roma-Bari, 2010), de Francesco Barbagallo, supera todas as tentativas anteriores de narrar a história do crime organizado na Campânia desde o século XIX. Os seus livros anteriores, *Napoli fine Novecento: Politici, camorristi, imprenditori* (Turim, 1997) e *Il potere della camorra (1973–1998)* (Turim, 1999) continuam a ser essenciais para compreender a grande expansão da Camorra no final do século XX. Recorri a ambos repetidamente. Tenho também de referir a influente coletânea de ensaios históricos de Isaia Sales, *La camorra le camorre* (2.ª ed., Roma, 1993), com a qual aprendi bastante.

Parcialmente por razões que expliquei neste livro, a história da 'Ndrangheta permanece muito mais obscura, em muitos aspetos, do que a da máfia siciliana ou da Camorra. O ensaio de Saverio Mannino «Criminalità nuova in una società in transformazione: il Novecento e i tempi attuali», *in* A. Placanica (org.), *La Calabria moderna e contemporanea* (Roma, 1997), baseia-se em documentos de julgamentos e continua a ser esclarecedor. *'Ndrangheta dall'Unità a oggi* (Roma, 1992), de Enzo Ciconte, foi um estudo pioneiro e continua a ser uma indispensável obra de referência atualmente. Ciconte teve também o grande mérito de ser a primeira pessoa a escrever um relato histórico declaradamente comparativo das três grandes irmandades criminosas de Itália: *Storia criminale. La resistibile ascesa di mafia, 'ndrangheta e camorra dall'Ottocento ai giorni nostri* (Soveria Mannelli, 2008). Seria inútil refletir aqui por que razão nunca houve uma história paralela das máfias antes de Ciconte. Escusado será dizer que a sua obra foi uma fonte riquíssima de pistas para as minhas investigações, apesar de *Storia criminale* adotar uma abordagem temática muito diferente da minha. P. Monzini, *Gruppi criminali a Napoli e a Marsiglia. La delinquenza organizzata nella storia di due città (1820–1990)* (Roma, 1999), forneceu um precedente estimulante para uma abordagem comparativa, e o estudo de vários momentos da história da Camorra.

Todas as traduções são minhas salvo indicação em contrário.

Usei as seguintes abreviaturas:

ACS = Archivio Centrale dello Stato

Documentazione antimafia = Senato della Repubblica, Documentazione allegata alla relazione conclusive della Commissione parlamentare d'inchiesta sul fenomeno della mafia in Sicilia

Istruttoria Maxi = o histórico argumento de acusação de Falcone e Borsellino para o maxiprocesso contra a Cosa Nostra, Ordinanza-sentenza contro Abbate Giovanni + 706

Istruttoria Stajano = uma parte do supracitado foi publicado como C. Stajano (org.), *Mafia: l'atto d'accusa dei giudici di Palermo* (Roma, 1986)

Maxiprocesso = quarenta mil páginas de outros documentos do maxiprocesso podem hoje ser consultadas online graças à Fondazione Falcone, www.fondazionefalcone.org

Processo Olimpia = Procura della Repubblica di Reggio Calabria, Direzione Distrettuale Antimafia, Procedimento penale n.46/93 r.g.n.r. D.D.A. a carico di CONDELLO PASQUALE ed altri. «Processo Olímpia» (este vasto processo é o documento fundamental para reconstituir a história da 'Ndrangheta do final dos anos 60 do século xx em diante.)

Fontes consultadas

Prefácio

R. Brancato, *Con i tuoi occhi. Storia di Graziella Campagna uccisa dalla mafia*, Palermo, 2010.

E. Ciconte, *'Ndrangheta dall'Unità a oggi*, Roma, 1992. Sobre a entrada da palavra «'ndrangheta» na linguagem comum, p. 254.

G. Fofi (org.), *Per amore del mio popolo. Don Peppino Diana, vittima della camorra*, Nápoles, 1994. Considerei o ensaio de Conchita Sannino neste volume particularmente útil.

S. Lupo, *Quando la mafia trovò l'America. Storia di un intreccio intercontinentale, 1888-2008*, Turim, 2008. Sobre como a Cosa Nostra adquiriu o seu nome, p. 178.

O irmão de Graziella Campagna é entrevistado no episódio da série de documentários de Carlo Lucarelli *Blu notte*, exibida pela primeira vez em outubro de 2001 e agora disponível no YouTube. O homicídio e a subsequente saga judicial foram amplamente tratados na imprensa.

«Così hanno decapitato mio marito», *La Repubblica*, 9/5/1991.

O relatório de 2008 do cônsul-geral dos EUA sobre a Calábria, divulgado pela Wikileaks, encontra-se em: http://racconta.repubblica.it/wikileaks-cablegate/dettaglio.php?id=08NAPLES96

1. O ESQUECIMENTO

Sicília: ameaças, terrorismo, homicídios, fogo posto, raptos e caos

V. Coco e M. Patti, *Relazioni mafiose. La mafia ai tempi del fascismo*, Roma, 2010.
S. Di Matteo, *Anni roventi. La Sicilia dal 1943 al 1947*, Palermo, 1967.
D. Ellwood, *Italy 1943–1945*, Leicester, 1985.
N. Gentile, *Vita di capomafia*, Roma, 1993.
F. M. Guercio, *Sicily. The Garden of the Mediterranean. The Country and its People*, Londres, 1938. Ver pp. 64 e 88 para as proclamações da eliminação do cancro siciliano.
R. Mangiameli, «La regione in guerra«, *in* M. Aymard e G. Giarrizzo (org.), *La Sicilia, Storia d'Italia. Le regioni dall'Unità a oggi*, Turim, 1987.
P. Pezzino, *Mafia: Industria della violenza*, Florença, 1995. O relatório de outubro de 1946 sobre a «organização oculta», enviado ao Comando Generale dell'Arma, é do general dos *Carabinieri* Amedeo Branca. Encontra-se reproduzido nas pp. 190–91.
U. Santino, *Storia del movimento antimafia. Dalla lotta di classe all'impegno civile*, Roma, 2009 (ed. atualizada). Sobre os irmãos Santangelo e outros aspetos das atrocidades políticas da máfia neste período.
A. Spanò, *Faccia a faccia con la mafia*, Milão, 1978. «A máfia nunca foi tão poderosa e organizada como é hoje», p. 130.
O relatório Scotten sobre a máfia encontra-se nos National Archives, FO 371/37327.
New York Times, «Mafia chiefs caught by Allies in Sicily», 10/9/1943; «Mafia in Sicily», 11/9/1943.
Meridiana, 63, 2008. Edição monográfica sobre *Mafia e fascismo*.

Sicília: *Em Nome da Lei*

O. Barrese, *I complici. Gli anni dell'antimafia*, Milão, 1978. A citação de Scelba encontra-se na p. 7.
A. Blando, «L'avvocato del diavolo», *Meridiana*, 63, 2008.
Dizionario biografico dei meridionali, vol. 2, Nápoles, 1974, «Lo Schiavo Giuseppe Guido».

D. Forgacs, *Rome, Open City*, Londres, 2000. A famosa citação de André Bazin de 1946 sobre «a pele da história transformada em filme» é comentada na p. 23.

E. Giacovelli, *Pietro Germi*, Roma, 1991.

L. Sciascia, «La Sicilia nel cinema» *in La corda pazza*, Turim, 1970.

G. G. Lo Schiavo, *Piccola Pretura*, Roma, 1948. A citação comparando o chefe mafioso a Buda encontra-se na p. 114. O romance viria a fazer parte de uma trilogia de romances com visões igualmente discutíveis da máfia. A trilogia foi publicada como *Terra amara* (Roma, 1956). Os dois outros romances são *Condotta di paese* (1952) e *Gli inesorabili* (1950). Este último foi convertido num filme muito mau com o mesmo nome (real. Camillo Mastrocinque, 1950), lançado nos EUA como *The Fighting Men*. Pode ser visto em http://archive.org/details/fighting_men. Charles Vanel volta a desempenhar o papel de um chefe da máfia — desta vez como um justiceiro encapuzado: «protegemos todas as pessoas honestas».

G. G. Lo Schiavo, «La redenzione sociale nelle opere del Regime», *Politica Sociale*, X, agosto de 1937.

G. G. Lo Schiavo, «Nel regno della mafia», *Processi*, 5, 1955. Inclui as suas saudosas reminiscências de Calogero Vizzini.

G. G. Lo Schiavo, «La mafia della lupara e quella dei colletti bianchi», *Nuovi Quaderni del Meridione*, 4, 1963.

G. G. Lo Schiavo, «Il cinema alla luce del costume e della libertà», Trieste, 1963 (excerto de *L'osservatore economico e sociale*, V, 1). Também inclui informações biográficas.

G. G. Lo Schiavo, *100 anni di mafia*, Roma, 1962. Inclui muitos dos escritos de Schiavo, incluindo a sua resposta original de 1933 a Puglia, «La mafia siciliana», com algumas novas notas de rodapé muito estranhas, nas quais tenta desembaraçar-se das suas opiniões anteriores.

M. Sesti (org.), *Signore e signori: Pietro Germi*, Siena, 2004.

V. Spinazzola, *Cinema e pubblico. Lo spettacolo filmico in Italia 1945-1965*, Roma, 1985.

In nome della legge (real. Pietro Germi), 1949, disponível em DVD (Cristaldi Film) e no YouTube.

Calábria: o último salteador romântico

C. Cingari, «Tra brigantaggio e “picciotteria”: Giuseppe Musolino», *in Brigantaggio, proprietari e contadini nel Sud*, Régio da Calábria, 1976.

A. Sapone, *Sant'Alessio in Aspromonte. Uomini e storie dell'antico Casale di Alessi*, Régio da Calábria, 2001.

G. G. Lo Schiavo, *100 anni di mafia*, Roma, 1962. Reproduz «Requisitoria del Sostituto Procuratore Generale del Re dr. Vittorio Barbera» (Messina, 27/2/1932) no processo contra Anile Giuseppantonio + 89: sobre o Criminale.

F. Truzzolillo, «“Criminale” e “Gran Criminale”. La struttura unitaria e verticistica della 'ndrangheta delle origini», original datilografado não publicado, 2012.

Crescenzo Guarino foi o jornalista que mais vezes escreveu sobre o envelhecido Musolino, como nos seguintes artigos: «A colloquio con Musolino», *La Stampa*, 16/1/1950; «La manìa di grandezza del brigante Musolino», *Stampa Sera*, 18-19/1/1950; «Una poesia inedita di Pascoli per il brigante dell'Aspromonte», *Il Mattino*, 3/7/1955; «Arde sempre in Musolino la fiamma della vendetta», *Il Mattino*, 5/7/1955; «È morto il brigante Musolino», *La Stampa*, 24/1/1956; «L'ultimo “brigante romantico” viveva tra i fantasmi del passato», *Stampa Sera*, 24/1/1956.

Os principais documentos sobre Musolino encontram-se no Archivio di Stato di Reggio Calabria: Gabinetto di Prefettura, n. 1089, Associazione a delinquere in S. Stefano, b. 27, inv. 34; e no Gabinetto di Prefettura, Serie prima, affari riservati. Bandito Musolino.

Nápoles: marionetas e marionetistas

P. A. Allum, *Politics and Society in Post-war Naples*, Cambridge, 1973.

«Camorra», *in Enciclopedia Italiana*, VIII, BUC-CARD, Milão, 1930.

M. Figurato e F. Marolda, *Storia di contrabbando. Napoli 1945-1981*, Nápoles, 1981.

G. Gribaudi, «Les rites et les langages de l'échange politique. Deux exemples napolitains», *in* D. Cefaï (org.), *Cultures politiques*, Paris, 2001. Muito elucidativo sobre Navarra.

G. Gribaudi, *Donne, uomini, famiglie. Napoli nel Novecento*, Nápoles, 1999.

M. Marmo, «"Processi indiziari non se ne dovrebbero mai fare". Le manipolazioni del processo Cuocolo (1906-1930)», *in* M. Marmo e L. Musella (org.), *La costruzione della verità giudiziaria*, Nápoles, 2003. Sobre o processo que destruiu a Sociedade Honrada de Nápoles.

G. Marotta, *San Gennaro non dice mai no*, Milão, 1948, especialmente «I "pupanti"» sobre marionetas, «Re Giuseppe» sobre Giuseppe Navarra.

G. Marotta, «L'angelo degli autocarri», *La Stampa*, 13/10/1953, sobre os *correntisti*.

L. Musella, *Napoli dall'Unità a oggi*, Roma, 2010. Uma breve de história de Nápoles rica em ideias para vários períodos, incluindo este.

«Feroce delitto in Sezione Vicaria. Ucciso un giovane con due coltellate da un camorrista in via A. Poerio», *Il Mattino* 13/7/52. Sobre o homicídio cometido por *'o Grifone*. A sua história é acompanhada nos dias seguintes no mesmo jornal.

«La caccia ai "correntisti". Drammatico inseguimento per i vicoli del Mercato», *Il Mattino*, 1/8/52. Para a citação sobre a *corrente* «fluida».

Gennaro Abbatemaggio foi uma presença intermitente na imprensa do Norte durante toda a década de 50. Ver por exemplo: «Lauro sorpreso a Napoli a strappare manifesti», *La Stampa*, 25/5/1952, sobre Abbatemaggio a trabalhar para Achille Lauro; «Il piccolo e feroce uomo dai baffi neri all'insù», *Stampa Sera*, 4/7/1952; «Gennaro Abbatemaggio fa la prima comunione», *La Stampa*, 4/7/1952; «Gennaro Abbatemaggio arrestato per le sue false dichiarazioni», *La Stampa*, 24/8/1954; «Don Gennaro Abbatemaggio derubato da un borsaiolo», *La Stampa*, 24/7/1958; «Abbatemaggio chiede di esibirsi al Musichiere», *La Stampa*, 9/1/1959; «Gennaro Abbatemaggio promette sensazionali rivelazioni sulla camorra», *La Stampa*, 22/4/1959.

«Incontro c' 'o rre», Paolo Monelli, *Nuova Stampa Sera*, 30/9/1947, um de muitos retratos de Navarra na imprensa; este inclui a citação sobre o seu nariz Bourbon.

Navarra foi entrevistado em 6/3/1952 no programa de televisão *La Settimana Incom*. A entrevista pode ser vista no sítio do arquivo do Istituto Luce: «Intervista con il Re di Poggio Reale».

«Il Tesoro di S. Gennaro trasportato a Napoli dal "Re di Poggioreale"», *Roma d'Oggi*, 7/3/1947. «Il fortunoso viaggio del tesoro di S. Gennaro», *Roma d'Oggi*, 8/3/1947. Estes são os únicos artigos que consegui encontrar sobre a história de Navarra e o tesouro de São Januário publicados na imprensa, na suposta altura dos acontecimentos.

Gangsterismo

H. Erickson, *Encyclopedia of Television Law Shows: factual and fictional series about judges, lawyers and the courtroom, 1948–2008*, Jefferson, N.C., 2009.

S. Gundle, «L'americanizzazione del quotidiano. Televisione e consumismo nell'Italia degli anni Cinquanta», *Quaderni Storici*, vol. XXI (1986), p. 62. Não podia deixar de citar o artigo mais citado nos estudos italianos contemporâneos!

E. Kefauver, *Crime in America*, Nova Iorque, 1968 (ed. original 1951). Citações tiradas das pp. 14-21. (Publicado como *Il gangsterismo in America*, Turim, 1953.)

W. H. Moore, *The Kefauver Committee and the Politics of Crime, 1950–1952*, Colúmbia, 1974. A citação do estertor de morte da gaivota encontra-se na p. 190, de uma fonte jornalística.

G. Prezzolini, *Tutta l'America*, Florença, 1958, para os exemplos da América seguidos por Itália.

G. Prezzolini, «La "mafia" nel rapporto del senator Kefauver», *in America con gli stivali*, Florença, 1954.

G. Prezzolini, «Una catena di delitti nei più ricchi docks del mondo», *Stampa Sera*, 11–12/2/1953.

«Sfilano gli "eroi" della democrazia americana», *L'Unità*, 7/4/1951.

2: 1955

O Monstro de Presinaci

S. Castagna, *Tu devi uccidere*, Milão, 1967 (e Vibo Valentia, 2008). O conteúdo destas memórias foi amplamente citado na imprensa em 1955.

E. Ciconte, *'Ndrangheta dall'Unità a oggi*, Roma, 1992. Sobre os «marcianos» ver p. 245.

C. Guarino, «Sulla intera Calabria l'ombra dell'Aspromonte», *Il Mattino*, 13/7/1955. Sobre a situação da ordem pública na Calábria.

S. Lanaro, *Storia dell'Italia repubblicana: dalla fine della guerra agli anni Novanta*, Veneza, 1992. As estatísticas sobre a pobreza são da p. 165.

A descrição física de Castagna é de *L'Unità*, 21/4/1955, e a existência «problemática» da máfia calabresa de *L'Unità*, 26/4/1955. O mesmo jornal fez uma cobertura pormenorizada da campanha de Castagna.

Carta de Aloi datada de 16/4/1955 *in* ACS, Min. Int., Gabinetto, 1953-56, b. 4, fasc. 1066-1.

Relatório do prefeito datado de 14/5/1955 *in ibid.*, b. 4, fasc. 1066-1.

Marte ataca!

As fontes de arquivo que consultei sobre a operação Marzano são as seguintes:

ACS, Min. Int., Gabinetto, 1953–56, b. 4, fasc. 1066-1.

Ibid. (seguidamente «ACS Marzano»), b. 4, fasc. 1066-2.

Ibid., b. 293, fascc. 5160-23.

Ibid., b. 352, fascc. 6995-23.

Ibid., b. 363, fascc. 6995-66.

Relatório de Marzano ao Min. Int. datado de 6/9/55 *in* ACS Marzano, b. 4, fasc. 1066-2 para «literalmente paralisada pelo terror» e outros pormenores do trabalho de Marzano.

ACS Marzano: telegrama 3/9/54 *in* b. 4, fasc. 1066–1, rescaldo da peregrinação a Polsi no ano anterior; telegrama 2/9/55 *in* b. 4, fasc. 1066-1, peregrinação sem incidentes; telegrama 26/10/55 b. 4, fasc. 1066-1, prisão de chantagistas de Aloi; telegrama 25/9/55 *in* b. 4, fasc. 1066-1, o falsificador de bilhetes de identidade; telegrama do prefeito 19/9/55, b. 4, fasc. 1066-2, a operação solitária de Marzano; carta de 30/9/55 de Marzano a Tambroni. b. 4, fasc. 1066-2, o despacho bajulador de Marzano.

História de Capua: relatório do prefeito datado de 4/1/56 *in* ACS Marzano, b. 363, fascc. 6995-66.

Amizades de Capua com bandidos: relatório do prefeito 20/9/55 *in* b. 4, fasc. 1066-2.

Catalano: ver o relatório do prefeito ao Min. Int. 28/10/55 *in* b. 4, fasc. 1066-2.

Sobre a rusga a uma casa e a descoberta de um caderno com as regras da 'Ndrangheta, ver telegrama datado de 29/5/1955, ACS Marzano, b. 4, fasc. 1066-1.

Alguns indícios da ineficácia a longo prazo da Operação Marzano podem ser retirados de ACS, Min. Int. Gab. 1957-60, b. 4, fasc. 11001/66, «Relazioni prefetto Reggio Calabria 1957-60».

G. Bocca, «Delianova Paese del West», *L'Europeo*, 11/09/55.

G. Cervigni, «Antologia della fibbia», *Nord e Sud*, 18, 1956, cita Tambroni sobre «não conceder favores», p. 66, e a carta pastoral do arcebispo de Régio da Calábria, p. 65.

E. Ciconte, *'Ndrangheta dall'Unità a oggi*, Roma, 1992, sobre a operação Marzano é de leitura obrigatória para todo o episódio. Ver em especial: lençóis para advertir do perigo, p. 251; «ou votam na DC ou mato-vos», p. 273.

L. Radi, *Tambroni trent'anni dopo. Il luglio 1960 e la nascita del centrosinistra*, Bolonha, 1990.

Il Mattino tem artigos interessantes sobre toda a operação Marzano, como «Nella zona dell'Aspromonte non esistono più "intoccabili"», 7/9/1955, sobre Romeo.

Fontes sobre Corrado Alvaro:

C. Alvaro, «La gran cuccagna degli usurai sul cumulo di antiche miserie», *La Stampa*, 30/11/1949: nega a existência da máfia calabresa.

C. Alvaro, «La Fibbia», *Corriere della Sera*, 17/9/1955.

C. Alvaro, «I brigante», *Corriere della Sera*, 18/5/1955.

C. Alvaro, *Ultimo Diaro (1948-56)*, Bompiani, Milão, 1959, para as suas memórias da 'Ndrangheta incluindo, curiosamente, a não-eleição do «capo della provincia» em 1948. O mesmo episódio é tratado no conto ficcional (?) «Angelino» de *Parole di notte*, *in* C. Alvaro, *Opere*, *Romanzi brevi e racconti*, *Settantacinque racconti* (1955), Milão, 1994.

A. Balduino, *Corrado Alvaro*, Milão, 1965.

G. Carteri, *Corrado Alvaro e la Madonna di Polsi*, Soveria Mannelli, 1995.

G. Cingari, *La 'politica' di Corrado Alvaro*, Roma, 1978, especialmente S. Staiti, «Un incontro con Alvaro», que cita Alvaro dizendo, durante a operação Marzano, que a máfia calabresa, ao contrário da siciliana, era «un'autentica forma di cavalleria», p. 108.

A. M. Morace e A. Zappia (org.), *Corrado Alvaro*, Régio da Calábria, 2002.

L. Vento, *La personalità e l'opera di Corrado Alvaro*, Chiaravalle Centrale, 1979.

Fontes sobre Nicola D'Agostino, o presidente esquerdista da câmara de Canolo ligado ao crime organizado (o filho de D'Agostino participou na cimeira de Montalto e foi morto a tiro em 1976):

ACS, Min. Int., Direzione Generale Pubblica Sicurezza, Divisione Polizia Giudiziaria, Confino di Polizia e Confino Speciale per mafiosi (sez. II) 1945-56, D'Agostino Nicola, b. 4.

E. Ciconte, *'Ndrangheta dall'Unità a oggi*, Roma, 1992, pp. 265 em diante.

U. D'Errico, *Criminalità organizzata e politica in Calabria fra* XIX *e* XX *secolo*, Università degli Studi di Roma «La Sapienza», Facoltà di Lettere e Filosofia — Corso di Laurea in Lettere, Cattedra di Storia Contemporanea (dissertação), 2009.

A. Fiumanò e R. Villari, «Politica e malavita ("L'operazione Marzano")», *Cronache meridionali*, II, 10, 1955.

N. Gratteri e A. Nicaso, *Fratelli di sangue*, Milão, 2010, sobre o clã D'Agostino.

E. J. Hobsbawm, *Primitive Rebels. Studies in Archaic Forms of Social Movement in the 19th and 20th Centuries*, Londres, 1965 (1.ª ed. 1959).

R. Longone, «Il ministro Tambroni e il sottosegretario Capua in disaccordo nel valutare la situazione esistente nelle province calabresi», *L'Unità*, 10/9/1955.

G. Manfredi, «Mafia e società nella fascia ionica della provincia di Reggio Calabria: il "caso" di Nicola D'Agostino», *in* S. Di Bella (org.), *Mafia e potere: società civile, organizzazione mafiosa ed esercizio dei poteri nel Mezzogiorno contemporaneo*, 3 vols., Soveria Mannelli, 1983-4.

Sobre outro presidente de câmara de esquerda associado à máfia calabresa, ver o famoso caso de Pasquale Cavallaro de Caulonia nas fontes seguintes:

ACS, Min. Int., Dir. Gen. Pubblica Sicurezza, Divisione polizia giudiziaria, Confino per comuni e mafiosi, b. 47. Inclui relatórios fascistas sobre as atividades «subversivas» de Cavallaro que levaram ao seu período de exílio interno.

I. Ammendolia e N. Frammartino, *La repubblica rossa di Caulonia*, Régio da Calábria, 1975.

A. Cavallaro, *La rivoluzione di Caulonia*, Milão, 1987.

A. Cavallaro, *Operazione 'armi ai partigiani'. I segreti del Pci e la Repubblica di Caulonia*, Soveria Mannelli, 2009.

E. Ciconte, *All'assalto delle terre del latifondo. Comunisti e movimento contadino in Calabria (1943-1949)*, Milão, 1981.

P. Cinanni, *Lotte per la terra e comunisti in Calabria (1943-1953): 'Terre pubbliche' e Mezzogiorno*, Milão, 1977.

P. Crupi, *La repubblica rossa di Caulonia. Una rivoluzione tradita?*, Régio da Calábria, 1977.

G. De Stefano, «La "repubblica di Caulonia"», *Il Ponte*, 1950.
O. R. Di Landro, *Caulonia. Dal fascismo alla repubblica*, Régio da Calábria, 1983.
A. Fiumanò e R. Villari, «Politica e malavita ("L'operazione Marzano")», *Cronache meridionali*, II, 10, 1955.
S. Gambino, *In fitte schiere*, Chiaravalle, 1981.
G. Mercuri, *Cavallaro e la repubblica di Caulonia*, Catanzaro, 1982.
S. Misiani, *La Repubblica di Caulonia*, Soveria Mannelli, 1994.
A. Paparazzo, «Lotte contadine e comportamenti culturali delle classi subalterne. Il caso della rivolta di Caulonia» *in* M. Alcaro e A. Paparazzo (org.), *Lotte contadine in Calabria (1943-1950)*, Lerici, 1976.
V. Teti, «La "banda" di Cavallaro», *Quaderni del Mezzogiorno e le Isole*, novembro de 1977.

Outros documentos do período fascista sobre Cavallaro *in* ACS, Min. Int., Dir. gen. amministrazione civile, Podestà e consulte municipali, Régio da Calábria, Caulonia, b. 241.

O Presidente dos Preços da Batata (e a sua viúva)

Il Mattino é a principal fonte da época para a minha narrativa a partir do momento do homicídio e do julgamento. Como Marmo, considerei os artigos de Etta Comito muito perpicazes. Federico Frascani escreveu dois artigos que são importantes para compreender o papel do Presidente dos Preços da Batata: «Due testimoni importante», 14/4/1959; e «Svelato il retroscena del mercato ortofrutticolo», 15/4/1959. Para o julgamento, de modo geral, ver: E. Marcucci, «Le lettere di Pupetta al fidanzato "Pascalone"», 14/4/1959, «O meu bom Tarzan»; «Drammatico confronto tra Pupetta e l'autista "Sansone"», 10/4/1959, «Estão todos a mentir»; E. Comito, «Due mani nervose ed un fazzoletto», 9/4/1959; «Pascalone confidò anche allo zio i nomi dei presunti mandante», 22/4/1959, sobre «Yul Brynner»; para as outras figuras do julgamento e Gaetano Orlando, ver vários artigos em 1/4/1959.
Complementei *Il Mattino* com artigos de outros diários da época, como «Pupetta maresca piange e svela i segreti di spietate rivalità», *La Stampa*, 5/4/1959, «Eu matei por amor».
S. Gambino, *La mafia in Calabria*, Régio da Calábria, 1975. Sobre os mercados grossistas nas cidades calabresas.

C. Guarino, «Dai mafiosi ai camorristi», *Nord e Sud*, 13, 1955, fornece números para o comércio de frutas e legumes através do mercado.

S. Lanaro, *Storia dell'Italia repubblicana: dalla fine della guerra agli anni Novanta*, Veneza, 1992, sobre a recuperação da economia.

M. Marmo, «La rima amore/onore di Pupetta Maresca. Una primadonna nella camorra degli anni cinquenta», *Meridiana*, 67, 2010. De longe a fonte mais elucidativa sobre *Pupetta*.

P. Ricci, «La gran mamma. 150 anni di malavita napolitana», *Vie Nuove*, 1959, n.os 16–23.

I. Sales, «La sfida: il mercato ortofrutticolo», *in Le strade della violenza. Malviventi e bande di camorra a Napoli*, Nápoles, 2006.

R. Trionfera, «Sparava con due pistole per vendicare il marito», *L'Europeo*, 16/10/55.

G. Tutino, «Camorra 1957», *Nord e Sud*, 37, 1957. Inclusive sobre o mercado de gado de Nola.

O caso de *Pupetta* parece também ter coincidido com um aumento do interesse pelos chamados *magliari*: «Più di cento corone da ieri in via Baldacchini», *Il Mattino*, 21/7/1955; «Un carro a dieci cavalli per il "magliaro" Pasquale Balsello», *Il Mattino*, 22/7/55; «Rivalità, rancori e vendette alla base del nuovo delitto dei "magliari"», *Il Mattino*, 8/7/1955; I. Montanelli, «Le sorprendenti risorse dei famigerati "magliari"», *Corriere della Sera*, 8/10/1959.

3: O MILAGRE ECONÓMICO DAS MÁFIAS

O Rei do Betão

J. Chubb, *Patronage, Power and Poverty in Southern Italy*, Cambridge, 1982. Sobre Nápoles e Palermo, os Jovens Turcos e Ciccio Vassallo. «Parasitismo estatal e desperdício organizado», citação de Chubb, p. 32 de A. Statera, «Chi semina miliardi raccoglie onorevoli», *L'Espresso*, 23/6/1974.

V. Coco e M. Patti, *Relazioni mafiose. La mafia ai tempi del fascismo*, Roma, 2010. Sobre o pai de Salvo Lima, p. 35.

L. D'Antone, *Senza pedaggio. Storia dell'autostrada Salerno-Reggio Calabria*, Roma, 2008.

P. Ginsborg, *A History of Contemporary Italy. Society and Politics, 1943-1988*, Londres, 1990. Sobre o milagre.

Mafia e potere politico. Relazione di minoranza e proposte unitarie della comissione parlamentare d'inchiesta sulla mafia, Roma, 1976. Sobre Ciccio Vassallo pp. 62 em diante.

F. Rosso, «Gli spietati clan di Sicilia», *La Stampa*, 14/3/1976. Sobre a vida de Vassallo e a família Riccobono.

U. Santino e G. La Fiura, *L'impresa mafiosa*, Milão, 1990. Sobre Ciccio Vassallo, pp. 128 em diante.

J. Walston, *The Mafia and Clientelism: Roads to Rome in post-war Calabria*, Londres/Nova Iorque, 1988.

A. Zagari, *Ammazzare stanca*, Roma, 2008. Sobre o seu pai perto de Varese.

«Relazione sulle risultanze acquisite nel corso dell'ispezione straordinaria svolto presso il comune di Palermo dal dottor Tommaso Bevivino», *in* Documentazione antimafia, vol. IV, tomo VI.

«Don Ciccio Vassallo impassibile attende "un colpo di telefono"», *Stampa Sera*, 10/6/1971, para a vista do monte Pellegrino.

«Cade colpito da due rivoltellate mentre torna dal brindisi di capodanno», *Stampa Sera*, 2/1/1956. Sobre os apanhadores de flores calabreses.

«Avrebbe movente politico l'aggressione al segretario della dc di Bardonecchia», *Stampa Sera*, 3/9/1963. Este e outros artigos de setembro de 1963 em *La* Stampa descrevem o ataque de Corino.

«Ora c'è la mafia delle autostrade», *La Stampa*, 3/3/1970. «Quando os empresários do Norte vêm à Calábria».

Bardonecchia tornou-se num caso clássico da expansão da máfia, graças sobretudo a estes dois excelentes relatos:

R. Sciarrone, *Mafie nuove, mafie vecchie. Radicamento ed espansione*, Roma, 1998. «Nós somos a raiz de todas as coisas aqui», citação p. 267.

F. Varese, *Mafias on the Move: How Organized Crime Conquers New Territories*, Princeton, NJ, 2011.

Mafiosos e *blondes*

G. Dagel Caponi, *Paul Bowles. Romantic Savage*, Carbondale, Ill., 1994. «Penso que todos os especuladores do mercado negro da Europa estão aqui», p. 146.

V. De Sica, *Lettere dal set*, Milão, 1987.

G. Diana, «La storia del tabacco in Italia», *Il Tabacco*, do número 7(2), 1999. Cinco artigos transferíveis do sítio do Istituto Nazionale di Economia Agraria, http://www1.inea.it/ist/lista.htm

M. Figurato e F. Marolda, *Storia di contrabbando. Napoli 1945–1981*, Nápoles, 1981.

M. Gershovich, *French Military Rule in Morocco. Colonialism and its Consequences*, Londres, 2000.

N. Guarino, «Sigarette di contrabbando: il traffico illecito di tabacchi a Napoli dal dopoguerra agli anni novanta», *in* G. Gribaudi (org.), *Traffici criminali. Camorra, mafie e reti internazionali dell'illegalità*, Turim, 2009.

S. Gundle, *Bellissima: feminine beauty and the idea of Italy*, New Haven, Conn./ Londres, 2007.

V. Paliotti, *Forcella, la kasbah di Napoli*, Nápoles, 1970.

C. R. Pennell, *Morocco since 1830. A History*, Londres, 2000.

L. Vaidon, *Tangier. A Different Way*, Metuchen, NJ, 1977.

«Graziata la donna che ogni anno diventava madre per evitare il carcere», *La Stampa*, 23/01/1958.

Cosa Nostra: eles já não são intocáveis

P. Arlacchi, *Addio Cosa Nostra. La vita di Tommaso Buscetta*, Milão, 1994. «Mundo do discurso incompleto», pp. 84–5.

L. Bernstein, *The Greatest Menace. Organized Crime in Cold War America*, Boston, 2002. «Os casamentos são importantes», agente Martin Pera do Departamento Federal de Controlo de Narcóticos, citado p. 138; números de acusações de crime organizado, p. 171.

R. F. Kennedy, *The Enemy Within*, Nova Iorque, 1960.

S. Lupo, *Quando la mafia trovò l'America. Storia di un intreccio intercontinentale, 1888–2008*, Turim, 2008.

A diáspora da máfia

A. Calderone com P. Arlacchi, *Gli uomini del disonore*, Milão, 1992. «Depois de 1963 a Cosa Nostra na zona de Palermo deixou de existir», p. 72.

L. Gay, «L'atteggiarsi delle associazioni mafiose sulla base delle esperienze processuali acquisite: la camorra», *Quaderni del Consiglio Superiore della Magistratura*, 99, 1996.

P. La Torre, *Comunisti e movimento contadino in Sicilia*, Roma, 1980.

S. Lodato, *Venti anni di mafia*, Milão, 1999. «Que é isso? Uma marca de queijo?», p. 48.

S. Lupo, *Storia della mafia*, Roma, 1993.

P. Pezzino, *Mafia: Industria della violenza*, Florença, 1995.

F. Renda, *Storia della mafia*, Palermo, 1997.

W. Semeraro, «Lo scandalo di Agrigento impallidisce dinanzi ai fatti che abbiamo in archivio», *Giornale di Sicilia*, 6/8/1966. «A máfia na Sicília é um estado mental».

N. Tranfaglia, *Mafia, politica, affari*, Roma-Bari, 1992. Excertos dos relatórios finais da comissão parlamentar de inquérito citados p. 55, p. 154.

«Dichiarazione del compagno La Torre», *L'Unità*, 1/7/1963. «A verdade é que não existe setor da economia...»

A «mafia-ização» da Camorra

P. Arlacchi, *Addio Cosa Nostra. La vita di Tommaso Buscetta*, Milão, 1994. «Agora conseguimos até 35-40 000 caixas», p. 183; «mentalidade de vigarista», «agir com manha», p. 185.

F. Barbagallo, *Il potere della camorra (1973-1998)*, Turim, 1999. Sobre o volume de negócios de Zaza, p. 7.

A. Calderone com P. Arlacchi, *Gli uomini del disonore*, Milão, 1992.

P. Monzini, *Gruppi criminali a Napoli e a Marsiglia. La delinquenza organizzata nella storia di due città (1820-1990)*, Roma, 1999. A citação de Arlacchi, p. 127, fornece as estatísticas para o rendimento do contrabando de tabaco.

Istruttoria Stajano.

I. Sales, *La camorra le camorre*, Roma, 2.ª ed., 1993.

«Ritorna in prigione la contrabbandiera», *Corriere della Sera*, 28/6/1992. Sobre a prisão de Concetta Muccardo por acusações de tráfico de heroína.

Os apanhadores de cogumelos de Montalto

P. Arlacchi, *La mafia imprenditrice. Dalla Calabria al centro dell'inferno*, Milão, 2007 (ed. original 1982). Sobre os cinquenta e cinco por cento dos subcontratos de remoção de terras e transporte concedidos a Piromalli, p. 104.

S. Boemi, «L'atteggiarsi delle associazioni mafiose sulla base delle esperienze processuali acquisite: la 'ndrangheta», *Quaderni del Consiglio Superiore della Magistratura*, 99, 1996.

E. Ciconte, *'Ndrangheta dall'Unità a oggi*, Roma, 1992.

D. Gambetta, *The Sicilian Mafia*, Londres, 1993.

S. Gambino, *La mafia in Calabria*, Régio da Calábria, 1975.

La mafia a Montalto. Sentenza 2 ottobre del Tribunale di Locri, Régio da Calábria, 1971. «Aqui não há nenhuma 'ndrangheta de Mico Tripodo!» p. 27; «superficiais» e «incoerentes», p. 128; «vacina tonificante nos corpos destas sociedades criminosas», p. 207; «símbolo vivo da omnipotência e invencibilidade do crime organizado», p. 258; «Este argumento poderá parecer uma farsa», p. 258.

S. Lupo, *Storia della mafia*, Roma, 1993. «Reprimir o quê? Uma ideia? Uma mentalidade?», p. 181.

F. Pierini, «I mafiosi si difendono sull'Aspromonte. Non abbiamo sparato», *L'Europeo*, 13/11/69.

Processo Olimpia. «Este homem era o chefe absoluto», de «Parte II°: Anni Settanta: «Da Montalto al convegno di contrada Acqua del Gallo», p. 288, palavras do desertor da 'Ndrangheta Giacomo Lauro.

F. Silvestri, «Dinasty della Piana», *Narcomafie*, fevereiro de 1999.

«Sentenza, emessa il 22 dicembre 1968 dalla Corte di Assise di Catanzaro, nei confronti di Angelo La Barbera ed altri, imputati di vari omicidi, sequestri di persone, violenza privata ed altri reati», *in* Documentazione antimafia, vol. 4, tomo 17.

«Ora c'è la mafia delle autostrade», *La Stampa*, 3/3/1970. «Há sempre alguém que se revolta contra o monopólio detido por algumas *cosche*.»

Mafiosos nas barricadas

E. Ciconte, *Processo alla 'ndrangheta*, Roma-Bari, 1996.

F. Cuzzola, *Reggio 1970. Storie e memorie della rivolta*, Donzelli, Roma, 2007.

P. Ginsborg, *A History of Contemporary Italy. Society and Politics, 1943-1988*, Londres, 1990.
Processo Olimpia.

A indústria do rapto

L. Ballinari e C. Castellacci, *Carceriere fuorilegge: la storia del sequestro di Cristina Mazzotti (Fatti e misfatti)*, Milão, 1978. «As nossas conversas voltavam sempre ao crime do momento», p. 39.
A. Calderone com P. Arlacchi, *Gli uomini del disonore*, Milão, 1992. «A máfia não explora a prostituição», p. 5; «a máfia não tinha dinheiro», pp. 85-6; o rapto de Corleo «um caso extremamente grave que criou um choque enorme na Cosa Nostra», p. 130.
O. Cancila, *Palermo*, Bari, 2000.
E. Deaglio, *Raccolto rosso: la mafia, l'Italia e poi venne giù tutto*, Milão, 1995.
B. Fontana e P. Serarcageli, *L'Italia dei sequestri*, Roma, 1991. Sobre seiscentos e cinquenta cidadãos raptados por criminosos, p. 214.
D. Gambetta, *The Sicilian Mafia*, Londres, 1993. «... este tipo tem de morrer», p. 178.
S. Gambino, *La mafia in Calabria*, Régio da Calábria, 1975.
N. Machiavelli, *The Prince*, tradução de N. H. Thomson, Nova Iorque, 1914.
G. Moroni, *Cronista in Calabria. Storie di 'ndrangheta, sequestri di persona, delitti eccellenti nel racconto di un giornalista-testimone*, Cosenza, 1993. «Eu pedia, implorava aos meus carcereiros que me cortassem a orelha. Estava totalmente destruído, tinha perdido toda a esperança», p. 120; entre 1969 e 1988, setenta e uma pessoas desapareceram e nunca mais foram vistas com vida, Pier Luigi Vigna citado p. 220.
J. Pearson, *Painfully Rich. J. Paul Getty and His Heirs*, Londres, 1995. «Eu tenho catorze netos», p. 176.
Istruttoria Stajano.
O. Rossani, *L'industria dei sequestri*, Milão, 1978.

As opiniões de Berlusconi sobre Mangano («[Mangano] era uma pessoa que se portava extremamente bem connosco») foram dadas durante o programa de rádio *28 minuti*, *RadioDue*, 9/4/2008. Consultado no YouTube: http://www.youtube.com/watch?hl=it&gl=IT&v=PD4ixdKJzOE

«Rapito il figlio di Vassallo», *L'Unità*, 9/6/1971.
Tribunale di Palermo II Sezione Penale, Sentenza nei confronti di Dell'Utri Marcello e Cinà Gaetano, 11 dicembre 2004. «... estratégia complexa para conseguir uma aproximação ao empresário Berlusconi», p. 171.

A Mãe Santíssima e a Primeira Guerra da 'Ndrangheta

P. Arlacchi, *La mafia imprenditrice. Dalla Calabria al centro dell'inferno*, Milão, 2007 (ed. original 1982). «O Paolo e o Giorgio De Stefano andaram na universidade durante alguns anos», citação na p. 129; três por cento dos lucros da construção da siderurgia em Gioia Tauro, p. 115.
L. Barone, «L'ascesa della 'ndrangheta negli ultimi due decenni», *Meridiana*, 7-8, 1989-90.
S. Boemi, «L'atteggiarsi delle associazioni mafiose sulla base delle esperienze processuali acquisite: la 'ndrangheta», *Quaderni del Consiglio Superiore della Magistratura*, 99, 1996. A citação de Leonardo Messina, p. 13.
E. Ciconte, *Processo alla 'ndrangheta*, Roma-Bari, 1996. Sobre os duzentos e trinta e três homicídios em três anos, p. 108.
S. Gambino, «Calabria: i nuovi "malavitosi"», *Il Ponte*, 11-12, 1976.
P. Ginsborg, *Italy and its Discontents*, Penguin, Londres, 2001. «Todos os chefes dos serviços secretos, 195 oficiais dos vários ramos das forças armadas da República», pp. 144-5.
Processo Olimpia. «Abastardamento» das regras da Sociedade Honrada: a expressão é do desertor da 'Ndrangheta Gaetano Costa, p. 319.
R. Sciarrone, *Mafie nuove, mafie vecchie. Radicamento ed espansione*, Roma, 1998. Para uma comparação dos números de membros da Cosa Nostra e da 'Ndrangheta, pp. 53-4.
F. Silvestri, «Dinasty nella Piana», *Narcomafie*, fevereiro de 1999. «... só restaram as ancas», p. 19.

«Caccia ai due killer del night di Reggio C.», *L'Unità*, 26/11/1974. Para o ataque no Roof Garden.

Uma breve história da heroína

Homer, *The Odyssey. Rendered into English Prose by Samuel Butler*, Londres, 1900. Livro IV, versos 220-21.

C. Lamour e M. R. Lamberti, *The Second Opium War*, Londres, 1972. Sobre os duzentos mil dependentes de heroína nos EUA no final da Primeira Guerra Mundial, p. 7.

A. W. McCoy, *Drug Traffic. Narcotics and Organized Crime in Australia*, Sídnei, 1980. Em 1971, entre dez e quinze por cento de todos os soldados norte-americanos consumiam heroína, p. 23.

A. W. McCoy, *The Politics of Heroin: CIA complicity in the global drug trade*, Nova Iorque, 1991.

P. Pezzino, *Mafia: Industria della violenza*, Florença, 1995. Reproduz importantes trechos sobre o tráfico de drogas da Commissione Parlamentare d'Inchiesta.

C. Sterling, *The Mafia*, Londres, 1990. «Vedeta da corrida das drogas», citação p. 71.

D. Twitchett e J. K. Fairbank (org.), *The Cambridge History of China*, vol. 10, *Late Ch'ing, 1800-1911*, Parte 1, revista por J. K. Fairbank. F. Wakeman Jr., «The Canton trade and the Opium War»; J. K. Fairbank, «The creation of the treaty system». «O crime internacional mais prolongado e sistemático dos tempos modernos», p. 213.

W. W. Willoughby, *Opium as an International Problem. The Geneva Conferences*, Baltimore, 1925. «Em 1924, o número de toxicodependentes nos EUA não ultrapassava os cento e dez mil», p. 6.

O Sr. Champanhe: o intermediário

P. Arlacchi, *La mafia imprenditrice. Dalla Calabria al centro dell'inferno*, Milão, 2007 (ed. original 1982). Em 1980, Itália já tinha mais viciados em heroína *per capita* do que os EUA, p. 187.

O. Barrese (org.), *Mafia, politica, pentiti: la relazione del presidente Luciano Violante e le deposizioni di Antonio Calderone, Tommaso Buscetta, Leonardo Messina, Gaspare Mutolo: atti della Commissione parlamentare d'inchiesta sulla mafia*, Soveria Mannelli, 1993. «Quanto ao tráfico de droga, se os negócios forem pequenos então podem ser geridos por uma Família», p. 420; «Deus abençoe estas prisões!», p. 497.

E. Deaglio, *Raccolto rosso: la mafia, l'Italia e poi venne giù tutto*, Milão, 1995.

L. Galluzzo, F. La Licata, S. Lodato (org.), *Rapporto sulla mafia degli anni '80*, Palermo, 1986. Suite no Michelangelo Hotel como escritório, p. 322.

Istruttoria maxiprocesso, vol. 9. *Ferrari Dino* e *Alfa Romeo GTV 2000*, p. 1763.

L. Paoli, *Mafia Brotherhoods: organized crime, Italian style*, Oxford, 2003.

V. Scafetta, *U Baruni di Partanna Mondello. Storia di Mutolo Gaspare mafioso, pentito*, Roma, 2003. «Nunca senti medo na noite anterior a um homicídio», p. 55; «Só tens de estabelecer boas relações com alguns administradores locais», p. 61; «Cavalheiros, temos uma oportunidade de ganhar dez vezes mais com as drogas», p. 63; «se existem patifes nesta história, são os suíços», p. 62; «Gaspare, promete-me: assim que saíres, telefona-me», p. 65.

A. Stille, *Excellent Cadavers*, Londres, 1995. Uma excelente reconstituição jornalística dos dramáticos acontecimentos na Sicília nos anos 80 na qual me baseei para este capítulo e vários dos seguintes.

O Consórcio Transatlântico

T. Blickman, «The Rothschilds of the Mafia on Aruba», *Transnational Organized Crime*, Vol. 3, No. 2, 1997.

Corte Suprema di Cassazione, Seconda parte penale, Sentenza Andreotti, 15/10/2004. «Uma autêntica, constante e cordial disponibilidade», p. 83.

Istruttoria maxiprocesso, vol. 5, p. 847. Reproduz a conversa na geladaria de Saint-Léonard, o bairro italiano de Monreal.

A. Jamieson, «Cooperation Between Organized Crime Groups Around The World», *Jahrbuch für internationale Sicherheitspolitik*, dezembro de 1999. Para o rasto internacional do Consórcio Transatlântico e o casamento do filho de Pasquale Cuntrera, p. 68.

S. Lupo, *Quando la mafia trovò l'America. Storia di un intreccio intercontinentale, 1888–2008*, Turim, 2008. Para uma astuta análise deste episódio, e (o que Lupo chama de) a «terceira máfia».

J. D. Pistone, *Donnie Brasco*, Nova Iorque, 1989.

O Professor

F. Barbagallo, *Il potere della camorra (1973-1998)*, Turim, 1999. Sete mil filiados da NCO, p. 13.

E. Ciconte, *Processo alla 'ndrangheta*, Roma-Bari, 1996. A iniciação de Cutolo na 'Ndrangheta, pp. 108-10.

R. Cutolo, *Poesie e pensieri*, Nápoles, 1980.

S. De Gregorio, *Camorra*, Nápoles, 1981. Cita os excertos das análises psiquiátricas de Cutolo, p. 34.

M. Jacquemet, *Credibility in Court. Communicative Practices in Camorra Trials*, Cambridge, 1996. Reclusos menores na Campânia, p. 29; As despesas de Cutolo na prisão, p. 43.

M. Jouakim, *'O Malommo*, Nápoles, 1979.

A. Lamberti, «"Imposture" letterarie e "simulacra" poetici. Il ruolo di Ferdinando Russo nella costruzione dell'immaginario di massa sulla "camorra"», *in* P. Bianchi e P. Sabbatino (org.), *Le rappresentazioni della camorra*, Nápoles, 2009.

L. Rossi, *Camorra. Un mese a Ottaviano il paese in cui la vita di un uomo non vale nulla*, Milão, 1983. Inclui as comoventes entrevistas com jovens *camorristi* que citei neste livro, e uma introdução muito útil sobre os «South Bronxes» da Campânia de Pino Arlacchi.

M. Savio (com F. Venditti), *La mala vita. Lettera di un boss della camorra al figlio*, Milão, 2006. Este *camorrista* próximo de Cutolo é a fonte para o desafio de Cutolo a Spavone e para as suas qualidades de «caçador de talentos», pp. 35-7.

La Stampa: sobre o primeiro homicídio de Cutolo, «Sfiora una ragazza con l'auto, provoca un litigio e uccide il paciere», 26/2/1963 e «Ergastolo all'automobilista che uccise a rivoltellate un passante dopo un incidente», 29/12/1965; sobre Cutolo enquanto traficante de drogas, «Dirigevano dal manicomio il traffico di stupefacenti», 13/10/1974.

4: A CARNIFICINA

Orgia de sangue

P. Allum e F. Allum, «The resistible rise of the new Neapolitan Camorra», *in* S. Gundle e S. Parker (org.), *The New Italian Republic*, Londres,

1996. Mais de novecentas pessoas morreram nas guerras da Camorra de 1979-83, p. 238.

L. Brancaccio, «Guerre di camorra: i clan napoletani tra faide e scissioni», *in* G. Gribaudi (org.), *Traffici criminali. Camorra, mafie e reti internazionali dell'illegalità*, Turim, 2009. Para uma análise mais aprofundada dos números.

Commissione parlamentare antimafia, Camorra e politica: relazione approvata dalla Commissione il 21 dicembre 1993, Roma, 1994. Para as estimativas de homicídios entre 1981 e 1990, p. 3.

E. Deaglio, *Raccolto rosso: la mafia, l'Italia e poi venne giù tutto*, Milão, 1995. Estimativa do número de vítimas mortais nas guerras das máfias e comparação com a Irlanda do Norte, p. 9.

P. Hofmann, «Italy gets tough with the mafia», *New York Times*, 13/11/1983. Para as opiniões de Alberto Moravia.

F. Messina, «Cosa Nostra trapanese: gli anni del dominio corleonese», tese de doutoramento não publicada, 2011.

Sutton Index of Deaths. Fonte online para calcular o número de vítimas nos conflitos da Irlanda do Norte: http://cain.ulst.ac.uk/sutton/

«Palermo capitale mondiale dell'eroina», *La Stampa*, 10/10/1981. «Orgia de sangue».

«Altro omicidio ieri a Palermo», *La Stampa*, 31/12/1982. «Não morras!»

Os artigos para os números de mortos são de várias datas em *La Stampa*.

A Nova Família: um retrato de grupo

Corte di Assise di Santa Maria Capua Vetere, Sentenza contro Abbate Antonio, + 129, «Sentenza Spartacus», 15/9/2005.

S. De Gregorio, *I nemici di Cutolo*, Nápoles, 1983. «... muitos dos crimes cometidos por Umberto Ammaturo eram, na realidade, concebidos por ela», p. 38; «Se Cutolo estivesse aqui no meu lugar, não estariam a fazer tanto barulho», p. 33.

L. Gay, «L'atteggiarsi delle associazioni mafiose sulla base delle esperienze processuali acquisite: la camorra», *Quaderni del Consiglio Superiore della Magistratura*, 99, 1996.

C. Longrigg, *Mafia women*, Londres, 1997.

D. A. Maradona, *El Diego*, Londres, 2004 (1.ª ed. 2000). «Reconheço que era um mundo sedutor», pp. 98-9.

M. Marmo, «La rima amore/onore di Pupetta Maresca. Una primadonna nella camorra degli anni cinquenta», *Meridiana*, 67, 2010.

I. Sales, *Le strade della violenza: malviventi e bande di camorra a Napoli*, Nápoles, 2006. «Um dia o povo da Campânia perceberá que uma côdea de pão comida em liberdade» e «A meu ver eles eram meio mafiosos», p. 154; «Em Forcella não é possível viver sem infringir as leis do Estado», p. 173.

«Ucciso e mutilato un uomo di Cutolo», *La Stampa*, 22/1/1982. «Fanático, demente e diabético.»

«Pupetta Maresca sfida il "boss" Cutolo», *La Stampa*, 14/2/1982.

«Il boss replica alla Maresca», *L'Unità*, 20/2/1982. «Talvez a Pupetta tenha dito essas coisas para chamar a atenção.»

«Morti ammazzati 515 e 130 desaparacidos di lupara», *Stampa Sera*, 7/1/1983. Sobre os trezentos e sessenta e quatro mortos; homicídio de Annamaria Esposito.

«Maradona alle nozze del boss», *L'Unità*, 14/3/1989.

«"Bambulella", il camorrista decapitato. Dopo 27 anni trovati i suoi assassini», *Corriere del Mezzogiorno*, 13/2/2009.

Economia de catástrofe

F. Barbagallo, *Napoli fine Novecento: politici, camorristi, imprenditori*, Turim, 1997.

F. Barbagallo, *Il potere della camorra (1973–1998)*, Turim, 1999.

J. Chubb, «Three earthquakes: political response, reconstruction and the institutions: Belice (1968), Friuli (1976), Campania (1980)», *in* J. Dickie, J. Foot e F. M. Snowden (org.), *Disastro! Disasters in Italy Since 1860: culture, politics, society*, Palgrave, 2002.

Commissione parlamentare antimafia, Camorra e politica: relazione approvata dalla Commissione il 21 dicembre 1993, Roma, 1994. Sobre Cirillo e nepotismo, p. 135; «mostrar a Cutolo que ele estava acabado», p. 165.

I. Sales, *La camorra le camorre*, (2.ª ed.), Roma, 1993. «Não estou a negar o facto de que o liquidar teria sido um prazer para mim», p. 80.

R. Saviano, *Gomorra: viaggio nell'impero economico e nel sogno di dominio della camorra*, Milão, 2006. Sobre a ressonância duradoura de O *Professor*, p. 275.

M. Travaglio, «Un altro martire», blogue de www.voglioscendere.ilcannocchiale.it, 10/8/2008. Para os excertos do parecer do juiz sobre Gava.

La Storia Siamo Noi: Il caso Cirillo. Documentário televisivo com muitas entrevistas com protagonistas em www.lastoriasiamonoi.rai.it/puntate/il-caso-cirillo/798/default.aspx. «No número 275, Riviera di Chiaia, debaixo de um caixote de lixo, encontrarão o comunicado número um.»

«Il Pci si chiede "Chi ha pagato?"», *La Stampa*, 25/7/1981. «Sem qualquer negociação e sem qualquer cedência dos órgãos do Estado à chantagem de um bando armado.»

O Bando de Magliana e a Sagrada Coroa Unida

E. Ciconte, *Storia criminale. La resistibile ascesa di mafia, 'ndrangheta e camorra dall'Ottocento ai giorni nostri*, Soveria Mannelli, 2008. Para observações muito interessantes sobre o aumento das ligações entre as máfias, e sobre a Mala Vita.

«Commissione parlamentare d'inchiesta sul fenomeno della mafia e sulle altre associazioni criminali similar», *Mafia, politica, pentiti: la relazione del presidente Luciano Violante e le deposizioni di Antonio Calderone, Tommaso Buscetta, Leonardo Messina, Gaspare Mutolo*, Soveria Mannelli, 1993. «No Piemonte, os calabreses tinham tomado conta da região», testemunho de Leonardo Messina, pp. 321-2.

G. Di Fiore, *Io, Pasquale Galasso, da studente in medicina a capocamorra*, Nápoles, 1994. «Mas que correria para dar graxa à Cosa Nostra», p. 141.

P. Ginsborg, *Silvio Berlusconi: television, power and patrimony*, Londres, 2005. A primeira era «semi-honesta», citado de F. Tamburini, *Misteri d'Italia*, Milão, 1996.

M. Massari, *La Sacra Corona Unita: potere e segreto*, Roma, 1998. «Nunca permitir que qualquer família de outras regiões domine o nosso território», p. 15; «Na altura, os homens de Cutolo julgavam que eram como Deus Todo-Poderoso», p. 17; «Ele queria que eu desenhasse um triângulo, o símbolo da Santíssima Trindade», pp. 18-19; «oito homens desconhecidos, invisíveis e bem armados», p. 32.

«Rapporto del Questore di Bari al Procuratore del Re rivelante l'esistenza in Bari della Mala Vita», 22/8/1890. Reproduzido *in* C. D'Addosio,

Il duello dei camorristi, Nápoles, 1893, pp. 141 em diante. A Mala Vita também foi amplamente tratada na imprensa, mesmo no Reino Unido. O seu surgimento tem muitas semelhanças com o da 'Ndrangheta na mesma altura. A Mala Vita, contudo, parece não ter conseguido radicar-se.

R. Sciarrone, *Mafie nuove, mafie vecchie. Radicamento ed espansione*, Roma, 1998. «Em 1982, participei numa reunião de todos os Locais no Piemonte. Cerca de setecentas pessoas estavam presentes», p. 235.

Tribunale Penale di Roma, Ufficio Istruzione, Ordinanza-Sentenza contro Abbatino Maurizio + 237 (Banda della Magliana). «Decidimos tentar realizar a mesma operação em Roma que Raffaele Cutolo estava a realizar em Nápoles», p. 65.

«Così fu ucciso il duca Grazioli», *Corriere della Sera*, 5/10/1993. «Vai para casa e espera. O teu pai será libertado dentro de algumas horas.»

5: MÁRTIRES E ARREPENDIDOS

O terror das máfias

A. Dino (org.), *Pentiti. I collaboratori di giustizia, le istituzioni, l'opinione pubblica*, Roma, 2006.

Gruppo Abele (org.), *Dalla mafia allo Stato. I pentiti: analisi e storie*, Turim, 2005.

H. Hess, *Mafia and Mafiosi. Origin, Power and Myth*, Londres, 1998. «Jornalistas ávidos de sensações, juristas confusos do norte de Itália e autores estrangeiros», p. 3.

F. La Licata, *Storia di Giovanni Falcone*, Milão, 2002. Uma excelente biografia a que recorri repetidamente nos capítulos seguintes. «Arruinar a economia de Palermo», p. 61; «Bem, nunca pensei. Estava absolutamente convencido de que seria a tua vez», p. 54.

U. Lucentini, *Paolo Borsellino*, Cinisello Balsamo, 2003. Outra excelente biografia que consultei repetidamente para os capítulos seguintes. «Tinha casado com um homem feito de pedra», p. 59.

S. Palazzolo, *I pezzi mancanti. Viaggio nei misteri della mafia*, Roma-Bari, 2010. «As organizações mafiosas de Palermo tornaram-se fulcrais no tráfico de heroína, a câmara de compensação para os Estados Unidos», p. 39.

«Giornalista assassinato a Palermo», *L'Unità*, 27/1/1979.

«Noi politici siamo indifendibili», *L'Ora*, 10/3/1979. «Viver para a indústria da construção e da indústria da construção.»
«S'intese col PCI e gli sparì l'auto», *Giornale di Sicilia*, 11/3/1979.

A combinação fatal

G. Anremi, *La strategia vincente del Generale Dalla Chiesa contro le Brigate Rosse . . . e la mafia*, Roma, 2004.
P. Arlacchi *et al.*, *Morte di un generale. L'assassinio di Carlo Alberto Dalla Chiesa, la mafia, la droga, il potere politico*, Milão, 1982.
G. Bascietto e C. Camarca, *Pio La Torre. Una storia italiana*, Roma, 2008. «Em dois anos, eu e La Torre deveremos ser capazes de levar a cabo as coisas mais importantes», pp. 26–7.
G. Bocca, «Quell'uomo solo contro la mafia», *Repubblica*, 10/8/1982.
G. Burgio, *Pio La Torre. Palermo, la Sicilia, il PCI, la mafia*, Palermo, 2010. «És um moço inteligente. Vais longe», p. 47; «Não suportamos esse partido. Lá na Rússia talvez...» p. 47.
C. A. Dalla Chiesa, *Michele Navarra e la mafia del corleonese*, rev. F. Petruzzella, Palermo, 1990.
C. A. Dalla Chiesa, *In nome del popolo italiano*, rev. N. Dalla Chiesa, Milão, 1997.
N. Dalla Chiesa, *Delitto imperfetto. Il generale, la mafia, la società italiana*, Milão, 1984. «Vai-te embora, *mafioso*!», p. 45; «Fui ver Andreotti; e quando lhe disse tudo o que sei acerca da sua gente na Sicília, ele ficou branco», p. 34; «Aquilo que temíamos aconteceu», p. 122.
N. Dalla Chiesa, *Album di famiglia*, Turim, 2009.
C. De Simone, *Pio La Torre. Un comunista romantico*, Roma, 2002.
G. Frasca Polara, «Una vita contro la mafia», *L'Unità*, 1/5/1982.
P. La Torre, *Comunisti e movimento contadino in Sicilia*, Roma, 1980.
P. La Torre, *Le ragioni di una vita*, Palermo, 1982.
M. Nese e E. Serio, *Il Generale Dalla Chiesa*, Roma, 1982. A história do regresso do pai de Dalla Chiesa a Itália, p. 9.
S. Palazzolo, *I pezzi mancanti. Viaggio nei misteri della mafia*, Roma-Bari, 2010.
D. Paternostro, *A pugni nudi: Placido Rizzotto e le lotte contadine a Corleone nel secondo dopoguerra*, Palermo, 2000.
P. Peci, *Io, l'infame*, Milão, 1983. «O seu modo era severo mas delicado, autoritário mas generoso», p. 189.
Pio La Torre. 30 aprile 1982. Ricordi di una vita pubblica e privata, Palermo, 2007.

D. Rizzo, *Pio La Torre. Una vita per la politica attraverso i documenti*, Soveria Mannelli, 2003.

Repubblica, 29/3/1982. «Não deverá haver nenhuma dificuldade política.»

Naperões e drogas

G. Ascheri, *Tortora. Storia di un'accusa*, Milão, 1984. «Personalidade agressiva fortemente influenciada por ilusões de grandeza», p. 46; «A minha condição atual de recluso ainda sujeito aos salutares princípios da honra», p. 39.

F. Coppola, «Ecco perché Tortora è inocente», *Repubblica*, 18/12/1986.

M. V. Foschini e S. Montone, «Il processo Tortora», *in* L. Violante (org.), *Storia d'Italia. Annali 12. La criminalità*, Turim, 1997.

L. Galluzzo, F. La Licata, S. Lodato (org.), *Rapporto sulla mafia degli anni '80*, Palermo, 1986. Sobre o tratamento de Buscetta no Brasil, ver a entrevista com Falcone, p. 35.

M. Jacquemet, *Credibility in Court. Communicative practices in the Camorra trials*, Cambridge, 1996.

R. Lumley, «The Tortora Case: The Scandal of the Television Presenter as Media Event», *The Italianist*, 6, 1986.

R. Lumley, «The Tortora Case: Restoring the Image and Putting the System of Justice on Trial», *The Italianist*, 7, 1987.

Maxiprocesso: Tribunale Penale di Palermo, Ufficio Istruzione Processi Penali, Processo verbale di interrogatorio dell'imputato Tommaso Buscetta, 16/7/1984.

«C'era una volta Portobello», episódio da série de televisão *La storia siamo noi*: disponível em www.lastoriasiamonoi.rai.it

«Tra Tortora e il boss Cutolo stretta di mano all'Asinara», *Repubblica*, 3/12/1985. «Não, olhe, você é o chefe.»

Cadáveres andantes

D. Dolci, *Banditi a Partinico*, Bari, 1955. Sobre a *cassetta*, p. 282.

G. Falcone e M. Padovani, *Cose di Cosa Nostra*, Milão, 1991. «Era como um professor de línguas que te permite ir à Turquia sem teres de comunicar com as mãos.»

L. Forte, «20 anni fa», *Repubblica*, 28/7/2005. «Em Palermo temos uns dez homens que constituem um verdadeiro perigo para a máfia.»

S. Lodato, *Trent'anni di mafia*, Milão, 2008. «Tudo conspira para individualizar a luta contra a máfia», p. 120; «Mais cedo ou mais tarde todos os investigadores que realmente levam o seu trabalho a sério acabam por ser assassinados», pp. 166-7; «Nós acompanhamos muito de perto os acontecimentos preocupantes em torno não só dos trabalhos para o maxiprocesso de Palermo, mas também do maxiprocesso contra a camorra», pp. 166-7.

U. Lucentini, *Paolo Borsellino*, Cinisello Balsamo, 2003. «É melhor resignarmo-nos ao facto de sermos cadáveres andantes», p. 122.

S. Lupo, «Alle origini del pentitismo», *in* A. Dino (org.), *Pentiti. I collaboratori di giustizia, le istituzioni, l'opinione pubblica*, Roma, 2006.

V. Vasile, «La normalità a Palermo», *L'Unità*, 8/8/1985. «Vocês conheciam Cassarà. E compreendiam.»

Entrevista de Antonino Caponnetto com Gianni Minà de 1992 disponível em várias versões no YouTube. (Buscetta mudou tudo «ao abrir-nos a porta por dentro».)

«Gian Giacomo Ciaccio Montalto», episódio da série de televisão *Blu notte*. Exibido pela primeira vez em 2008. A rua onde ele se esvaiu em sangue até morrer era estreita. Entrevista com o Procurador da República Bernardo Petralia.

A capital da antimáfia

N. Alongi, *Palermo. Gli anni dell'utopia*, Soveria Mannelli, 1997. «Porque somos nós [i.e. os comunistas] os únicos a falar da máfia?», p. 95; «O crime de rua, praticado às claras, está quase inextricavelmente ligado numa teia complexa a manipuladores ocultos», p. 16; «Durante quase uma hora, o cardeal esperou debalde que os prisioneiros saíssem das suas celas», p. 29.

P. Catalanotto, «Dal carcere della Vicaria all'Ucciardone. Una riforma europea nella Palermo borbónica», *Nuovi Quaderni del Meridione*, 79, 1982.

L. Galluzzo, F. La Licata, S. Lodato (org.), *Rapporto sulla mafia degli anni '80*, Palermo, 1986. «Eles têm demonstrado que, na luta contra a máfia, os rótulos políticos e partidários são irrelevantes», e o resto da entrevista com Falcone, pp. 39-40.

A. Jamieson, *The Antimafia: Italy's Fight against Organized Crime*, Londres, 2000.

S. Lodato, *Trent'anni di mafia*, Milão, 2008. «Palermo tem sido sempre a capital da máfia. Mas eu quero manifestar o meu orgulho na sua capacidade de ser também a capital da antimáfia», p. 212; «a Igreja teme que a realização de um julgamento tão grande possa atrair demasiada atenção sobre a Sicília», p. 179; «Hoje em dia, a máfia não tem nenhuma ligação fundamental ao poder», p. 182.

Maxiprocesso: Tribunale Penale di Palermo, Ufficio Istruzione Processi Penali, Processo verbale di interrogatorio dell'imputato Tommaso Buscetta, 16/7/1984. «A presença de tantos Homens de Honra na Ucciardone ao mesmo tempo fortalece ainda mais as ligações entre eles», p. 376.

U. Santino, *Storia del movimento antimafia*, Roma, 2009 (ed. atualizada).

J. C. Schneider e P. T. Schneider, *Reversible Destiny: mafia, antimafia, and the struggle for Palermo*, Berkeley, CA, 2003.

F. M. Stabile, *I consoli di Dio*, Caltanissetta, 1999.

O Estado de não-direito

F. Barbagallo, *Napoli fine Novecento: politici, camorristi, imprenditori*, Turim, 1997.

F. Barbagallo, *Il potere della camorra (1973-1998)*, Turim, 1999.

F. Barbagallo, *Storia della camorra*, Roma-Bari, 2010. «Nos anos 80, percebemos que tínhamos de "industrializar as atividades mafiosas"», p. 154.

Commissione parlamentare antimafia, Camorra e politica: relazione approvata dalla Commissione il 21 dicembre 1993, Roma, 1994. Estimativa do número de clãs da Camorra, p. 10; «As atividades da camorra criaram um "Estado de não-direito" generalizado», p. 55; construção de Pianura sem uma única licença de construção, p. 61; «uma conurbação só comparável a algumas das metrópoles que cresceram de forma rápida e caótica na América do Sul ou no Sudeste da Ásia», p. 62; prisão de um antigo presidente de câmara, um chefe de uma autoridade de saúde local e três gerentes de bancos, p. 47.

Corte di Assise di Santa Maria Capua Vetere, Sentenza contro Abbate Antonio, + 129, 'Sentenza Spartacus', 15/9/2005.

S. De Gregorio, *I nemici di Cutolo*, Nápoles, 1983.

D. Della Porta, *Lo scambio occulto: casi di corruzione politica in Italia*, Bolonha, 1992.

G. Di Fiore, *Io, Pasquale Galasso, da studente in medicina a capocamorra*, Nápoles, 1994. «Toda a gente continuava autónoma. Não éramos como a máfia siciliana», p. 148.

L. Gay, «L'atteggiarsi delle associazioni mafiose sulla base delle esperienze processuali acquisite: la camorra», *Quaderni del Consiglio Superiore della Magistratura*, 99, 1996. «Como os Israelitas enfrentando os Árabes», palavras de Pasquale Galasso; empresas de construção sicilianas a operar na Campânia abandonaram imediatamente a região.

Processo Olimpia. «Vivia para fazer justiça, porque era o enviado armado de Nossa Senhora de Polsi», p. 517; «Grandes flutuações de poder. Casamentos para selar pactos. Alianças secretas», p. 558; «os protagonistas da guerra, que acabaram por ser dizimados, atingiam irracionalmente vítimas escolhidas ao acaso», p. 653.

I. Sales, *La camorra le camorre*, Roma, 1993. Dados sobre o número de clãs da Camorra, p. 7.

«Assalto alla villa del boss camorrista: tre morti e 2 feriti», *L'Unità*, 11/6/1984.

'U maxi

G. Ayala, *Chi ha paura muore ogni giorno. I miei anni con Falcone e Borsellino*, Milão, 2008.

Istruttoria Stajano. «Durante muitos anos, o Estado esteve praticamente ausente da luta contra a máfia», p. 328.

F. La Licata, «La "finta giustizia" di Cosa Nostra», *La Stampa*, 4/10/1994.

G. Lo Forte, «L'atteggiarsi delle associazioni mafiose sulla base delle esperienze processuali acquisite: la mafia siciliana», *Quaderni del Consiglio Superiore della Magistratura*, 99, 1996.

Maxiprocesso: Tribunale Penale di Palermo, Ufficio Istruzione Processi Penali, Processo verbale di interrogatorio dell'imputato Tommaso Buscetta, 16/7/1984. «O papel dos Salvos na Cosa Nostra é modesto. Mas a sua importância política é enorme», p. 465.

F. Viviano, *Michele Greco il memoriale*, Roma, 2008.

«Antimafia trial to open in Sicily», *New York Times*, 9/2/1986. «A acusação tentará provar como atos individuais faziam parte de uma vasta conspiração criminosa nascida há séculos.»

«The Mafia is not dead», *Economist*, 15/2/1986. A Comissão como «semimítica», p. 55.

«Cast assembles for Mafia show trial», *Observer* 9/2/1986.

«Trial a challenge to might of mafia», *Guardian*, 10/2/1986. «Uma produção de Barnum e Bailey.»

«Anche Salvo non sa nulla», *La Stampa*, 21/6/1986. «Os Salvos pagaram a todos os partidos políticos. Dinheiro para todos eles: sem exceções»; «Parece entediado».

«Sgomento a Palermo», *La Stampa*, 10/10/1986. «E dizem eles que são Homens de Honra!»; «Associamo-nos à família Domino no seu sofrimento.»

«Maxiprocesso alla mafia», documentário da RAI disponível no YouTube. Inclui os famigerados votos de «paz» de Michele Greco.

Um passo em frente, três para trás

C. Duggan, *Fascism and the Mafia*, New Haven, Londres, 1989.

G. Falcone e M. Padovani, *Cose di Cosa Nostra*, Milão, 1991. «Estou a avisá-lo, juiz. Depois deste interrogatório, vai tornar-se numa celebridade», p. 44.

L. Galluzzo, F. Nicastro, V. Vasile, *Obiettivo Falcone. Magistrati e mafia nel Palazzo dei veleni*, Nápoles, 1989. «... protagonismo distorcido» e «culto de personalidade», p. 205; «ninguém é insubstituível... não existem semideuses», p. 267; «Ele demitiu-se? As coisas em Palermo continuam más», p. 280.

F. La Licata, *Storia di Giovanni Falcone*, Milão, 2002. «Sou um cadáver andante», p. 113; «Um passo em frente, três para trás: é assim que corre a luta contra a máfia», p. 120.

L. Sciascia, *A Futura memoria (se la memoria ha un futuro)*, Milão, 1989.

Falcone vai para Roma

Corte d'Assise di Caltanissetta, Sentenza nel procedimento penale contro Aglieri Pietro +40 (julgamento dos assassinos de Falcone, da sua mulher e dos seus guarda-costas). «Fazer primeiro guerra ao Estado para depois ditar a paz», p. 1242; «destruir a fação política de Giulio Andreotti liderada por Salvo Lima», p. 825.

P. Ginsborg, *Italy and its Discontents. Family, Civil Society and the State 1980-2001*, Londres, 2001.

A. Jamieson, *The Antimafia: Italy's Fight against Organized Crime*, Londres, 2000.

F. La Licata, *Storia di Giovanni Falcone*, Milão, 2002. «Sim, sou siciliano. E para mim, a vida vale menos do que este botão», p. 14; «O meu país ainda não digeriu o que aconteceu. Isto é algo histórico: este resultado destruiu o mito de que a máfia não pode ser punida», p. 163; «Não percebes? Tens de perceber que foi quebrado um equilíbrio, e que o edifício inteiro pode desabar», p. 166.

6: A QUEDA DA PRIMEIRA REPÚBLICA

Sacrifício

Corte d'Assise di Caltanissetta, Sentenza nel procedimento penale contro glieri Pietro +40 (para os pormenores do atentado de Capaci). «Giovanni, Giovanni», p. 146.

S. Lodato, *Venti anni di mafia*, Milão, 1999. «O Estado parecia um pugilista bêbedo», p. 305.

U. Lucentini, *Paolo Borsellino*, Cinisello Balsamo, 2003. «Ao realizar o seu trabalho, Giovanni Falcone tinha perfeita consciência de que um dia o poder do mal, a máfia, o mataria», pp. 260-62; «Ele será o primeiro, depois serei eu», p. 243.

A desintegração da velha ordem

R. Alajmo, *Un lenzuolo contro la mafia*, Palermo, 1993.

F. Barbagallo, *Storia della camorra*, Roma-Bari, 2010.

B. De Stefano, *I boss della camorra*, Roma, 2007.

G. Di Fiore, *Io, Pasquale Galasso, da studente in medicina a capocamorra*, Nápoles, 1994.

N. Gratteri e A. Nicaso, *La malapianta*, Milão, 2010. Sobre o convite de Riina à 'Ndrangheta para que se juntasse à campanha de massacres, p. 63.

Gruppo Abele, *Dalla mafia allo Stato*, Turim, 2005. «Toda a gente me viu, e eu pensei imediatamente: agora vão prender-me», p. 461; «Hoje, sinto-me como se fosse completamente um deles porque, se formos a ver, estamos todos a correr os mesmos riscos e a lutar pela mesma causa», p. 469.

D. Parrini, «Collaboratori e testimoni di giustizia. Aspetti giuridici e sociologici», *in L'altro diritto. Centro di documentazione su carcere, devianza e marginalità*, disponível em: www.altrodiritto.unifi.it/ricerche/law-ways/parrini/cap1.htm#60

Algumas das faixas de protesto exibidas em Palermo no verão de 1992 podem ser vistas em: http://www.rainews24.rai.it/it/fotogallery.php?galleryid=165442&photoid=392267

«La mafia dichiara guerra allo Stato. Dopo Falcone, uccisi Borsellino e cinque agenti», *La Stampa*, 20/7/1992.

Negociar pela bomba: o início da Segunda República

S. Ardita, *Ricatto allo Stato*, Milão, 2011. «Depois da segunda bomba estávamos todos genuinamente prontos para ser assassinados», p. 7.

S. Colarizi e M. Gervasoni, *La tela di Penelope. Storia della Seconda Repubblica*, Roma, 2012. «Nenhum acordo com o *mafioso*», p. 103.

Corte d'appello di Palermo, 29/6/2010. Sentenza d'appello nei confronti di Dell'Utri Marcello.

N. Farrell e B. Johnson, «Forza Berlusconi», *The Spectator*, 6/9/2003. «Para fazer esse trabalho precisas de ser mentalmente perturbado, precisas de ter distúrbios psíquicos», p. 16.

P. Ginsborg, *Silvio Berlusconi: television, power and patrimony*, Londres, 2005.

Procura della Repubblica presso il Tribunale di Palermo, Memoria a sostegno della richiesta di rinvio a giudizio, 5/11/2012. «O novo pacto de coabitação entre o Estado e a máfia foi finalmente selado», p. 20.

N. Tranfaglia, *La mafia come metodo*, Milão, 2012. «As negociações em curso foram a principal razão para que o plano para eliminar Borsellino fosse antecipado», p. 129.

Tribunale di Palermo. II Sezione penale presieduta da Leonardo Guarnotta. Sentenza nei confronti di Dell'Utri Marcello e Cinà Gaetano, 11/12/2004.

Utilizei também a cobertura jornalística das negociações entre o Estado e a Cosa Nostra; os artigos são demasiado numerosos para os citar aqui.
M. Fuccillo, «Vogliono colpirmi a tutti i costi...», *Repubblica*, 20/3/1994. «Vamos todos votar em Berlusconi.»

7: A SEGUNDA REPÚBLICA E AS MÁFIAS

Cosa Nostra: a cabeça da Medusa

E. Bellavia e M. De Lucia, *Il cappio*, Milão, 2009. «Agora dizes-me que tens um contacto político de bom nível», p. 244.
C. Caprì com P. Maisano Grassi, *Libero. L'imprenditore che non si piegò al pizzo*, Roma, 2011. «Para os rapazes presos na Ucciardone», p. 77.
A. Dino, *Gli ultimi padrini: indagine sul governo di Cosa Nostra*, Roma, 2012.
A. Dino, *La mafia devota: Chiesa, religione, Cosa Nostra*, Roma, 2008.
Direzione Investigativa Antimafia, Relazione secondo semestre 2011.
G. Falcone e M. Padovani, *Cose di Cosa Nostra*, Milão, 1991. «Conhecer mafiosos influenciou profundamente o modo de me relacionar com outras pessoas», p. 70.
A. Galli, *Cacciatori di mafiosi*, Milão, 2012. «A primeira regra para um chefe é nunca abandonar o seu território», p. 12.
P. Grassi, «La svolta: ora Confindustria può cacciare le mele marce», *Corriere del Mezzogiorno*, 29/1/2010.
Procura della Repubblica presso il Tribunale di Palermo, Direzione Distrettuale Antimafia, N. 18038/08 R. mod. 21 D.D.A. Fermo di indiziati di delitto, art. 384 segg. c.p.p. Adelfio Giovanni + 98 («Operazione Perseo»). «Se fizermos todos as nossas próprias coisas, como fazem os napolitanos», p. 1139; «Provenzano nunca foi submetido a uma investidura formal pelos outros chefes de circunscrição. Por isso exercia a supremacia em substância, mas não oficialmente», p. 26; «uma Comissão para tratar das coisas sérias, das situações, e assim ficamos todos amigos», p. 1139.
Procura della Repubblica presso il Tribunale di Palermo, Direzione Distrettuale Antimafia, Fermo di indiziati di delitto, Casamento Filippo + 29, 2/2008 (Operazione «Old Bridge»).
A. Sabella, *Cacciatore di mafiosi: le indagini, i pedinamenti, gli arresti di un magistrato in prima linea*, Milão, 2008.

U. Santino, *Storia del movimento antimafia. Dalla lotta di classe all'impegno civile*, Roma, 2009 (ed. atualizada).

United States District Court, Eastern District of New York, Indictment against Joseph Agate and others, 6/2/2008 (Operation «Old Bridge»).

Agradeço a Chiara Caprì por me fornecer a citação do arrependido da Cosa Nostra sobre o Addiopizzo.

Camorra: uma geografia do submundo

F. Barbagallo, *Storia della camorra*, Roma-Bari, 2010. Esta fonte também foi usada para os capítulos seguintes.

R. Cantone, *Solo per giustizia*, Milão, 2008.

R. Cantone, *I gattopardi: uomini d'onore e colletti bianchi: la metamorfosi delle mafie nell'Italia di oggi*, Milão, 2010.

G. Gribaudi (org.), *Traffici criminali. Camorra, mafie e reti internazionali dell'illegalità*, Turim, 2009. Especialmente os seguintes ensaios: G. Gribaudi, «Introduzione», «saber-fazer criminoso», p. 13; L. Brancaccio, «Guerre di camorra: i clan napoletani tra faide e scissioni» para dados estatísticos sobre a taxa de homicídios e o mercado de artigos falsificados; G. Gribaudi, «Clan camorristici a Napoli: radicamento locale e traffici internazionali»; A.M. Zaccaria, «Donne di camorra»; R. Sommella, «Le trasformazioni dello spazio napoletano: poteri illegali e territorio», vinte e dois por cento na Campânia na «economia negra», p. 367; L. Mascellaro, «Territorialità e camorra: una proposta di lettura geografica dell'attività criminale»; L. D'Alessandro, «Città e criminalità: il commercio come chiave interpretativa», sobre os *magliari* e o atual comércio internacional; F. Beatrice, «La camorra imprenditrice»; A. Lamberti, «Camorra come "metodo" e "sistema"»; M. Anselmo, «L'impero del calcestruzzo in Terra di Lavoro: le trame dell'economia criminale del clan dei casalesi», cita o poema de Pasolini.

G. Marino, «L' ordine di morte arrivò dal telefonino», *Repubblica*, 29/5/2002. Menciona «ciganas», «porcas».

M. Marmo, *Il coltello e il mercato: la camorra prima e dopo l'unità d'Italia*, Nápoles, 2011.

P. P. Pasolini, *Le Ceneri di Gramsci. Poemetti*, Milão, 1957.

C. Tucci, «Draghi: la crisi ha reso le aziende più aggredibili dalla criminalità. Le mafie avanzano in Lombardia», *Il Sole 24 Ore*, 11/3/2011.

«As empresas estão a ficar sem fluxo de caixa, e os seus ativos a diminuir em valor de mercado», também citado *in* Barbagallo, *Storia della camorra*, p. 270.

O vídeo da Festa dos Lírios pode ser visto em: http://espresso.repubblica.it/multimedia/home/30547536

«Ketty, una trans capeggiava gli Scissionisti», *Corriere del Mezzogiorno*, 12/2/2009.

«Festa gigli: distrutto l'Insuperabile. Ma i fan sfilano comunque con i loro colori», *Corriere del Mezzogiorno*, 29/9/2012. «A mensagem que transmite, o significado oculto daquela madeira e cartão-pedra.»

Camorra: uma Chernobil italiana

F. Barbagallo, *Storia della camorra*, Roma-Bari, 2010.

R. Capacchione, *L'oro della camorra*, Milão, 2008. Para a carteira de imóveis que incluía quarenta e cinco apartamentos e um hotel, avaliados em cinquenta milhões de euros, p. 167.

G. Corona e D. Fortini, *Rifiuti. Una questione non risolta*, Roma, 2010.

G. Gribaudi, «Il ciclo vizioso dei rifiuti campani», *Il Mulino*, 1, 2008.

Meridiana, 64, 2009, *Napoli emergenza rifiuti*. Sobretudo os ensaios seguintes: G. Corona e M. Franzini, «Capire l'emergenza rifiuti a Napoli. Un'introduzione»; D. Fortini (G. Corona, rev.), «Ormai sono venti anni che il Paese è in emergenza rifiuti»; A. Di Gennaro, «Crisi dei rifiuti e governo del territorio in Campania»; M. Andretta, «Da *Campania Felix* a discarica. Le trasformazioni in Terra di Lavoro dal dopoguerra ad oggi»; D. Ceglie, «Il disastro ambientale in Campania: il ruolo delle istituzioni, gli interessi delle organizzazioni criminali, le risposte giudiziarie», «efeito de meteorito», p. 129; E. Giaccio, «Chiaiano 2.0», «O Estado está ausente, mas nós estamos presentes», p. 152.

P. Rabitti, *Eco balle*, Roma, 2008.

O depoimento do comissário regional dos resíduos ao inquérito parlamentar: http://www.camera.it/_dati/leg14/lavori/stenbic/39/2004/0727/s020.htm «Seria um milagre se mesmo 200 das 2316 pessoas trabalhassem efetivamente.

«Camera nega arresto a Cosentino. Il deputato: "Ringrazio Parlamento, non Lega"», *Repubblica*, 1/12/2012.

Biùtiful cauntri (2007), documentário. «Italian Chernobyl», declarado pelo juiz Donato Ceglie.

Gomorra

A. Dal Lago, *Eroi di carta. Il caso Gomorra e altre epopee*, Roma, 2010.

D. Del Porto, «Minacce camorriste a Roberto Saviano. Finisce sotto scorta l'autore di Gomorra», *Repubblica*, 13/10/2006. «Iovine, Schiavone, Zagaria — vocês não valem nada!»

J. Dickie, «Gang rule», *The Guardian*, 12/1/2008. Algumas das frases neste capítulo foram retiradas da minha própria recensão crítica do livro de Saviano.

V. Faenza, «Casalesi e l'affare rifiuti: "Inquinamento? Che ce ne frega, noi beviamo la minerale"», *Corriere del Mezzogiorno*, 4/2/2011.

M. Marmo, «Camorra come Gomorra. La città maledetta di Roberto Saviano», *Meridiana*, 57, 2006.

U. Santino, *Don Vito a Gomorra. Mafia e antimafia, tra papelli, pizzini e bestseller*, Roma, 2011.

R. Saviano, *Gomorra: viaggio nell'impero economico e nel sogno di dominio della camorra*, Milão, 2006.

http://www.ossigenoinformazione.it/ para informações atualizadas sobre ameaças a jornalistas.

'Ndrangheta: tempestade de neve

T. Bendinelli, «Cocaina, Brescia "sniffa" 625 mila euro al giorno», *Corriere della Sera*, 11/12/2012.

A. Bolzoni, «Palermo chiama Medellin», *Repubblica*, 23/2/1990. Sobre o *Big John*.

D. Brown, estudo não publicado sobre mafiosos calabreses em Queensland nos anos 30 do século xx.

E. Ciconte e V. Macrì, *Australian 'ndrangheta: i codici d'affiliazione e la missione di Nicola Calipari*, Soveria Mannelli, 2009.

F. Forgione, *Mafia Export. Politici, manager e spioni nella Repubblica della 'ndrangheta*, Milão, 2012. «Perdemos a face aqui... perdemos tudo», p. 64.

N. Gratteri e A. Nicaso, *Fratelli di sangue*, Milão, 2009. Sobre Joe Musolino, p. 237.

A. Nicaso, *'Ndrangheta. Le radici dell'odio*, Roma, 2007.

G. Pignatone e M. Prestipino, *Il contagio. Come la 'ndrangheta ha infettato l'Italia*, Roma-Bari, 2012. Sobre os dois mil quilogramas de cocaína apreendidos em 2011, p. 91.

Processo Olimpia. Para o testemunho de Giacomo Lauro, sobretudo o Capítulo 7.

A. Sabella, *Cacciatore di mafiosi: le indagini, i pedinamenti, gli arresti di un magistrato in prima linea*, Milão, 2008.

R. Sciarrone, *Mafie nuove, mafie vecchie. Radicamento ed espansione*, Roma, 1998. Sobre os cinco mil e quinhentos quilogramas de cocaína, oitenta e dois por cento pura, num camião de contentores perto de Turim, p. 245.

Istituto di ricerche farmacologiche «Mario Negri», Milão. Um relatório sobre as investigações à cocaína no Pó está disponível em: http://www.marionegri.it/mn/it/pressRoom/comStampa/archivioComunicat05/cocainaPo.html

'Ndrangheta: o Grande Crime

L. Abbate, «Calabria: la strage delle donne», *Espresso*, 24/7/2012.

F. Forgione, *'Ndrangheta. Boss, luoghi e affari della mafia più potente al mondo. La relazione della Commissione Parlamentare Antimafia*, Milão, 2008.

Meridiana, 67, 2010, *Donne di mafia*. Uma série de ensaios com estudos atualizados sobre as mulheres e todas as máfias. Para a 'Ndrangheta ver sobretudo: O. Ingrascì, «Donne, ... 'ndrangheta, 'ndrine. Gli spazi femminili nelle fonti giudiziarie».

G. Pignatone e M. Prestipino, *Il contagio. Come la 'ndrangheta ha infettato l'Italia*, Roma-Bari, 2012.

Procura della Repubblica presso il Tribunale di Reggio Calabria, Direzione Distrettuale Antimafia, Decreto di Fermo di indiziato di delitto, Agostino Anna Maria + 155 (Operazione Crimine).

Tribunale di Reggio Calabria, Sezione Gip — Gup, Sentenza resa nell'Operazione Crimine contro Agnelli Giovanni + 126, 8/3/2012. «Na Calábria eles reúnem-se, mas não para dizer "Que vamos fazer?"», p. 101; «uma mulher dá à luz, mas o cordão umbilical nunca é cortado», p. 101; sobre Tony Vallelonga, pp. 819-20.

«Arrestato Tony Marciano, il "re dei neomelodici" cantava per il clan», *Corriere del Mezzogiorno*, 4/7/2012.

O vídeo da reunião de Polsi em 2009 pode ser vsito em: http://www.youtube.com/watch?v=A79oXiOt5WI

O vídeo da reunião de Paderno Dugnano em 2009 pode ser visto em: http://www. youtube.com/watch?v=aR7WQhq7TTI

Bem-vindos à zona cinzenta

E. Bellavia e M. De Lucia, *Il cappio*, Milão, 2009. Sobre o roubo dos camiões, p. 103.

G. Bianconi, «Così si mimetizzano le mafie. Silenzi, complicità, omissioni: perché il contagio si allarga», *Corriere della Sera*, 12/11/2011. «Preocupo-me menos com a reação das organizações criminosas do que com a reação dos políticos»; «O método da máfia, que implica promover privilégios ilícitos e anular a concorrência».

P. Davigo e L. Sisti, *Processo all'italiana*, Roma-Bari, 2012.

N. Delgrande e M. F. Aebi, «Too much or not enough? Overcrowding in European prisons. An analysis based on SPACE statistics», Université de Lausanne, Institut de criminologie e de droit pénal, transferível de http://ebookbrowse.com/overcrowding-cdap-rome-delgrande121020-3-pdf-d432188927

G. Di Girolamo, *Matteo Messina Denaro. L'invisibile*, Roma, 2010.

A. Dino, *Gli ultimi padrini: indagine sul governo di Cosa Nostra*, Roma, 2012.

L. Franchetti, *Condizioni politiche e amministrative della Sicilia*, vol. 1 de L. Franchetti e S. Sonnino, *Inchiesta in Sicilia*, 2 vols., Florença, 1974.

C. Macrì, «"Rapporti sospetti con le cosche". Sciolto il Comune di Reggio Calabria», *Corriere della Sera*, 9/10/2012.

G. Pignatone e M. Prestipino, *Il contagio. Come la 'ndrangheta ha infettato l'Italia*, Roma-Bari, 2012. Sobre os delegados calabreses da ANCE, p. 87.

A. Sabella, *Cacciatore di mafiosi: le indagini, i pedinamenti, gli arresti di un magistrato in prima linea*, Milão, 2008. «Quando vai às nossas escolas falar de justiça e do Estado de direito», p. 246.

A. Ziniti, «Processo Talpe alla Dda, 7 anni a Cuffaro, riconosciuto il favoreggiamento alla mafia», *Repubblica*, 23/1/2010.

«Cosa Nostra, in manette l'erede di Riina», *Repubblica*, 14/4/1998. «A experiência dos últimos vinte anos ajudou-nos a perceber que nunca há um momento para triunfalismo.»

Ministero dell'Interno, Approfondimento. Direzione Centrale della Poliza Criminale — Programma Speciale di Ricerca — MESSINA DENARO MATTEO: www.interno.gov.it/mininterno/export/sites/default/it/sezioni/sala_stampa/notizie/polizia/latitantematteo_messina_denaro.html, «associação à máfia, homicídio, massacre, devastação...».

Direzione Investigativa Antimafia, Relazione secondo semestre 2011. Sobre dois mil duzentos e quarenta e seis casos de vandalismo seguido de fogo posto na Sicília, p. 24.

World Bank, *Doing Business 2012*. Relatório transferível de http://www.doingbusiness.org/ Para dados estatísticos sobre o sistema jurídico italiano.

www.addiopizzo.org/ Para atualizações sobre assinaturas.

Índice remissivo